法藏知津

二編：佛教思想研究專輯

杜潔祥 主編

第6冊

智者大師的實相論與性具思想之研究

李燕蕙 著

天台圓教之淨土義與人間淨土之修證實踐

林妙貞 著

花木蘭文化出版社

國家圖書館出版品預行編目資料

智者大師的實相論與性具思想之研究　李燕蕙　著／天台圓教
之淨土義與人間淨土之修證實踐／林妙貞　著 — 初版 — 新北
市：花木蘭文化出版社，2015〔民 104〕
序 2+ 目 2+68 面／目 2+212 面；19×26 公分
（法藏知津二編：佛教思想研究專輯　第 6 冊）
ISBN：978-986-254-693-2／978-986-322-147-0（精裝）
1. 天台宗　2. 佛教教理　3. 佛教哲學／1. 天台宗　2. 佛教哲學
030.8　　　　　　　　　　　　　　100016220／102002275

ISBN-978-986-254-693-2　　ISBN-978-986-322-147-0

法藏知津二編：佛教思想研究專輯
第 六 冊　　　ISBN：978-986-254-693-2／978-986-322-147-0

智者大師的實相論與性具思想之研究
天台圓教之淨土義與人間淨土之修證實踐

作　　者　李燕蕙／林妙貞
主　　編　杜潔祥
副總編輯　楊嘉樂
編　　輯　許郁翎
出　　版　花木蘭文化出版社
社　　長　高小娟
聯絡地址　235 新北市中和區中安街七二號十三樓
　　　　　電話：02-2923-1455／傳真：02-2923-1452
網　　址　http://www.huamulan.tw 信箱 hml 810518@gmail.com
印　　刷　普羅文化出版廣告事業
初　　版　2015 年 5 月
定　　價　二編 24 冊（精裝）新台幣 40,000 元　　　版權所有·請勿翻印

智者大師的實相論與性具思想之研究

李燕蕙　著

作者簡介

李燕蕙 博士

學歷：德國弗萊堡大學 哲學博士

專業證照：德國 Moreno Institut Stuttgart 心理劇導演

現職：嘉義南華大學生死學系 副教授

經歷：南華大學 學輔中心主任

學術專長：海德格生死哲學、海德格與此在分析的治療哲學、釋夢詮釋學、敘事研究。

實務專長：創造性夢工作、心理劇、敘事治療、正念減壓療法（MBSR Mindfulness-Based Stress Reduction）等。基於生死關懷的動力，作者嘗試發展融合心理治療與佛教禪修的身心靈工作法，也常受邀至教育、醫療與宗教機構進行哲學與生死學相關主題之演講，並帶領以夢工作、心理劇與敘事治療為主的身心靈工作坊。

提　　要

本論文以天台宗創建者智者大師的核心思想「實相論」與「性具思想」為主題，透過對圓頓止觀實相論與一念三千意涵的探究，試圖以當代哲學語言詮釋智者大師的心性論、世界觀與成佛觀。

第三章從三條進路探討實相之意旨：

1 從「三軌成乘」彰顯實相的佛性主體意涵。

2 依「十如是」闡明實相的法性意涵。

3 從「圓頓止觀」的修證境界，呈現「境智不二」的實相妙法。

第四章進而探討「一念三千」隱含的成佛觀與宗教精神：就理體言，佛與眾生同具三千之性，六凡四聖的本性並無善惡高下之差別，但佛菩薩歷經累劫修行已能「解心無染」，眾生卻因對貪憎痴煩惱不解而迷惑受纏。因此修行者需透過次第止觀與圓頓止觀的修持，才能穿透煩惱，照見真空妙有「法爾如是」的實相。

本文透過「六即佛」與「一念三千」的思想詮釋，彰顯天台宗「心即道場」與「當下即是」的歷程性成佛觀。無論處於何時何境，只要一念覺悟，即一念成佛。成佛的意義不在達到究竟圓滿的彼岸，而是在當下存在處境中「轉煩惱為菩提」的念念自覺歷程。

序　言

　　選擇智者大師做為論文題目，原初，是懷著壯濶的研究「野心」的。

　　智者大師的才華慧識，在中國佛教史上，實屬最上乘。一方面融攝魏晉至南北朝諸家學說，以立教判，又對於實踐觀行提出深刻獨到的見解。吾人尤感佩者，為大師一生求道始終不停留于某一層次的滿足——大蘇妙悟，瓦官說法，其慧解辯才已冠蓋當世，尚能捨下已有的慧見，再入天台山，從禪觀頭陀的修行中，突破過去的境界，再創晚年圓融的實相觀。這是一位「求道者」最重要的特質，也因如此，大師為中國佛教史上創發力最充沛者之一。

　　然以一年未到的時間，要研究大師那般浩瀚的著作，只能以「以管窺天」來形容了。如今已寫完論文，吾人只能擲筆三歎，再假我數年功夫，方能說智者於萬一。對自己這拙樸的「初作」，只將之視為研學之路的初步學習，若將呈諸智者大師之前，大師定要喝斥一聲：自觀心去！

　　謝謝聖嚴師父與慧嶽法師，在百忙中抽空指導。也感謝這一段研撰期間，曾予我意見與協助的多位師友，希望來日尚可寫出較為成熟的研究著作，於慧學的弘揚略盡微薄之力！

目

次

第一章 緒 論

第一節 論文綱要

　　本論文以天台宗創建人——智者大師的思想爲研究主題。以其思想體系宏濶精深，不能全面具述，故探其核心，以「實相論」與「性具思想」兩大論題統貫其說。實則實相論乃性具思想的形上基礎，性具思想乃實相論的落實與進一步開拓，兩主題前後貫通，前潛後彰，不可分割。

　　文分六章：

　　第一章緒論。簡述論文綱要，研用資料、方法與本文的表達形式。

　　第二章介紹智者大師其人以及其思想淵源。

　　第三章實相論。三、四兩章爲論文主體。第三章從三門述實相涵義。一、以「三軌」說佛性面。二、依「十如是」彰實相的法性義。三、「圓頓止觀」的主體修證所開實智，照不思議境，達境智不二的實相妙義。

　　第四章性具思想。承前章十如，圓融三諦的引導，述性具旨要。分四節。第一節探「一念三千」性具之義。第二節深掘性具一念心的本義。第三節論天台成佛觀的特色，在於不離九界，即染成淨。第四節略辨「性惡說」之義。因其爲性具思想必涵的獨特結論。

　　第五章論智者大師思想的現代意義。

第二節 研究方法

　　研究方法包括資料的選取研判，精讀整理等過程。

　　在智者大師浩瀚的著作中，以《法華玄義》《法華文句》《摩訶止觀》三大部爲最要，本文即以三大部爲主要研讀資料。三大部言簡意精，不能通透明解，故與荊溪大師的註疏並讀：《法華玄義釋籤》，《法華文句記》，《摩訂止觀輔行傳弘決》。在三部之中，吾人以爲又以《法華玄義》爲最重要，因天台教理之精義，全存其中。

　　以時空心態之差異，讀前述諸書時，往往有如溺大海，不著其底的茫然，文字脈絡全懂，却不知它要表達的究竟是「什麼」。故再尋近人著作，以破迷津。近人泛論天台某些概念的論著雖多，能在深度廣度全面籠罩顧及且成一家之言的，唯《佛性與般若》一部。本文甚多觀念得於此書之啓發與引導。其他的中文書籍，如《天台教學史》、《天台思想論集》等四冊有關的論文，《大乘佛教思想論》、《天台性具思想論》等，均在某些觀點上曾解開一些研究時的糾結茅塞。（有關書目與作者見附錄，此不具述）

第三節　表達方式

　　研讀原著之後，要以自己的語言表達出所了解的，實在是一件不容易的事。在表達過程中，發覺自己不斷地在「選擇」所能連貫成論文結構的部分。因之，在那般浩瀚的資料，深湛的義理，只能說：「但取一渧」。以一年的時間要讀透智者大師經數十年的研教修行所生的慧解，這是連自己也不會相信的事。表達的歷程，除了「選擇」之外，尚不斷感覺「簡化」自己所知解的義理。總覺得說得不夠深，不夠表達自己了解的原意。其實，如果論文不是以資料堆砌成的，不是在做一件「事不關己」的知識索引，終究要在表達「被研究者」的思想歷程中，不斷呈現自己的思考與心態的。到最後，自己常在反省，寫論文這件事，究竟是以自己在註解智者大師思想，或以智者大師思想來註解自己？結論是，既然研究智者大師的動機，不只是出於純知識的興趣，是有絕大部分探索生命眞相的動力在活躍著，在生命與生命間，思想與思想間，在法性實際中，必然存在著許多近似的層次與了解，否則，要了解智者大師也不可能了。相互註解，也就成爲研究思想，表達思想不可袪離的一環了。雖然如此，仍以忠於傳述大師原意爲主導。否則，論文就變成創作了！

　　表達的「形式」，是以智者大師著作中，能表達論文主題的精要原文爲核心，每一節每一段，均依主題擇取「引文」，以引文闡明主題。在引文原意模

糊難解時，或引荊溪注釋，或引其他研究者（古德或今人）對之貼切的分述以資闡明。時亦以繪表助解。其他大部分，則均依自己的理解詮釋。

論文的「結構」，重心置於三、四兩章。前章後章有著可尋的連貫關係，但亦可各自獨立。若散開，每一節均有一主題，以此主題爲核心，均可再成立另一論文題目。若以「章」合說，一章有一主題，如第三章主題爲「實相論」，第四章主題爲「性具思想」。此二主題雖可通貫互應，若要拆而爲二，亦非不可。只是，智者大師的思想是統貫的，所有文字的表達，均只爲說他「心中所行法門」的「觀念」原型，在融攝各家學說體系的過程中，始終以自身契悟親證的慧識爲主，「實相」、「性具」，種種文字，終究要在探索他的「觀念」原型中互融後消逝。吾人以爲，若眞能契悟其思想的實諦，則「說與不說」均無所謂了。唯吾人乃初步的探索，故表達的「結構」，仍是重要的。依於大主題（章）、小主題（節）的脈絡，才能「說」出大師「不可說」的意思。至於表達多少，只能盡力而爲。本文結構如表：

第二章　智者大師與其思想淵源

第一節　智者大師傳

　　佛教自漢末傳入中土，經魏晉南北朝五百年間的傳譯，解說與演變，遂於隋唐間成為中國文化的主流。隋唐佛教的特色，在于植根中土文化的契機，形成宗派。最先成立的宗派，即是陳、隋之際，由智者大師創建的天台宗。

　　智者大師素有「東土小釋迦」之譽。佛教雖始創于印度，其弘揚光大，卻以中國為基地。佛陀所說的經典，經中國高僧的詮釋顯揚，再創文化生命的高峰。智者大師，即以其卓絕的慧識洞見，活潑自由的思想，融攝佛陀一代教化的菁華，下開隋唐後千年來的佛教氣運。其主要的貢獻，在于融攝來自印度的大小乘經論，依於《法華經》的旨意，以「五時八教」判攝教法的偏圓淺深，依之建立天台圓教的義理系統，並依實際的禪觀修持，安置各種禪法的次第，並建立圓頓止觀法門。教觀雙美，奠立天台宗在中國佛教史上的獨特地位。

　　南北朝近二百年中，佛教僧團的發展，隨著帝室貴族的提倡與壓制，而起伏不定。大致而言，南朝的漢族政府承續著魏晉的文化傳統，視佛教為安定民心的精神力量之一，因而，也多禮敬沙門，崇仰佛法。例如齊太子蕭子良的弘護佛法，梁武帝三次捨身同泰寺等事蹟，均為南北朝的歷史添上重要的一筆。魏晉清談的餘風，到了南朝，演化為佛教僧人的重視義講。南朝四代的京都——金陵，即各宗派高僧薈萃的論道之地。

　　北朝五代，華北地區淪於胡族之手。雖五代的君主，亦以政治利用的因

素贊可佛教的傳佈，在胡族蠻悍的作風下，仍發生了兩次不幸的廢佛事件：一是北魏太武帝太平眞君七年（西元 446 年），第二次發生於北周武帝建德三年（西元 574 年）。大抵言之，由於北方民風與文化的影響，北朝的佛教也傾向於實踐修禪，而輕於教理的論說探討。南方的重教輕禪，北方的重禪輕講，到了南北朝末期，由於兩方文化的日漸交流，當時的高曾也漸趨重視禪教合一，智者大師即誕生於這時代因緣中。

智者大師於梁大同四年（西元 538 年），誕生於荊州華容縣（今湖南省境內）。俗家姓陳，世居穎川，至東晉時代，因胡族入侵，舉家隨朝廷遷居南方。大師的父親陳起祖，曾任職於梁元帝朝中，官拜「使持節散騎常侍」，並被封爲益陽縣開國侯。

據說大師之母徐氏，夢五彩香煙，聞人語曰：「宿世因緣，寄托王道」而懷大師。大師生時，光明滿室，目俱重瞳，幼年聰慧過人，七歲即能誦普門品，被譽爲神童。

梁承聖三年（西元 544 年），江陵一帶被西魏大軍攻下，梁元帝讓位陳霸先，梁亡，陳代之統治江南。陳氏一族，也因而沒落。這一年，大師年十五，目睹家國殄喪，親屬流徙的慘狀，遂萌出家之志。不久父母雙亡，他告別長兄，投湘州果願寺，依法緒比丘出家。法號「智顗」，時年十八歲。

兩年後，受具足戒於慧曠律師處，便到大賢山，閉門精持《法華經》，《無量義經》，《普賢觀經》等三部。時遙聞光州大蘇山有慧思禪師，講經授禪，遂決意投其座下精造內典。二十二歲入大蘇山，據說慧思大師一見面，即欣喜地說：「昔日靈山同聽法華，宿緣所追，今復來矣！」可見師徒二人宿結法緣。

大師在慧思門下參學八年。初至，慧思教以「法華三昧」的修持。一日，大師誦《法華經》，至「藥王品」中：「諸佛同讚，是眞精進，是名眞法供養」一句，豁然開解，達諸法相。將所證白師，慧思歎曰：「非爾弗證，非我莫識，所入定者，法華三昧前方便也。所發持者，初旋陀羅尼也。」自此之後，大師智慧大開，辯才無礙，史稱這次開悟爲「大蘇妙悟」。此後，慧思常命大師代講經，一日代講「大品般若經」時，慧思臨席讚曰：「可謂法付法臣，法王無事矣！」大師被譽爲慧思門下，說法第一。

陳光大元年（西元 567 年，大師 30 歲），慧思避兵禍，率眾入南嶽，囑付大師到金陵弘法。大師遂同法喜等二十七人，至金陵瓦官寺駐錫。在金陵八年中，大師以他的慧解辯才，開講《法華經》，《大智度論》、《次第禪門》

等，折服了金陵各宗的高僧。於此時期，並吸收了成實論，三論師，涅槃師等各家思想，逐漸擴大圓熟承自慧思的禪法與法華的教理基礎，略具成立宗派的規模。

由於陳朝王族的尊重供養，大師的門下僧眾，日漸周旋於名利之間，學法者多，得道者少；見此弘法衰相，甚感淒涼，大師遂興隱山自修之志。陳大建七年（38 歲），大師婉拒金陵僧徒與王公的挽留，入天台山，開始第二期的修行生涯。

到天台山後，大師獨入華頂峯修頭陀行。一夜，大師靜坐修定時，忽狂風大作，魑魅千群惡形攻擊，大師但定心觀照諸法實相，湛然空寂非真，魑魅自退。後魔復化為父母師僧之形，悲咽流涕，動之以情，大師仍深念其真，不為所動，輒魔復消。經此次「華頂降魔」之後，大師的禪觀，遂轉為「圓融實相」的妙悟。隱居天台山十年，大師的悟境與教理的融攝，均更形圓熟。

陳至德三年（西元 585 年，大師 48 歲），陳少主三旨召請大師入京弘法。大師再度至金陵，講「法華文句」「仁王般若」等經。在陳朝廷中，大師備受少主尊崇，然已看出陳朝氣運非久，定業難轉，遂於禎明二年（西元 588 年）告別金陵，前往廬山。翌年，隨軍攻下金陵，隋朝統一中國。

隋文帝統一天下後，採行以佛教輔理民情的王道政策，佛教蘊成隋唐文化主流。文帝之次子楊廣（晉王），即後來的隋煬帝，任揚州總督時，欽仰智者大師人格，遂於開皇十一年（西元 591 年），遣使迎請大師到揚州，傳菩薩戒。大師授晉王以「總持菩薩」的法號；楊廣則崇大師以「智者」之名，大師被稱為「智者」即此為始。

開皇十三年（西元 597），大師返故鄉荊州，於玉泉山創建玉泉寺，集眾講經，最重要者，即「法華玄義」、「摩訶止觀」二大部。十五年，復受晉王邀請，到揚州講「維摩經」，翌年，回到舊居天台山，自撰「淨名疏」。

開皇十七年，大師自知時至，口授「觀心論」，十一月二十四日，即於天台西門石城寺圓寂。時年六十。

綜觀大師一生，雖處於王公貴族的尊崇供養，十方僧眾的信仰歸服中，始終未為名利軟賊所溺。在思想修證的開創進展，雖早年即慧才英發，始終不以為足，在講經說法的歷程中，不斷吸收各家菁華，抉擇批判，能攝為自家判教系統。於實踐觀行方面，早期承自慧思大師的觀禪，經過天台棲隱的苦行自證，更上層屢的深融為圓頓實相觀。此種苟日新，又日新，不斷突破

思想的囿限，開發更深智慧禪境的努力，正是原創力最充沛的天台大師，所以能開創中國佛教磅礡氣運的主要原因。

為參考方便，列智者生平分段如下（錄自《天台教學史》頁 70）：

1. 幼年時代（出生十八歲）┌ 梁大同四年（西元538年）誕生於荆州。
└ 梁紹泰元年（西元555年）出家於長沙果願寺。

2. 修學時代（20～30）┌ 陳永定元年（西元557年）受戒，入大蘇山。
└ 陳光大二年（西元568年）得法華三昧，至金陵。

3. 瓦官寺時代（31～38）┌ 陳大建元年弘法於金陵。
└ 陳大建七年。

4. 天台棲隱時代（38～47）┌ 大建七年（西元575年）隱天台修苦行。
└ 至德二年（西元584年）設放生池。

5. 晚年時代（56～60）┌ 隋開皇十五年（西元595年）至揚州講「維摩經」。
└ 隋開皇十七年（西元597年）圓寂於天台石城寺。

第二節　思想淵源略說

天台思想的淵源，古來有許多說法。〔註1〕依《摩訶止觀》，有「金口相承」與「今師相承」兩個系統。金口相承，即將天台宗的源流，上溯印度佛教。以印度釋迦佛付法予迦葉尊者為初祖，經阿難，商那和修到師子比丘，共二十三祖，龍樹菩薩即此系統的第十三代祖師。此系統是遠推，從中看不出與中國天台的實質關係，於是又舉出今師相承的系統，以龍樹為高祖，北齊的慧文禪師為二祖，南岳慧思為三祖，智者大師為第四祖。

今師相承的法脈，確實有義理與教觀上的依據。《摩訶止觀》卷一上記載著：

〔註1〕除「金口相承」、「今師相承」的系統，尚有一、直授相承（靈山直授系）。這是日僧最澄，在「內證佛法相承血脈譜」所記載的。二、譯主相承（羅什天台系），此乃傳教大師所立。三、九師相承。出自荆溪的《摩訶止觀輔行搜要記》。本文僅述《摩訶止觀》所列。以上可參考《天台宗之判教與發展》中，李世傑著〈天台宗的成立史要〉一篇。

> 智者師事南嶽，南嶽德行，不可思議。……南嶽事慧文禪師，當齊
> 高之世，獨步河淮，法門非世所知！……文師用心，一依《釋論》，
> 論是龍樹所說：付法藏中，第十三師。智者《觀心論》云：歸命龍
> 樹師！驗知龍樹是高祖也。

智者與慧思，慧思與慧文有著實際的師徒承受關係，至於龍樹，當然是從其論典的義理上，立傳承的關係。

慧文禪師的事蹟記載於史籍者甚少。只知他俗姓高，生於北朝魏齊之間。曾於河淮一帶，講學授禪，門下聚眾甚多，教法超於當世。慧師曾學觀心法於其門下。在天台教理的傳承中，他首先以龍樹的《大智度論》為依歸。從論中「三智一心中得」之文，發展出「一心三觀」，「一心三智」的教法。

慧思（西元 515 年～西元 577 年）幼具宿慧，一生奇特事蹟甚多。〔註2〕從他的思想歷程看，他以修「法華三昧」開發智慧。禪觀修行精湛，在教理上，以《法華經》與《般若經》為依。

智者大師在慧思門下參學八年，盡得其教觀奧旨。天台宗法華，以《大智度論》、《中論》為義理的依據，又重視禪觀修行，均於參學之時即已奠下基礎。但天台創建的主因，卻是智者大師自身的才華慧力。金陵說法期的吸納各家菁華，天台棲隱十年的圓熟創發，只能說是「思想家創造時代」吧！

第三節　天台學的弘傳

一、章安大師（西元 561 年～西元 632 年）

天台宗的奠基與開創，完成於智者大師的講經著述。但大師生平以化導門下學教修觀為要務，講經說法的時候多，親自撰著的時候少。所以大師留傳下來的龐大作品中（據近人考據，共有四十六部百八十八卷之多），大師親撰的著作，僅屬少部分，由門人筆錄的部分佔絕大多數。其中尤以灌頂大師的筆錄整理，最為重要。

章安大師，字灌頂，號法雲，俗姓吳。陳嘉天二年（西元 561 年）生於臨海章安（浙江臨海縣）。幼時喪父，七歲即投禮攝靜寺慧拯法師出家。二十歲受具足戒後，遂至金陵光宅寺，聽智者大師講「法華文句」等經。其時大

〔註2〕有關慧文、慧思事蹟，可參考《佛祖統紀》卷六。《大正》四九冊頁 178～180。

師四十八歲。之後，章安追隨大師數十年，凡講經，大都由章安筆錄整理，所記者大小部共百餘卷。《法華文句》《法華玄義》《摩訶止觀》等天台三大部，均爲歷數十寒暑，方才整治而成的鉅著。故佛祖統紀讚曰：「以一遍記之才筆，爲論疏垂之將來，殆與慶喜（阿難）結集同功而比德，微章安，吾恐智者之道，將絕聞於今日矣！」。〔註3〕

除筆錄大師思想外，章安大師尚爲天台寫「國清百錄」，把智者大師與陳、隋帝室往來的書信編輯成冊，這是研究天台早期歷史的重要資料。

章安自己尚撰「涅槃經玄義」、「涅槃經文句」，仿智者大師講「法華經」的方式，以「玄義」講解義理，以「文句」隨文釋意。在天台思想中，更融進了涅槃宗的精要。

開皇十七年（西元597年），大師接掌國清，玉泉兩大叢林，爲天台宗的發展建立基地。唐貞觀六年（西元532年）八月七日，安祥圓寂於國清寺，壽七十二。後人崇爲天台宗第五祖。

二、荊溪大師（西元711年～西元782年）

章安大師之後，經六祖智威，七祖慧威，八祖玄朗三代，天台宗僅能守成而無發展。當時，隋唐其他宗派已一一興起茁壯。如玄奘大師的慈恩宗，法藏賢首的華嚴宗，以及南能北秀的禪宗等。在此百年間，天台未能與之競爭，直到中唐，荊溪大師出，才又中興天台門庭。

荊溪大師俗姓戚，唐景雲二年（西元711年）生於晉陵荊溪（今江蘇武進縣），少時爲儒學子弟。十七歲時，訪道江東，遇金華芳岩禪師，始涉內典。開元十八年（西元730年，年20）投禮玄朗大師門下出家。法號湛然，人稱妙樂大師。

荊溪對天台的貢獻可分兩方面說。第一是注解智者大師的重要著作，並加以發揮深化，使天台的圓融理論更嚴整清晰。他爲天台三大部作疏解：「法華玄義釋籤」，「法華文句記」、「摩訶止觀輔行傳弘決」。這是研三大部不能不並讀的要典。第二方面，基於天台宗的學理，對慈恩、華嚴、禪宗等提出義理的批判。慈恩宗的窺基大師，曾作「法華玄贊」，提出許多反對天台的觀點。荊溪敬以「法華五百問論」，提出辯駁反質。對賢首宗的批判，作「金剛錍」，

〔註3〕參考《大正》49冊，頁187，《佛祖統紀》卷七。

尤其對華嚴的「無情無性」說，提出「無情有性」的看法。另外，於「止觀義例」中，以天台的教觀相依，暗斥禪宗的闇證無據。

經過荊溪的這番顯揚，天台教理更加彰揚。然因以「起信論」如來藏緣起的思想，解釋智者大師的性具說，也埋伏下宋代山家派，山外派的「眞心‧妄心」數十年諍執的種子。

附　註

本節參考書目如下：一、《智者大師別傳》。章安大師撰。二、《佛祖統紀》卷六〈中智者大師傳〉。三、《天台教學史》。四、《中國佛學思想概論》。五、《中國佛教史》（以上著者參考附錄）。

第三章　實相論

第一節　法華實相觀的主旨

追溯天台教理所依的典籍，如九祖荊溪所言：

> 以《法華經》爲宗骨，以《大智度論》爲指南，以《大般涅槃經》
> 爲扶疏，以《大品般若經》爲觀法。〔註1〕

天台教理雖融攝諸經，其豎立教判的準據，却完全依於《法華經》。智者大師以《法華玄義》立五章說法華經題，《法華文句》別釋經文，天台義旨，盡潛其中。

《法華經》的主旨，在說明三乘是「權法」，唯有一大乘，本是諸佛欲教化眾生的「實法」。十方三世諸佛道同，但欲以佛智所開顯的實相不思議境，引導眾生同「開示悟入佛知見」。換言之，實相即是諸佛經思維，修證所成的究竟佛智，所觀照的法界眞相。這法界眞相，雖「法爾如是」的如如自存，有佛無佛理體不易，却得經主觀佛智的照顯宣說，方可彰明其理。故《法華經》云：唯佛與佛乃能究盡諸法實相。

智者大師于《法華玄義》中，順《法華經》的內容，分法華二十八品爲「迹本二門」。前十四品爲迹門，後十四品爲本門。迹門主旨爲「爲實施權，開權顯實，廢權立實」。佛陀以巧妙的譬喻，說過去的三乘法，是爲接引不同根機的眾生而說。實則諸聲聞已於宿世結了法華一大乘之緣，只因迷忘本願，才退大爲小。並在法華會上，重爲諸聲聞弟子授記，預記其未來定將成佛的希望。

本門主旨爲「從本垂迹，開迹顯本，廢迹顯本」。「迹」指近迹，「本」指

〔註1〕 參考《大正》四六冊，頁 4520 荊溪著《止觀義例》卷上。

遠本。佛陀在此婆娑世界降生成道說法的事蹟（迹），只是其永恒生命（本）的一小段示現而已。事實上佛陀的法身乃是永恒而遍在的。有永恒普遍的本相，方能機感緣應示現十方的迹相。

《法華玄義》中，標《法華經》的五章旨要爲：「以法喻爲名（妙法蓮華），實相爲體，一乘因果爲宗，斷疑生信爲用，無上醍醐爲教相」。能契悟實相之體，即能解了法華旨意。究竟「實相」眞意爲何？下文先明「實相」的立名義，再分三節述其義理。

第二節　實相之立名

佛家以「緣起法」，說明宇宙萬法的生成變化。一切現象的生起，都是相依互待而成，不能獨立隔絕的存在。

緣起法，可以用「諸行無常，諸法無我，涅槃寂靜」這三法印說之，合而言之，即「一實相印」。就萬法，因果法則（緣起）與實相間的關係，《法華玄義》中比喻：

> 若譬喻明義，如梁柱綱紀一屋，非梁非柱，即屋內之空。柱梁譬以因果，非梁非柱譬以實相。實相爲體，非梁柱也。屋若無空，無所容受。因果無實相，無所成立。釋論云：若以無此空，一切無所作。

〔註2〕

就萬法（一切現象）成立的法則而言，存在著「如是因，如是果」的因果關係。再深究因果成立的依據，即是龍樹所極力闡明的「空」義。從引文中因果與實相的對顯，可看出實相與空義實爲一名。但天台的實相義，與龍樹的空義，尚有一段發展演變的歷程。天台以「空假中」解中論四句偈，這是智者大師承自慧文、慧思一心三觀，一心三智，而圓熟成的實相觀。雖可以「空」說實相的不可破壞眞實性，但不可籠統忽略智者獨特開展的別義。

下面分三段，探討實相的異名與多重涵義。

一、別經實相之異名

佛陀說法，但爲令眾生同契佛智，所謂「欲令眾生，開示悟入佛之知見」。但佛所自證的實相境界，是無法言說的。雖然如此，佛陀仍依種種因緣環境，

〔註2〕參考《大正》33冊，頁780，《法華玄義》卷八上。

因應千差萬別的眾生根器，說種種法門，以使眾生自我開發智慧。

　　因眾生根器的差異，佛說法亦別。再者，實相是一體，其體圓融、涵攝無量義，故在不同經典中、佛陀因應該經實相之功用、意義爲之定名。如果不了解「體」同而「名義」異的道理，就要執名起諍了。實相異名甚多，《法華玄義》簡說十二種：

> 實相之體，祇是一法，佛說種種名。亦名妙有，眞善妙色，實際，畢竟空，如如，涅槃，虛空佛性，如來藏，中實理心，非有非無中道第一義諦，微妙寂滅等，無量異名悉是實相之別名，實相亦是諸名之異號耳。〔註3〕

說「妙有」「眞善妙色」，是從佛所得所見立名。佛所住之境雖不離凡夫世間，但佛能見一一法的如實之相，不同凡夫執迷於所有假象，故名其所見爲妙有，妙色。

　　「畢竟空，如如，涅槃」，均就智證空性的寂滅不可思議說：「虛空佛性」，是從心、佛、眾生三無差別的「覺性」言。就此覺性的寂照靈知之功用，名「中實理心」。就佛性的容受萬法，名「如來藏」。從其超越有無二邊，最上無過，名「中道第一義諦」。〔註4〕

　　上就別部經中實相異名，略作介紹，下再看《法華經》的實相名義。

二、法華經的實相眾名

　　智者大師的實相觀，以《法華經》爲依據。〔註5〕落實於現實世間，即「是法住法位，世間相常住」。世間變動不居之相，即是諸佛所證常住的不改的實相。然如此說終究籠統模糊，須從經中檢出實相異名，明察其義。《法華玄義》檢列其文：

> 此經體名，前後同異者，序品云：今佛放光明，助發實相義。又云：諸法實相義，已爲汝等說。方便品廣說中云：諸佛一大事因緣，開佛知見，無上道，實相印等。譬喻品中以一大車譬一大乘。信解品中名付家業。藥草中名一切智地，最實事。化城中名寶所。授記中

〔註3〕同上，頁782。
〔註4〕同上，頁783。
〔註5〕智者所依《法華經》，即鳩摩羅什大師譯的《妙法蓮華經》，共七卷二十八品。見《大正藏》第九冊。以下均簡稱《法華經》。

> 名繫珠。法師品中名祕密藏。寶塔中名平等大慧。安樂行中名實相。
> 壽量中名非如非異。神力品中祕要之藏。妙音中普現色身三昧。觀
> 音品中名普門。勸發品中名殖眾德本。〔註6〕

以上諸名散見法華各品。智者大師在《法華文句》中，隨文解釋。以下只擇
要釋意。依用立名。

序品中首立實相之名。方便品言「一大事因緣」，三世諸佛，唯以此事自
行化他，故言大事因緣。「佛知見」者，因於佛智照顯實相，境智冥一，故言
佛知見。「實相印」，意取正定諸法究極真實之相。

《法華經》中，幾個著名的譬喻，均為助顯實相之義。比如〈譬喻品〉
中，長者予諸子一大白牛車，取代三車之諾言；諸子得乘是大車，遊於四方。
一大車即喻一大乘法。乘一大乘，眾生可究竟入佛智地。「車體」即是實相。
「信解品」中的窮子喻，窮子喻退大向小的二乘人，因守貧自囿，不知原有
富貴家業。待佛為之印證——付家業，方知開發自家助德寶藏。

「藥草喻品」以大地——一切智地譬實相。花草樹木譬權教根性，雲雨
譬佛陀法音。眾生依於實相地，受法音灌溉，隨分受潤，名得生長。佛只一
音，眾生所依只實相一地，漸漸修學，皆當作佛。

「化城喻品」中，佛陀指出過去小乘人所依止的涅槃，只是佛陀為部分
畏佛道長遠的修道者，示現的「化城」。待彼等無復疲倦，即捨化城，導之究
竟至於「寶所」。寶所體即實相，即究竟涅槃。

繫珠喻亦指本具佛性，因不自知本具佛性而長夜輪迴，佛啟發令知，只
消發掘自家寶珠，即貴同佛陀。

祕密藏，平等大慧，非如非異，祕要之藏，普現色身三昧，普門，殖眾
德本等，均依實相的功用意義而立名，釋之甚長，暫且不論。

三、智者大師彰顯實相的進路

智者大師的著述中，對於實相的闡揚，以《法華玄義》的義理開展最為
精嚴。以「迹門十妙」「本門十妙」而論，門門開權顯實，開麤顯妙。權即藏、
通、別三教權法。實即開決了前三教後，即權是實的「圓教」。麤即可思議次
第諸法，妙即不可思議圓頓妙法。從可思議法的次第舖陳中，點化為「當體

〔註6〕見《大正》33冊，頁792。

即是」的不可思議圓妙法。「實，妙」即是實相。迹本二十門，門門顯實相，門門可爲入實相門，可顯實相正體。

「迹門十妙」者：境妙，智妙，行妙，位妙，三法妙，感應妙，神通妙，說法妙，眷屬妙，功德利益妙。「本門十妙」：本因妙，本果妙，本國土妙，本感應妙，本神通妙，本說法妙，本眷屬妙，本涅槃妙，本壽命妙，本利益妙。迹本二十妙，各有其所詮義理，生起次第，麁妙。但迹本皆稱「妙」者，以均顯實相不思議境，《法華玄義》釋之曰：

> 本初照十麁十妙皆名爲實。迹權本實俱不思議。不思議即是法性之理非古非今，非本非迹，非權非實。但約此法性論本迹，權實，麁妙耳。〔註7〕

依引文可知，不管由本門、迹門，立權實，判麁妙，均爲顯不思議法性；法性者，實性，實相也。即「法」之性，法之性只是萬法如如本性。佛「發現」此法之性，而非「發明」。佛是經由思維，實踐的歷程，契此實相境，開啓般若慧。佛只是發現了「法爾如是」的道理，有佛無佛，法性依舊，不改不變，只是眾生不知不覺而已。若能依佛所說的文字般若，起觀照般若，則人人可證實相般若。

既迹本二十門，門門顯實相，則任取一門，均可契會實相之理。故先由顯體檢見其文，《法華玄義》卷八，正顯體中說：

> 正顯體者，即一實相印也。三軌中取眞性軌。十法界中取佛法界。佛界十如是中取如是體。四種十二因緣中取不思議不生不滅。十二支中取苦道即法身。四種四諦中取無作四諦，於無作中唯取滅諦。七種二諦中取五種二諦，五二諦中取眞諦。五三諦中取五中道第一義諦。諸一諦中取中道一實諦。諸無諦中取中道無諦。若得此意，就智妙中簡，乃至十妙，一一簡出正體，例可知也。〔註8〕

上文中除三軌，十法界外，均屬迹門第一境妙。逆妙分爲六：一、十如境。二、因緣境。三、四諦境。四、二諦境。五、三諦境。六、一諦境。一一境各分麁妙。

以第三「四諦境」爲例，有四種四諦：生滅四諦，無生滅四諦，無量四諦，無作四諦。此四四諦，合四教說，即，一、生滅屬藏教。二、無生滅屬

〔註7〕同上，頁770，《法華玄義》卷七下。
〔註8〕同上，頁779～780。《法華玄義》卷八上。

通教。三、無量屬別教。四、無作屬圓教。前三種四諦是不了義,是麤法。唯無作四諦是了義,是妙法,是實相正體。但雖以無作四諦爲實相正體,無作中是已開顯前三四諦,會前三而成之無作。故麤妙非是隔絕地對照,而是融會的開麤顯妙。此「妙」方爲圓妙,是實相正體,是佛智照顯之不思議境。

智者大師彰顯實相之進路,既廣若是,吾人自不能一一具述。唯「條條大道通羅馬」,只要擇取重要數途,深加探討,即可管窺實相大海。

下面三節,即從三條進路契會實相之旨。

(一)以「三軌成乘」彰顯主觀佛性面。

(二)依「十如是」說實相的法性義。

(三)依「圓頓止觀」的修證,由主體的實智照不思議實相境,以呈顯「境智不二」的實相妙法。

第三節　三軌成乘論實相

一、一乘法與佛性

智者大師五時教判,將《涅槃經》與《法華經》同列爲第五「法華涅槃時」。天台宗法華,而以《大般涅槃經》爲扶疏,也就是以《涅槃經》充實法華宗骨之義理。

《涅槃經》乃佛陀臨終前最後所說經,主旨在於說明眾生本具佛性。《法華玄義》以《法華經》與《涅槃經》旨玄會,其文曰:

> 涅槃二十五云:「究竟畢竟者,一切眾生所得一乘,一乘者名爲佛性。」以是義故,我說一切眾生悉有佛性,一切眾生悉有一乘故。
>
> 今經是一乘之教,與涅槃玄會。〔註9〕

可見佛性即一大乘之依據。以「六即佛」論,眾生本具佛性,名爲「理即佛」。理即佛者,在聖不增,在凡不減。開發此理即佛性,經名字即,觀行即,相似即,分眞即,到究竟即佛,即是一大乘法的理體依據。

天台的成佛論,與禪宗「頓悟成佛」的簡樸風格比較,顯然較爲層次分明,進階有序。藏通別圓四教,各有其從凡入聖的階次。就圓教而言,依《瓔珞經》分爲五十二位:十信,十住,十行,十迴向,十地,等覺,妙覺。這

〔註9〕參考《大正》33冊,頁803,《法玄》卷十上,教相第五。

五十二位，乃是六即佛的精確分位。簡言之，雖佛性人人本具，但各自開發本具般若德慧的程度，却有淺深之別。從究竟佛智看這差別，實際上即平等無差，《法華文句》言：「如來能知，差即無差，無差即差」。但因無明之垢薄，執障的淺深，才有凡聖位次的詮顯。《法華玄義》迹門第四明位妙中釋曰：

> 真如法中無詮次，無一地二地。法性平等，常自寂然，豈應分別初後始終？良由平等，大慧觀於法界，無有若干。能破若干無明，顯出若干智慧。約此智慧，無始無終。〔註10〕

由上引文可知，以真如本性，平等法性而言，是無初無後，無始無終的。佛契此如實境，以平等大慧觀法界，自亦不分別凡聖。但，如從凡夫的立場、仰望圓滿佛地，畢竟尚有一段長遠的歷程，此歷程之分段乃因於迷悟的境界，迷深則為下位，迷淺則慧深。因此迷悟分階位，故智者大師云：

> 然平等法界，尚不論悟與不悟，孰辨淺深？既得論悟與不悟，何妨論於淺深？雖明法界平等，無說無示，而菩薩位，終自炳然。〔註11〕

六即佛，五十二位，均昭顯一大乘法之意義，亦均顯諸法實相，引《普賢觀》之語：

> 大乘因者，諸法實相，大乘果者，諸法實相。

要了解實相涵義，終不能不從佛性談起。佛性唯一，分說「三因佛性」，依三因佛性，以導論三軌成乘正題。

二、三因佛性玄會三軌

何謂「佛性」？這是個古來即頗受爭論的問題。吾人在此不加評論，但依智者大師原意解說。智者大師的佛性觀，以《涅槃經》為依據，以一佛性，分三而說。〔註12〕在《法華玄義》中，曾與他宗論辯「佛性有無」的問題，節錄其要：

> 如我先於摩訶般若中，說我與無我，其性不二。不二之性即是實性。實性之性即是佛性。如此遙指，明文灼然，何意言非？

〔註10〕同上，頁470。《法玄》卷五下。
〔註11〕同上，頁732～733。《法玄》卷五上。
〔註12〕唯識系，真常心系，般若系，各有其獨特的佛性觀。智者大師的佛性依涅槃經立，唯融攝於自家體系中。本文但依智者本意說，不論其他。

> 又涅槃佛性，祇是法性常住不可變易。般若明實相實際，不來不去
> 即是佛無生法。無生法即是佛。二義何異。故知法性實相即是正因
> 佛性。般若觀照即了因佛性。五度功德資發般若，即是緣因佛性。
> 此三般若與涅槃三佛性，復何異耶？〔註13〕

上文以三般若會通《涅槃經》三佛性，以般若明實相實際，明辨佛性早載於
經文，非後人增添旨意。

正因佛性即法性實相。法性實相即萬法的真實性、真實相。萬法包含有
情，無情；不管有情眾生或無情器世間，其實性均名法性實相。正因佛性雖
即有情之法性說，但此佛性等同法界，是遍十方三世不滅不易的。

般若觀照即了因佛性，五度功德資發般若即緣因佛性。般若觀照及佛性
體所具的本有慧力，雖具本有智慧，尚須「緣」遇修行中開，由落實於現實
生活時空，修五度功德，方能資發般若慧。因此，「了因佛性」乃「覺力」，「緣
因佛性」則依於「覺力」所生之「覺用」。反過來說，覺用亦可資成覺力的開
發。

牟宗三先生在《佛性與般若》中，解釋三因佛性，以緣了二佛性是主觀意
義的佛性，是「覺佛」。正因佛性則為「法佛」，非主觀意義地存在著。〔註14〕
法佛是靜態自存而不動，須得從「了因，緣因」二覺性性上的「覺」之歷程，
方能從理即佛修成究竟即佛。

眾生皆有佛性，即指包含此三面意義的佛性。但「正因，緣因，了因」，
只是就佛性的功用分三而說，非真有三種佛性，說三只是義理解析上的方便，
分述之後，仍得統觀為一，才能理解佛性的意義。

本節先以一乘法會佛性，再分三因佛性會通三軌，三軌者：真性軌、觀
照軌、資成軌。《法華玄義》中以三軌類通三佛性，其文如下：

> 真性軌即正因性，觀照軌即了因性，資成軌即緣因性。〔註15〕

既三軌即三佛性，何須說二名？此乃因用立名。三因佛性是佛性橫面的剖析，
三軌是一大乘法立體的縱說。軌者，軌範也，軌範行人從一念初心到究竟果
佛，以動態歷程表顯佛性。下文即藉之詮顯不思議實相。

〔註13〕見《大正》33 冊，頁 802，《法玄》卷十上。
〔註14〕參考牟宗三《佛性與般若》上冊，頁 240～257。有關「三因佛性的遍局」一
　　　　節。
〔註15〕見《大正》33 冊，頁 744。《法玄》卷五下。

三、正說三軌成乘

（一）三軌的涵義

《法華經》以開顯一乘法為主旨，一乘法即眾生皆有佛性，終將究竟成佛的圓教。在〈譬喻品〉中，佛陀以長者將予諸子一大白牛車，譬喻佛陀唯欲開示眾生究竟成佛的一大乘法。由乘此大乘，可運載眾生入佛智地。智者大師因應此意，以三軌說一大乘。雖有三軌之分，實則祇顯一乘，由一乘法入實相門。

以三軌成圓佛乘，《法華玄義》有文釋曰：

> 今遠論其本，即是性德三軌。亦名如來之藏。極論其末，即是修德三軌，亦名祕密藏。本末含藏一切諸法。從性德之三法，起名字之三法。因名字之三法，修觀行之三法。因觀行之三法，發相似之三法。乃至分證之三法，究竟之三法。自成三法，化他三法。……私謂一句即三句，三句即一句，名圓佛乘。〔註16〕

如文所示，圓佛乘（一大乘）之本（因），即性德三軌，亦名如來藏。其末（果）即修德三軌，亦名祕密藏。從「性」起「修」，由「修」照「性」，即是從潛隱性德，經主觀修證的歷程，澈底開發佛性，到究竟即佛的立體過程。圓佛乘即天台圓教的成佛觀，圓成佛智即契悟實相，以三軌契實相，故須先明三軌涵義。

1. 順解三軌

藏、通、別、圓四教，對於三軌的解釋，各不相同。本文唯取會通了前三教的圓教三軌，明三軌之意。《法華玄義》云：

> 明圓教三法者，以真性軌為乘體；不偽名真，不改名性，即正因常住。諸佛所師謂此法也。一切眾生亦乘一乘。眾生即涅槃相，不可復滅。涅槃即生死，無滅不生。故大品云：是乘不動不出，即此乘也。觀照者，祇點真性寂而常照，便是觀照，即是第一義空。資成者，祇點真性法界，含藏諸行無量眾即如來藏。三法不一異。〔註17〕

真性軌者，即不改常住之真性，即實相正體。從因說即正因佛性，為佛所以成佛之理體依據。觀照軌者，就真性的「智」照功能立名。真性體「寂」而

〔註16〕同上，頁 741。
〔註17〕同上，頁 742。

有智「照」之功，就其照而名觀照軌。通俗地說，眞性軌與觀照軌有能所關係。眞性常住不改，常自寂然，須由「能照」之觀照軌開顯；可知觀照軌同「了因佛性」，就果說同般若德。

資成軌者，眞性軌中所含藏的無量潛能。此無量潛能，須藉無量眾行開顯，從此「行」面說資成軌。通「緣因佛性」，成佛時轉爲「解脫德」。

三軌與三佛性同，祇爲顯一大乘，分三而說；三者相互的關係，以譬喻說明：

> 三法不一異，如點如意珠中論光論寶，光寶不與珠一不與珠異，不縱不橫，三法亦如是。亦一亦非一，亦非一非非一，不可思議之三法也。〔註18〕

珠者，體也，喻眞性軌。光者，明其照物之能，喻觀照軌。寶者，有成物之用，喻資成軌。不能離珠而論光寶，也不能離光寶之用而說珠體。然三者終究可別說亦可合說，即體明用，即用顯體。以表助解如：

（順解三軌）

以上三軌，乃內在於眾生本性，爲有心者（有情眾生）之體，故智者大師說：

> 夫有心者皆備此理，而其家大小都無知者，是故爲麤，今示諸眾生諸覺寶藏，耘除草穢，開顯藏金，一切無礙人，一道出生死。十方諦求更無餘乘，唯一佛乘，是故爲妙。〔註19〕

既有心者皆備此理，何以都無自覺呢？乃因有無明染之故，但能除去草穢（無明），即可顯本來佛性寶藏，使性德三軌清淨無染，成究竟三軌。下文即藉迷逆無明，反顯三軌涵義。

2. 逆說三軌

迷者，無明也。眞性既常住不改，何以會起無明？對於無明的生起，佛陀不從時間性的第一因追究，所以有曼沙童子十四難不答的故事。佛陀直截

〔註18〕同上，頁742。
〔註19〕同上，頁743。

了當的從無明「無實體」上，破除種種煩惱計執的迷惑。故《淨名經》云：「無明即是明，當知不離無明而有於明。如冰是水，如水是冰。」無明與明只是相對相即的存在，但能解其無體則無明渙然冰釋。

依前順說三軌，既有心者皆備性德三軌，何以有佛與眾生之別？智者大師解云：

> 若迷此三法，即成三障。一者界內界外塵沙，障如來藏。二者通別見思障第一義空。三者根本無明障第一義理。若即塵沙達無量法門者，即資成軌得顯。若即見思達第一義空者，觀照軌得顯。若即無明障達第一義諦者，真性軌得顯。真性軌得顯名為法身。觀照軌得顯名為般若。資成軌得顯名解脫。此兩即是定慧莊嚴，莊嚴法身。法身是乘體，定慧是眾具。〔註20〕

上文名相可解，義理清晰，脈絡分明，繪表如下：

（逆說三軌）

天台宗一向重視現實染濁的存在，故有獨特的「性惡說」。此處逆說三軌，先為第四章第四節「性惡說」之辨正，作一導引。先明三軌與三障，明與無明，只是一體兩面翻轉互成。待「性惡說」中再深論其原委。

（二）三軌的「乘」義

一般解釋大小乘的「乘」為「運載」義。運載煩惱此岸的眾生到涅槃彼岸。但智者大師解釋圓教乘義，另有妙解。「乘」不一定要以「運載」義釋，何以故？《法華玄義》卷五云：

> 何必一向以運義乘乘？若取真性不動不出，則非運非不運。若取觀照資成能動能出，則名為運，祇動出即不動出，即不動出是動出。即用而論體，動出是不動出。即體而論用，即不動出是動出。體用不二而二耳。〔註21〕

〔註20〕同上，頁742。
〔註21〕同上，頁742。

三軌以其軌範凡夫一念心爲始，入佛法界之終，總名「成乘」。但以「體用」分三軌，則有「體」不動不出，「用」有動有出的別義。

以眞性軌之體而言，不管是「性德三軌」或「修德三軌」，它都只是不改不動，因之也無所謂運與不運。然若就依眞性體而起的觀照軌、資成軌二用言，即可動破三障之迷，出離三界火宅，運迷惑凡夫到佛智之境。故亦可名爲「運」。

運與不運，須相依而解，不能分割而說。從其動出之用方照不動出之眞性體。也依不動出之眞性體，方有動出之用。「乘」義中有運有不運，三軌成乘有動出不動出，簡述如上。

（三）三軌會通十如是

三軌的涵義甚廣，故縱可通三因佛性，涅槃三德總括一大乘，橫可類通諸法，使法法互通無礙，《法華玄義》中舉十法與三軌相通：三道，三識，三佛性，三般若，三菩提，三大乘，三身，三涅槃，三寶，三德等。

三軌豎通無礙，豎者，有始有終之謂也。始於凡夫一念之心，具十法界十種性相爲三法之始。三軌與十如是之會通，關係如下：

> 十種相性祇是三軌。如是體即眞性軌。如是性，性以據內即是觀照軌。如是相者，相以據外即是福德，是資成軌。力者是了因是觀照軌。作者是萬行精勤即是資成。因者習因屬觀照。緣者是報因屬資成。果者是習果屬觀照。報者是習報屬資成。本末等者，空等即觀照，假等即資成，中等即眞性。直就一界十如論於三軌。〔註22〕

由前九如是與三軌的關係，可顯三軌意義之普遍。三軌又通本末究竟，即會通空假中三諦。三軌、十如，三諦均爲實相，只是說法進路不同。實相尙可從無數法門說，若解任一門義，以之互通，則與諸法門無不相會。

第四節　實相「十如是」的涵義

一、有關「十如是」出處之考證

十如是之文，出自鳩摩羅什譯的《妙法蓮華經》方便品第二，節錄如下：

> 佛所成就第一希有難解之法，唯佛與佛，乃能究盡諸法實相。所謂

〔註22〕同上，頁743。

　　諸法如是相，如是性，如是體，如是力，如是作，如是因，如是緣，

　　如是果，如是報，如是本末究竟等。

經中，世尊並未對此十如加以任何解說。智者大師却依此十如，詳加義理解釋，並以此十如是與十法界配合，開展爲「百界千如」、「一念三千」等天台重要思想。〔註23〕

　　然查遍西晉竺法護翻譯的《正法華經》與近代發現的梵文本《法華經》，均不見十如是文，唯有片段近似的散說文句。此外，《大智度論》中有相近的九法。本段先就目前所看到的資料，略加述解。下分經、論兩部分。

（一）經

1. 正法華經

《正法華經》善權品第二，相當於《妙法華》第二方便品，於十如是同等位置，有片段文曰：

　　大聖所說未曾有巍巍難量，如來皆了諸法所由，從何所來，諸法自

　　然，分別法貌眾相，根本知法自然。〔註24〕

此文與十如是略有近似之意，如「諸法所由」，「諸法自然」，「法貌眾相」等，但內容與十如相較則遠不如之。

2. 梵文法華經

有關之梵文如下：

ye ca te dharma yatha ca te dharma yadrsas ca te dharma yal laksanas ca te dharma yat svabhavas ca te dharmah│ye ca yatha ca yadrsas ca yallaksanas ca yatsvabhavas ca dharma iti│tesu dharmesu tathagata eva pratyakso paroksah‖

譯成中文：

　　彼等諸法是如是的，彼等諸法是如是行相，彼等諸法是如是相，彼

　　等諸法是如是自性。

　　彼等諸法是如是，如行相，如相，如自性的。

〔註23〕有關十如是的解釋，智者之前，其師慧思已曾注意十如的特殊性。另有梁朝光宅寺法雲法師，曾作《法華義記》，判前五如爲權法，後五如爲實法。智者於《法華文句》《法華玄義》《摩訶止觀》均曾批判其說。又有北地師、瑤師、玄暢師亦曾說十如，智者在《法華文句》中評其文不允，其理久周。其詳可參考《大正》34冊，頁42。《法華文句》卷三下。

〔註24〕見《大正》第九冊，頁68。《正法華經》卷一，第二善權品。

此等諸法唯如來可現見，可知。〔註25〕

（二）論

1. 世親的《法華經論》

將前文釋爲「何等法、云何法、何以法、何相法、何體法」，近於五如是。〔註26〕

2.《大智度論》

在《大智度論》中有三卷，可見近於十如是之文：

卷二十七：性、相、力、因、緣、果報、得、失等八相。

卷三十三：業、力、所作、因、緣、果、報等七相。

卷三十二：智者大師在《法華文句》中，特舉《釋論》卷三十二之法與法華十如會通，其文簡化爲：

釋論三十二，明一一法名有九種。一名有體。二名有法。三名有力。四名有因。五名有緣。六名有果。七名有性。八名有限礙。九名有開通方便。將此九法會法華中十如，各有法者，即法華中如是作。各有限礙者，即是法華中如是相。各有果者，即是法華中如是果如是報也。各有開通方便者，即是法華中如是本末究竟等，餘者名同可解。〔註27〕

由以上檢錄，可看出「十如是」之義散見諸經論，唯羅什譯之《妙法蓮華經》會攏成文於一處。有說「十如是」之文乃羅什自己添加，《法華經》本意原無此十如之必要。有說十如之文不見他經，或因羅什所依梵本不同。〔註28〕吾人以爲不管十如之文是羅什添加，或淵源何本，《妙法華經》中簡單的「十如是」列名，會爲慧思、智者這般重視，定有道理。

第一，解釋十如的依據，與《大智度論》卷三十二的釋文有關。這應來自慧文、慧思重視《大智度論》，故智者《文句》才會特別以《智論》九法會十如，十如的發展，不一定只限於法華經系的。

〔註25〕參考《大乘佛教思想論》，頁290。木村泰賢著。

〔註26〕同上。

〔註27〕見《大正》34 冊，頁 42。《法華文句》卷三下。然《大正藏》中寫爲「釋論三十一」，可能編著筆誤。

〔註28〕這是印順法師的意思。見《中觀今論》，頁146。

第二，十如是其實只爲天台的「緣起法」；智者以空假中解「本末究竟等」，即欲會通其緣起觀。

二、總說十如是的重要性

智者大師是位原創力充沛的思想家，不但他早期晚期的思想有顯著的差別，甚至從他的每一部講說或著述中，都可發現某些觀念的進展與成長。

以「十如是」爲例；當他在陳至德三年，於金陵光宅寺講《法華文句》的時候，只簡要素樸地約十法界十如是講說。八年之後，隋開皇十三年，講《法華玄義》於荊州玉泉寺時，已發展爲「百界千如」更融貫整嚴的解說。隔年，再講《摩訶止觀》，則又從「觀心一念」的修行立場，發展爲精要的「一念三千」了。〔註29〕

就十如是本身之意義而言，不管從《法華經》的僅列名無解釋，或智者大師的「百界千如」「一念三千」中以之釋十法界正報，依報的眞實理則，十如的本質始終是一樣的。

十如所闡明的就是「諸法實相」。而諸法實相，即是因緣法；荊溪在《摩訶止觀傳弘決》上說：

> 相、性、體，但總說因緣之意。力者，但是因緣功能。作者，是預說因緣運用。果報，祇是因緣習果及報果耳。故知略說，即以因緣爲本，廣說始終，故須明十。〔註30〕

「緣起法」是佛家的共同法，也是佛陀所發現的宇宙萬法眞相，無不是緣起而相互依存地幻現假合著。

智者大師掌握了《法華經》十如是，與《中論》「因緣所生法，我說即是空，亦名爲假名，亦是中道義」四句偈，做爲講述「緣起法」的原，因此，吾人先須探討此萬法緣起的意義。

就「十如是」本身之特質言，不一定要從「一心具十法界」這樣的心法談。它本身即是法法共通的原則，須落實於一一法上看。如印順法師於《中觀今論》所說：「一切緣起相依的存在，即一切爲因果的幻網。能知所知的關係，即爲因果系中的一環。因果系不限於心境與物的系絡；所以諸法在沒有構成認識的能所系時，在因果中雖還不知是如何存在，但不能說是沒有的。等到心隨境起，

〔註29〕參考慧嶽法師著，《天台教學史》，頁61～71，有關智者大師的傳記部分。
〔註30〕見《摩訶止觀輔行傳弘決》卷五。三，頁948。

境逐心生，構成能所系時，才知道它是存在的」〔註31〕比如說，遠在十億光年之外的一顆小行星，其生其滅，一定也受到時間，空間中許多近因遠因的影響，雖吾人不知其存在，但其自身的因果變化，是不能不存的。

雖十如是不一定要落到一念心，十法界來談。但佛家的主要內容即談心法。「心，佛，眾生三無差別」，將十如是內在於十界，百界上談，也就很自然了。

三、諸法實相義之開展

（一）引　言

實相十如是，並非孤懸的理念，它是須落實到一一法上去看的。事實上，也是從一一法的當體，與法法之間的相互關係，才能了解十如是的涵義。

「是法住法位，世間相常住」，就從世間相的差別法當中，去認識常住不變的法性，實相。實相，即一切法究極真實之相，非離一切法當體而另有實相。法性，即一切法之性。十如是，也即一切法共通之法則。

《法華玄義》卷二上云：

> 經論或明一法攝一切法，謂心是。三界無別法，唯是一心作。或明二法攝一切法，所謂名色。……今經用十法攝一切法，所謂諸法如是相，如是性，如是體，如是力，如是作，如是因，如是緣，如是果，如是報，如是本末究竟等。〔註32〕

十如是「攝」一切法，可以解釋為：存在的一切法，就現象表面而言，看似千差萬別毫無關係。然深究諸法現象，可以發現其有某些「共通性」。換句話說，吾人可從這十如的角度，一一觀察一切法。就觀察而言，只是立於其外的粗淺了知；就佛而言，可以究竟澈證諸法的實相，即名成就佛智，實智。

（二）正釋十如是

智者大師對十如是的釋文甚為簡短，在三大部中，多簡單說過，隨即與十法界合釋。且在不同片段的引用中，亦略有歧義。〔註33〕因此，本文的詮釋，參考荊溪大師的注解，檢擇原義，希望還歸十如是一素樸的理解。

〔註31〕參考中觀今論，頁 160。

〔註32〕見《大正》33 冊，頁 693。《法華玄義》卷二上。

〔註33〕如《法華玄義》第二章顯體中，以「如是體」為實相正體。《摩訶止觀》一念三千中，則云「主質為體，此十法界陰，俱用色心為體」，因用立義，故有歧義。

　　就精確的定義上看，前九如是應該與第十「本末究竟等」分開解釋。因前九如，乃就一法之性質作九面的觀察。而第十，則爲從「本」：如是相，至「末」：如是果；做空、假、中三諦的會歸。其整體觀念來自智者大師對《中論》四句偈的理解。因此，下文分二段別解。

　　1. 前九如是

　　前九如是又可分三組觀念說：一、「相、性」是從一法之「外相、內性」而言。二、體、力、作：就一法之「體、用」而觀察。三、因、緣、果、報：就法法之間的前後關係而立名。三組觀念，合做任一法的觀察，即是「緣起法」的廣明。

　　（1）如是相、如是性

《法華玄義》卷二上云：

> 通解十如是者，相以居外，覽而可別名爲相。性以據內，自分不改
> 名爲性。〔註34〕

相、性以一法之可見而識知的「外相」與不改之「內性」而分，其義明甚。

　　就「相」之釋，《摩訶止觀》中引釋論之解：

> 釋論云：「易知，故名爲相」，如水火相異，則易可知

簡言之，相乃法之樣相。如水有水之相，火有火相，狗有狗樣子，貓有貓樣子，從其外貌一見可分。

　　「性」者，《摩訶止觀》增釋：

> 性以據內，總有三義：一、不改名性。性即不改義。無行經云：不
> 動性。二、性名性分，種類之義，分分不同，各各不可改。三、性
> 是實性，實性即理性，極實無過，即佛性異名。不動性扶空，種性
> 扶假，實性扶中。〔註35〕

性雖是法之內性，但究其深意，即智者通釋「法性」之義。依佛家的觀念看萬法，無一不是「緣起性空」的。就其性空而言「空性」，此「空性」非指萬法有絕對不變的性質，而是指其「無自性」而言。只有此「無自性」的共通性是不改的，故名「不改」，名「不動性」。故智者大師說「不動性扶空」。就

〔註34〕見《大正》33 冊，頁 694。《法華玄義》卷二上。下文中所引《法華玄義》之
　　　　文，均出此頁，不一一註明。
〔註35〕見《大正》46 冊，頁 53。《摩訶止觀》卷五、三。下文引《摩訶止觀》文，
　　　　亦出此頁，不一一註明。

其「緣起」假合暫有幻現的性質而言，亦名爲性，此處之性，相當於一般所說的物的「性質」，比如石頭有「硬」的性質，水有「濕」的性質等等，這是每一種東西都不同，各有其性的，故云「分分不同，各各不可改」，智者說之爲「假性」，故云：「種性扶假」。

智者以「緣起性空」的統合爲一，法就「空」「假」面合的「眞空妙有」言爲「中性」，並以「中」爲實性，理性、佛性。故云「實性扶中」。

有關「空、假、中」至本末究竟等再釋。此處暫解。

（2）如是體、如是力、如是作

《法華玄義》解此三如是云：

> 主質名爲體，功能爲力，構造爲作。

《摩訶止觀》增解：

> 如是體者，主質故名體；此十法界陰，俱用色心爲體。如是力者，
> 堪任力用也。如王力士，千萬技能病故謂無，病瘥有用。如是作者，
> 運爲建立名作。

力，用可合言爲「體」所生之「用」。體，指眾緣假合之法的當體，以十法界有情眾生而言，均以「色心」，亦即有質礙之形相與精神爲體。

荊溪解「力、用」云：

> 力者，但是因緣功能；作者，是須說因緣運用。

大致上可分別爲，力就「體」所有的功能言。作是從動能所產生的功用言。體、力、作，以例說明易解。如拳王阿里，三十歲的時候，有一拳五百磅的力道，一出拳，可使對手的牙齒掉光。阿里即是「體」，有五百磅之力即是「力」，可以使人牙齒應拳脫落即是「作」。

就空，假，中之性爲觀察。阿里十歲時候，五十歲的時候，都不是三十歲的阿里的樣子，也不會有那樣的力氣，與人打鬥的時候，可能是被揍得自己牙齒掉光。就其在時間因緣流變的「無常性」「無我性」，即是「假」。就其本無永存不變的阿里，其「無自性」面而言，即「空」。就其雖「無自性」而卻有拳王阿里在生命流變歷程，如幻如化而活生生地存在過而言「中」，「中」即「眞空妙有」之實性。此實在是「亦空亦假，非空非假」的統合空假而言，非於「空、假」外別有存在之「中」。

（3）因，緣，果，報

《法華玄義》云：

習因爲因，助因爲緣，習果爲果，報果爲報。

任一法之產生，均依種種條件，不孤立而起；其生與滅亦將影響其他的存法，因之，與他物之間就有種種關係。這法則小至一粒芥子，大至整體宇宙均不離此原則。有關因緣果報的解釋，深說廣說實說不盡，故本文僅淺說。因與緣，「因」爲法生起之「質料因」，主因。「緣」則爲使因成長演變爲果之眾多助緣，次要的條件。比如說，杜鵑花的因，是一小小的「種子」，若無這小小的種子，就不會有杜鵑花這灌木。其助緣則爲陽光、水、肥料，人的照顧與種花者觀察的意願等等，種種均是。

果與報，義甚相近。《摩訶止觀》云：

如是果者，尅獲爲果，習因習續於前，習果尅獲於後，故言如是果。

酬因曰報。習因，習果通名爲因，牽後世報，此報酬於因。

荊溪釋云：

能作因故，故亦名報

果是就前因緣所成之結果說的。「報」則是就此果又成爲下一系列因果之因。而言報。果與報常合說，究其指謂實爲一，只因對前因與對後因之關係不同而立別名。

因緣果報，即指一切現象的生成、變化，壞空的相互依存影響的關係。宇宙萬法或親或疏或遠或近，總有某種相連的關係。前因，後果，因因果果，互牽互連相成相生而起。人，就生在這樣的因果幻網中，生、住、異、滅變化不已。器世間則滄海桑田，成住壞空。精神的內容，亦隨時代背景，環境因緣，個人心境等起落如潮。說其無實性，無自性，緣生緣滅性，相互依存性，均可。智者大師以簡潔的話言說，即「空、假、中」。十如是中，即以「本末究竟等」總結前九如。

2. 如是本末究竟等

第十如是本末究竟等，在智者大師的解釋中，是總結前九如是之法則。前九如均就法而觀察；本末究竟等，更深一層，對前九如與萬法，做透體的解釋。簡說即空假中。《摩訶止觀》卷五云：

相爲本，報爲末。本末悉從緣生，緣生故空，本末皆空，此就空爲等。又本末相互表幟，覽初相，表後報，觀後報，知本相。如見施知富，見富知施，初後相在，此就假論等。又相無相，無相而相，非相非無相；報無報，無報而報，非報非無報，一一皆入如實之際，

此就中論等。〔註36〕

前釋「如是性」時，曾略解空性、假性、中性。今從九如是一一法之三諦合明。

從如是相至如是報，一一法之相，性，體，力，作，因，緣，果，報，悉從緣生即無自性，無自性即空，尋法之九面觀察悉空，因之，亦可言一切法之相空，性空，體空，乃至報空。就一一法尋其共同性，則可發現其「空性」相等，一一法於空性上平等。此即「就空論等」之意。

就假論等者，從兩面釋。一者，就假名論等。前九如乃就一一法的性質「假名」安立，非實有法名「相」、「性」、「體」「力」等等，這是就其只是「假名」而非實有論其相等，平等。二者，就「初後相在」名等，初後相在即緣起相依的關係。「此有故彼有，此無故彼無」，相因性而顯，果依因而成，力因體而生……萬象森羅的宇宙萬法，即一因果牽繫相依相成的幻網，由此緣起相依而言假，萬法均假，故云就假論「等」。

就中論等者，中即實性，實相，即圓融三諦。前「空」與「假」均就一面說，中則統合地說。然不從「空」從「假」先明其開，亦無法談「中」之合。「相無相，無相而相，非相非無相」乃至「報無報，無報而報，非報非無報」九如均從空，假之統合超越而為「中」。「一一皆入如實之際」者，現代學者甚喜以「絕對精神」名之，以智者大師之話，即名「不可思議境」，《法華經》云：「佛所成就第一希有難解之法，唯佛與佛乃能究盡諸法實相」。一一法均是實相當體，而實相亦即一一法之真實相，一一皆入如實之際者，所說即此。「實相論」，亦須從「中」之統攝「空假」，三論圓會「相，性……至報」等，由九如一一落實於實然層次的萬法上說，才能了解。

從萬法的存在中，任拈兩法，其暫現的樣態或天懸地殊，但若觀其空性、假性、中性（實性、實相）卻無二無別。從這共通之性說，萬法是平等一如的。從「法性」面探討實相，具體觀萬法，其道理只是如此平易。

四、唯佛究盡諸法實相

萬法本相即是實相，一一法皆入如實之際，意在於此。然何以說「唯佛與佛乃能究盡諸法實相」呢？《法華文句》上有一段很好的解釋：

〔註36〕同上。有關十如是空假中之義，《法華玄義》以「三轉讀」說，可參考《大正》33 冊，頁 693，《法玄》卷二上。

> 眾生不知，如來能知。……約二法明如來能知，以何法即是因，得
> 何法即是果，五乘之因各得其果，即是差別。眾生如佛如，一如無
> 二如，唯是一因一果即無差別。差別無差別，如來亦能知。差即無
> 差，無差即差，如來亦能知。從眾生住於種種之地，是約一法如來
> 能知。七方便住於七位，故言種種之地，此即差別。如來用如實佛
> 眼見，如眾流入海失於本味，則無差別。〔註37〕

萬法如如，即是實相，而眾生因惑生執，活於「差別」相之表面。故云「不知」。如來能知眾生所現差別相，原只是一相，即是實相，即差別相究其涯底，知其無差別故云「差即無差」。如來以如實佛眼見森羅萬象，如眾流入海，失於本味，成一法味，則是無差別。

　　因此，探討「實相」義，終究要落實到主體證悟上談。三軌從本具「佛性」面說實相正體，十如從「法性」面探討實相，下節，則從主體修證之「一心三智」上，開顯實相之義。

第五節　圓頓止觀證實相

一、前　言

　　本節主旨，在於落實到主體修證上，了解實相義。圓融三諦者，雖以三「諦」境之圓融立名，實則，能證之「三智一心中得」的主體修證，才是關鍵所在。三智一心中得，即是如實智，佛智。如何開顯？曰：修「圓頓止觀」。由修圓頓止觀，而開三智。

　　然須先辨明一項觀念。依智者大師判四教的分位法，每一教依著其自家的觀念、境界，所修的觀法也有層次的差別。二乘依其觀三界如火宅，萬法生滅無常的「生滅」觀，即有其滅色入空，灰身滅智的觀行法。通教有通教的教理，通教局圍其教理對萬法真相了解旳觀察，即無法、以別教或圓教菩薩的方式修證。

　　天台的修證論，是因依於修證者的智慧，觀念，在無限長遠的修行歷程中，層層轉進，在與眾生交融一片的緣遇中（緣因佛性），即寂而照照而寂的佛性，轉明轉深的。

〔註37〕見《大正》34 冊，《法華文句》卷七上，頁94。

就這種層層轉進的了解，可知「圓頓止觀」是修證歷程的最後階段了，就修證歷程而言，那已是一個「果」，經歷前面塵沙劫的次第修觀，方有修圓頓止觀的慧力洞識，能即任一諦境而照顯其不思議解說，所以《摩訶止觀》上說「絕待乃是聖境，初心無分」。初發心之凡夫，雖想以即空即假即中來觀一切法，實則，也只能知解上的觀，因不具備那樣深明的慧力，想觀也是觀不來旳。

二、圓頓止觀的名相義旨出處

智者大師一生講述經論甚多，就其思想而言，自是汲引自佛家豐富的經典寶藏。但，在融攝內外道大小乘眾多的禪觀之同時，他以教師的身份，指導弟子的修行方法，可以用「說己心中所行法門」來形容。以他自身的觀行而言，當然是他自知自行的活法門，不是任一部經或任一善知識（其師）所能完全授予的。這，但看他前後期思想的轉變，先以禪觀化行人，後以止觀教弟子，即可明白。所以，《摩訶止觀》中又云：「如此解釋，本於觀心，實非讀經，安置次比，爲僻人嫌疑，爲增長信，幸與修多羅合，故引爲證耳。」以經論增信，實則，只是引用以爲自觀心法門的「註腳」而已。

圓融三諦，精確地說，應言「以圓頓三止，三觀，照顯三諦，三境，所開發的三智，三眼」，而三智，三眼，唯指一佛智，佛法眼智，由佛智所照顯之不可思議境而言圓融，依次第說爲三諦。實則只一實相諦而已。

智者大師既以圓融三諦詮顯佛不思議境界，自有其所依經據與思想理念。就其核心思想，仍舊是《中論》四句偈的理解。依智者自撰的《四教義》卷一說：

> 四教依三觀而起，三觀復依四教而起，四教三觀復依因緣所生法四
> 句而起。因緣所生法四句即心，心即諸佛不思議解脫。〔註38〕

做爲天台思想中，闡釋「緣起法」核心的中論四句，姑不論其是否合於龍樹原意，其爲三觀，四教的成立依據，乃是不可爭議的事實〔註39〕

圓融三諦的所有觀念，也都立基在這四句的背景上。但有關其名相的出處，却是智者大師借用自其他經論，因此，在正釋圓融三諦之前，吾人先得

〔註38〕參考《大正》四六冊，頁724。智者自撰《四教義》卷一。
〔註39〕有關中論四句偈之義，古來三論宗與天台宗所見不同，此問題尚待研究，本文不論。可參考印順法師《中觀論頌講記》，頁469～475。

查明其出處，以證信三諦之說。以下如次述說。

1. 三觀——菩薩瓔珞本業經

瓔珞經賢聖學觀品第三，有文曰：

> 其正觀者，初地以上，有三觀心入一切地；三觀者：從假名入空二
> 諦觀。從空入假平等觀。是二觀方便道，因是二空觀，得入中道第
> 一義諦觀。〔註40〕

天台簡化此次第三觀，成空觀、假觀、中觀。以摩訶止觀而言，這三觀代表
次第三觀。圓頓止觀，則合三為一，無復次第分別。

2. 三諦——仁王般若波羅密經

其要有三：

（1）菩薩教化品第三：

> 無緣無相第三諦。忍中無二三諦中。勝慧三諦自達明。三諦現前大
> 智光。於第三諦常寂然。

（2）二諦品第四：

> 以三諦攝一切法：空諦，色諦，心諦故，我說一切法不出三諦。

（3）受持品七：

> 世諦三昧，真諦三昧，第一義諦三昧，此三諦三昧是一切三昧王三
> 昧。〔註41〕

以上只引文片段，而不說明其旨，因在智者的攝融之中，已成自家體系，而
唯引其名。如《法華玄義》中說：

> 明三諦者，眾經備有其義，而名出瓔珞、仁王，謂有諦，無諦，中
> 道第一義諦。〔註42〕

此外，有關「三止」之名者，《摩訶止觀》云：

> 此三止之名，雖未見經論，映望三觀，隨義立名。〔註43〕其意可知。

3. 一心三智——《大智度論》

〔註40〕見《大正》二四冊，1014頁下。《菩薩瓔珞本業經》卷上。姚秦竺佛念之譯本。

〔註41〕見《大正》第八冊，頁827～829。《仁王般若波羅密經》卷上。鳩摩羅什譯本。

〔註42〕見《大正》三三冊，頁704。《法華玄義》卷二下。

〔註43〕見《大正》四六冊，頁24。《摩訶止觀》卷三上。

《智論》卷二十七有文：

文曰：「欲以一切種智斷煩惱習，當習行般若波羅密。舍利弗，菩薩摩訶薩應如是學般若波羅密。」

論問曰：一心中得一切智，一切種智，斷一切煩惱習，今云何言：以一切智具足得一切種智，以一切種智斷煩惱習？

答曰：實一切一時得，此中爲令人信般若波羅密故，次第差別說：欲令眾生得清淨心，是故如是說。〔註44〕

在《摩訶止觀》卷三中，智者濃縮上文爲：

大品云：「欲得道慧、道種慧，一切智一切種智，當學般若。」

問：「釋論云：三智在一心中，云何言欲得道慧等，當學般若？」

答：「實爾，三智在一心中、爲向人說，俾易解故，作如此說耳。」

〔註45〕

從其文中，可見智者濃縮「道慧、道種慧，一切智，一切種智」成爲「一切者、道種智，一切種智」，以與三觀相應。這應承自慧文、慧思之教。

4. 義旨出處——中論

《中論·觀四諦品》云：

眾因緣生法，我說即是空，亦爲是假名，亦是中道義。未曾有一法，不從因緣生，是故一切法，無不是空者。〔註46〕

文末尚對此四句詳加解釋，可參考《中論》原文，此處不具引。簡單檢錄三諦，三觀，三智出處，下文正釋「圓頓止觀」。

三、正釋圓頓止觀

以「即空即假即中」三觀歸結義理，在天台教法中處處可見。然開展此三觀三諦最爲完整之文，莫過於《摩訶止觀》中釋圓頓止觀處。本節引《摩訶止觀》第三釋止觀體相之文，彰顯圓融三諦之義，使依圓頓止觀所開之「一法眼智」，更爲具體落實。

止觀之名通於凡聖，本節唯以「次第止觀」導引「圓頓止觀」，於凡夫二乘的拙度止觀暫且不釋。

〔註44〕見《大正》二五冊，頁260。《大智度論》卷二七。

〔註45〕見《大正》四六冊，頁26。《摩訶止觀》卷三上。

〔註46〕見《大正》三十冊，頁33。《中論》卷四。〈觀四諦品〉第二十四。

（一）止觀的內容

1. 次第止觀

次第止觀分爲三止、三觀。智者大師解釋其名甚爲精密，故依文釋意即可。先談三止，後說三觀。

（1）三　止

《摩訶止觀》卷三上，文云：

巧度止有三種：一、體眞止。二、方便隨緣止。三、息二邊分別止。

一、體眞止：知因緣假合幻化性虛，故名爲體。攀緣妄想得空即息，空即是眞，故言體眞止。

二、方便隨緣止：菩薩入假正應行用，知空故言方便。分別藥病，故言隨緣。心安俗諦故名爲止。經言：動止心常一。亦得證此意也。

三、息二邊分別止：生死流動，涅槃保證，皆是偏行偏用，不會中道。今知俗非俗，俗邊寂然。亦不得非俗，空邊寂然。名息二邊止。〔註47〕

三止三觀自都是就行者之修行法門而言，其別且置。體眞止者，體知萬法均是因緣假合如幻如，化則內心中對一切法的執著攀緣，當下即空，空即是眞，故言體眞止。

方便隨緣止，專說大乘菩薩，從空出假，化度眾生，心能隨緣不變而立名。

息二邊分別止，則釋生死，涅槃二邊俱息，俗邊眞邊俱寂。覽文可知。

（2）三　觀

出處如前：

觀有三：從假入空名二諦觀。從空入假名平等觀，二觀爲方便道，得入中道，雙照二諦，心心寂滅，自然流入薩婆若海，名中道第一諦觀。

第一、二諦觀者，即觀察萬法爲假合幻有，即假法而會空。此空諦乃因假諦詮顯，能詮之假諦與所詮空諦合論，故名二諦觀。第二平等觀者，此觀對照前方便隨緣止，仍爲菩薩化眾生而起，菩薩既經初觀破假入空，爲化他故，仍用假法化眾生；破空，用假均等，故爲平等觀。第三中道第一諦觀，是遮生死，涅槃二邊，既不爲生死所惑，亦不停於涅槃化城，以此二空爲方便，

〔註47〕下面次第止觀，圓頓止觀引文，均錄自《大正》四六冊，頁24、25。《摩訶止觀》卷三上。

得會中道，故言心心流入薩婆若海。

　　止觀體一，寂而照，照而寂。就寂說止，就照說觀。因止生定，因觀發慧。止在於解脫妄想煩惱的執著，亦不停于止寂，故能因定發利生悲心，生死涅槃二邊均息。觀即般若慧，由定而發，照理明了，故能破假又能用假，依空假二觀得會中道。

　　次第止觀與圓頓止觀的關係，《法華經》有喻：

> 故法華中，譬如有人，穿鑿高原，唯見乾土。施功不已，轉見濕土。遂漸至泥，後則得水。乾土譬初觀，濕土譬第二觀，泥譬第三觀。水譬圓頓觀。又譬於教，三藏教不詮中道如乾土，通教如濕土，別教如泥，圓教詮中道如水。〔註48〕

前已說過，天台四教與三觀同為「空、假、中」之相應對比，前次第三觀，在實質上，即是空觀、假觀、中觀之次第別說。至於何者能「穿鑿五住無明之高原」達於實相呢？即是由施功漸進，而至圓會中道，無復隔別，即空即假即中的圓頓觀了。

　　2. 圓頓止觀

　　圓頓止觀，即一心三止三觀，前所說諸義，皆在一心。其相云何？《摩訶止觀》中說：

> 總前諸義，皆在一心。其相云何？體無明顛倒即是實相之真，名體真止。如此實相遍一切處，隨緣歷境安心不動，名隨緣方便止。生死涅槃靜散休息，名息二邊止。

體一切諸假，悉皆是空，空即實相，名入空觀。達此空時，觀冥中道，能知世間生滅法相，如實而見，名入假觀。如此空慧，即是中道，無二無別名中道觀。……實相之性即非止非不止義。又此一念，能寄五住，達於實相。實相非觀亦非不觀。如此等義，但在一念心中，不動真際而有種種差別。

　　以上引文甚長，然細讀之，其義炳然；法華主旨，在於「開權顯實」，圓頓止觀，亦即開前次第三止三觀，當下即是實相之一心止觀，三相在一念心，故引中論云：「因緣所生法，即空即假即中」三法不異時，不相離。

　　以圓頓止觀一念心，能穿五住煩惱，達於實相。實相即於佛智照因緣法中呈顯。非離因緣法而別有實相體。以上明圓頓止觀開顯實相之義。下段，再以佛智眼，具體敘述，由圓頓止觀所開的三眼，三智之果。

〔註48〕同上，頁25。

（二）佛智照實相

雖處於同樣的現實世間——因緣所生法中，佛所看到的世界，和一般人所見的世界，並不相同。世界是依人主觀心境呈顯的，就是同一人，愉快時與憂鬱時，同對星月，其所感已不相同，何況心無罣礙的聖者與執礙拘滯的煩惱凡夫之比呢？

前云三止，三觀成一心圓頓止觀，本段則述止觀所成之果。止觀之因，乃顯實相體之遠由，眼智之果，則以照顯實相體之主觀佛眼佛智顯體之相。

如前次第止觀，而有次第眼智。

三止三觀為因，所得三眼三智為果。以表明之如下：

若一心眼智則不如此。其文云：

> 止即是觀，觀即是止，無二無別，得體近由亦如是，眼即是智，智即是眼，眼故論見，智故論知。知即是見，見即是知。佛眼具五眼，佛智具三智。〔註49〕續上文

又釋五眼：

> 雖有五眼實不分張，秖約一眼備有五用，能照五境。所以者何？佛眼亦能照麁色，如人所見亦過人所見。名肉眼。亦能照細色，如天所見亦過天所見，名天眼。達麁細色空，如二乘所見，名慧眼。達假名不謬，如菩薩所見，名法眼。於諸法中皆見實相，名佛眼。當知佛眼圓照無遺。……而獨稱佛眼者，如眾流入海，失本名字。非無四用也。

如圓頓止觀只一心得，從止而名眼見，從觀而名智知。只一佛眼，即有四用。

〔註49〕見《大正》四六冊，頁26。《摩訶止觀》卷三上。下兩段文中，五眼、三智、出處相同。

佛亦能見凡夫所見粗境，亦能如天界見細妙之色。如二乘所見，名為慧眼。見菩薩所見為法眼。而見一切法均是實相，名為佛眼。說五眼乃就用說，就體而言，實只一佛眼。

次說一心三智如下：

> 佛智照空，如二乘所見，名一切智。佛智照假，如菩薩所見名道種智。佛智照空假中皆見實相，名一切種智。故言三智一心中得。……
>
> 雖作三說，實是不可思議一法。用此一法眼智，得圓頓止觀體也。

三智一心中得，大師引「釋論」中言，如前段所釋。三智就三觀立名。其實，境與諦，見與智，止與觀，不應分別而說，既方便說，終歸要合為一眼智方可顯止觀體。

圓頓止觀體者，實相是也。下面再以表助解。

圓頓止觀表解：

由上可知，雖說三止三觀，三境三諦，成五眼三智，實則，只是從佛如實智中分別而說。以佛眼智觀一切境，莫非不可思議境；歷一切相，莫非實相。萬法差別相，在歷主體修證後所得佛智的照了中，即是無差別的圓融妙諦。實相雖即「法爾如是」的現象存在，却是要經實踐歷程方能契悟！

第四章　性具思想

第一節　一念三千的涵義

一、性具思想顯示的宗教精神

　　天台思想的特色，在於其對現實濁染世界的接納與關懷。依理而言，佛與凡夫同具善惡之「性」，依事而論，成佛不出於九法界之外，隔絕地成佛，而是即九界世間，解心無染的即凡是聖。

　　站在人類的立場，觀察人性的善惡，實糾結複雜無比。人，一會兒充滿神聖向上的光明面，一會兒，又掉落在煩惱自私等難以自拔的習染中。尼采說：「人是個走索者，行于野獸超人中間——這條繩子橫亙在深淵之上。多麼危險的跨越，多麼危險的前進，多麼危險的回顧，多麼危險的震顫與駐足！人的偉大在於他是橋樑而非目的，人的可愛在於他能上昇與下降。」（尼采《超人之歌》）。一念心具十法界，也有近似的意義。

　　人，自然可以從不同角度來觀察與描摩，然而，要從人類當中，尋找出通性，以做為人獸之別，以對人分「格位」，就非「道德範疇」莫屬了。動物的世界中，弱肉強食，物競天擇，只是一種自然現象。人類的世界，雖也充滿動物世界般的各式戰場，人心底共通的仁愛之心，却會使人對物性的殘忍有著共同的不安，這「不安」，就是道德感，就是使中國古聖先賢在渾沌中，劃出人與獸類之界限的內在依據，是人之所以尊貴的地方。

　　道德意識的呈現，可以見於人倫關係中的互通性，也可以是人與自己種種習性的爭鬥。處於外界環境的激蕩中，人可以發現人性中的種種善惡質性，

全受者映照與考驗。聖者可以在一念的私心蒙蔽中墜落，惡人也可能在一念之善中崇高。面對自己之時，人可以糾結在濁亂的煩惱中渾噩地過。然或多或少，時強時弱地，總也有著嚮往突破，憧憬廣闊天空的潛隱動能。向上向善，向下向惡，似亙古交纏的繩索，恆交錯在人性隱密的深處，難割難捨，若離若合。善三道，惡三途，交錯於一念的起伏，豈非就是此種現實人性的描述？有漏無漏，以染執不染執爲更高層次的道德分界。在超越一切煩惱執著的定限中，善惡的對比，只是現實界上下層次的相依而立，唯有無染無執，才是眞正的自由解脫。一念十法界，即包涵著從淺至深的道德意義！那麼，性具思想的宗教意義又在那裏呢？

所謂的宗教精神，意謂著人性所有可能的整體包容，乃至宇宙萬法地融合爲一。在中國，以形上天道下貫人性表達了存在的通透交融；道家中「道」涵著天地萬物的生成化育；儒家中，中庸云：「唯天下至誠爲能盡其性，能盡其性，則能盡人之性，能盡人之性，則能盡物之性，能盡物之性，則可以贊天地之化育，可以贊天地之化育，則可以與天地叄。」此是由內在之性，通透天地地說。西方，則以上帝的超越又內在，基督寶血的洗淨與救贖，擔當著人性宗教需求的使命。

天台思想中，一念三千連貫著法華經一大乘的成佛精神，也顯現著特殊的宗教特色。

就理體的基礎說，佛與眾生同具三千之性，十法界的眾生在本質上，並無善與惡，染淨，高下的差別。凡聖平等，地獄、餓鬼、佛菩薩之差別界，均即無差別的佛界。然其不同者，只在於「解」與不解而已。佛能「解心無染」，所以，這差別的三千森羅世間，對他而言，只是實相不可思議境，眾生解的程度與執的偏向有異，故成九界隔別假合之差。

提出一念三千的本意，智者大師，乃爲教行人「觀心」，觀當下一念心，落於何法界，且即此一念法界，觀其無性，即空即假即中，於此觀察，「行人當自選擇，何道可從」。也就是說，不管理上如何，行人對當下一念，須從向上向佛道之決斷力，而不猶豫於染雜的滯著。由此種修行的決斷與離染，則一切眾生，不只在理上與佛同等，經過實踐的鍛鍊歷程，也才能達到究竟即佛的圓滿境界。

十法界是就生命類型的差別說。一念而可變化者，在於十如是所表顯的活法門。任一界均非固定如此，而是如水般隨行人之決定與意念活動著，變

化著，無自性假緣起地起落入如實之際，主體的向上與向下才有絕對的活力。

再者，眾生不管任何境地，是五逆是闡提，均與佛同等地具備佛性之潛能，法華經中又：「佛種從緣起，是故說一乘」，機遇千差萬別的眾生（眾緣和合而生），就因上具佛性，就其畢竟將成佛的「同歸一乘」說，天台思想，給予一切生命最積極向上的肯定。

二、一念三千的緣起

「一念心具十法界」的思想，隨著智者大師講說天台三大部的義理發展，漸進成一念三千的嚴整組織。最初於《法華文句》，智者只以生命類型的「十法界」，與緣起法則的「十如是」，簡樸地交融而說。到講述《法華玄義》時，則演變為十界互具，成百法界，一一法界各有其「相、性、體、力、作、因、緣、果、報，本末究竟」等十如，百法界乘十如是，成為「百界千如」，待翌年講述《摩訶止觀》時，為教行人修觀心法，須從一念心入手，因「佛法太高」，眾生法太廣，無從觀起，故以一念心攝一切法。即觀一念心，而心具一切法，所以又從「十法界」的純境界範疇，攏括進主體心靈所依附的整體世界——三世間乘前百界千如，而成三千世間。一念三千的由來，是一變再變而成的。

至於是否一定是死板板的三千法？當然，這只是為解說方便的假立而已。從立體境界說，佛家早有十法界的分判；從此十法界互具上有百界之說，而此主體，必依色心而成——五陰世間，有正報身——眾生世間，亦有其所依的依報——國土世間。以三千世間，總括世出世間，正報依報一切法，並無必然性，故智者大師說：「當知第一義中一法不可得，況三千法；世諦中一心尚具無量法，況三千耶？」，本來萬象森羅，那巧正是三千？只為以簡御繁，才假名安立三千之說。

一念三千的舖陳，見於《摩訶止觀》卷五上，為明白它在整部止觀的核心位置，須先明識止觀的大綱，附表於後。（附表一）

由附表中，吾人可知，一念三千乃為正修止觀而說。止觀的修行者，於修行的歷程中，破除十境的障礙，即可入大菩薩地。何以要列「陰入境」於最初？因為有身於患，乃行人共通的業報，即由此業報的身心為觀，才有其後潛深入密的其他境界現前。止觀中云：「行人受身，誰不陰入重担現前，是故初觀。後發異相，別為以耳。」又云：「此十種境，始自凡夫正報，終至聖人方便，陰入一境，常自現前，若發不發，恒得為觀，餘九境發可為觀，不

發何所觀」〔註1〕

　　於第一觀陰界入境中，因十二入，十八界包涵大廣，須以五陰爲所觀境。而五陰，又須以觀「識陰」爲入手處。識陰即是「心」，故名「觀心是不可思議境」。因心是惑本，觀心則迷惑根本可治。故《摩訶止觀》說：

> 若欲觀察，須伐其根，如灸病得穴，今當去丈就尺，去尺就寸，置
> 色等四陰，但觀識陰。識陰者心是也。〔註2〕

事實上，雖從觀識陰入手，在一念三千中，前面所擱置的十二入，十八界，又一一於文末收攝回來，下文再述。

　　觀心又見十法門，亦即「十乘觀法」，（見附表一）就此十乘觀法的次第與修行的連貫性，此觀中說：

> 既自達妙境，即起誓悲他，以作行塡願，願行既巧，破無不遍。遍
> 破之中，精識通塞，令道品進行，又用助開道，道中之位，已他皆
> 識，安忍內外榮辱，莫著中道法愛，故得疾入菩薩位。

簡而言之，是在觀心實踐的歷程中，從觀己心爲出發點，識心之不可思議境，而後依此正智，起悲心化他，欲令自他同出迷惑，發上求下化的菩提心。繼之以止觀自我調適，不偏於寂上之枯，亦不妄動於觀照之慧。再破一切法之妄執。明識菩提曰通，墮落生死煩惱謂塞，由自覺警惕中，破除重重的煩惱阻滯，並以三十七道品調適修行。藉事行助道對治事惑。知位次的境界，才不會迷混於高低位而錯以未證爲證。並能安忍於順逆境界，不著法愛。能破法愛，就能契入中道，自然流入薩婆若海，妙證無生法忍。〔註3〕

　　一念三千，既爲正修止觀第一境中第一重觀法的核心觀念，其重要性自不言而喻。

　　智者大師之後，從唐朝荊溪大師到宋朝山外山家派，對一念三千的思想，都曾加以更精密的解說，甚至產生多種岐異的闡釋。有關智者大師之後，對一念三千的更進一步開展，因旁涉過廣，且非論文本題，本論文中暫不解說；但，若欲對一念三千做更精確的研究，是必得從後來的解說中尋辨其眞義的，因有岐解，才可看出原著解釋的不足，這問題，或待來日再詳加分解。

〔註1〕見《大正》四六冊，頁49，《摩訶止觀》卷五上。
〔註2〕同上，頁52。
〔註3〕有關「十乘觀法」，可參考《大正》四六冊，頁49～121。十乘觀法爲天台重
　　　要行門之一，義理上須與一念三千一貫了解。然在本文中因非重點，故只簡
　　　述。

三、正說一念三千

（一）三千世間的內容

三千世間，即以十如是為經，十法界為緯，開展而成的宇宙萬法總稱。

佛家宇宙觀，自始即不限在人類的世界，而將生命的類型，分為十種。十種中又分為依有漏業拘限成的六凡：天，人，修羅，畜生，餓鬼，地獄。與以無漏正慧為因修成的聖境：聲聞，緣覺，菩薩，佛。六凡四聖合稱十法界。

這十類眾生，各有其所感的主觀世界與所依的國土世間；從其主觀世界的組成因素說，名為五陰世間，從其總體正報說，名眾生世間。其所依住的國土，名為國土世間。此即三世間。

十法界只是大略地分類，其實，宇宙間由不同因緣環境所成的生命類型千差萬別，豈能以此分類？其分類的範疇，大致可歸屬於道德範疇（廣義的），依因得果而成。由於生命類型只是暫有幻現的，隨時在改變當中，所以並無固定為人，為畜生的生命；從十界眾生的本性說，每一類的眾生都潛存著其他九界的可能性，互融互具，十法界各具十界即成百法界。

前章第四節已說過，天台宗以十如是廣說緣起法，十法界眾生的生成變化，自亦不離緣起法；所謂「佛種從緣起」，成人，成畜生，成地獄餓鬼，又何嘗非「從緣起」呢。所以，前面十法界成百法界，百法界又有三世間即成三百世間，再以十如是為其內在緣起依據地說，即成三千世間了。下文，即依《摩訶止觀》原文說其重點。

1. 三世間

（1）五陰世間

《摩訶止觀》卷五上云：

> 十法界通稱陰界入，其實不同。三途是有漏惡陰界入，三善是有漏善陰界入，三乘是無漏陰界入，菩薩是亦有漏亦無漏陰界入，佛是非有漏非無漏陰界入。……以十種陰界不同故，故名五陰世間。〔註4〕

陰界入者，五陰，十八界，十二入。前段述觀心具十法門（十乘觀法）時，曾云因十二入，十八界太廣，須從觀五陰中「識陰」入手，而事實上，一念具三千中，原來先擱置的四陰，十二入，十八界，又從外境的切割，還本於一念三千的主觀世界中。

〔註4〕見《大正》四六冊，頁52。《摩訶止觀》卷五上。

（2）眾生世間

由前不同陰界入，假名爲十法界正報，即眾生世間。

> 攬五陰通稱眾生，眾生不同。攬三途陰罪苦眾生，攬人天陰受樂眾
> 生，攬無漏陰眞聖眾生，攬慈悲陰大士眾生，攬常住陰尊極眾生。

〔註5〕

（3）國土世間

即十法界眾生各自感得的依報，《摩訶止觀》云：

> 十種所居通稱國土世間者，地獄依壥鐵住，畜生依地水空住，修羅
> 依海畔海底住，人依地住，天依宮殿住，六度菩薩同人依地住。通
> 教菩薩惑未盡同人天依住，斷惑盡者依方便土住。別圓菩薩惑未盡
> 者，同人天方便等住。斷惑盡者依實報土住。如來依常寂光土住。

仁王經云：

> 三賢十聖住果報，唯佛一人居淨土。」土土不同，故名國土世間。

〔註6〕

由各各因感得的國土，有六凡那樣，在三界內有色國土中住，亦有四聖各依
的方便土，實報土，常寂光土。在《淨名疏》中對此國土世間，曾以「凡聖
同居土，方便土，實報土，寂光土」四土橫豎解釋；雖諸土不同，其体則一。
故荊溪大師解云：

> 土雖差別，不異寂光；寂光雖寂，不異諸土〔註7〕

因三十種世間，悉從心造，心佛眾生就体而言，無差別，一一正報依報乃就
其假緣幻有差別相說，故各有不同。

2. 依十如是解十法界三世間

十如是的素朴意已說於前章，本文中合以十法界說。摩訶止觀中，束十
法界爲四類：三惡道，三善道，二乘類，菩薩佛。四類並分三世間別解。

（1）五陰世間十如是

1. 三途以表苦爲相，定惡聚爲性，摧折色心爲体，登刀入鑊爲力，起十
   不善爲作，有漏惡業爲因，愛取等爲緣，惡習果爲果，三惡趣爲報，
   本末皆痴爲等。

〔註5〕同上。
〔註6〕同上，頁53。
〔註7〕見《摩訶止觀輔行傳弘決》，頁950，中卷。

2. 三善類：三善表樂爲相，定善聚爲性，升出色心爲体，樂受爲力，起五戒十善爲作，白業爲因，善愛取爲緣，善習果爲果，人天有爲報，應就假名初後相在爲等。

3. 二乘類：二乘表涅槃爲相，解脫爲性，五分爲体，無繫爲力，道品爲作，無漏慧行爲因，行行爲緣，四果爲果，即後有田中不生故無報。

4. 菩薩佛類：緣因爲相，了因爲性，正因爲体，四弘爲力，六度萬行爲作，智慧莊嚴爲因，福德莊嚴爲緣，三菩提爲果，大涅槃爲報。〔註8〕

（2）正報依報十如是

《摩訶止觀》卷五云：

> 眾生世間既是假名無体，分別攬實法假施設耳。所謂惡道眾生相性体力究竟等云云，善道眾生相性体力究竟等，無漏眾生相性体力究竟等，菩薩佛法界相性体力究竟等，准例皆可解。
>
> 國土世間亦具十種法，所謂惡國土相性体力等云云，善國土，無漏國土，佛菩薩國土相性体力云云。

眾生世間只是依前五陰世間總說，並非於五陰世間之外，另有實体，所以只是假名施設。國土世間只是依報，依報只依正報之因而在，並無獨存的必然性可立，二者均依前五陰十如是可能，故略說。

以上總說三千世間的組織，三千世間只是方便立名，究其源頭，則爲一心所造。如華嚴經云：

> 心如工畫師，造種種五陰，一切世間中，莫不從心造。〔註9〕

此處之心造，即是心具（心具三千）；但心造可分理事別說。就理說，心造即是心具，也就是說，三千世間皆是心之性德本具。此心即不可思議境，荊溪以「理具事用」解釋其義，先談事用（現象），其文曰：

> 一者，過造於現，過現造當；如無始來，及以現在乃至造於盡未來際，一切諸業，不出十界，百界千如，三千世間。
>
> 二者，現造於現，即是現在同業所感，逐境心變，名之爲造。以心有故，一切皆有；以心空故，一切皆空。
>
> 三者，聖人變化所造，亦令眾生變心所見；

〔註8〕見《大正》四六冊，頁53。《摩訶止觀》卷五上。下引文同。

〔註9〕此「唯心偈」出自晉譯六十《華嚴》卷第十，如來林菩薩說偈品。見《大正》第九冊，頁465。

並由理具，方有事用。〔註10〕

以現實存在的狀態而言，分三種說。第一種是就時間的縱面說。十法界眾生的存在，皆有過去所造因，得現在果，過去與現在之因又將造成未來之果，從無始過去至於現在，現在又連於未來，無不是在因因果果的業緣中，由心造萬法。萬法簡單類說即是十界、百界千如，三千世間。

第二種造的意思，是當下一念心所"感"名為造。也就是主觀意識感受到的現存世界，由於業緣不同，所感之境亦不同。如人見大海為水，鬼道眾生見為火，天人則見之為琉璃。且在不同之境，不思議心即依境而變，心境不分，故走入森林，則"造"森林之境，走入人群，則「造」人群世界。然此不思議心所造之境，非是實體；以心乃幻有，若名心有，則所造之境均有。若觀心為無自性空，則所現萬法皆空。

第三種造，只有具神通力的四聖方能造。如維摩詰經中，佛以指按地，穢土即變成佛所感之莊嚴淨土，凡夫同見。這種事造，不適用於凡夫。

由荊溪「理具事用」的解釋，一念三千的義理更為明確清晰。到宋代天台沙門的義理研究中，就發展成「理具三千」與「事造三千」的分別。以由「理体三千」，方有「事造三千」之現象。從智者大師以四句遣執，說不思議境，到荊溪「理具事用」，更發展成宋代天台的「理具三千」，「事造三千」的更具体解說，乃因有其他宗派的激盪，這是有關天台學史發展頗值得研究的一個問題。

二、一念具三千的涵義

智者大師思想承自龍樹大士者甚多。以一念三千而言，此一念心，始終如龍樹將之定於六識心。然於一念心之性質深入探討，則發覺其與唯識學之六識心差異甚大。其同者，以「一念」表達，所謂「介爾有心」即具三千，介爾即是剎那；唯識之第六意識亦是「審而非恆」，有剎那流變的性質。其異者，此一念心乃「理具」一切法，而唯識學中第六意識不具這樣的功能，倒是第八阿賴耶識接近這理具的解釋。但智者大師於法華玄義與摩訶止觀，都曾批判阿賴耶系的地論師與近真如系的攝論師，故知亦不能以真如或阿賴耶解釋一念三千。

〔註10〕見《輔行傳弘決》中卷，頁932。

在摩訶止觀中，對一念與三千的關係，僅依龍樹的「非自生，非他生，非共生，非無因生」四句，破除對一念心的任何執取，而以「玄妙深絕，非識所識，非言所言，所以稱爲不可思議境」來說一念三千的關係；若僅依摩訶止觀文，欲解一念心本義，定是一團渾沌，渺渺茫茫，只能重複地說「不可說，不可思議」；因之，須尋於智者大師其他著述。

本段先依摩訶止觀原之，勾勒出一念具三千的涵義，下節，再從別部探討一念心的性質。

《摩訶止觀》卷五上，續前列三千世間的組織之後，接著說：

> 此三千在一念心，若無心而已，介爾有心，即具三千。亦不言一心在前，一切法在後。亦不言一切法在前，一心在後。例如八相遷物，物在相前，物不被遷。相在物前，亦不被遷。前亦不可，後亦不可，祇物論相遷，祇相論物遷。今心亦如是。若從一心生一切法者，此則是縱，若心一時含一切法者，此即是橫，縱亦不可橫亦不可，祇心是一切法，一切法是心故。非縱非橫，非一非異，玄妙深絕，非識所識，非言所言，所以稱爲不可思議境。〔註11〕

前段依荊溪解「事造三千」文，以主觀心隨客觀境而變，名爲「造」。本小節中，則偏於「理具三千」的解釋。事造須有理具爲依，方可造種種世間。

如引文中云，一心與一切法（即三千）非是前後關係，既非前後，自是同時，同時則非主客二分，也非能知所知的認識關係。主客，能所的關係，可用於「事造」，不能用於理具之解說。更進一步說，若從「觀心是不思議境」看此一念心；從修行者的立場言，自有「能觀」之識與「所觀」之心，這一念心即所觀之心，此被修行者所觀的心，非是一隔絕於自我世界內的心——以現代語言說，即「意識流」；而是通過六根六塵六識（十八界），內外交融互徧的不可思議境。

如何的不可思議？智者大師以非縱非橫，非一非異說之。非縱，即非是能生所生的生成關係。故云：「若從一心生一切法者，此則是縱」。橫，即「唯心論」式的，有一「心体」合一切法，如唯識宗第八阿賴耶識含藏一切種子那般，故云：「若心一時含一切法者，此即是橫」。

祇心是一切法，一切法是心。既如此，何以又要立「心」與「一切法」之兩名呢？以修行者立場的俗諦說上，是可立心與一切法二名的。但依第一

〔註11〕見《大正》四六冊，頁54。《摩訶止觀》卷五上。

義諦的立場，則只能以遮詮的方式說「非縱非橫，非一非異，玄妙深絕」，非可識，非可言來形容了。故如維摩詰以「默然」表不二法門一般，只能說「言語道斷，心行處滅」，故名不可思議境。

智者大師再以龍樹四句遣執：

> 龍樹云：諸法不自生，亦不從他生，不共不無因。……當知四句求心不可得，求三千法亦不可得。〔註12〕此四句乃針對「心起」而破。
> 須見其前文設問處：「問：心起必託緣，為心具三千法，為緣具？為共具？為離具？若心具者心起不用緣，若緣具者緣具不關心。若共具者未若名無共時安有。若離具者既離心離緣，那忽心具。四句尚不可得，云何具三千法耶。〔註13〕

此設問，乃將「心起」的任何可能都遮斷。心起的意思，簡單地說，是將一念心孤立了。若一念心自起，則是自生。若依念心外之緣而起，是他生。若一念心與緣合而生，即是共生；非自非他非共非離，將一念具三千逼到不可思，不可議的境地，方再還歸其可說不可說的因緣，即四悉檀。

其文曰：

> 大經云：生生不可說，乃至不生不生不可說。有因緣故，亦可得說，謂四悉檀因緣也。雖四句冥寂，慈悲憐憫，於無名相中，假名相說。
> 〔註14〕

不思議境本無法說，但佛為引導眾生，同證菩提，故以「世界悉檀，為人悉檀，對治悉檀，第一義悉檀」因緣，說此不可說法。〔註15〕依四悉檀，則四句均可說，因緣共離均是。即破即立，即立即破。佛旨盡淨，不在因緣共離，即世諦是第一義諦！

若明一念即不思議境，則遍歷一切心，一切陰界入，乃至相、性等，皆是不可思議境。再依此境修三觀：

> 一空一切空，無假中而不空，總空觀也。
> 一假一切假，無空中而不假，總假觀也。
> 一中一切中，無空假而不中，總中觀也。

〔註12〕同上。
〔註13〕同上。
〔註14〕同上。
〔註15〕同上。

即中論所說不可思議一心三觀，歷一切法亦如是。〔註16〕

　　以上即《摩訶止觀》中，釋一念三千不可思議境的內容。從不可思議一心，歸結引導行人歷一切境修三觀。下文，再探一念心之深意。

附表一

（十廣）	（十境）	（十乘觀法）
摩訶止觀大綱		
1 大意	1 觀陰入境	1 觀不思議境 → 一念三千
2 釋名	2 煩惱境	2 起慈悲
3 顯体	3 病患境	3 巧安止觀
4 攝法	4 業相境	4 破法偏
5 偏圓	5 魔事境	5 識通塞
6 方便	6 禪定境	6 修道品
7 正修	7 諸見境	7 對治助開
8 果報	8 上慢境 缺	8 知次位
9 起教 缺	9 二乘境 缺	9 能安忍
10 旨歸	10 菩薩境	10 無法愛

第二節　一念心之探索

一、引　言

　　對於一念心的性質，宋代天台山外、山家兩派，曾有真心，妄心之諍。其主要原因，雖因荊溪引「大乘起信論」真如不變隨緣說，以釋「一念三千」的心義。然荊溪會引《起信論》釋一念三千，乃因智者大師講一念三千時，只遮遣而談，依龍樹「不自生、不他生、不共不無因」四句破除對一心三觀的不思議境的任何執著，即一念觀空假中；此種高超玄妙的表達，到了後人的理解中，就不免顯得玄虛且模糊了。智者大師原只稱性而談，但後人要傳述其意，便得將其所說更清晰的解釋，尋諸天台講述，於釋一念三千之文均感不足，所以荊溪轉而採《起信論》之義釋之，這雖有輔助之，却也種下歧

〔註16〕同上，頁55。

義的諍執。

　　本文由摩訶止觀中，一念三千原文的片段，上溯《法華玄義》中，以「無明法性」釋「無住本」，以明「一念三千」中一念心本義。再引智者所說的《四念處》中，「一念無明法性心」作爲一念心性質的確切之義。

　　此脈絡的尋索，來自牟先生《佛性與般若》中，「從無住本立一切法」的觀念。吾人以爲此種說法最貼合智者大師一念三千中「心」的性質，故沿用其說。〔註17〕

二、一念心生起之因緣

　　「緣起法」爲佛家思想核心，對一念心的探討，亦不離一念心生起因緣的尋索。《摩訶止觀》中，於一念心生起的因與緣，略作說明，荊溪對之加以注解，以下即依其文予以闡發：

> 若隨便宜者，應言無明法法性，生一切法；如眠法法心，則有一切夢事。心與緣合，則三種世間，三千相性，皆從心起。〔註18〕

隨便宜，即是隨機應緣方便巧說。因實相不可思，不可議，依四悉檀因緣說，即言此三千從心起。但第一義諦不離世諦，隨宜說仍是實說。荊溪釋上文曰：

> 無明是暗法，來法於法性；……是則無明爲緣，法性爲因；明暗和合，能生諸法。〔註19〕

這是將一念心生起的因緣，分無明、法性兩面解。一念心既「祇心是一切法，一切法是心」，說一念心即說涵著一切法的不思議心。介爾有心，則萬法如如當下現前；說一念心，說不思議境，都不能再以分隔的心與境對立言之。這是須先認識的一點。

　　智者大師以眠夢喻一念三千不思議境；在吾人的夢境當中，所感覺到的存在之境，眞實無比，醒後竟發覺了無一事，所謂「夢裏明明有六趣，覺後空空無大千」，覺悟者所見萬象森羅的世相，也如未覺者醒後覺其非眞一般。那麼，這眞實無比的「萬象存在感」，究竟從何而生呢？荊溪釋曰，是以「無明」爲緣，「法性」爲因，無明如暗，法性如明，明暗和合，能生夢法。

　　荊溪此說，非是獨創，乃是承智者《法華玄義》中，以「無住本立一切

〔註17〕本文參考《佛性與般若》第三部：天台宗之性具圓教。下冊第一、二章。
〔註18〕參考《大正》四六冊，頁55。《摩訶止觀》卷五上。
〔註19〕見《輔行傳弘決》，頁967。

法」釋實相眞諦與森羅俗諦的原意，相望成義。所以，下面即尋《法華玄義》的義旨。

三、從無住本立一切法

從無住本立一切法，本出自《維摩詰經》，然依《法華玄義》的解釋，此句正可解一念心之性質，所以，本文即由《維摩詰經》觀眾生品說起：

> 文殊師利又問：善不善孰爲本？答曰：身爲本。
>
> 又問：身孰爲本？答曰：欲貪爲本。
>
> 又問：欲貪孰爲本？答曰：虛妄分別爲本。
>
> 又問：虛妄分別孰爲本？答曰：顛倒想爲本。
>
> 又問：顛倒想孰爲本？答曰：無住爲本。
>
> 又問：無住孰爲本？答曰：無住則無本。文殊師利！從無住本立一
>
> 切法。〔註20〕

對於無住本立一切法，鳩摩羅什解曰：

> 法無自性，緣感而起。當其末起，莫知所寄，故無所住。無所住故，
>
> 則非有無。非有無而爲有無之本。無住，則窮其根源更無所出，故
>
> 曰無本。無本則爲物之本，故言立一切法也〔註21〕

以羅什大師的解釋，可看出從無住本立一切法，與中論「以有空義故，一切法得成」的意思是相同的。但在《維摩詰經》的究詰當中，是就主觀意識的執著，重重逼顯念頭起處，將空義落實到心念根源上談。所以，從「善不善以身爲本」，到欲貪，虛妄分別，顛倒想；而顛倒想的根源，則無住，本無實性，實法，所以羅什說「莫知所寄」。

智者大師，則分從無明、法性兩面解無住本，由無住本立一法，即從無明法性立一切法。此無明法性，依智者大師《四念處》云，即「一念無明法性心」，這也是一念三千中，一念的定義。分解地說，三千法即一切法，一念心，即無住本的一念無明法性心。但一念心與三千法，並非隔絕的可成，而是一念心中即具一切法，歷一切法均不離心。所以荊溪大師云：

> 以心徧故，攝餘法故。又非但心攝一切，亦乃一切攝心。〔註22〕

〔註20〕見《大正》十四冊，頁547。《維摩詰經》觀眾生品卷七。

〔註21〕見《維摩詰經集註》，李翊灼校輯。本段參考〈佛性與般若〉下冊頁676。

〔註22〕見《止觀傳弘決》，頁922。

　　因此，一念心的根源性探討，即是一切法的根源性探討。佛家既不從人格神的第一因探討萬法根源，也不從形上的天道下貫萬物反溯萬法之根源，而是直就任何一念的當下，追究其當体即空，即無住本上，說萬法的如幻如化，真空妙有。雖各宗對此緣起性空的詮釋有別，以各自的緣起法透視現象存在的空性，却是一致的。

　　為解說參考的方便，先繪「一念無明法性心」之圖如下：

一念無明法性心（一念三千）

　　以下，即依《法華玄義》與荊溪《釋籤》注解釋文。《法華玄義》卷七上云：

> 一，約理事明本迹者，從無住本立一切法。無住之理，即是本時實相真諦也。一切法，即是本時森羅俗諦也。由實相真本，垂于俗迹，即顯真本。本迹雖殊，不思議一也。故文云：觀一切法空如實相，但以因緣有，從顛倒生。〔註23〕

上文乃本門十妙中，大師先約六重明本迹的第一重，六重為：「理事，理教，教行，体用，實權，今已」等六重，以此六重明本門實相與示現俗迹的關係。本迹雖殊，不思議則一。

　　大師以無住之理為本時實相真諦，一切法為本時森羅俗諦，雖在於解說法華經的開迹顯本主旨，但實相真諦與森羅俗諦，却是一切法共通，故文末又云：「觀一切法空如實相，但以因緣有，從顛倒生。」，以此句與前述《維摩詰經》中「顛倒想以無住為本」比較，可見其異曲同工之妙。而因緣有者，荊溪「傳弘決」中已云：「無明為緣，法性為因」。下面即看荊溪的解釋：

> 初理事中，云從無住本立一切法者，無明為一切法作本；無明即法性，無明復以法性為本。當知諸法亦以法性為本。法性即無明，法性復以無明為本。法性即無明，法性無住處。無明即法性，無明無

　　住處。無明法性，雖皆無住，而與一切諸法爲本。故云從無住本立
　　一切法。無住之本既通，是故眞諦指理也。一切諸法，事也。即指
　　三千爲其森羅。〔註24〕

由前引文中知「從無住本立一切法」，可方便分宜諦——無住本，與俗諦——
一切，兩層說。本節的重心在探討無住本之義，而無住本，又須從「無明無
住，法性無住」兩面解。

　　「無明即法性，無明復以法性爲本；法性即無明，法性復以無明爲本」
簡單地說，即法性，無明，只是同一體，而非有二。依荊溪的詮釋，是爲「以
體同故，依而復即」。荊溪以煩惱（無明）與法性的「体同」或「体別」，分
判其理爲圓教或別教。下面即依其解釋，對顯出《玄義》無明法性「即而依」
之義。《維摩經玄疏記》中云：

　　是煩惱與法性体別，則是煩惱法性自住，俱名爲自。亦可云：離煩
　　惱外，別有法性，法性爲他。亦可：法性爲自，離法性外，別有煩
　　惱，煩惱爲他。故二自他並非圓義。以其惑性定能爲障，破障方乃
　　定能顯理。依他即圓者，更互相依，以体同故，依而復即。故別圓
　　教俱云自他，由体同異，而判二教。今從各說，別自圓他。」〔註25〕

荊溪以煩惱（無明）與法性，各有自体，可自定住自己，雖是相依，然非相
即，稱爲別教。比如華嚴宗之清淨眞如心，「不變隨緣，隨緣不變」，不變指
的是眞如之自体自住，隨緣是因有阿賴耶無明之覆障。由無明能覆眞如心，
無明亦有獨立自住的自体。如此，雖眞如與無明相互依他住，但二者均各能
自住，故是体別。因之，以眞如爲九界無明所依，所覆，欲顯佛性眞如，則
須破除九界無明，方能成佛。此即所謂「緣理斷九」。故華嚴宗之成佛，乃一
純粹的佛國莊嚴世界，於現實的雜染污俗，俱捨離斷淨。

　　反觀天台，自始即立基於現實界，如一闡提可成佛，三乘俱開入一大乘。
由一念心之根源說，亦彰顯著明暗同体的旨意。

　　荊溪謂：「依他即圓者，更互相依，依体同故，依而復即」。所謂体同，即
無明與法性，只是一個當体，非各有自体。兩者不只相依，且是相即。從無明
一面說，無明本身即非一獨立實体，它只是依法法性而有的無体迷惑。說「体
同」，並非有一實体在那兒，爲無明法性所依，而是說，無明依法性而住，法性

〔註24〕見《法華玄義釋籤》卷八上，中冊，頁1632。
〔註25〕本段錄自《佛性與般若》下冊，頁693。

依無明而顯。無明無住處，即無明依空性而住，空性即法性，故無明當体即是法性。法性無住處，法性復以無明爲本，法性當体即是無明，非離無明而有法性之体。故法性與無明相依而住，相依而住即無自住，此即無住之意。

雖無明無住，法性無住（無住本），但無明這無始無体的迷惑，却並非不存在。以無明爲緣，法性爲因，則萬象森羅現前，三千朗朗於一念，諸法當体即實相，無住本立一切法，眞諦俗諦只是方便巧說而已，一念、三千同是不思議境。

以下，再引《四念處》中，「一念無明法性心」之文，作爲本節的總結：

> 今雖說色心兩名，其實只一念，無明法性十法界，即是不可思議一心。具一切因緣所生法，一句名爲一念無明法性心。若廣說四句成一偈，即因緣所生心，即空，即假，即中。〔註26〕

不思議一心，即具一切因緣所生法的「一念心具三千」之不思議境。以色心攝一切法，歸於一念；一念之体，不在任何實體，而是從無明無住，法性無住的「無住本」立。此一念心乃因緣所生（無明爲緣，法性爲因），因緣所生心，即空即假即中；探索一念心之究竟，仍不離天台三諦圓融的緣起觀。

第三節　天台宗的成佛觀

一、過程即是目的

天台宗的成佛觀，爲一「當下即是」的動態歷程。簡單地說，即無論何時、何處，處於何境，只要一念「覺」，即一念「成佛」，非得等到究竟圓滿方成佛果。故《法華經》云：「乃至童子戲，聚沙爲佛塔，如是諸人等，皆已成佛道」、「或以指爪甲，而畫作佛像。如是諸人等，漸漸積功德，具足大悲心，皆已成佛道」。以漸漸積功德之歷程爲「已成佛道」，即在顯現過程中的任何一點，均與究竟圓滿的佛果立時相通。迷即三道，悟即解脫，成佛並不能隔絕於現實世間孤懸而成。

從理體而言，這過程中的成佛觀表現在前述的「十法界互具」「無明即法性」的涵義中十法界互具者，佛界即具九界，九界亦一一具其他九界，因果凡聖原不相隔，其融如水。「互具」的意思，如「摩訶止觀」上所說：

〔註26〕見《大正》四六冊，頁578。《四念處》卷四。

　　問：一念具十法界，爲作念具？爲任運具？

　　答：法性自爾，非作所成！〔註27〕

　　一念具十界，只是天然性德，本來如此，非是造作而成。所以，成了佛，亦割不斷這理體地本具九界；三道之迷，也不減本具佛性。佛與眾生，就理體言，是一樣的尊貴也一樣的卑微。

　　既有理體性德的相同，成佛，要從何而成？即於三道之惑的照顧，翻迷即悟，「解心無染」而成。在《法華文句》中，以「三道是三德種」說此成佛觀，《法華玄義》亦以三軌類通三道，三識……三德等說之。由有三道的煩惱業苦，方有涅槃解脫、般若、法身三德的成就，這相對翻轉的歷程，即天台成佛的意義。

二、三道是三德種

　　學佛，是一段追求「完美」的歷程，不同的民族，不同的人，或多或少，總在內心深處潛存著「完美」的想像。只是，現實的人性，太複雜，也有著太多的負累。總覺得，現實的人性與那完美的理想，有一大段幾乎是無法到達的距離。

　　實則，若無那重重困頓的「距離」，人也就不必有成佛的「理想」了，只因現實人性潛存著一切煩惱型態的障礙，人不甘於停留其中，才產生重重突破程程翻越的動力。如果從「理想」的本質看，它本只是人的想像。想要「完美」，想要「成佛」的人，都沒成佛過，也都不完美，有誰知道「佛」的境界呢？既不知道，何以要追求那完美之境呢？如此一想，則可知成佛的意義對人而言，原不在於那理想自身的完美與否，而在於它賦予人無窮向上的動力。

　　從現實染雜的人性，提昇到圓滿的涅槃境界，須通過人性自身層層留難的考驗。這是從凡到聖，從濁染到純粹，生命的立體成長。換言之，成佛不是一種靜止的狀態，而是一「存在的過程性」。

　　這「存在的過程性」即是超越一切性德所具的煩惱種類。所謂「煩惱、無明」實在是一十分弔詭的名詞，因爲從它自身的意義說，任何一種「未圓滿成佛」的留難，均可名爲無明煩惱。從三途之惡，三善道之有漏善，到等覺菩薩「留惑潤生」的大悲心，都是不同層次的煩惱。那麼「究竟成佛」是

〔註27〕見《大正》四六冊，頁51。《摩訶止觀》卷五。

否就不是煩惱呢？如果尚有成佛的執著，則佛也不能成了。

　　無明煩惱，也可以從其反面觀察，其反面即般若，即解脫。換言之，解脫與般若的生起也是要以無明煩惱為緣的。其關鍵在於迷悟，迷何？悟何？即是於無明煩惱之阻障而談迷談悟。迷則無明煩惱是無明煩惱。悟，則無明煩惱即是般若解脫。無明煩惱本非固定實體，其存在的意義，但依主觀心靈如何對待它而定。

　　在「法華文句」中，對於由現實性德到究竟成佛的歷程性，有順逆兩流的闡明，一是「同類論種」，一是「相對論種」。其文曰：

> 種者，三道是三德種。淨名云：一切煩惱之儔為如來種，此明由煩惱道即有般若也。

> 又云：五無間皆生解脫相，此申不善法即有善法解脫也。一切眾生即涅槃相不可復滅。此即先死為法身也，此就相對論種。

> 若就類論種，一切低頭舉手悉是解脫種。一切世智三乘解心即般若種。夫有心者皆當作佛即法身種，諸種差別如來能知，一切種祇是一種。即是無差別。如來亦能知。差別即無差別，無差別即差別，如來亦能知。……若論差別即十法界相，若論無差別即一佛相界。

〔註28〕

下文分「相對論種」、「同類論種」兩點詮釋。

（一）相對論種

　　相對論種：「三道即三德種」，乃是從敵對相即的關係上顯現佛道的意義。如「淨名經」云：「煩惱之儔為如來種」，所有煩惱的種類均是成就佛道的因地之種，在所有的困頓煩惱當中，能超越那困頓的留難，即是當下成就佛道了。怎樣的煩惱困頓？太多了，世俗地說名利財色，更深地說唯識學上有根本煩惱如貪瞋痴慢疑惡見，隨煩惱如：妒嫉、懈怠、無慚無愧等等。簡括而為見思惑，塵沙惑、無明惑。突破了這些迷惑，並因此解惑的自覺歷程增長智慧，即是成就涅槃三德之一的「般若」正慧。

　　五無間皆生解脫相者，解脫乃即於現實的苦上解脫，五無間即最苦的地獄之相，它可以象徵一切苦的類型；即於一切苦中，照其無自性，當下無礙解脫，佛道即於中呈現。

〔註28〕見《大正》三四冊，頁94。《法華文句》卷七上。

「一切眾生即涅槃相不可復滅，此即生死為法身」。涅槃無復生滅變化，為永恆無限的法身。如來從何見法身相？即從眾生的生滅相中，體其當下的不生不滅而證在身，故說生即法身。

相對論種乃天台學的特色，由敵對相即的關係，顯現出天台圓教的成佛觀。「法華玄義」卷五中亦有同樣的闡發：

> 但明凡心一念皆具十法界，一一界悉有煩惱性相，惡業性相，苦道性相。若無明煩惱性相，即是智慧觀照性相。……祇惡性相即善性相，由惡有善，離惡無善。翻於諸惡，即善資成。如竹中有火性，未即是火事，故有而不燒，遇緣事成即能燒物，惡即是善性未即是事，遇緣成事即能翻惡，如竹有火，火出還燒竹，惡中有善，善成還破惡，故即惡性相是善性相也。〔註29〕

這是將三道即三德更具體落實地解釋。由於十界互具的理體，只是理性的潛伏其他九界之因，像竹中有火性，未即是火事，有而不燒。等到遇緣，煩惱起現行，在惑業苦三道的流轉中，方能翻三道惡成就般若，解脫。所以「玄義」又云：

> 夫有心者，皆有三道性相，即是三軌性相。……性德三軌冥伏不縱不橫，修德三軌彰顯不縱不橫。〔註30〕

性德即性具，性具一切法，從其性德上說，只是靜態地「冥伏」之具。唯性德中之煩惱遇緣起現行，由智慧的觀照翻轉中，才能成「修德三軌」，彰顯真性等三軌，成涅槃三德。

（二）同類論種

前「相對論種」是從煩惱業苦的困惑滯礙中，翻轉覺了而成就佛道。「同類種」則是就善性的顯發與佛道正面相應，而說「種」，種即「因」也。一切種類的善，均可包含於佛道之中，一切世間的智慧，均與般若智相應。「佛道」是一最大的「集合」，所有正面的善性，與惡之逆轉，均為其「元素」，成佛的「括弧」，涵蓋了這一切「元素」。

「法華經方便品」云：

> 若人散亂心，乃至以一華，供養於畫像，漸見無數佛，或有人禮拜，或復但合掌，乃至舉一手，或復小低頭，以此供養像，漸見無量佛，

〔註29〕見《大正》三三冊，頁743～744。《法華玄義》卷五下。
〔註30〕同上，頁744。

自成無上覺。

對於佛像的禮拜、合掌、恭敬，即是人內心中的欣仰神聖之情，此欣敬神聖之情潛存人心，不時自覺或不自覺地作用著，無論它表現於何種形式的向上向光明，均與佛道相應。所謂「放下屠刀，立地成佛」即是此意。從極惡轉為少，惡即成就佛道。佛道之成，本無一定形式，故人人可成，事事可成。佛家無始無終，無限長途的生命觀，尤足以使不圓滿的生命，有永遠向上的機會。

般若慧雖非世智辯聰，而一切世智却也不離般若慧之大括弧。故云：「一切世智三乘解心即般若種」、即世智之因，可成就清淨般若之果。

「有心者皆當作佛即法身種」，有心者即有情，有靈性者。渾噩如畜生，靈覺如人，同是「有心者」。只是九界眾生的靈覺性有偏執，未開發到究竟，若能開發此靈覺之性至究竟，即是成就法身。

所有形式之「佛道」因，佛以實智鑑之，均為無差別的「佛種」，故云「一切種祇是一種」。「佛種從緣起，是故說一乘」，因地種種功德，唯會歸一大乘法之佛海。

第四節　智者大師的性惡說

一、性惡思想的淵源

古來對於智者大師「觀音玄義」中的性惡說，有許多爭議。所爭議的問題，可歸納為如下三點：

一、「觀音玄義」是否為智者大師所親說，或是灌頂自撰？或後人偽作？

二、性惡說是否為智者大師思想？或後人見解？

三、有關性惡思想的來源追溯，有說與慧思所作的「大乘止觀法門」的性染說有關。有說深受中國儒家（孔孟荀、告子、董仲舒等人）論性善性惡之影響等等。

以上三點的爭辯，均可專文討論，且各有憑據，實非本文可一一論究。〔註31〕

〔註31〕以上三點，可參考聖嚴法師著《大乘止觀法門之研究》中，「性染說與性惡論」的關係。又《天台思想論集》中，對此問題，亦收集數篇論文。《佛性與般若》

第一點，有關「觀音玄義」是否係智者大師親撰，涉及文字、義理等多方考據，本文暫且不論。第三點，智者大師系統之外的思想追溯，所涉過廣，亦不論。唯從智者大師性具思想的原意，提出性惡說的淵源。

在「十界互具」「百界千如」「一念三千」中，涵著性惡之意已甚明白。性惡即「性德具善惡」的一面，性德具六穢四淨，可說性惡，亦可說性善，其善與惡指十界法而言，非是「性」本身的善惡。性乃法性，法性只是中道實相，即空即假即中地圓融，無所謂善無所謂惡。說「性德善」或「性德惡」，均就本具三千而言。所謂「三千在理，同名無明」，理即佛乃指本具三千而言，是尚未修證提煉過的理佛性，此中涵著一切型態的善惡潛能，「法華玄義」中謂「性德三軌冥伏不縱不橫」，冥伏著的性德，具十法界因，故說性善亦可，性惡亦可。

既然如此，何以要特別提出性惡說呢？吾人以為這是天台特別重視現實界染污存在的獨特之處。天台的成佛觀，即在三道即三德，即九法界而成佛中開展，則諸佛不斷性惡，與娑婆界五濁眾生同處的精神，尤能凸顯此成佛觀的意義。是以，性具思想中所涵攝的性惡理論，經「觀音玄義」的提出與標榜，對天台思想的發展，乃是自然的道理。至於「觀音玄義」是否智者親說倒在其次；重要的是，性惡說非可獨立於性具思想外，它只是性具思想的重要註腳而已。

二、觀音玄義中的性惡思想

「觀音玄義」卷上，於第一釋名章中，以十義通釋「觀世音」名，十義者，一、人法。二、慈悲。三、福慧。四、真應。五、藥珠。六、冥顯。七、權實。八、本迹。九、緣了。十、智斷。有關性德善惡之辨正，即說於第九釋緣了中。料簡緣了中分四重問答，本文分段敘述，以辨其意：

　問：緣了既有性德善，亦有性德惡否？

　答：具。

　問：闡提與佛斷何等善惡？

　答：闡提斷修善盡，但性善在。佛斷修惡盡，但性惡在。

　問：性德善惡何不可斷？

　答：性之善惡，但是善惡之法門。性不可改，歷三世無誰能毀。復

亦有「觀音玄義的性德惡」一節。

　　不可斷壞。譬如魔雖燒經，何能令性善法門盡。如秦焚典坑儒，豈
　　能令善惡斷盡耶？〔註32〕

緣了指三因佛性，簡言之，即佛性中既具性德善亦具性德惡，這在「理具三千」中已解釋過，不再重述。

　　第二重問答，則以「性德善」「性德惡」「修德善」「修德惡」分辯佛與闡提之斷與不斷的差異，佛已無復修惡；故名為佛（究竟即佛），但性惡仍不斷。闡提（五逆極惡斷佛種性的眾生）無絲毫修善，但本具性善仍不斷。

　　再看第三重問答：點出性不可改，性德善惡，是佛是魔盡其力均無能更改性具之善惡。

　　何謂「性德善惡」，「修德善惡」？

　　此處之「修德」，非指修善造惡之事相，而是指主觀心境的染與淨。修德善，即於善法，於惡法均清淨無染無執著，由於清淨無執著，故超越善惡觀念的對立，這與「有漏，無漏」（漏者，煩惱也）的層次關係相同。以無漏心作善作惡，均是無漏，若以有漏心作善，雖名為善，仍非真正之善，只是「有漏」層次下的善惡相對觀念而已。同理，修德善修德惡的分界點，不在於所行事相的善或惡，而在主觀心境上的染執或清淨。其層次可分辨為：

　　由上圖可解性德與修德之關係。亦可辨識修德善，修德惡的分界問題。應定立于主觀上的染淨。

　　佛雖斷修惡（清淨無染），既性德中惡法不斷，是否仍會起惡？這是歷來爭辯最甚的問題，在第四重問答中，對此有更深入的申論，其文曰：

　　　問：闡提不斷性善，還能令修善起，佛不斷性惡，還能令修惡起耶？
　　　答：闡提既不達性善，以不達故還為善所染。修善得起廣治諸惡。
　　　佛雖不斷性惡而能達於惡。以達惡故於惡自在，故不為惡所染，修
　　　惡不得起。故佛永無復惡。以自在故廣用諸惡法門化度眾生。終日
　　　用之終日不染。不染故不起，那得以闡提為例耶？若闡提能達此善

〔註32〕見《大正》三四冊，頁882，《觀音玄義》卷上。

惡，則不復名爲一闡提也。〔註33〕

本段以闡提「修善得起」與佛「修惡不得起」對顯，關鍵在於「達」與「不達」。達，亦即徹底覺悟照了。佛雖性德同具善惡潛因，以佛已經過自覺修證的歷程——於惡法無染無執，自在無礙。故修惡不起——清淨不染。且爲化度眾生，廣用諸惡法門：如維摩詰居士入於賭場妓戶化眾無礙。惡法門者，四攝法中所謂布施，愛語、利行、同事，指的是方便善巧隨緣攝受，非眞謂惡事也。因事相上相對的善惡，於佛清淨無涉的主觀心境中，同一般有善惡分別的凡夫執見本不相同。故佛以種種方法（包括惡法門亦包括善法門）攝眾，不管其法維何，其境如何，在佛而言，均是「修善」，故云「終日用之，終日不染，不染故不起。」

相對而觀，闡提極逆之人，雖斷修善，而性善尚在。以性善不斷不改，故永遠有起修善的希望，亦即永可離惡向善。「闡提不達性惡，以不達故還爲善所染，修善得起廣治諸惡」一段，深究其意，頗多膠著，此乃原作者（智者大師或灌頂。）解析未明之故，後人於此語亦頗懵然。若順其意，只爲解說性善不斷故修善得起也。但「以不達故還爲善所染」一句，須再爲之分解說明，就定義而言，所謂闡提乃罪大惡極，永絕佛種之人，但以天台性具思想的說法，地獄眾生亦同具其他九界之性，闡提可歸爲地獄眾生之至惡者，其性亦必具佛法界菩薩法界等性德善，說其爲闡提，只是就其暫起所現的罪行業相而言。事實上，在理具思想的系統中，根本不能成立「闡提」的說法。從「法華經」一乘法，從「涅槃經」的佛性要旨，「闡提」這名相根本與天台思想相互矛盾，所以本處的闡提，不能以「斷佛種」定義之，而要以「無事行之善」定義。然因闡提不斷性善，故其「修善」得起。此處的「修善」有二重意義。第一：事行之善。第二重方爲染淨之「修善」義。闡提雖起事行之善，然因不能照了覺知善惡之無自性，對之有所執著，故「還爲善所染」，換言之，其爲善乃「有漏善」。雖屬有漏善，亦能經「了達」之自覺過程，而成無染之「修善」。故由「不斷性善」即涵著可由「性德善」，起「事行之善」，再離染除執地達到「無染的修善」的可能性。所以，只要闡提也能「達」善惡無性，不滯著於善惡，則不復名爲一闡提了。

再看佛不斷性惡，有何特別的意義。「觀音玄義」續上文之後，又設一問答：

〔註33〕同上，頁882。

> 問：若佛地斷惡盡作神通以惡化物者，此作意方能起惡，如人畫諸
> 色像非是任運，如明鏡不動色像自形，可是不思議理能應惡。若作
> 意者與外道何異？（下未設「答」，然有解釋前問題之意）。
>
> 答：今明闡提不斷性德之善，遇緣善發，佛亦不斷性惡，機緣所激，
> 慈力所薰，入阿鼻同一切惡事化眾生，以有性惡故名不斷，無復修
> 惡名不常。若修性俱盡則是斷不得爲不斷不常。闡提亦爾，性善不
> 斷還生善根。如來性惡不斷還能起惡，雖起於惡而是解心無染，通
> 達惡際即是實際，能以五逆相而得解脫，亦不縛不脫，行於非道，
> 通達佛道。闡提染而不達與此爲異也。〔註34〕

性惡說的提出，雖係本於性具思想的延伸究極，在以《法華經》〈觀世音菩薩普門品〉爲中心的救度思想中，卻有它特別的意義。以佛家常語說，性惡不斷的理論，即包涵著「眾生有病我有病」，「眾生渡盡方證菩提」的大悲精神。由前段引文可證此意。

若佛斷惡盡（性惡修惡同斷盡），則其渡眾生只是以神通化物，須「作意」方能化物，沒有定要化物的必然性，也就是說，清淨無染的佛與染污沉沒無明的眾生是隔絕的，無復同體性。這在荊溪批評華嚴「緣理斷九」的時候，已明白地簡別過其差異。

因性德不斷，闡提過緣善發，終必成佛，故「法華經」云：「佛種從緣起，是故說一乘」。佛亦不斷性惡，只要有機緣之激，慈力所激，則與地獄眾生同事而化導之。如來性惡不斷還能「起惡」，雖起於惡而是「解心無染」，此處之「惡」，同前所解，須分雙重簡別。「起惡」之惡乃事行之惡；雖起於惡，而「解心無染」，即是斷修惡，惡事在無染之心中，亦名「修善」。其意同於前表可解。

故如來亦同處九界之中，依慈力依機緣而化度眾生，只是雖同處九界，卻能通達惡際即是實相不可思議境，雖現行五逆之相而實解脫自在，行於非道通於佛道。與眾生同在一生命緣起的大舞台活動者，卻不爲形形色色的角色假象所蒙蔽，又不孤懸地清淨無染。《法華經》〈觀世音菩薩普門品〉，以觀音菩薩化身無數，尋聲救苦，依娑婆世界之需要現種種像，是爲不斷性惡精神的人格實踐。

〔註34〕同上，頁883。

第五章　智者大師思想的現代意義

佛說：「我所說法，如爪上土，所未說法，如大地土。」生命潛存的智慧能力，永遠是挖掘不盡的。佛陀在他因緣示現的八十載歷程中，風塵僕僕地以自證的般若慧，啓迪他周遭蒙昧未啓的生命。他的色身雖一剎即逝，由之流佈的法音，千百年來，却燭照了無數沈幽沒暗的心靈。慧思禪師曾告誡智者大師：「莫作佛法最後傳燈人！」由智者大師體悟，創發的思想，也已普潤了眾多有緣人達一千四百年之久。

且不問諸佛契悟的實相不思議境維何：那，終究不是一蹴可達的，也非泛泛而說，就眞能同證的。以生活在二十世紀動蕩世局中的現代人而言，研讀古人著述的意義，乃在探取其思想中的菁華，以有益於當世。

就智者大師而言，生命的每一寸流光，莫非「眞實之相」，即假即中的圓融境界；講經說法，頭陀苦行，周旋帝室貴族，僧徒信眾之間，無一事非絕對，無一人非平等。他六十載的精進求道與教化，也不過是長遠佛道的一小段而已。緣會即生，緣盡則逝。後人已無法知曉他著述背後的「觀念」全貌。唯可經由其觀念表達的文字尋索端倪。

吾人以爲智者大師的思想中，特別值得推崇的，在於開顯「世間相即實相」的「當下即絕對」的肯定，與由一念三千的性具思想展現的宗教精神。

世間相即實相，即《法華經》「低頭舉手皆已成佛道」的同等意義。以任何型態的生命，當下的努力，即是成就佛道的種因，成佛，並非到究竟圓滿方名成佛，而是在過程的每一分努力中完成。「六即佛」即立體顯現此成佛之意。由這般「歷程性的肯定」，則佛道只在腳下活生生的日子中成就，無庸捨近求遠；將看來是幻緣假合且平凡無奇的機緣，以珍惜「絕對」般的精神，

澈底活過，則每一刹那均是不思議如實之際，任一事均會佛智。

　　立足於現實界觀點的成佛論，當然也開顯著一切潛能的「人性」論。十法界互具，極惡眾生心中有「如來結跏趺坐」，如來心中有「三惡道」性德。由十如是的緣起法則，眾生在「一念」間即可決定成佛成魔，向何道去。由此，卑劣罪人尚有光明性德以支持提攜其向上向善的希望，德尊行貴的聖賢，亦以同具善惡性德，須自警惕方免墮落的可能性。

　　進而言之，諸佛寂光不離穢土，菩薩道的成就，但以五濁婆娑為「覺有情」的活動空間，與大地眾生同證菩提，方顯《法華經》普門示現的菩薩道本意。

主要參考書目

一、經

1. 《妙法蓮華經》，鳩摩羅什譯，《大正》第九冊。
2. 《大般涅槃經》，宋慧嚴譯，《大正》十二冊。
3. 《維摩詰所說經》，鳩摩羅什譯，《大正》十四冊。
4. 《菩薩瓔珞本業經》，竺佛念譯，《大正》二四冊。
5. 《佛說仁王般若波羅蜜經》，鳩摩羅什譯，《大正》八冊。

二、論

1. 《大智度論》，龍樹著，鳩摩羅什譯，《大正》二五冊。
2. 《中論》，龍樹著，鳩摩羅什譯，《大正》三十冊。

三、天台典籍

1. 《法華玄義》，智者大師說、章安記，《大正》三三冊。
2. 《法華文句》，同上，《大正》三四冊。
3. 《摩訶止觀》，同上，《大正》四六冊。
4. 《法華玄義釋籤》，荊溪述，佛教出版社印。
5. 《法華文句記》，荊溪著，《大正》三四冊。
6. 《摩訶止觀輔行傳弘決》，同上，中華佛教文獻編撰社。
7. 《觀音玄義》，智者說、章安記，《大正》三四冊。
8. 《四念處》，智者述、章安記，《大正》四六冊。
9. 《四教義》，智者撰，《大正》四六冊。
10. 《止觀義例》，荊溪撰，《大正》四六冊。

四、史　傳

1. 《國清百錄》，章安撰，《大正》四六冊。
2. 《智者大師別傳》，章安撰，《大正》五十冊。
3. 《佛祖統紀》，宋志磐撰，《大正》四九冊。

五、近人著作

1. 《佛性與般若（上下冊）》，牟宗三著，學生書局印。
2. 《天台教學史》，慧嶽法師著，中華佛教文獻編撰社。
3. 《天台性具思想論》，安藤俊雄著，演培法師譯，慧日講堂印。
4. 《天台宗綱要》，无言著，雲門學園編。
5. 《天台宗概論》，无言著，雲門學園編。
6. 《天台思想論集》，張曼濤主編，大乘文化出版社。
7. 《天台典籍研究》，同上。
8. 《大乘佛教思想論》，木村泰賢著，演培譯，慧日講堂印。
9. 《中國佛學思想概論》，呂澂著，天華出版社印。
10. 《印度佛學思想概論》，同上。
11. 《中國佛教史》，謙田茂雄著，關世謙譯，新文豐出版。
12. 《中觀今論》，印順法師著，慧日講堂印。
13. 《中觀論頌講記》，同上。
14. 《漢魏兩晉南北朝佛教史》，湯錫予著，鼎文書局印。
15. 《大乘止觀法門之研究》，聖嚴法師著，中華文化館印。
16. 《天台宗之判教與發展》，張曼濤主編，大乘文化出版社印。

天台圓教之淨土義與人間淨土之修證實踐

林妙貞　著

作者簡介

林妙貞，台灣台南人，國立中央大學哲學研究所博士，以天台佛學及儒釋道圓教思想於生命教育與生命實踐為主要之研究領域和研究方向。著有《試析佛法身之「自我坎陷」與天台圓教「性惡法門」之關係》（收錄於佛光山《法藏文庫》──「中國佛教學術論典」）及多篇學術論文。

提　　要

　　本文主要透過探究天台圓教之淨土觀，除簡別天台圓教之淨土觀與傳統淨土思想於理念、目的與實踐方法上之異同外，進一步探究天台圓教於「淨土」與「究竟涅槃」之關係思想，以及對於「淨土」之「權實」問題之闡釋。其次，藉由說明當代人間淨土之三種認知，從而闡明天台圓教於「人間」與「淨土」之關係，即由淨土經典所引發此方（穢）與彼方（淨）之殊異背離，如何由天台圓教「一念無明法性心即具三千」思想圓融詮解，進而突顯天台圓教於「人間淨土」之實義乃「人間即淨土」。最後，並說明天台圓教之即于人間具體修證觀行（實踐）之「人間性」特質與精神。

致 謝 辭

　　首先非常感謝辛勤指導我的兩位恩師：李瑞全教授與尤惠貞教授。由於他們耐心的引領與指正，不斷的鼓勵與提攜，才能讓我能順利完成論文！

　　其次感謝一路走來，默默在背後支持我的父母，以及一直從旁協助我、鼓舞我的先生：Wen，還有不時在旁邊加油打氣的一對小寶貝：DoDo＆MoMo。由於他們的溫暖與體貼，關懷與付出，讓我能如願取得學位！

　　博士學位已是作為學生的最後一個階次了，然而，真正的求學問，才尚要開始。牟宗三先生在《生命的學問》中說道：要常常檢定反省自己，「不是自己生命所在的地方，就沒有真學問出現」。人的生命有限，而學問無盡，若能真正發掘生命的核心，才能綻放生命無限的光芒！祈願常保清明的心靈，沒有學問的幻影，而能真心誠意從自己的生命核心作學問，成真人，為人類的文化，作出一點綿薄的貢獻！

第一章 導　論

第一節　研究動機與目的

一、研究動機

　　天台佛學向被視爲義理宏深，教觀圓臻，故素有「教觀雙美」、「解行並重」〔註1〕、「定慧雙開」〔註2〕之稱譽，然而，歷代大師們孜勤於天台義理、行證上的詮解，卻也因卷秩浩繁且義理深奧，致使其落入雖「義理玄妙」、「止觀超絕」，然卻是「空疏抽象」、「不切實際」的批評，以及「解必稱圓」、「行必依頓」的譏刺之中。〔註3〕

〔註1〕語出《摩訶止觀》卷三下：「解而無行，終無所至。」《大正藏》，冊46，頁30b。

〔註2〕慧思主張：「定慧雙開，晝談義理，夜便思擇。」（語見《續高僧傳》卷十七，《大正藏》，冊50，頁564a。）

〔註3〕肇自民國以來，即一直有人對於天台宗的這種「解必稱圓」、「行必依頓」的態度提出反省與質疑，認爲：獨尊圓教無疑有排斥前三之嫌，而且既然諸法皆圓，則很容易造成教理解釋上含混籠統的情況，同時也會有失於次第、好高鶩遠乃至眼高手低的缺失。何況佛教終極的眞理，是否即是所謂的天台圓教所述者？又，佛法建立的次第，是否即如天台所言，以圓教爲實、爲根本，而後才漸次開展藏、通、別等各個權教？抑或佛法乃是以《阿含》之「藏」教或其他如華嚴宗所說的「圓」教爲根本（實），方於後代漸次引申與轉化，而逐漸地發展出各種系統之大、小乘法的？……等等。（援見釋法藏：〈從天台圓教之建立試論圓教止觀的實踐〉，《2001年兩岸禪學研討會論文集》，頁69，2001。）

橫諸今日，正當人間佛教思想〔註4〕與行動如火如荼於台灣〔註5〕及世界

〔註4〕「人間佛教」思想，起於太虛大師（1890～1947）所提倡之「人生佛教」：「『人生』一詞，消極方面爲針對向來佛法之流弊，人生亦可說『生人』。向來之佛法，可分爲『死的佛教』與『鬼的佛教』。向來學佛法的，以爲只要死的時候死得好，同時也要死了之後好，這並非佛法的眞義，不過是流布上的一種演變罷了。」（見〈人生佛教開題〉《太虛大師全書》第2編，頁218。）又於〈人生觀的科學〉云：「佛教的唯一大事，祇是從人的生活漸漸增進以發達人生至其究竟，即是由人乘直接佛乘的一條大乘路。」（見《太虛大師全書》第14編支論，頁65。）〈怎樣來建設人間佛教〉：「人間佛教，是表明並非教人離開人類去做神做鬼，或者出家到寺院山林裡去做和尚的佛教，乃是以佛教的道理來改良社會，使人類進步，把世界改善的佛教。」（語見《太虛大師全書》第14編，頁431。）「人間佛教並非要人離去世界，去做神奇鬼怪非人的事。實在是因世人的需要而建立人間佛教的，爲人人可走的坦路，以成爲現世界轉變中的光明大道。」（同上揭書，見頁449。）然，根據學者江燦騰的看法：「『人間佛教』一詞，乃是印順導師爲了修正太虛大師的『人生佛教』而提出來的。其醞釀的此說的思想背景，是爲了減低『人天乘』中的『神通色彩』，而合於《阿含經》中『諸佛皆出人間，終不在天上成佛』的說法。」（語見江燦騰，1992，《臺灣佛教與現代社會》，台北市：東大圖書公司，初版。）又據楊惠南：「印順導師的「人間佛教」，共有五個思想來源；它們是《三論》與唯識法門，太虛大師的「人生佛教」，《阿含經》和廣《律》，日本佛教學者，以及梁漱溟等「出佛歸儒」的新儒家學者。」（語見楊惠南，〈佛在人間──印順導師之「人間佛教」的分析〉，釋聖嚴等編著，《佛教的思想與文化──印順導師八秩晉六壽慶論文集》，台北市：法光出版社，初版，頁91～95，1991。）不過，「人間佛教」論題的首倡者，並非印順本人，如其自云：「人間佛教的論題，民國以來，即逐漸被提起。民國二十三年，《海潮音》出過人間佛教專號，當時曾摶得許多人的同情。後來，慈航法師在星洲，辦了一個佛教刊物，名爲《人間佛教》。抗戰期間，浙江縉雲縣也出了小型的《人間佛教月刊》。」（語見釋印順，《佛在人間》，頁18。）然而，筆者認爲，無論如何，自民初以後，在台灣，「人間佛教」思想的逐被肯定、重視到今天的發展，仍應首推於印順的大力闡揚與倡導。

〔註5〕觀諸臺灣目前的佛教界，許多教團皆積極地將佛教義理與實踐精神，推廣爲社會活動並且落實於大眾的日常生活中，如國際佛光會、慈濟功德會與法鼓山文教基金會等佛教團體，不論是從醫療、慈善救濟、佛教文化與教育等方面，皆無不積極參與俗世社會的活動。（援見尤惠貞，〈從智者大師論十二因緣看人間佛教之修證與度化〉，佛光山文教基金會主編，《佛學研究論文集：人間佛教》，高雄縣：佛光山文教基金會，初版，頁2，2002。）「因此，相對於傳統而言，當前臺灣佛教界所推行的人間佛教，其入世精神更形積極、熱烈。就其已有成效而言，人間佛教不但順應社會，同時也能夠導引社會、匡正人心，不但不會讓信徒在宗教事務和俗世生活之間產生緊張、焦慮和對立，反而企圖提供信仰之途，紓解信徒在心理上的緊張，以及面對現在所產生的焦慮、煩惱與痛苦。（援語見尤惠貞，〈從天臺教觀的進路論人間佛教的修證〉，「跨文化視野下的東亞宗教傳統：體用修證

各地開展之際〔註6〕，曾經號爲「一代聖教」〔註7〕之天台佛學，其所謂「解

篇」，台北：中研院文哲所，2010，頁153。）又，「近年來，台灣佛教在佛
光山、法鼓山、慈濟功德會等教團的積極推動下，在濟世利人方面交出了
亮麗的成績，其佛教志業不僅遍布全台，並將「人間佛教」的觸角延伸到
世界各地。」（援見鄭世東：《彌勒淨土中的人間佛教》，國立臺南大學國語
文學系碩士論文，頁5，2006。）

〔註6〕「人間佛教」的理論與實踐，「在二三十年代，並非太虛一派的顧淨緣居
士，亦依佛法的人乘與菩薩乘，提出『人道佛教』的主張，提倡『做人做
事』、『無我爲人』，『行大乘菩薩道』。……湖北的陳耀智居士則提出
了『人間佛學』，主張不奉鬼神，『造福人類才是佛學眞諦』。」（見陳
兵、鄧子美：《二十世紀中國佛教》，北京，民族出版社，頁198，2001。）
1949年後，在台灣則如火如荼地展開：如自言受其思想影響與啓發而進一
步闡述與倡揚「人間佛教」思想的印順法師（1906～2005）（印順云：「宣
揚『人間佛教』，當然是受了太虛大師的影響。」（見釋印順著，〈契理契機
之人間佛教〉，《華雨集四》，財團法人印順文教基金會輯，《印順法師佛學
著作集》，光碟版，頁44，1998。）「我是繼承太虛大師的思想路線（非『鬼
化』的人生佛教），而想進一步的（非『天化』的）給以理論的證明。」（同
上揭書，頁69。）印順云：「佛教是宗教，有五趣說，如不能重視人間，那
末如重視鬼、畜一邊，會變爲著重於鬼與死亡的，近爲鬼教。如著重羨慕
那天神（仙、鬼）一邊，即使修行學佛，也會成爲著重神與永生（長壽、
長生）的，近於神教。神、鬼的可分而不可分，即會變成又神又鬼的，神
化、巫化了的佛教。這不但中國流於死鬼的偏向，印度後期的佛教，也流
於天神的泛濫。如印度的後期佛教，背棄了佛教的眞義，不以人爲本而以
天爲本（初重於一神傾向的梵天，後來重於泛神傾向的帝釋天），使佛法
受到非常的變化。所以特提『人間』二字來對治他：這不但對治了偏於死
亡與鬼，同時也對治了偏於神與永生。眞正的佛教，是人間的，惟有人間
的佛教，才能表現出佛法的眞義。」（語見《佛在人間》，頁21～22。）
又如強調「人間佛教」即佛法與生活融和不二的佛光山星雲大師（1927～）
（星雲認爲，只要是「佛說的、人要的、淨化的、善美的」（語見氏著《人
間佛教思想語錄》，援自《星雲模式的人間佛教》，頁317。）「凡是有助於
幸福人生之增進的教法」（語見上揭書），「凡是契理契機的佛法，只要是對
人類的利益、福祉有所增進，只要能饒益眾生的」，（語見氏著：《佛光通訊》，
援自《星雲模式的人間佛教》，頁334。）都是人間佛教。故而，「生活即
佛法，佛法即生活。」（同上揭書，見頁325。）「人間佛教」是「現實重於
玄談、大眾重於個人、社會重於山林、利他重於自利；人間佛教實際上包
含社會化、生活化、現代化、大眾化和人情化，人間佛教的性格是一切普
化，相容並蓄的。」（語見氏著〈中國佛教階段性的發展芻議〉，頁56。）
以及發動「建設人間淨土」理念的法鼓山聖嚴法師（1930～2007）（以下簡
稱聖嚴）（聖嚴云：「法鼓山所提倡的人間淨土，便是人間佛教的全面推動
與普遍落實。」（語見氏著《法鼓山的方向》，頁501。）「我們的理念是：
『提昇人的品質，建設人間淨土』。結合僧俗四眾的力量，將正信正見正行
的佛法，以各種現代化的型態，爲廣大的人間社會，作適時適所的宣導示

行並重」的法益何存、行證何在呢？天台固有其歷史與外在因素而於現代出現衰微之姿〔註8〕，然而，比之走入人群、深入社會，有別於傳統佛教修證方

範及關懷服務。」（語見氏著：〈人間佛教的人間淨土〉，《中華佛學研究》第 3 期，頁 16，1999。）和力行實踐「人間菩薩」之生命觀的慈濟證嚴上人（1037～）（以下簡稱證嚴）（證嚴法師云：慈濟是以社會爲「道場」，以「行善」來做人間菩薩。四大志業、八大腳印就是修行的「路」。我不斷闡揚「慈濟精神」，什麼是慈濟精神？就是佛陀所說的慈、悲、喜、捨。這四無量心是「理」，「理」看不見，必須透過人去實踐；慈濟的四大志業即是「事」，讓大家在「做」中體會佛法，以事會理。（語見《慈濟月刊》，389期，頁 43。）並強調：「生命長短無法預知，不過最重要的是『現在』，將現在的人生過得美麗、有價值，擴展生命的寬度，加深生命的深度。」（見《證嚴法師的納履足跡》2003 年春之卷，頁 576。）「唯有透徹無常虛幻的生命，進取眞實的慧命——在活著之時，把握時間，爲眾生負起責任，利用覺悟的智慧，造福更多的人，這才是生命的價值和意義。」（見《證嚴法師納履足跡》2000 年秋之卷，頁 319。）……等。迄今將逾百年，而「人間佛教」之倡，不僅僅只是當年佛教内部的一種改革與復興運動——從傳統佛教之隱匿山林而積極走入世間，由過去重死、迷鬼、信神之宗教信仰而趨向面對現世、人群與現實生活。——現今，更偶然成爲海峽兩岸與華人世界，推行佛教思想與修證實踐佛法之行者的代名詞，蔚爲當代中國佛教發展的一種新的趨勢及特色。（相關論點可參見方立天：〈人生理想境界的追求——中國佛教淨土思潮的演變與歸趣〉。中華佛學研究所主辦：人間淨土與現代社會——第三屆中華國際佛學會議，1997 年 7 月 19 日，台北市：中華民國國家圖書館。頁 12，1997。又，董平：「『人間佛教』作爲一種關於佛教的新型理念，亦作爲佛教在近現代以來的一種基本思潮，代表了關於傳統佛教的新型詮釋，並且亦在實踐中展現出了某種新的風貌，或正以此故，當前無論是在佛教内部還是在佛教學術界，都越來越引起人們的更多關注，其研究則可謂方興未艾。」（見董平：〈大陸近二十年關於「人間佛教」的研究及有關理論問題的思考〉，中國哲學會主辦，2005 兩岸宗教與社會學術研討會，2005 年 10 月 15 日～16 日，台北市：師範大學進修推廣部視聽室，2005）而李明友亦認爲：太虛大師爲適應近代社會和文化思潮變化所提出的人間佛教，乃是中國佛教近代化的主要成果。……他所提出關於建設人間佛教的思想，基本上爲近代中國佛教發展定了方向。（詳見李明友：《太虛及其人間佛教》，杭州：浙江人民出版社。頁 9、136，初版，2000。）學者洪金蓮亦持此一看法：近半世紀以來，中國佛教發展方向，基本上是沿著太虛所開創的道路前進。（見洪金蓮：《太虛大師佛教現代化之研究》，台北市：法鼓文化出版社，初版，頁 345，1995。）

〔註 7〕語見諦觀《天台四教儀》：「天台智者大師，以五時八教，判釋東流一代聖教，罄無不盡。」（見於《大正藏》，冊 46。頁 774c。）

〔註 8〕由於千多年來的兵火戰亂，所造成的人才凋零與教典遺失，加上宋朝以降各宗融合思想的盛行，已使得天台教理的研究與創發，只在純粹述古的氣氛之中，維繫著一股存若游絲的命脈，並且也漸漸地失去其理論的純粹性與實踐

式並致力於實踐大乘佛法精神的現代人間佛教，天台佛學難道眞的只能如吳怡教授於其文章當中所慨嘆的：天台宗義理繁瑣，論疏深奧難讀，成爲佛教哲學家的「象牙塔」，而與「人間世」的佛教脫了節。〔註9〕……天台的超越思維，脫離了文化的大動脈，以致於走入「斷岸絕港」而逐漸衰微〔註10〕？倘若天台佛學之行證不僅僅只是畫餅充飢紙上談兵，且其義理雖深奧而玄妙，但非徒然爲空疏抽象，則誠如尤惠貞教授所呼籲的：

> 歷代各宗派祖師有關佛教之精深廣博的義理詮釋，是否必然與人間世脫節？如果不是只成爲「佛教哲學家的象牙塔」、或走入「斷岸絕港」，則其如何能具體而微地落實於俗世而不流於空泛抽象，則是當今倡言佛教人間化所必須面對與用心之處。並由之得以應用於自我修證與度化他人的實踐功夫上。〔註11〕

依之而思，天台佛學如何適應於現代人間，甚而面對當代佛教之趨向與發展？亦即，如何將天台佛學思想具體實踐，落實於現代社會人群、人文與環境之中，如何重新詮解天台圓教思想與當代人間佛教思想之關係，實是天台佛學者責無旁貸的使命與慧命。

本文即依上述，希冀闡明天台之佛學思想（義理）固廣博精深，但其行證實際乃強調於每一心念當下，處處具體落實於吾人現實生活之中道實相觀（照），而非僅止於世道無益，闇然走入「斷岸絕港」之空泛抽象的佛學論理而已。

的獨特性。另一方面則由於祖師禪的大興及念佛法門的普遍流行，也使得以如來禪爲主要實踐方法的天台止觀，更加地缺乏被實踐乃至研究的因緣。明末蕅益大師以降，乃至民初的諦閑老法師，雖皆致力於天台之教說。然蕅祖以不作一宗一派之子孫自期，諦閑老法師雖高舉天台之幟，惜抗日軍興，人才栽培難以相續，而其後裔或多轉爲念佛之行，專弘天台教理者或有之，然專修天台止觀則鮮聞。但是教理必假實踐方能圓解深化，今既止觀不行，則教理之弘化與傳持必然羸弱不固，宋代以來天台教法即呈衰退之勢，其原因正是在此！（見釋法藏，〈從天台圓教之建立試論圓教止觀的實踐〉。《2001年兩岸禪學研討會論文集》，頁67～68，2001。）

〔註9〕 詳見吳怡，〈從生命的轉化看中國人間佛教的開展〉，《普門學報》，1期，頁78，2001。
〔註10〕 詳見吳怡著：《生命的轉化》，61。
〔註11〕 引見尤惠貞，〈從智者大師論十二因緣看人間佛教之修證與度化〉，佛光山文教基金會主編，《佛學研究論文集：人間佛教》，高雄縣：佛光山文教基金會，初版，頁3，2002。

二、研究目的

　　承上所言，「人間佛教」現已蔚爲當代倡導佛教思想與實踐佛教行動者之代名詞〔註 12〕，此中，由宣揚「人間佛教」思想，鼓吹將大乘佛法「自行化他」之「菩薩道」精神〔註 13〕，具體實踐於日常生活及現代社會與人群中，提倡「人乘行」〔註 14〕或「人菩薩行」〔註 15〕，致力將人間「佛教化」〔註 16〕

〔註 12〕　現今世界各地佛教界僧俗四眾弟子及佛學研究學者亦多數認同此一看法，如大陸學者樓宇烈云：「建設人間佛教，是二十世紀以來中國佛教發展的一股主要思潮和實踐方向。」（見樓宇烈，〈印順法師的人間佛教思想〉，弘誓文教基金會編，《「印順長老與人間佛教」海峽兩岸學術研討會論文集》，初版，頁 C1，2004。）又，何建明言：「人間佛教是近百年來海峽兩岸中國佛教的主流趨勢。……人間佛教是當今中國海峽兩岸和海外華人地區中國佛教的主要潮流，也是當今海峽兩岸佛教學者較普遍關注的一個重要問題。近 10 年來，海峽兩岸和香港、新加坡等地，每年都舉辦多種形式的以人間佛教爲主題的學術研討。……近代以來的人間佛教的學術討論更引起海峽兩岸、甚至國際學術界和佛教界的極大關注。」（見何建明，〈人間佛教的百年回顧與反思——以太虛、印順和星雲爲中心〉，香港中文大學「人間佛教研究中心」2006 年講座系列，頁 1，2006。）學者賴賢宗：「自從太虛大師倡導人生佛教和印順法師倡導人間佛教以來，人間佛教在華人佛教界蔚爲顯學。」（語見賴賢宗，〈天台佛教詮釋學的人間佛教論〉。賴品超、學愚主編：《天國、淨土與人間：耶佛對話與社會關懷》。北京市：中華書局。頁 269，2008。）學者盧蕙馨：「『人間佛教』目前在台灣已蔚爲佛教發展的特色。」（見盧蕙馨，〈證嚴法師人間菩薩的生命觀〉，佛教弘誓文教基金會編，《「印順長老與人間佛教」海峽兩岸學術研討會論文集》，桃園縣：佛教弘誓文教基金會，初版，頁 N1，2004。）等等多篇論文。

〔註 13〕　大乘之「菩薩道」精神乃爲「自行化他」。如《大般若經》所云：「佛告善現：如是！如是！如汝所說。諸菩薩摩訶薩能爲難事，於一切法自性空中，希求無上正等菩提、欲證無上正等菩提。善現！諸菩薩摩訶薩……爲世間得義利故，發趣無上正等菩提；爲令世間得饒益故，發趣無上正等菩提；爲令世間得安樂故，發趣無上正等菩提；爲欲濟拔諸世間故，發趣無上正等菩提；爲與世間作歸依故，發趣無上正等菩提；爲與世間作舍宅故，發趣無上正等菩提；欲示世間究竟道故，發趣無上正等菩提；爲與世間作洲渚故，發趣無上正等菩提；爲與世間作日月故，發趣無上正等菩提；爲與世間作燈燭故，發趣無上正等菩提；爲與世間作導師故，發趣無上正等菩提；爲與世間作將帥故，發趣無上正等菩提；爲與世間作所趣故，發趣無上正等菩提；哀愍世間生死苦故，發趣無上正等菩提。」（《大般若經》卷 445。大正藏，冊 7。頁 245c。）

〔註 14〕　如太虛於〈人生佛教之目的〉云：「今倡人生佛教，旨在從現實人生爲基礎，改善之，淨化之，以實踐人乘行果，而圓解佛法真理，引發大菩提心，學修菩薩勝行，而隱攝天乘二乘在菩薩中，直達法界圓明之極果。即人即菩薩而進至於成佛，是人生佛教之不共行果也。」（語見《太虛大師全書》第 2 編，頁 236。）又於〈人生觀的科學〉云：「佛教的唯一大事，祇是從人的生活漸漸增進以發達人生至其究竟，即是由人乘直接佛乘的一條大乘路。」（語見《太

或佛教「人間化」〔註17〕，從而引發出「建設人間淨土」，或「實現淨土於人間」之思想，自太虛大師（以下簡稱太虛）提出「建設人間淨土論」〔註18〕以來，不乏學者及釋者針對「人間淨土」之義涵、實踐、根據、及其與傳統淨土思想和信仰（以往生他方淨土為目的）相互比較……等等，提出廣泛之見解與討論。〔註19〕聖嚴法師即曾明白表示：

> 由於現實的時代環境需要，建設人間淨土的號召，已在今日中國大陸及臺灣兩地，受到普遍的響應。即使有許多佛教徒根本不知道人間淨土的思想淵源及其理論依據，人間淨土這項運動，確是適合這個時代社會所需要的。〔註20〕

是故，關於「人間淨土」之建設或實現，於當代「人間佛教」思想之倡導與具體實踐而言，實有相當重要之關連。然則，關乎「人間淨土」之認知，究竟是將建設「人間淨土」視為「往生他方淨土」之基礎與過程；抑或以實

虛大師全書》第 14 編支論，頁 65。）「依著人乘正行，先修成完善的人格，……由此向上增進，乃可進趣大乘行。」

〔註15〕如印順在《契理契機的人間佛教》中即表示，所謂的「人間佛教」，是「人，菩薩，佛——從人而發心修菩薩行，由學菩薩行圓滿而成佛」的「人菩薩行」。（語見〈契理契機的人間佛教〉，頁 99。）又如證嚴法師強調，如果離開生活和人群就沒有佛法可修，應「以社會為『道場』，以『行善』來做人間菩薩。」（語見慈濟月刊（1999），389 期，頁 43。）

〔註16〕如星雲大師即認為：「佛光淨土（佛光普照的淨土）是人間究竟佛化的淨土，佛光淨土是人間的佛國淨土，因此佛光淨土是一個『佛化的世界』。」（語見星雲：《星雲日記》。援引自釋滿義：〈人間佛教的淨土思想〉《星雲模式的人間佛教》。台北市：天下遠見出版，1991。頁 402。）

〔註17〕如聖嚴法師將太虛的「人生佛教」、印光的「敦倫盡分」、印順的「人間佛教」、和自己提倡的「提昇人的品質，建設人間淨土」等統稱為「人間化的佛教」。見氏著：《法鼓山的共識》。台北市：東初出版社，1995。頁 89～91。又，如王順民：「光復以來，臺灣佛教最大的變遷，乃是佛教人間化的提倡。」（見王順民，〈人間佛教的遠見與願景——佛教與社會福利的對話〉，《中華佛學學報》第 11 期，1998，頁 228。）又，「六〇年代以後臺灣佛教的發展態勢是各種新興佛教團體因應而生，以滿足變遷社會中人們的宗教、社會需求。……最近的發展卻呈現出「北法鼓」（聖嚴：禪修、教育）、「中中臺」（惟覺：禪修）、「南佛光」（星雲：弘法利生）、「東慈濟」（證嚴：醫療、濟貧）新的佛教生態分佈——它們各自提出『佛教人間化』的法門。」（見王順民，1995，〈當代臺灣佛教變遷之考察〉，《中華佛學學報》第 8 期，頁 320～321。）

〔註18〕見《太虛大師全書》第 14 編支論，頁 427～428。

〔註19〕詳見本篇論文「第四章第二節」之論述。

〔註20〕語見釋聖嚴：〈人間佛教的人間淨土〉《中華佛學學報》，3 期，1999。頁 14。

現「人間之淨土」爲究竟目的與依歸；又或以「人間即淨土」爲修證與實踐之理念？實有待於釐清。分析而論，第一種認知，乃深信必然有「他方淨土」之存在，並將「求生他方淨土」，作爲建設「人間淨土」之究竟目的〔註21〕；第二種認知，雖亦認同佛經中的「他方淨方」思想，然不以求生「他方淨土」爲其修證實踐之究竟依歸與建設「人間淨土」之目的，主要希冀透過具體的修證與實踐（行菩薩道），成就眾生，而能將人間化爲「人世和樂國」，實現「人間成佛」、「佛在人間」之理想社會〔註22〕；第三種認知，則是提出天台圓教之「性具三千」思想及「十界互具」論，說明人間界與佛法界之關係，二者二而實相即不二，又以「一切國土依正即常寂光」〔註23〕之義，故「人間」即是「淨土」，「人間即淨土」。〔註24〕以上三種認知，分別代表現今三種主要對於「人間淨土」之修證思想與實踐之理念；同時，亦是對於「人間」與「淨土」之關係，亦即，關乎「人間」是「淨」是「穢」之理解與認知。

因此，本文之研究目的，主要希冀透過探究天台圓教〔註25〕之淨土觀（以

〔註21〕 如聖嚴法師云：「十方三世諸佛國土的成就與往生，必須從人間的立場做起。」實踐人間佛教的目的即是「在做往生佛國、嚴淨佛土的準備工夫階段，先要在人間自利利人，便是建設人間淨土。」（見氏著：〈人間佛教的人間淨土〉，《中華佛學研究》，3 期，1999 年。頁 4，頁 1。）又云：「在淨土的層次之中，人間淨土最爲脆弱，但卻是最爲親切和基礎的起點，……所以佛法的終極是究竟的淨土。」（見氏著：〈淨土思想之考察〉。《華岡佛學學報》，6 期，1982。頁 23。）又如如方法師云：「求生他方淨土須先實現人間淨土爲基礎。」「改造現世間的萬惡社會，成爲人間的淨佛國土。即以此爲基礎，而求生他方淨土。」（見唯方：〈從求他方淨土說到人間佛教〉。張曼濤主編，《現代佛教學術叢刊》，62 冊。台北市：大乘文化出版社，1980，頁 274。）

〔註22〕 如印順法師云：「淨土，是佛菩薩的清淨土，也是人間的理想國。……佛在因中，立下這樣的大願。爲了實現這樣的理想，廣行菩薩道，從自利利他中去完成。這不是往生淨土，而是建設淨土。這可說是最極理想的社會了！」（見氏著：《淨土與禪》，頁 157。）又，「人間佛教，……是從人發心而修菩薩行，由學菩薩行圓滿而成佛。……人間佛教的人菩薩行，不但是契機的，也是純正的菩薩正常道。」（見印順：《華雨集》，冊四，頁 48、68。）

〔註23〕 見智者《妙法蓮華經玄義》卷一，《大正藏》，冊 33，頁 688c。

〔註24〕 此即天台圓教之「人間淨土」義。關此論點，詳見本篇論文第四章第二節之論述。

〔註25〕 「圓教」，本是佛教判教的一個觀念，判教以「圓教」爲究極，「圓教」即是「圓滿（無諍）之教」、「圓實之教」。天台判法華經爲圓教，即以此爲立教經典，自智者大師起歷代祖師皆以闡發法華經之圓實義理爲主，從而作爲觀行修證之依據，故牟宗三先生稱天台宗爲「天台圓教」，以其判教判得最盡、解說圓教之所以爲圓教解說得最明確者。（詳見牟宗三，《圓善論》，台北市：學

天台智者大師及四明知禮詮解淨土之思想及論述爲主），除簡別天台圓教之淨土觀與傳統淨土思想（他方淨土及唯心淨土）於理念、目的與實踐方法上之異同外，進一步探究天台圓教於「淨土」與「究竟涅槃」（佛性問題）之關係思想，以及對於「淨土」之「權實」問題——即於「是法住法位，世間相常住」（法之存在）之闡釋。其次，藉由說明當代人間淨土之三種認知，闡明天台圓教於「人間」與「淨土」之關係，亦即——關於「人間」究竟是「淨」是「穢」之詮解，從而以「一念無明法性心即具三千」思想圓融詮解由淨土經典〔註26〕所揭示出來此方與彼方之殊異，亦即，「娑婆世界」（穢土、人間）與「清淨佛國」（淨土、蓮邦）之背反關係，從而顯見天台圓教之淨土圓融觀與人間性，以突顯天台圓教於「人間淨土」之實義乃「人間即淨土」。最後，並藉此點明天台圓教做爲一圓實佛法而落實人間之本質（諸法實相）與即于人間具體修證觀行（實踐）之特質與精神，亦即，天台圓教「解行並重」、「即俗而眞」〔註27〕——即事而修，修證即實踐，實踐即修證之圓實特質。

第二節　研究文獻及資料

一、經典文獻

（一）天台文獻

首先，關於天台圓教淨土觀之探究，主要依據宋代以前天台山家〔註28〕大師之著述爲主。其中，更主要以天台智顗大師（西元 538～597 年。文後簡稱智者或智者大師）以及四明知禮（西元 960～1028 年。文後或簡稱知禮）之論疏及著述中，關於淨土之思想與論述爲主要探究範圍。智者與知禮，前

生書局，1996，頁 266～267。）故本文從而言之。

〔註26〕如由淨土經典，阿彌陀經、觀無量壽佛經、無量壽經、彌勒上生經、……等，所揭示的他方淨土，如極樂淨土、妙樂淨土、兜率淨土、欲樂天國、……等等。

〔註27〕語見智者，《妙法蓮華經玄義》卷二：「若明幻有者，幻有是俗，幻有不可得，即俗而眞。」（《大正藏》，冊33，頁 702c。）

〔註28〕所謂「山家」，乃指承傳智者之學爲天台正統法脈，至宋代知禮爲十七代傳人；而以晤恩、源清、智圓、慶昭之學非正統天台義學，別爲「山外派」。天台山家山外之分，主要對於觀「心」之見解不同。山家派依性具思想，主張「妄心觀」；而山外派則依華嚴性起思想，主張「眞心觀」。故本文研究之天台圓教淨土觀，主要根據山家之義學而言；

者爲天台開宗立派之祖〔註29〕，後者號爲中興天台山家義學大師〔註30〕，故其關於淨土之思想及論述，對吾人依天台圓教之向度認知與詮解淨土思想應具有相當之代表性。至於知禮其時及其後之天台宗師，如慈云遵式（西元964～1032年）、石芝宗曉（西元1151～1214年），或倡導持名拜懺，或以淨土「非權教」爲之提倡，乃將天台教觀傾向西方淨土化；又或如圓辯道琛〔註31〕（西元1086～1153年）、蕅益智旭〔註32〕（西元1599～1655年）等人〔註33〕之淨土思想，多以濃厚之唯心色彩詮釋淨土，從而使得天台以性具論詮釋淨土之思想傾向唯心化。以上之「教崇天台，行歸淨土」的「台淨合流」現象〔註34〕，顯然已非天台山家祖師以天台之教觀融攝淨土之思想本懷，故諸師之淨土論著〔註35〕，作爲研究台淨合流現象時之參考文獻。

　　智者大師一生疏解經論及著述宏富〔註36〕，其中有關淨土之思想論著，

〔註29〕據《佛祖統紀》所載，天台法脈爲一祖龍樹菩薩、二祖北齊慧文、三祖南嶽慧思、四祖天台智顗、五祖章安灌頂、六祖法華智威、七祖天宮慧威、八祖左溪玄朗、九祖荊溪湛然。十祖行滿法師（一說道邃）、十一祖廣修法師、十二祖物外法師、十三祖元琇法師、十四祖清竦法師、十五祖螺溪義（義）寂、十六祖四明寶雲（義通）尊者、十七祖四明法智（知禮）尊者。（見志磐：《佛祖統紀》。《大正藏》冊49，頁189c。）智顗雖爲四祖，然就其樹新宗義，判釋經教，集思想傳承之大成，奠定天台教觀之基礎而言，實則爲天台開宗立派之創始人。

〔註30〕山家派之主要論述多出自知禮，其與山外派往來論議之文主要收於《十義書》、《觀心二百問》等書中。《十不二門指要鈔》爲闡釋荊溪《十不二門》，發揮天台義學之重要代表作，其他另有詮解智顗《觀音玄義》、《金光明經玄義》等注疏的論議之作。尤以《觀經疏妙宗鈔》（簡稱《妙宗鈔》）獨具見解，既批判山外派諸說，復宣揚天台山家教義。爲宋代中興天台義學之重要大師。

〔註31〕南宋天台僧侶。

〔註32〕明代僧人。被尊爲「蓮宗九祖」，蓮宗即淨土宗，故就藕益大師之主要思想與被淨宗推崇之地位而言，其思想已非純粹天台山家之義學可知。事實上，其思想主張融合佛、道、儒三教。與憨山、紫柏、蓮池並稱明代四大高僧。

〔註33〕除上述二人外，明智中立、櫨庵有嚴、德藏澤英、竹庵可觀等人之思想，在闡釋唯心與淨土之關係時，不再偏執一方或以理事平衡之，而是直接建立起唯心與淨土的相即。（相關論述，參見潘桂明、吳忠偉：《中國天台宗通史》。頁607～608。）

〔註34〕關於宋代以後「台淨合流」現象及述評，見本論文第三章第三節之論述。

〔註35〕慈云遵式有《往生淨土決疑行願二門》、《往生淨土懺願儀》（《大正藏》冊47），圓辯道琛有《唯心淨土說》（收於《樂邦文類》卷4，《大正藏》冊47），石芝宗曉有《樂邦文類》、《樂邦遺稿》（《大正藏》冊47），蕅益智旭有《阿彌陀經要解》（《大正藏》冊47）等關於淨土之論著。

〔註36〕智者大師之著述豐富，少部分親自撰寫，大多是弟子章安灌頂隨錄整理成書。

計有《佛說觀無量壽佛經疏》〔註 37〕、《阿彌陀經義記》〔註 38〕，以及《維摩經玄疏》〔註 39〕、《淨土十疑論》〔註 40〕、《摩訶止觀》〔註 41〕等。其中，《佛說觀無量壽佛經》〔註 42〕爲淨土三經〔註 43〕之一，故智者大師對此經之疏解內容，最能直接看出天台圓教對於淨土之詮解〔註 44〕；此外，並參酌《維摩

據《隋天台智者大師別傳》所載，智者大師圓寂後九年，編纂完成的著作共計九部八十五卷。又，據唐代道法師《大唐內典錄》中所載，則有十九部八十七卷之多。中唐後，則已高達三十一部一百二十三卷。現今《大正藏》與《續藏經》中共有三十五部一百六十六卷署名爲智顗之作。其中雖有八部被疑爲託名僞作，但無論如何，智者大師一生之撰述宏富，仍爲事實。（以上資料，參考潘桂明、吳忠偉：《中國天台宗通史》。江蘇：古籍出版社，2001。頁 99～105。）

〔註 37〕見於《大正藏》，冊 37。
〔註 38〕見於《大正藏》，冊 37。
〔註 39〕見於《大正藏》，冊 38。
〔註 40〕見於《大正藏》，冊 47。
〔註 41〕智者著。見於《大正藏》，冊 46。
〔註 42〕即《維摩詰所說經》。姚秦龜茲三藏鳩摩羅什譯。見於《大正藏》，冊 12。
〔註 43〕一般所謂的淨土三經指的是《阿彌陀經》、《無量壽經》及《觀無量壽經》。據學者研究：「對中國淨土信仰影響最大，具有決定意義的是《阿彌陀經》、《無量壽經》、《觀無量壽經》。這三部經集中講述西方淨土信仰，內容極爲具體、詳盡，從而成爲淨土宗所依的根本經典。」（見潘桂明、吳忠偉（2001）：《中國天台宗通史》。江蘇古籍出版社。頁 200。）此三經存在的先後順序應是《阿彌陀經》、《無量壽經》、《觀無量壽經》。但三者在中國出現的時間，應是《無量壽經》之譯本先於《阿彌陀經》之譯本。《無量壽經》有同本異譯五種，五者出現順序之先後，尚無定論，但學者大致同意以吳支謙（220～257）的《大彌陀經》爲最早出現，但以曹魏嘉平中（約 252 年）出現之康僧鎧譯本《無量壽經》爲最受注意。《阿彌陀經》則以姚秦鳩摩羅什於弘始 4 年（402）完成之譯本最早出現。《觀無量壽經》過去學者依慧皎《高僧傳》之說，認爲係劉宋之彊良耶舍（Kālayaśas）於元嘉年中（424～442）所譯，近人認爲係當時人僞託彊良耶舍所作。（上述資料見於望月信亨著，釋印海譯：《淨土概論》（臺北：華宇出版社，1988），頁 53～56，75～76；望月信亨著，釋印海譯：《中國淨土教理史》（臺北：華宇出版社，1987），頁 27～31；Meiji Yamada., The Sutra of Contemplation on the Buddha of Immeasurable Life（Kyoto: Ryukoku University, 1984），"Introduction."; Luis Gomez., Land of Bliss: The Paradise of the Buddha of Measureless Light（Honolulu: University of Hawaii Press, 1996）pp.125～131。本文援引自黃啓江（2001）：〈淨土詮釋傳統中的宗門意識論宋天台義學者對元照《觀無量壽經義疏》之批判及其所造成之反響〉《中華佛學學報》，14 期。頁 351。）
〔註 44〕關於智者大師之《佛說觀無量壽佛經疏》，日學者望月信亨於其《淨土教の研究》中認爲乃後人託名僞作，然此書向爲歷代天台山家們所引述，甚至知禮爲其作《妙宗鈔》，此外，其以天台圓教義理圓詮淨土之論，亦在在顯示應爲智者大師親撰。故本文仍將以此書作爲探討智者大師之淨土思想的主要著作。

經玄疏》及《維摩經略疏》〔註45〕之論述與說法，探究《維摩詰經》〔註46〕中有關乎「佛國淨土」之闡釋，亦能得見智者大師於「心淨則佛土淨」〔註47〕說之見解，〔註48〕以及關乎「淨土」與「涅槃」關係之思維。《摩訶止觀》乃天台三大部之一，其中「四行三昧」，有關念佛、禪坐與般若之論述，可見智者大師對於佛道、解脫之究竟思想。至於《淨土十疑論》一書，又稱《天台十疑論》（以下簡稱《十疑論》），根據研究，學者或疑其為託名偽作〔註49〕，吾人以為，《淨土十疑論》至今仍掛名為智者大師所撰，且其後歷代天台宗師，如荊溪湛然、及四明知禮等對此並無疑義；其次，觀其內容，其第二疑總答云：「汝若言求生西方彌陀淨土，則是捨此求彼，不中理者，汝執住此，不求西方，則是捨彼著此，此還成病，不中理也。又轉計云，我亦不求生彼，亦不求生此者，則斷滅見，故《金剛般若經》云：「須菩提，汝若作是念，發阿耨菩提者，說諸法斷滅相，莫作是念，何以故，發菩提心者，於法不說斷滅相。」〔註50〕別答又云：「諸佛說法，常依二諦，不壞假名，而說諸法實相，智者熾然求生淨土，達生體不可得，即是真無生，此謂心淨，故即佛土淨。愚者為生所縛，聞生即作生解，聞無生即作無生解，不知生者即是無生，無生即是生，不達此理，橫相是非，瞋他求生淨土，幾許誤哉。」〔註51〕已明「求生淨土」乃「不壞假名，而說諸法實相」之圓旨，故「達生體不可得，

〔註45〕湛然略，見於《大正藏》，冊38。

〔註46〕姚秦三藏鳩摩羅什譯。見於《大正藏》，14冊。

〔註47〕見《維摩詰所說經》「佛國品」：「若菩薩欲得淨土，當淨其心，隨其心淨則佛土淨。」（《大正藏》，14冊。頁538c。）

〔註48〕後世學者多認定《維摩詰經》此處為「唯心淨土」思想之源。如，釋聖嚴：「《維摩詰經》『心淨則佛土淨』之說與古來的『唯心淨土』，乃至現代的『人間淨土』之主張有密切的關係。」（見氏著：〈「心淨則佛土淨」之考察〉一文。《中華佛學學報》，10期，1997。頁25）又，見釋惠敏：「多數的論文都指出《維摩詰經》「心淨則佛土淨」之說是『唯心淨土』之理論基礎。」（見釋惠敏：〈人間淨土與現代社會——記第三屆中華國際佛學會議〉。《漢學研究通訊》，63期，1997。頁268。）另，關於「唯心淨土」思想之說明，詳見本論文第二章第二節。

〔註49〕《淨土十疑論》書中引用許多唐代著作，而唐代淨土論者譬如迦才、懷感、窺基、道鏡、善道等從未引用其書。宋代談淨土者，不但紛紛引用其書而且為之作序，可見其著作時間不太可能在唐代淨土論者之前，其作者亦不可能智顗，可能是唐末或宋初天臺僧侶偽託之作。（參見黃啓江：〈淨土決疑論——宋代彌陀淨土的信仰與辯議〉。《佛學研究中心學報》，4期，1999。頁130。）

〔註50〕見《淨土十疑論》卷一。《大正藏》，冊47。頁78a。

〔註51〕見《淨土十疑論》卷一。《大正藏》，冊47。頁78a-78b。。

即是眞無生」，若一意論斷求不求生淨土者，皆落入邊見、斷滅見。然而，觀乎《十疑論》之主述內容，多爲對於西方彌陀淨土之倡揚，較諸智者大師主要以性具論詮釋淨土之思維，似乎較未能一致，故亦易爲人所誤解。〔註 52〕

〔註52〕雖有學者以此經之內容認爲智者大師「弘揚彌陀信仰」（見陳揚炯：《中國淨土宗通史》。南京市：鳳凰出版社，2008。頁 77，208。）；又或以智者示寂前一心「專稱彌陀、般若與觀音」聖號，故其臨終時之信仰乃是「法華信仰與彌陀信仰之交錯」。（見佐藤哲英：《天台大師の研究》。東京市：百華苑，1981。頁 37。）又或認爲智者大師晚年「對《法華經》的教相及觀心體系深感絕望，最終轉入了《無量壽經》的思想世界。」「實踐的結果遇到了這樣深沉的苦悶，從而產生了彌陀淨土的信仰。」（見安藤俊雄：《天台智顗的淨土教──般舟三昧教學的完成與晚年的苦悶》第四章，《大谷大學研究年報》，NO.11，1958。載於《法音》雜誌，7 期，1999 年，頁 18～27。）然而，釋慧開法師則認爲：「實際上，在智顗（538～597 年）之前，慧文、慧思（515～577 年）師徒，都是以禪法，著稱於當世。智顗本身雖則義理之學亦勝，但其行持與弘傳，一直都不離禪法。」並且，「唐代道宣（？～668 年）所著的《續高僧傳》中，慧思與智顗均列在〈習禪篇〉內」，及道宣在篇後評論中云：「向若纏割世網，始預法門，博聽論經，明閑慧戒，然後歸神攝慮，憑准聖言。動則隨戒策修，靜則不忘前智。固當人法兩鏡，眞俗四依。達智未知，寧存妄識。如斯習定，非智不禪。則衡嶺台崖，扇其風也。」「非智不禪」，當指天臺止觀法門，「衡嶺、台崖」則是分別指慧思與智顗，認爲道宣對於天臺一系的禪法非常推崇。（關此具詳見釋慧開：〈早期天臺禪法的修持〉。《中印佛學泛論──傅偉勳教授六十大壽祝壽論文集》，1992。頁 135～136。）以此觀之，如《淨土十疑論》云：「一切諸佛土，實皆平等，但眾生根鈍，濁亂者多，若不專繫一心一境，三昧難成，專念阿彌陀佛，即是一相三昧。」（《淨土十疑論》卷一。《大正藏》，冊 47，頁 78b。）吾人只能將此「專念阿彌陀佛」視作「繫一心一境」之一途法門，又，其示寂前雖有「專稱彌陀般若觀音」，且云：「波羅提木叉是汝之師，吾常說四種三昧是汝明導。」（見《隋天台智者大師別傳》卷一。《大正藏》冊 50，頁 196b。）然而，智者大師不亦云：「一一法門攝一切法，皆能通心到清涼池。若能於病患，境達諸法門者，即二十五人百金可寄。」（同上引書）又，其「常坐三昧」行法，雖有「當專稱一佛名字慚愧懺悔以命自歸」之語，（見《摩訶止觀》卷三。《大正藏》，冊 46，頁 11b-11c。）然則，智者大師之「四種三昧行法」，乃藉以爲助觀「心」之法，如其所云：「通稱三昧者，調直定也。大論云：善心一處住不動，是名三昧。法界是一處，正觀能住不動，四行爲緣，觀心藉緣調直，故稱三昧也。」（《摩訶止觀》卷二，《大正藏》，冊 46，頁 11a。）又其《法華三昧懺儀》云：「觀一切法空如實相，是名正觀。」（見《法華三昧懺儀》，《大正藏》，冊 46，頁 954a。）又灌頂《觀心論疏》亦強調：「諸來求法者，修三昧得定，不知問觀心，盲禪無所見。」（見《觀心論疏》卷一。《大正藏》，冊 46，頁 590c。）可見，若僅就《淨土十疑論》一文，實難論斷智者大師「弘揚彌陀信仰」，或其「法華信仰與彌陀信仰之交錯」，更遑論此文至今尚未能斷定作者究竟爲智者大師了。其次，關於安藤俊雄：《天台智顗的淨土教──般舟三昧教學的完成與晚年的苦

是則關於智者大師於《淨土十疑論》中對於淨土之論說，本文僅作爲一種文獻資料來參考。

知禮大師有《觀無量壽佛經疏妙宗鈔》〔註53〕、《觀經融心解》〔註54〕等

悶》一文認爲，智者大師晚年夢見寶塔吹壞，「表示了智顗的治學生涯及傾其心血所建的天台教學的崩潰。他對《法華經》的教相及觀心體系深感絕望，最終轉入了《無量壽經》的思想世界。」智者大師晚年因未進證「六根清淨」，只得凡夫之「五品弟子位」，故自認爲修行失敗，如其云：「十信位是對內凡而言的，五品位是對外凡而言的，屬弟子位。……不管怎麼樣，它總是最低的凡夫位而已。」「實踐的結果遇到了這樣深沉的苦悶，從而產生了彌陀淨土的信仰。」關此，性廣法師於其《圓頓止觀探微》一書中有極精闢的反駁論見，認爲安藤之文有幾點爭議：一、低估天台「五品弟子位」的證量，二、曲解智顗「寶塔傾頹」夢境的寓意，三、更動智顗臨終遺書的解讀順序，而最重要的是第四、沒有從天台圓教的思想根源，來解讀智顗的淨土觀。是故安藤俊雄認爲「因爲智顗重修行，故有了投生彌陀淨土的自覺意識。」完全是無效的推論。又，關於智者大師無論早年的願生兜率淨土，抑或晚年臨終的改向彌陀淨土，皆與淨土觀念有關，性廣法師認爲：「其原因並不如安藤氏所說，是因爲智顗『修行失敗』，所以轉而求生西方淨土；而是智顗後期對於淨土的歸趣，顯示了他圓教思想在止觀實踐上的對應。」一、智顗早年發願往生兜率淨土，乃是因菩薩投生兜率天向爲佛教傳統慣說。菩薩投生兜率，有取其中道之寓意。（如《大智度論》云：「問曰：菩薩何以生兜率天上，而不在上生，不在下生，是大有福德，應自在生。答曰：有人言，因緣業熟應在是中生，復次下地中結使厚濁，上地中結使利，兜率天上結使不厚不利，智慧安隱故。復次，不欲過佛出世時故，若於下地生，命短壽終，時佛未出世；若於上地生，命長壽未盡，復過佛出時，兜率天壽與佛出時會故。復次，佛常居中道故，兜率天於六天及梵之中，上三下三，於彼天下，必生中國，中夜降神，中夜出迦毘羅婆國行中道，得阿耨多羅三藐三菩提，中道爲人說法，中夜入無餘涅槃，好中法故中天上生，如是菩薩兜率天上生竟。」見《大智度論》卷四。《大正藏》，冊25。頁89b-89c。）智顗修習大乘菩薩行，於此三界中，當然會循行諸佛常道，於此歿後投生兜率，則頗能符合佛教傳統慣說。二、見阿彌陀佛，即是見十方一切諸佛；觀阿彌陀佛，即是觀十方一切諸佛，雖阿彌陀佛爲「一佛」之專名，然仍可有「一切佛」之通義。而此一切佛之通名與共德「阿彌陀」，與天台圓教「一切即一、一即一切」的思想結合，在世相與義理圓妙殊勝中，智顗的往生西方，成爲可以理解與說明的現象。（詳見釋性廣著：《圓頓止觀探微》，台北市：法界出版社，2011，初版。詳第二章第五節及第六節。）因此，「智顗臨終付囑徒眾以務以《觀心疏》爲修心法要，並持誦彌陀名號的行爲，正表現了天台圓教以「心地法門」爲歸，以般若智解爲首，而輔以信願佛力爲助行的法門特色。其中，智顗臨終感得聖境現前而決定往生淨域，正是符應圓教義理與觀行的成就。」（見上引書，頁142。）

〔註53〕見於《大正藏》，冊37。

〔註54〕見知禮《四明尊者教行錄》卷二。《大正藏》，冊46。

關於淨土之論著。知禮之《觀經疏妙宗鈔》（以下簡稱《妙宗鈔》），被視爲「台淨融合」之作，故有所謂「教崇天台，行歸淨土」之嫌。有學者認爲：「《妙宗鈔》企圖將天台教觀與淨土行門作緊密的結合，不但在教相方面（理論部分），以天台圓宗詮釋《觀經》之教義，且於觀行方面（實踐部分），更以妙三觀統攝『十六觀』之觀法。此一方面固承襲於智者大師之《觀經疏》旨，而詳加發揮其義蘊；另一方面亦是善順當世教派融合之時代趨勢，而首唱『台淨融合』之論。」〔註55〕「書中將天台圓頓教義與淨土念佛法門作緊密之結合，確立後代天台子孫『教演天台，行歸淨土』之修行方向，可謂不但大有功於天台，亦大有功於淨土。」〔註56〕然則，知禮是否有「台淨融合」之嫌尚待商榷，其一以圓宗解《觀經》，是否符合經旨且契乎其理？〔註57〕實亦有待進一步之釐清。首先，知禮號爲中興山家宗師，其恢復天台教觀與捍衛本門圓旨之心，於其與山外諸師之數番論辯〔註58〕可知，若僅就其《妙宗鈔》

〔註55〕見吳聰敏：〈知禮「台淨融合」的思想評析〉。收於《觀經妙宗鈔之淨土思想》一書。中興大學中文系碩士論文。2002。

〔註56〕同上註。

〔註57〕關於知禮《妙宗鈔》之撰作背景，此書乃知禮晚年（六十二歲）經過與山外派前兩番劇烈的論辯，與指斥智圓《闡義鈔》之後的著作。知禮自謂其撰寫《觀無量壽佛經疏妙宗鈔》的動機，乃是爲了糾正山外派孤山智圓（977～1022）在其《觀經疏刊正記》別於《天台觀經疏》所主張的念佛之法。（參見日人安藤俊雄著，蘇榮焜譯（1998）：《天台學：根本思想及其開展》。台北市：慧炬出版社。頁452。）因此，書中所詮顯的思想義理及修證方法，都足以代表其最後之定見。彼不但對於兩番論辯的焦點問題，如「觀心眞妄」、「別理隨緣」等義理順加楷定；且針對後來第三番論辯中所關涉之「理毒性惡」、「生身尊特」等論題，亦詳加辨釋。其内容幾乎囊括天台山家全部之義理。

〔註58〕關於山家山外之三番論辯，第一番，從眞宗咸平三年（1000）至仁宗天聖元年（1023），是針對《金光明玄義》廣略本，以「眞心觀」和「妄心觀」爲主軸的義理之辯，知禮撰《釋難扶宗記》，乃至《金光明玄義拾遺記》，駁斥山外學者，欲廢《廣本》、主觀「眞心」之非；第二番從眞宗景德元年（1004）至仁宗天聖元年（1023），是針對湛然所撰《十不二門》之不同解讀的義諍，知禮撰《十不二門指要鈔》和《別理隨緣二十問》，立「別理隨緣」義，以闡揚天台之「性具」說，既釐清山外之夾雜混淆，並精簡天台與華嚴、唯識諸宗的複雜關係；且與天童子凝書簡多番往返，甄揀禪宗之「唯悟眞心」，是「緣理斷九」，故非「圓即」極談。第三番從眞宗天禧元年（1017）至仁宗天聖五年（1027），是圍繞《妙宗鈔》之義理爲主軸的論諍：知禮既撰《辨三用一十九問》與《釋消伏三用章》破斥孤山智圓《闡義鈔》主張「理毒非性惡」之違圓宗，乃至撰《料簡十三章》甄分「生身尊特」，並導正弟子仁岳之「墮陷本宗」。（援見吳聰敏：《觀經妙宗鈔之淨土思想》，國立中興大學中文研究所碩士論文，2002，頁174。）

所言論斷其「善順當世教派融合之時代趨勢」,「首唱台淨融合之論」,則未免太過。何況,更言其義蘊乃發揮智者《觀經疏》之旨,若知禮此鈔竟爲淨土行門,則難乎天台之智者大師亦思傾淨土而有「行歸淨土」之嫌乎?〔註 59〕故本文仍以知禮之《妙宗鈔》作爲探究天台圓教之淨土觀主要文獻。

其次,關於天台圓教之義理及教觀思想。主要依據智者大師、荊溪、知禮等之重要思想論著,如天台三大部:《法華玄義》〔註60〕、《法華文句》〔註61〕、《摩訶止觀》,及此三部之注釋:《法華玄義釋籤》〔註62〕、《法華文句記》〔註63〕、《止觀輔行傳弘決》〔註64〕、《止觀義例》〔註65〕、《止觀大意》〔註66〕,以及《四教義》〔註67〕、《四念處》〔註68〕、《觀心論》〔註69〕、《觀心論疏》〔註70〕、《觀音玄義》〔註71〕、《觀音玄義記》〔註72〕、《觀音義疏》〔註73〕、《金剛錍》〔註74〕、《十不二門》〔註75〕、《十不二門指要鈔》〔註76〕、《金光明經玄義》〔註77〕、《金光明玄義拾遺記》〔註78〕、《釋難扶宗記》〔註79〕、《四明尊者教行錄》〔註80〕等作爲主要詮解文獻外,並參酌《修習止觀坐禪法要》

〔註59〕吾人認爲,後代所謂「教演天台,行歸淨土」之修行方向乃逐漸以淨土思想及修行法門,取代了天台圓教之義理思想與修證精神,而非祖師以天台圓教融攝淨土之本懷。此之論見,詳見本篇論文第三章第三節。

〔註60〕智者著,見於《大正藏》,冊 33。

〔註61〕智者著,見於《大正藏》,冊 34。

〔註62〕湛然著,見於《大正藏》,冊 33。

〔註63〕湛然著,見於《大正藏》,冊 34。

〔註64〕湛然著,見於《大正藏》,冊 46。

〔註65〕湛然著,見於《大正藏》,冊 46。

〔註66〕湛然著,見於《大正藏》,冊 46。

〔註67〕智者著,見於《大正藏》,冊 46。

〔註68〕智者著,見於《大正藏》,冊 46。

〔註69〕智者著,見於《大正藏》,冊 46。

〔註70〕灌頂著,見於《大正藏》,冊 46。

〔註71〕智者述、灌頂記,見於《大正藏》,冊 34。

〔註72〕知禮著,見於《大正藏》,冊 34。

〔註73〕智者述、灌頂記,見於《大正藏》,冊 34。

〔註74〕湛然著,見於《大正藏》,冊 46。

〔註75〕湛然述,見於《大正藏》,冊 46。

〔註76〕知禮述,見於《大正藏》,冊 46。

〔註77〕智顗說、灌頂錄,見於《大正藏》,冊 39。

〔註78〕知禮撰,見於《大正藏》,冊 39。

〔註79〕知禮撰,見於《續藏經》,冊 95。

〔註80〕宗曉編,見於《大正藏》,冊 46。

〔註81〕、《法華三昧懺儀》〔註82〕、《五方便念佛門》〔註83〕、《仁王護國般若經疏》〔註84〕等書作爲天台圓教修證實踐之參考文獻。

（二）淨土文獻

關於淨土之文獻資料。因佛經中述及淨土之經卷十分繁多，〔註85〕且「淨土信仰」自魏晉南北朝以來，即爲民間流行的幾種信仰之一，其信仰種類，就有觀音淨土、地藏淨土、彌勒淨土、彌陀淨土……等之別。唐代僧史學家道宣（596～667）於其《釋迦方志》即曾云道：「自晉、宋、〔齊〕、梁、陳、魏、燕、秦、趙，國分十六，時經四百，觀音、地藏、彌勒、彌陀，稱名念誦，獲其將救者，不可勝計。」〔註86〕直至唐代，各種淨土信仰雖同時流行，但以彌陀信仰愈傳愈盛，逐漸取代了早先彌勒信仰的優越地位，即由求生彌陀淨土（西方極樂）取代了嚮往兜率淨土（清淨天國），而蔚爲民間淨土信仰的主要對象。〔註87〕故本文僅依據論述與討論之便，將淨土區分爲他方淨土、唯心淨土、與人間淨土三類淨土來作說明〔註88〕。「他方淨土」主要以最具代表性的四大淨土，即——彌勒淨土、彌陀淨土、阿閦淨土、藥師淨土來作說明。並依據《無量壽經》〔註89〕、《阿彌陀經》〔註90〕、《觀無量壽經》〔註91〕、《往生論》〔註92〕，以及《阿閦佛國經》〔註93〕、《藥師如來本願功

〔註81〕智者著，見於《大正藏》，冊46。
〔註82〕智者著，見於《大正藏》，冊46。
〔註83〕智者著，見於《大正藏》，冊47。
〔註84〕智顗說、灌頂記，見於《大正藏》，冊33。
〔註85〕《大正藏》中淨土宗類之經卷，計有三十九部，九十卷之多；又，據日人藤田宏達博士的研究統計，佛經中言及關於淨土思想之資料，共有漢譯經論二九〇種，梵文經論三十一種。（見氏著：《原始淨土思想研究》）
〔註86〕見道宣：《釋迦方志》，卷下，《大正藏》，51冊。頁972b。
〔註87〕參看陳揚炯：《中國淨土宗通史》。南京：鳳凰出版社，2008。及道端良秀：《中國淨土教研究》。京都：法藏館，1980。此外，彌陀信仰之轉趨盛行雖然原因複雜，但主要與魏晉以來，曇鸞、道綽、善導等大師，及其後唐宋僧侶的推動與提倡有密切之關係。關於彌陀信仰逐漸取代其它淨土信仰而蔚爲淨土信仰主流之因，乃佛教淨土史上另一研究課題，茲因與本文主要探究方向無關，於此不再多所討論。
〔註88〕相關論述，詳見本論文第二章第二節與該章第三節。
〔註89〕見於《大正藏》，冊12。
〔註90〕見於《大正藏》，冊12。
〔註91〕見於《大正藏》，冊12。
〔註92〕凡三卷。唐代迦才撰，見於《大正藏》，冊47。
〔註93〕見於《大正藏》，冊11。

德經》〔註94〕、《觀彌勒經菩薩上生兜率天經》〔註95〕等，分別闡述彌陀淨土（及稱「極樂世界」）、阿閦淨土（又稱「妙喜世界」或「妙樂世界」）、琉璃光淨土、以及彌勒淨土之思想及修證法門。《阿彌陀經》描述阿彌陀佛西方淨土依正莊嚴之事相，並說明發願往生之意義及方便，讚歎阿彌陀佛不可思議之功德，此經經文較短，誦讀容易，被列爲修淨土宗者定課必誦之經；《無量壽經》則詳述法藏比丘在因地修行時所發之四十八願，以致果地圓滿成佛，莊嚴國土，攝受十方念佛眾生；經中並敘及淨土之莊嚴，載明三輩往生之條件，勸發諸天眾生精進修行，以求往生彼佛國土。《觀無量壽經》，略稱《觀經》，旨在說明欲生西方極樂國土之眾生所必修之淨業正因，並以十六觀法諦觀阿彌陀佛之身相及極樂淨土相，又釋九品往生之因果；《往生論》原名《無量壽經優婆提舍願生偈》，或稱《無量壽經論》、《淨土論》，係印度天親所著，以「五念門」〔註96〕修行之成就令眾生畢竟得生安樂國土，見彼阿彌陀佛。〔註97〕「唯心淨土」則主要依據《維摩詰所說經》〔註98〕、《楞嚴經》〔註99〕、以及《六祖壇經》〔註100〕之內容闡述「唯心」之淨土思想。「人間淨土」之相關說法，則主要依據《彌勒下生經》〔註101〕、《仁王般若經》〔註102〕、《法華經》〔註103〕、《大般涅槃經》〔註104〕、《十善業道經》〔註105〕等之內容闡述「人間淨土」之理念與義涵。

〔註94〕 見於《大正藏》，冊 14。

〔註95〕 見於《大正藏》，冊 14。

〔註96〕 又作五念、修淨土五念門，天親《淨土論》云：「如往生論云，若善男子善女人，修五念門，行成就者，畢竟得生安樂國土，見彼阿彌陀佛，何等五念，一者禮拜，二者讚歎，三者作願，四者觀察，五者迴向。」（見卷二，《大正藏》，冊 47，頁 94c。）

〔註97〕 另有闡釋三經一論者，如曇鸞之《略論安樂淨土義》（註釋無量壽經）、《往生論註》（註釋往生論）、道綽之《安樂集》（據觀無量壽經述往生淨土之要義）、善導之《觀無量壽經疏》（發揮觀經之玄義並釋其文句）。又《法事讚》、《往生禮讚》、《觀念法門般舟讚》，亦善導所作，定往生淨土之行儀，皆此宗之重要典籍，亦略作參閱。

〔註98〕 見於《大正藏》，冊 14。

〔註99〕 見於《大正藏》，冊 19。

〔註100〕 見於《大正藏》，冊 48。

〔註101〕 見於《大正藏》，冊 14。

〔註102〕 見於《大正藏》，冊 8。

〔註103〕 見於《大正藏》，冊 33。

〔註104〕 見於《大正藏》，冊 12。

〔註105〕 見於《大正藏》，冊 15。

二、近代研究

（一）天台圓教相關論著

主要參酌牟宗三先生之《佛性與般若》（下冊）、《智的直覺與中國哲學》、《圓善論》，以及尤惠貞教授之《天台宗性具圓教之研究》、《天臺哲學與佛教實踐》，李志夫編之《摩訶止觀之研究》，郭朝順之《天台智顗的詮釋理論》，潘桂明與吳忠偉之《中國天台宗通史》，吳汝鈞之《天台智顗的心靈哲學》、《中道佛性詮釋學——天台與中觀》，安藤俊雄之《天台性具思想論》，張曼濤編之《天台學概論》、《天台宗之判教與發展》，張風雷之《智顗佛教哲學述評》，施凱華之《天台中道實相圓頓一乘思想：教觀一體門》，吳聰敏之《知禮觀無量壽經鈔研究》，釋性廣之《圓頓止觀探微》等書中，關於天台圓教思想之闡解，以及教觀與修證之論述。

（二）淨土思想相關論著

主要參考《太虛全書》中，關於太虛大師對「人間佛教」與「人間淨土」之相關論述；並參考印順法師之《淨土與禪》中對於淨土思想之闡述；以及其於《佛在人間》、《契理契機之人間佛教》等書；星雲法師於《人間與實踐：慧解篇》、《宗教與體驗：修證篇》，以及張曼濤編所編之《現代佛教學術叢刊》等書中，關於人間佛教之理念與人間淨土之修證、實踐之說明。又，參考聖嚴法師之《淨土在人間》，陳揚炯之《中國淨土宗通史》，張曼濤編之《淨土宗概論》，以及廖閱鵬《淨土三系之研究》以說明淨土之義涵、緣起與分類。

（三）其它單篇學術論文

主要分別依「天台思想」、「淨土思想」、「人間佛教與人間淨土」三個方向取捨，以資作為探究與論述本文主旨之參考資料。〔註106〕

第三節　研究進路與章節結構

第一章導論部分，第一節主要說明本論文之研究動機與研究目的。天台佛學向被批評義理高深而實踐性薄弱，比之深耕於人群社會，致力於實踐大乘佛法精神的現代人間佛教而言，天台佛學如何適法適應於現代人間，面對當代佛教之趨向與發展，如何將天台佛學思想具體實踐，落實於現代社會及

〔註106〕論文篇目詳見本論文之參考文獻。

人群中，如何重新詮解天台圓教思想與當代人間佛教思想之關係，實是當代天台佛學者之重要課題。因此，本文希冀透過探究天台圓教之淨土觀，藉由釐清天台圓教之淨土觀與傳統他方淨土及唯心淨土思想於理念、目的與實踐修證方法上之異同，彰顯天台圓教之實踐性與人間性，進一步說明其於「人間淨土」之義涵，並藉此闡明天台圓教做為一圓實佛法而落實人間之本質（諸法實相）與具體修證實踐之精神。

第一章第二節為說明本篇論文主要之參考文獻與研究資料，並說明選擇智者大師及山家義學大師知禮之思想作為探究天台圓教淨土觀之理由。文獻部分，別為兩類，一為天台山家義學之經典文獻，用以探究天台圓教之淨土觀及教觀思想；其次為淨土經典文獻，用以探究淨土之義涵、緣起、與種類。近代研究資料部分，則用以佐證及輔助說明天台圓教及淨土文獻之研究。第三節用以說明本篇論文之研究進路及章節安排。

第二章為探究佛經中之淨土思想。第一節主要探究淨土之義涵與緣起，並將淨土之義涵別為「名詞」義與「動詞」義，並藉此說明「動詞」義之積極性，及其大乘佛法之入世精神，從而為本文所要探究之「人間淨土」預作說明。

第二章第二節則依據佛經之記載，將淨土區大別為他方淨土（又分作「佛國淨土」，計有：極樂淨土、妙樂（妙喜）淨土、琉璃光淨土；以及「天國淨土」，計有：兜率淨土、欲樂天淨土兩類）、唯心淨土、與人間淨土三種淨土。他方淨土思想，本文僅以四大淨土來作說明，因為，「淨土思想發展到阿彌陀佛淨土的出現，已經到完善與成熟的階段，這從阿彌陀佛的本願從二十四願增加到四十八願可以看出。阿彌陀佛的根本特性是超越一切佛，勝過一切佛，於是從這個特性出發，其淨土中的一切無不是最完美的，往生者能必至一生補處，其往生法門也是最簡易的。阿彌陀佛淨土流行最廣，後來阿彌陀佛淨土成為『淨土』的唯一代表。藥師佛淨土思想出現最晚，所以受彌陀淨土與密教影響很大。它的出現剛好補救了彌陀淨土過於注重後世而產生的弊端，它重視現生安樂，它的修法也是為了解決現世的問題，這種思想對現代社會有很大的適應性。淨土是比對現實世界的缺陷，而表達出理想的世界。這四大淨土恰好能說明淨土思想發展脈絡。」〔註107〕此外，「唯心淨土」思想，乃是對於一心求生他方淨土，因而忽略佛於因地時所實踐之大乘菩薩精神者的反思。而「人間淨土」乃是當代人間佛教實踐淨土的主流思想。

〔註107〕語見釋聖凱：《四大淨土比較研究》，台北縣：法明出版社，2003。頁74。

　　第二章第三節將進一步從修證理念與目的，以及修證方式（法門）之歧異來探究諸經淨土分類之義涵，以得見其所蘊藏之對於生死解脫、成佛、涅槃一觀念之歧異性，甚至蘊含對於佛性思想之理解。如，《法華經》云：「唯佛與佛乃能究竟諸法實相。」〔註108〕是則，「唯佛一人居淨土」。佛無虛言，則他方淨土該如何看待？是化土（權）？抑或是真實報土（實）？又，唯心淨土之「心淨則國土淨」該如何詮解？人間淨土觀於佛經中有何憑據？其理念為何？……等問題之探索。

　　第三章主要為探究天台圓教之淨土觀及其演變。第一節為探究天台智者大師之淨土觀。智者大師之淨土思想，從天台圓教之義理思維和脈絡來看，主要為他對「四淨土」之詮解。因此，本文關於智者大師之淨土思想的論述，主要環繞於智者大師於「四淨土」說之義涵的探討，從而得見其於淨土之見解與思維。故主要依據《佛說觀無量壽佛經疏》（簡稱《觀經疏》）之內容，探究其以天台圓教「性具」思想闡釋《觀經》中「四淨土」說（即常寂光土、實報無障礙土、方便有餘土、及凡聖同居土）之義涵，並佐之以《維摩經玄疏》、《金光明經玄義》、及《摩訶止觀》等論疏，探究智者大師於淨土與涅槃實相關係之圓詮。

　　第三章第二節為探究知禮大師之淨土觀。主要以《觀無量壽佛經疏妙宗鈔》（簡稱《妙宗鈔》）之思想內涵，並佐以《觀經融心解》、《十不二門指要鈔》等論著，探究知禮大師進一步闡述「淨土」權實問題，以及如何圓融的平衡「他方淨土」與「唯心淨土」之關係。

　　第三章第三節則探討宋代知禮其時及其後「台淨合流」之思想及現象，如慈云遵式（西元964～1032年）、石芝宗曉（西元1151～1214年），或倡導持名拜懺，或以淨土「非權教」為之提倡，無疑是將天台教觀傾向淨土化；又或如圓辯道琛（西元1086～1153年）、蕅益智旭（西元1599～1655年）之淨土思想，雖其目的乃是為了對於淨土與唯心之關係提出更為圓融之詮解，然而彼以濃厚之唯心論為主軸詮釋淨土，相形使得天台以性具論詮釋淨土之思想傾向唯心化，無疑間接湮沒了天台性具思想之圓教義〔註109〕。本節即於

〔註108〕　《法華經》〈方便品〉云：「佛所成就第一希有難解之法，唯佛與佛乃能究竟諸法實相，所謂諸法如是相，如是性，如是體，如是力，如是作，如是因，如是緣，如是果，如是報，如是本末究竟等。」（見《大正藏》第9冊，頁5c。）

〔註109〕　關此論述，詳見本論文第三章第三節。

以上諸師此種「教崇天台，行歸淨土」之「台淨合流」現象提出述評，說明此一或將天台「西方淨土化」，或將天台「唯心淨土化」之現象，顯然已非以天台之教觀融攝淨土，而反以淨土之思想來統攝天台教觀，實際即以禪（唯心）、淨（念佛）思想取代了天台之圓教義理與「即事而修」、「即俗而眞」之修證實踐精神，因而並非天台山家祖師以天台教觀融攝淨土之思想本懷。並爲第四章探討天台圓教之「人間淨土」義預作舖排。

第四章爲探究天台圓教之「人間性」與「人間淨土」義。首先，第一節將從天台圓教依「一念心」即具十法界三千世間，即「一念無法性心具三千」思想，因而十法界三千世間，無論穢法淨法皆是本具之性德，無一法可滅，無一法可得，一色一香無非中道（諸法實相），是故即地獄即佛，十界互融、互具，十界皆爲平等實相，以此說明天台圓教「世間相常住」之「人間性」。

第四章第二節則簡別當代「人間淨土」之三種認知及義涵，即第一種，深信必然有「他方淨土」之存在，並將「往生他方淨土」，作爲建設「人間淨土」之究竟目的；第二種，未必肯認有所謂「他方淨土」的存在，主要希冀透過「菩薩行」具體的修證與實踐，成就眾生，而能將人間「化爲淨土」，實現「人間成佛」、「佛在人間」之理想社會（人間淨土）；從而突顯第三種，即天台圓教以「性具三千」思想，及「十界互具」論，說明佛法界與九界「分而不分」〔註110〕，「非權非實，而權而實」〔註111〕之關係，佛法界與九界互具互融，故究實而言，人間界即佛法界，人間與佛界非背離關係，二者二而實相即不二。又以《法華玄義》云，「一切國土依正即是常寂光」〔註112〕，常寂光土即淨土，故一切國土（包含娑婆穢土）即是淨土，以此而言，「人間」即是「淨土」，故言「人間即淨土」。而此即天台圓教之「人間淨土」義。

第五章第一節則在「人間即淨土」之中道實相義下，說明天台圓教底「人間淨土」之修證與實踐，即從五悔及「遠方便」法門（即「二十五方便」：具五緣、呵五欲、棄五蓋、調五事、行五法）善巧修行。並於人間，日常行住坐臥之際，依據內方便「十乘觀法」（即一、觀心不可思議境，二、起慈悲心，三、巧安止觀，四、破法遍，五、識通塞，六、修道品，七、對治助開，八、知次位，九、能安忍，十、離法愛），觀照十境，於念念未起、將起、正起、

〔註110〕見《四明尊者教行錄》卷三。《大正藏》，冊46。頁881a。
〔註111〕同上註。
〔註112〕見《妙法蓮華經玄義》卷一。《大正藏》，冊33。頁688c。

起已當下,「借假修眞」,如實觀照、念念分明,眞正達到「解行相應」之圓修實踐。第二節則說明天台圓教於如上之修證之際,其人間淨土之實踐,亦不外於當代人間佛教之實踐精神與其人間淨土之具體建設。

第六章則以(一)追求「淨土」對生命的積極義涵(二)「人間即淨土」觀對現世人生與現實人間的正面意義(三)建設「人間淨土」對現代社會的重要性總結說明本論文之研究。

第二章　佛經中之淨土思想

第一節　淨土之義涵與緣起

一、淨土之義涵

（一）「淨土」之名詞義

　　所謂「淨土」，從字面看，淨土即是清淨國土，抑或清淨之地〔註1〕。然而，如何方算爲清淨，究竟清淨和比較清淨，均可稱爲清淨，抑或主觀的清淨和客觀的清淨，也都是清淨？〔註2〕則從本質看，淨土指的乃是一理想的世界〔註3〕。《大乘玄論》云：「淨土者，蓋是諸佛菩薩之所栖域。」〔註4〕又《大

〔註1〕　如印順法師認爲：「淨土，即清淨的地方，或莊嚴的地方。」（語見印順：《淨土與禪》〈淨土新論〉。新竹縣：正聞出版社，2003。頁3。）

〔註2〕　語見釋聖嚴：〈淨土思想之考察〉。《華岡佛學學報》，6期，1982。頁7。

〔註3〕　如印順法師認爲：「淨土是理想的世界」，「淨土爲大小乘人所共仰共趨的理想界」，「淨土是全人類對於理想世界的企求。」（語見印順：《淨土與禪》〈淨土新論〉。新竹縣：正聞出版社，2003。頁2，頁9。）又，學者楊白衣亦認爲：淨土「乃爲理想的無爲世界」。「（東方淨土）日出東方，猶如一天開始，人要懷抱希望，向著理想前進。（西方淨土）日沒西天，猶如一天工作完畢歸家，要有甜蜜的幸福的歸宿。這原爲人夢寐以求的理想人生。」（語見楊白衣：〈淨土的淵源及其演變〉。《華岡佛學學報》，8期，1885。頁87～88。）又，此外，學者江燦騰亦言：「淨土思想是人類恒久追尋的理想之一，面對著生命的無常、痛苦和脆弱，心靈中不期然而然地會浮現出永恒無憂的安樂鄉之嚮往。」（語見江燦騰：〈台灣當代淨土思想的新動向——思想史的探討〉。《東方宗教研究》，2期，1988。頁165。）

乘義章》〈淨土義〉「釋名門」云：

> 言「淨土」者，經中或時名佛地，或稱佛界，或云佛國，或云佛土，
> 或復說爲淨刹、淨界、淨國、淨土。「刹」者，是其天竺人語，此方
> 無翻，蓋乃處處之別名也；約佛辨處，故云「佛刹」。「佛世界」者，
> 「世」謂世間、國土、境界，盛眾生處名器世間；「界」是界別，佛
> 所居處異於餘人，故名界別；又佛隨化，住處各異，亦名界別。約
> 佛辨界，名「佛世界」。言「佛國」者，攝人之所，目之爲「國」；
> 約佛辨國，故名「佛國」。言「佛土」者，安身之處，號之爲「土」；
> 約佛辨土，名爲「佛土」。……此無雜穢，故悉名「淨」。〔註5〕

由此可知，所謂「淨土」，乃作「名詞」解，指的是某「場域」，以其無五濁
之垢染（雜穢），意爲「清淨土」或「清淨國土」。

那麼，「淨土」何以又謂爲佛地、佛界、佛國、佛土？其實，以「佛土」
指稱「淨土」，早在鳩摩羅什譯經時代即開始〔註6〕，如《大品般若經》之「淨
佛國土」，《維摩詰經》之「直心是菩薩淨土」，及「若欲得菩薩淨土，當淨其
心，隨其心淨則佛土淨。」〔註7〕又，「佛界」之梵語爲「uddha-Ksetra」（佛
土，佛國土），其意亦爲「佛所教化的世界」，是故淨土又特稱佛界、佛土者，
如《大乘義章》所言：「國土眾生共俱，何故偏名佛國土乎，今明佛土不說餘
故，又佛是主故，名佛土。」〔註8〕乃「約佛辨國」、「約佛辨土」，是故偏名
佛土，乃以其勝義而言。

此外，「佛界」之範圍，如《大智度論》所云：「佛土者是百億日月、百
億須彌山、百億四天王等諸天是名三千世界，如是等無量無邊三千大千世界
是名爲一佛土，佛於此中施作佛事……。」〔註9〕又，《佛說大乘無量壽莊嚴
經》云：

> 東方有恒河沙數世界，諸佛如來出廣長舌相，放無量光說誠實
> 言。……南方亦有恒河沙數世界，諸佛如來出廣長舌相，放無量光

〔註4〕 見《大正藏》，冊45，頁67a。
〔註5〕 隋代慧遠著。見《大正藏》，冊44，頁834a。
〔註6〕 此論參見楊白衣：〈淨土的淵源及其演變〉。《華岡佛學學報》，8期，1885，頁
81～82。
〔註7〕 見鳩摩羅什譯：《維摩詰所說經》。《大正藏》，冊14，頁538a、538b。
〔註8〕 見《大正藏》，冊44，頁834a。
〔註9〕 見《大正藏》，冊25，頁7086b。

說誠實言。……西方亦有恒河沙數世界，諸佛如來出廣長舌相，放
無量光說誠實言……。北方亦有恒河沙數世界，諸佛如來出廣長舌
相，放無量光說誠實言……。如是四維上下，恒河沙數世界，諸佛
如來出廣長舌相，放無量光說誠實言。〔註10〕

由此可知，佛界之大，以無量無邊三千大千世界爲一佛土，凡有佛所居（住）
之處，即有佛界，即爲佛土，如《阿彌陀經》和《大般若經》中，分別說有六
方諸佛和十方諸佛，而一佛各有一佛世界，那麼，無論六方諸佛或十方諸佛（事
實上應有無量諸佛），即應有無量佛世界，亦應有無量無邊佛土，如《西方合論》
有云：「『諸方淨土者』，如東方藥師佛，南方日月燈佛，上方香積佛，佛佛各有
淨土，諸經所迷不可具載，皆是諸佛實報莊嚴。」〔註11〕而十方三世諸佛各於
其土教化眾生，如，極樂世界爲阿彌陀佛所教化之國土，兜率淨土乃彌勒佛所
教化之國土，蓮華藏世界是毘盧遮那佛所教化之國土；而凡夫所居住之娑婆世
界〔註12〕，則爲釋迦牟尼佛所教化之國土，故亦爲佛土〔註13〕。

（二）「淨土」之動詞義

此外，「淨土」又可作「動詞」解，即「淨化國土」之義，此亦是大乘菩
薩的行願，如《維摩詰經》所云：「眾生之類是菩薩佛土。」〔註14〕僧肇《注

〔註10〕見《佛說大乘無量壽莊嚴經》卷二。《大正藏》，冊12，頁323a-323b。

〔註11〕見《西方合論》卷一。《大正藏》，冊47，頁391a。

〔註12〕「娑婆」，梵語爲 sah。又譯沙訶、娑呵、索訶。意譯忍、堪忍、能忍、忍土，
故又指「娑婆世界」（梵 Sah-lokadhtu），即釋迦牟尼進行教化之現實世界。此
界眾生安於十惡，忍受諸煩惱，不肯出離，故名爲忍。又有諸佛菩薩行利樂
時，堪受諸苦惱之義，表其無畏與慈悲。又譯作雜惡、雜會，意謂娑婆國土
爲三惡五趣雜會之所。此外，「娑婆」一詞原指我人所住之「閻浮提」，後世
遂成爲釋迦佛所教化之三千大千世界，而總稱百億須彌山世界爲娑婆，並以
釋尊爲娑婆世界之本師。（參見《法華文句》卷二下、《法華玄贊》卷二）

〔註13〕「國土」，梵語爲 ketra。指土地、領域或眾生之住所。音譯爲刹多羅，簡稱爲
刹。意譯爲土，復又加一「刹」字，故稱刹土。國土有淨、穢之別。就此而
言，阿彌陀佛所教化之極樂世界國土爲淨土，而釋迦牟尼佛所教化的國土則
是穢土，又稱「娑婆」，如《法華經》云：「過此無量無邊百千萬億阿僧祇世
界，有國名娑婆。是中有佛，名釋迦牟尼。」（見《大正藏》，冊9，頁52a。）
又，「我成佛已來。復過於此百千萬億那由他阿僧祇劫。自從是來。我常在此
娑婆世界說法教化。亦於餘處百千萬億那由他阿僧祇國導利眾生。」（《大正
藏》，冊9，頁42b。）然則，釋尊所教化之娑婆國土（人間）是淨是穢，就
天台圓教而言，有不同的詮釋觀點。詳見本篇論文第三～四章之討論。

〔註14〕語見《維摩詰所說經》。《大正藏》，冊14，頁538a。

維摩詰經》云：「土之淨者必由眾生。眾生之淨必因眾行。」〔註15〕可見土之淨者，必因實踐眾行。如《大智度論》云：

> 能淨佛世界，成就眾生者，菩薩住是空相應中無所復礙，教化眾生，令行十善道及諸善法，以眾生行善法因緣故，佛土清淨，以不殺生故壽命長，以不劫不盜故，佛土豐樂應念即至。如是等眾生行善法則佛土莊嚴。問曰：教化眾生則佛土淨，何以別說？答曰：眾生雖行善，要須菩薩行願迴向方便力因緣故，佛土清淨，如牛力挽車，要須御者乃得到所至處。〔註16〕

然則，除了教化眾生令行十善道〔註17〕及諸善法外，大乘菩薩還有哪些「眾行」（淨土因行）呢？如，《阿彌陀經》云：

> 修菩薩行，不生慾想瞋想癡想，不生慾覺瞋覺癡覺，不著色聲香味諸法，忍力成就不計眾苦，但樂憶念過去諸佛所修善根，行寂靜行，遠離虛妄堅守誠正，常以和顏愛語饒益眾生，於佛法僧信重恭敬依真諦門植眾德本，善護口業不譏他過，善護身業不失律儀，善護意業清淨無染，恒以布施持戒忍辱精進禪定智慧，利樂眾生，令諸眾生功德成就，遠離麤言，免自害害彼，免彼此俱害，修習善語自利利人，致人我兼利，復教化眾生修行六度，於一切法而得自在，了空無相無願無為無生無滅，軌範具足善根圓滿，墮其生處在意所欲，有無量寶藏自然發現，以此施惠眾生令生歡喜，以行教化，致無量無數眾生發無上菩提之心。〔註18〕

又，《佛說無量壽經》云：

> 法藏比丘於彼佛所，諸天魔梵龍神八部大眾之中，發斯弘誓建此願已，一向專志莊嚴妙土，所修佛國，開廓廣大，超勝獨妙，建立常然，無衰無變，於不可思議兆載永劫，積殖菩薩無量德行，不生欲覺瞋覺害覺，不起欲想瞋想害想，不著色聲香味觸之法，忍力成就不計眾苦，少欲知足無染恚癡，三昧常寂智慧無礙，無有虛偽諂曲之心和顏軟語先意承問，勇猛精進志願無惓，專求清白之法，以慧

〔註15〕見僧肇《注維摩詰經》卷一。《大正藏》，冊38，頁335b。
〔註16〕見《大智度論》卷三七。《大正藏》，冊25，頁335a-335b。
〔註17〕《十善業道經》云：「何等為十？謂能永離殺生、偷盜、邪行、妄語、兩舌、惡口、綺語、貪欲、瞋恚、邪見。」（《大正藏》，冊15，頁158a。）
〔註18〕見《佛說大阿彌陀經》卷一。《大正藏》，冊12，頁330c。

利群生，恭敬三寶奉事師長，以大莊嚴具足眾行，令諸眾生功德成就，住空無相無願之法，無作無起觀法如化，遠離麤言自害害彼彼此俱害，修習善語自利利人彼我兼利，棄國捐王絕去財色，自行六波羅蜜，教人令行，無央數劫積功累德，隨其生處在意所欲，無量寶藏自然發應，教化安立無數眾生，住於無上正眞之道，或爲長者居士豪姓尊貴，或爲利利國君轉輪聖帝，或爲六欲天主乃至梵王，常以四事供養恭敬一切諸佛。〔註19〕

依《阿彌陀經》及《佛說無量壽經》中所言，則「不起三毒」、「忍力」、「少欲」、「寂靜行」、「愛語」、「信重恭敬佛法僧」、「善護身口意業」、「自行六度」、「修習善語」、「自利利人」、「教化安立眾生」、……等等皆是佛於菩薩因位時，「成就眾生」的具體「眾行」，亦即「菩薩道」。

　　此外，如《維摩詰經》亦云：

當知直心是菩薩淨土，……深心是菩薩淨土，……菩提心是菩薩淨土，……布施是菩薩淨土……，持戒是菩薩淨土……，忍辱是菩薩淨土……，精進是菩薩淨土……，禪定是菩薩淨土……，智慧是菩薩淨土……，四無量心是菩薩淨土……，四攝法是菩薩淨土……，方便是菩薩淨土……，三十七道品是菩薩淨土……，迴向心是菩薩淨土……，說除八難是菩薩淨土……，自守戒行不譏彼闕是菩薩淨土……，十善是菩薩淨土……。菩薩隨其直心則能發行，隨其發行則得深心，隨其深心，則意調伏，隨意調伏則如說行，隨如說行則能迴向，隨其迴向則有方便，隨其方便則成就眾生，隨成就眾生則佛土淨，隨佛土淨則說法淨，隨說法淨則智慧淨，隨智慧淨則其心淨，隨其心淨則一切功德淨。是故寶積，若菩薩欲得淨土當淨其心，隨其心淨則佛土淨。〔註20〕

依《維摩詰經》所言，則「直心」、「深心」、「菩提心」、「布施」、「持戒」、「忍辱」、「精進」、「禪定」、「智慧」、「四無量心」、「四攝法」、「方便」、「三十七道品」、「迴向心」、「說除八難」、「自守戒行不譏彼闕」、「十善」等等，皆是菩薩「成就眾生」的具體「眾行」〔註21〕，亦即是淨土的成因，而隨實踐眾

〔註19〕見曹魏康僧鎧譯：《佛說無量壽經》。《大正藏》，冊12，頁269c。
〔註20〕語見《維摩詰所說經》。《大正藏》，冊14。頁538b-538c。
〔註21〕此即十七種「淨土之行」。

行六度、成就眾生的階漸〔註22〕，佛土即淨。

是則所謂「淨土」，指的不僅只是諸佛七寶〔註23〕莊嚴之土，更具有將眾生所居之「有情世間」〔註24〕「淨化」成「清淨國土」的積極意義。換言之，「淨土」雖是菩薩為「饒益眾生」之成因，然而「成就眾生」卻為解脫成佛的必要條件，即大乘行者在解脫成佛以前，必先直心深行，從而成就眾生、淨化國土。故如普賢菩薩的法門，稱之為大「行」、大「願」，連稱「行願」。因為「光有『行』，可以成就法性身土，加上了『願』，才能成就他受用的報土及化土。」〔註25〕又如印順法師亦認為，大乘不但求眾生清淨，還要剎土清淨，大乘學者要從福與智二方面修學，也就是成就眾生和莊嚴淨土，到了成佛，就得法身圓滿和淨土圓滿。〔註26〕淨土與大乘有不可分的關係，因為，大乘佛教的真精神是安住於解脫，而又使現實社會淨化向上的，基於此點，我們可以說淨土思想是大乘佛教之普遍精神所在。是以，大乘必有淨土思想，且此淨土思想一方面是超越不完全的現實而為解脫的目標，另一方面是建設

〔註22〕 語出僧肇《注維摩詰經》：「上章雖廣說淨國行（指十七種淨土之行），而未明行之階漸；此章明至極深廣，不可頓超，宜尋之有途，履之有序，故說發跡之始，始於直心，終成之美，則一切淨也。」（《大正藏》，冊38，頁337a。）「階漸」即十七種淨土行之後而有的如下十三種境界：（1）隨其直心（2）則能發行，隨其發行（3）則得深心，隨其深心（4）則意調伏、隨意調伏（5）則如說行、隨如說行（6）則能迴向，隨其迴向（7）則能有方便，隨其方便（8）則成就眾生，隨成就眾生（9）則佛土淨。隨佛土淨（10）則說法淨，隨說法淨（11）則智慧淨，隨智慧淨（12）則其心淨，隨其心淨則（13）一切功德淨。

〔註23〕 梵語 sapta ratnni。即七種珍寶。又稱七珍。指世間七種珍貴之寶玉。諸經說法不一，《大智度論》與《佛說大阿彌陀經》謂七寶即：（一）金。（二）銀。（三）琉璃，又作流璃、毘琉璃、吠琉璃等。屬青玉類。（四）頗梨，又作頗胝迦，意譯作水精（晶）。指赤、白等之水晶。（五）車渠，又作硨磲。經常與碼瑙混同，概指大蛤或白珊瑚之類。（六）赤珠，又稱赤真珠。（七）碼瑙，深綠色之玉，但異於後世所稱之碼瑙。（見《大正藏》，冊25，頁734a。及《大正藏》，冊12，頁331c。）

〔註24〕 「有情世間」，《仁王護國般若經疏》云：「三界是器世間，眾生是假名世間，果報是五陰世間。」（見《大正藏》，冊33，頁268b。）又《金光明經文句記》云：「三世間者，假實依報也。攬實成假，名字不同，即眾生世間；所攬實法，色心間隔，即五陰世間；正報所依，依報差別，即國土世間。」（見《大正藏》，冊39，頁108c。）故「有情世間」又作假名世間、眾生世間，為三種世間之一。又《善見律毘婆沙》云：「何謂眾生世間？答曰：常世間、無常世間。是為眾生世間。」（見《大正藏》，冊24，頁696c。）

〔註25〕 語見釋聖嚴：《淨土在人間》。台北市：法鼓文化，2003，頁46。

〔註26〕 見印順：《淨土與禪》，頁4～5。

最完善的世界的目標。〔註27〕故就「淨土」之動詞義（淨化國土）而言，「往生淨土者若只徒求生淨土，而不學習諸佛在因位時成就淨土的行願，實在是缺乏真正的大乘菩薩精神。」〔註28〕

二、淨土之緣起

由上可知，十方三世諸佛淨土的成因，必然與成佛之前（菩薩）的願力與行踐有關。《彌勒上生經疏》云：「佛土因者，一由善根，二由大願。若不修善根，淨土無因。不發大願，佛土無緣。因緣具足，方感果故。……要修眾行，以願為資。」〔註29〕故如，《阿彌陀經》、《無量壽經》、《阿閦佛國經》、《放光般若經》等，亦均以淨土乃諸佛於因位行菩薩道，發起淨佛國土、成就眾生之誓願，並於無量永劫，積功累德（行願）以建立之莊嚴清淨世界。〔註30〕是則，關於淨土之緣起，茲分述如下：

（一）由大願

所謂大願，即「本願」。即如《大智度論》卷七「佛土願釋論」所云：

> 莊嚴佛世界事大，獨行功德，不能成就，要須願力，譬如牛力雖能挽車，要有御者能有所至，淨世界願，亦復如是，福德如牛，願如御者。〔註31〕

則淨土之緣起，乃諸佛於初發無上菩提心時，或於因地修行菩薩道時，見諸眾生憂患疾苦，為饒益眾生故，發弘誓大願，以願力成就眾生，亦以願力實踐眾行，安立淨土。是故《維摩詰經》亦云：

> 菩薩隨所化眾生而取佛土，隨所調伏眾生而取佛土，隨諸眾生應以何國入佛智慧而取佛土，隨諸眾生應以何國起菩薩根而取佛土。所以者何，菩薩取於淨國，皆為饒益諸眾生故，譬如有人欲於空地造立宮室隨意無礙，若於虛空終不能成，菩薩如是，為成就眾生故願取佛國，願取佛國者非於空也。〔註32〕

〔註27〕語見〈現實與淨土〉，收於張曼濤主編：《淨土宗概論》，台北市：大乘文化出版社，1979，頁281～288。

〔註28〕語見釋聖凱：《四大淨土比較研究》，台北縣：法明出版社，2003，頁2。

〔註29〕見窺基：《彌勒上生經疏》。《大正藏》，38冊，頁1029b。

〔註30〕各經所載，詳見本節以下論述。

〔註31〕見《大智度論》卷七。《大正藏》，25冊，頁108b-108c。

〔註32〕見《維摩詰所說經》卷一。《大正藏》，冊14，頁538a。

又如《佛說大阿彌陀經》卷一云：

> 爾時法藏比丘，於彼佛所，諸天魔梵龍神八部大眾之中，發斯弘誓，
> 應時大地震動，天雨妙華以散其上，空中讚言，決定成佛。於是法
> 藏住眞實慧，勇猛精進，修習無量功德，以莊嚴其國，是故入三摩
> 地，歷大阿僧祇劫，修菩薩行。〔註33〕

又，《無量壽經》卷上云：

> 時世自在王佛告法藏比丘，汝所修行莊嚴佛土，汝自當知。比丘白
> 佛：斯義宏深，非我境界，唯願世尊，廣爲敷演，諸佛如來，淨土
> 之行，我聞此已，當如說修行，成滿所願。〔註34〕

《阿閦佛國經》卷上云：

> 阿閦如來無所著等正覺，昔行菩薩道時，以被是大僧那僧涅，乃作
> 是願。佛言昔行菩薩道時，若干百千人，不可復計，無央數人，積
> 累德本，以無上眞正道，持是積累德本，願作佛道，及其佛刹，亦
> 即具足其願。〔註35〕

又，《放光般若經》卷十九云：

> 須菩提白佛言：世尊！菩薩云何能淨佛土？佛言：菩薩從初發意已
> 來，常淨身口意，並化餘人，淨身口意。……是故菩薩捨眾惡已，
> 自行六波羅蜜，亦勸進入，使行六度。持是功德，與眾生共求佛國
> 淨土。〔註36〕

《悲華經》卷二云：

> 菩薩摩訶薩，以本願故，取淨妙國，亦以願故，取不淨土。……是
> 故吾（佛）以本願，處此不淨穢惡世界，成阿耨多羅三藐三菩提。
> 〔註37〕

> 諸菩薩以願力之故取清淨土離五濁惡。〔註38〕

上述諸經，皆述「淨土」乃諸佛於其因位時，發起「淨佛國土」（修行莊嚴淨
土）以「成就眾生」（饒益眾生）之誓願（本願），精進力行菩薩道，「積累德

〔註33〕《佛說大阿彌陀經》卷一。《大正藏》，冊12，頁330c。
〔註34〕見《無量壽經》卷上。《大正藏》，冊12，頁267b。
〔註35〕見《阿閦佛國經》卷上。《大正藏》，冊11，頁755b。
〔註36〕見《放光般若經》卷十九。《大正藏》，冊8，頁136a。
〔註37〕見《悲華經》卷二。《大正藏》，冊3，頁174c。
〔註38〕見《悲華經》卷二。《大正藏》，冊3，頁179a。

本」、「常淨身口意」、「自行六波羅蜜」等，從而建立之莊嚴清淨世界。

（二）由善根

所謂「善根」，《基疏》云：「要修眾行，以願為資。」〔註39〕資即本，諸善法即眾善行，亦即，「淨土」的成立，除了上述佛之「本願」外，亦與菩薩以所發之願力實踐眾行，以及眾生自身之行業功德有關。此如《十住毘婆沙論》卷三「釋願品」云：

> 不淨略說有二種，一以眾生因緣，二以行業因緣。眾生因緣者，眾生過惡故。行業因緣者，諸行過惡故。此二事上已說，轉此二事則有眾生功德行業功德，此二功德名為淨土，是淨國土當知隨諸菩薩本願因緣，諸菩薩能行種種大精進故，所願無量不可說盡。〔註40〕

僧肇於《注維摩詰經》中則更具體道：「淨土因緣有三事，一菩薩功德，二眾生，三眾生功德，三因既淨則得淨土。」〔註41〕可見，若無眾生，即無所謂慈悲願力，若無慈悲願力，即無所謂願行，若無願行，即無所謂淨土。菩薩功德已如上所述願力及諸眾行（淨行），則何謂眾生功德？依《維摩詰經》云：

> 當知直心是菩薩淨土，菩薩成佛時不諂眾生來生其國，深心是菩薩淨土，菩薩成佛時具足功德眾生來生其國，菩提心是菩薩淨土，菩薩成佛時大乘眾生來生其國，布施是菩薩淨土，菩薩成佛時一切能捨眾生來生其國，持戒是菩薩淨土，菩薩成佛時行十善道滿願眾生來生其國，忍辱是菩薩淨土，菩薩成佛時三十二相莊嚴眾生來生其國，精進是菩薩淨土，菩薩成佛時勤修一切功德眾生來生其國，禪定是菩薩淨土，菩薩成佛時攝心不亂眾生來生其國，智慧是菩薩淨土，菩薩成佛時正定眾生來生其國，四無量心是菩薩淨土，菩薩成佛時成就慈悲喜捨眾生來生其國，四攝法是菩薩淨土，菩薩成佛時解脫所攝眾生來生其國，方便是菩薩淨土，菩薩成佛時於一切法方便無礙眾生來生其國，三十七道品是菩薩淨土，菩薩成佛時念處正勤神足根力覺道眾生來生其國，迴向心是菩薩淨土，菩薩成佛時得一切具足功德國土，說除八難是菩薩淨土，菩薩成佛時國土無有三惡八難，自守戒行不譏彼

〔註39〕見《說無垢稱經疏》卷四。《大正藏》，38冊，頁1029b。

〔註40〕見龍樹造：《十住毘婆沙論》卷三。《大正藏》，26冊，頁32a。

〔註41〕見僧肇撰：《注維摩詰經》卷一。《大正藏》，38冊，頁334b。

闕是菩薩淨土，菩薩成佛時國土無有犯禁之名，十善是菩薩淨土，菩薩成佛時命不中夭，大富梵行所言誠諦，常以軟語眷屬不離，善和諍訟言必饒益，不嫉不恚正見眾生來生其國。

茲簡表如下：

菩 薩 功 德 （行 淨）	眾 生 功 德 （自 淨）
直心	不諂
深心	具足功德
菩提心	大乘
布施	一切能捨
持戒	行十善道滿願
忍辱	三十二相莊嚴
精進	勤修一切功德
禪定	攝心不亂
智慧	正定
四無量心	成就慈悲喜捨
四攝法	解脫所攝
方便	於一切法方便無礙
三十七道品	念處正勤神足根力覺道
迴向心	得一切具足功德國土
說除八難	國土無有三惡八難
自守戒行不譏彼闕	國土無有犯禁之名
十善	命不中夭，大富梵行所言誠諦，常以軟語眷屬不離，善和諍訟言必饒益。不嫉不恚，正見

「眾生功德」即眾生之「自淨力」，亦即其「行業功德」。可見，菩薩「行淨」（即所發「直心」、「深心」、「菩提心」、「布施」、「持戒」、「忍辱」、「精進」、「禪定」、「智慧」、「四無量心」、「四攝法」、「方便」、「三十七道品」、「迴向心」、「說除八難」、「自守戒行不譏彼闕」、「十善」等眾行功德）的同時，亦令彼眾生能「自淨」（即所行「不諂」、「具足功德」、「大乘」、「一切能捨」、「行十善道滿願」、「三十二相莊嚴」、「勤修一切功德」、「攝心不亂」、「正定」、「成就慈悲喜捨」、「解脫所攝」、「於一切法方便無礙」、「念處正勤神足根力覺道」、「得一切具足功德國土」、「國土無有三惡八難」、「國土無有犯禁之名」、「命不中夭。大富梵行所言誠諦。常以軟語眷屬不離。善和諍訟言必饒益。不嫉不恚正見眾

生」等行業功德）故《淨名》又云：「行淨則眾生淨」。又如《大智度論》亦云：「淨佛世界者，有二種淨。一者、菩薩自淨其身。二者、淨眾生心，令行清淨道。以彼我因緣清淨故，隨所願得清淨世界。」〔註42〕又云：

> 三業清淨非但爲淨佛國，一切菩薩道皆淨此三業。初淨身口意業，後爲淨佛土，自身淨亦淨他人。何以故？非但一人，生國土中者皆共作因緣，內法與外法作因緣，若善若不善，多惡口業故地生荊棘，諂誑曲心故地則高下不平，慳貪多故則水旱不調、地生沙礫；不作上諸惡故地則平正，多出珍寶。如彌勒佛出時，人皆行十善故地多珍寶。〔註43〕

是則如是相同淨行眾生（共作因緣），隨所願同生菩薩成佛之國土，「如彌勒佛出時，人皆行十善，故地多珍寶」，是故《淨名》即云：「眾生之類是菩薩淨土」、「眾生淨則佛土淨」。故《般若經》亦云：

> 須菩提白佛言，世尊，云何菩薩摩訶薩淨佛國土。佛言，有菩薩從初發意以來，自除身麤業除口麤業，除意麤業，亦淨他人身口意麤業。……菩薩摩訶薩皆遠離如是麤業相，自布施亦教他人布施，須食與食須衣與衣，乃至種種資生所須盡給與之，亦教他人種種布施。持是福德與一切眾生共之，迴向淨佛國土故，持戒忍辱精進禪定智慧亦如是。〔註44〕

綜上所述可知，十方三世諸佛淨土之緣起，乃肇因於諸佛之本願與眾生之功德，以佛的本願和願行爲主導，再以眾生的功德（行業）和心願爲輔佐，淨土的成就始有可能。然而，諸佛的本願雖爲完成淨土之主導力，但諸淨土之類型及特色，則是取決於願生彼國的所有眾生（功德）。

第二節　淨土之種類與等級

一、淨土種類與分級之因

關於「淨土」之種類，自世尊時代以來，說法即十分繁多，如初期佛教

〔註42〕見《大正藏》，25 冊，頁 418b。
〔註43〕見《大正藏》，25 冊，頁 708c。
〔註44〕見《摩訶般若波羅蜜經》卷二十六。《大正藏》，8 冊，頁 408b-408c。

之小乘一切有部就主張，「佛土」意指釋迦佛陀誕生之娑婆世界而言，並不涉及另一他方淨土。〔註45〕而後隨著「佛身」觀之演變，逐漸形成「三身」、「四身」之說，即以真如法性之理為「法身」，以釋尊之體示現之佛陀為「應身」，以一時變現之佛身或非佛身為「化身」，以及以無量功德莊嚴圓滿之佛身為「報身」。又由於對「佛身」釋解之異，遂形成了對於「佛土」之二種、三種、四種、五種等說，如，以「應身」、「化身」說，產生「真佛土」與「應佛土」思想；以「報身」說，產生「報土」思想〔註46〕。

然則，既然所謂淨土，乃是泛指諸佛為了將穢土之苦海眾生，度出生死

〔註45〕學者楊白衣認為，根據藤田宏達博士的統計，佛經中言及有關淨土思想的資料，合計有：漢譯經論二九〇種，梵文經論三十一種，但從未有一部阿含部的原始經典（見藤田宏達：原始淨土思想的研究。日本：岩波書店，1970，頁139～164。）。而這即說明了淨土的來源，的確由大乘經論而來，並非原始佛教的產物。（參見氏著：〈淨土的淵源及其演變〉，《華岡佛學學報》，8 期，1885，頁 83。）

〔註46〕關於「報土思想」。謂酬報因業之土。即由眾生自業所感之依報之國土，及為酬報菩薩因位之願行所得清淨之佛土。如《大乘玄論》云：「報據眾生業感，應就如來所現。」（見《大正藏》，45 冊，頁 67a。）《仁王般若波羅蜜經》云：「三賢十聖住果報者，住分段變易報土也。又三賢住分段同居報土，十聖住實報無障礙報土。……唯佛者無一人住常寂光土。」（《大正藏》，33 冊，頁335a-335b。）《淨名玄論》亦云：「云何報土，云何應土。答：若以寶玉之淨沙礫之穢，以此二土，為佛土者，皆是應土，非是報土。何以知然，夫淨穢諸土，不出三界內外，而佛既無三界內外惑業，故無復土，今有土者，皆是應物，名為應土，故仁王云，三賢十聖住果報，唯佛一人居淨土，此明三賢十聖有三界內外報土佛則無也。……報土者，為據因位三賢十聖實行為論，即是報土，以未免三界內外果報，必有栖宅，栖宅之處，是菩薩實報，故名報土，即菩薩報土，而復化物，與菩薩同生其中，據眾生感，菩薩土亦名報土，即此報土，眾生宜見之者，菩薩為之示現，故報土亦名為應也，據菩薩為報，約眾生為應。」（見《大正藏》，38 冊，頁 906a。）又，據《大乘玄論》：「佛土凡有五種。一淨、二不淨、三不淨淨、四淨不淨、五者雜土。……報土既五，應土亦然。……故合有十土。」（見《大正藏》，45 冊，頁 67a。）換言之，果報土有淨土、不淨土、不淨淨土、淨不淨土、雜土等五種之別，佛因無三界內外之惑業，故無土，但佛入於眾生之報土中施化，故稱為應土。又因報土有五種，故應土亦隨之而有淨土、不淨土等五種，加上報土，共計十土。此外，慧遠《大乘義章》云：「為明佛土兼辨餘義，分別有三，一事淨土，二相淨土，三真淨土。」（見《大正藏》，44 冊，頁 834a。）舉出事淨、相淨、真淨三種淨土，智者《觀無量壽佛經疏》則舉出四種淨土：「謂凡聖同居土。方便有餘土。實報無障礙土。常寂光土也。」（見《大正藏》，37 冊，頁 188b。）吉藏《大乘玄論》則舉出凡聖同居土、大小同住土、獨菩薩所住土、諸佛獨居土四種（見《大正藏》，45 冊，頁 67a。）。

輪迴，而以其本願力所成就（感召）之淨佛國土，亦即，淨土乃諸佛之本願功德（無量劫中所修行與實踐之福慧莊嚴），以及眾生之信行功德所共成。是則無量無邊十方三世一切諸佛，雖以願力為眾生提供理想環境，並各自安立其淨土，以接引意願往生的眾生方便成就佛道，然亦因眾生之福德因緣不同，而各有其不同之國土歸趣，如，西方有阿彌陀佛之極樂世界、東方有阿閦佛之妙喜世界及藥師佛之淨琉璃世界、南方有寶生佛土、北方有成就佛土、上方有眾香淨土、兜率陀天有彌勒淨土、……乃至十方世界之諸佛國土〔註47〕。亦即，正是因為眾生有各類不同的因緣，才有了無量的諸佛國土；正是因為有了無量的諸佛國土，才能夠接引各各不同之眾生。是則，諸佛安立無量國土之目的，非為成就自己，亦非為一己獨享，乃是為了眾生而安立，更確切的說，乃是為了度化眾生、利益眾生、成熟眾生而安立。故而，眾土之別，亦因眾生各各之因緣而異，如《維摩經‧香積佛品》中之眾香佛國：

> 爾時維摩詰問眾香菩薩，香積如來，以何說法？彼菩薩曰：我土如來，無文字說，但以眾香，令諸天人得入律行；菩薩各各坐香樹下，聞斯妙香，即獲一切德藏三昧，得是三昧者，菩薩所有功德，皆悉具足。〔註48〕

香積如來度眾的方法，竟然只以「眾香」，完全非關「文字」，不費一語，眾菩薩只須「各各坐香樹下，聞斯妙香」，即可「獲一切德藏三昧」，並且，「所有功德，皆悉具足」。由此可見，淨土雖是諸乘之所同求〔註49〕，亦有所謂「契機」與「根性」之差異，因而有所謂種類與階級（境界、層次）之分別。

〔註47〕 即十方諸佛之淨土。以上諸佛之淨土距娑婆世界，各有一定之方位，故又稱為十方淨土、十方佛剎、十方佛土、十方佛國、十方妙土。如《十住毘婆沙論》載：「東方有無憂世界，佛名善德如來；南方有歡喜世界，佛名栴檀德；西方有善解世界，佛名無量明；北方有不可動世界，佛名相德；東南有月明世界，佛名無憂德；西南有眾相世界，佛名寶施；西北有眾音世界，佛名華德；東北有安隱世界，佛名三乘行；下方有廣大世界，佛名明德；上方有眾月世界，佛名廣眾德。」（見《大正藏》，26 冊，頁 42a-42b。）

〔註48〕 見《維摩詰所說經》卷3。《大正藏》，冊14。頁 552c。

〔註49〕 如印順法師認為：「『淨土為三乘共趨』，是各式各樣的，大乘只是特別發揚而已。淨土在佛法中，是貫徹一般的。所以可分三類，即五乘共的、三乘共的、大乘不共的。」（語見印順：《淨土與禪》〈淨土新論〉。新竹縣：正聞出版社，2003。頁 5。）又，聖嚴法師亦認為：「淨土思想本為佛教的三乘共法，乃至也是五乘法，是通佛法，不是特殊法。」（語見釋聖嚴：〈淨土思想之考察〉。《華岡佛學學報》，6 期，1983。頁 5。

二、淨土之種類

如上所述，諸佛淨土乃爲種種不同契機之眾生而安立，故有種種十方不同之淨土，佛有無量數，因而淨土亦應有無量數。然則，與現今娑婆眾生因緣較爲相契之淨土有哪些呢？聖嚴法師認爲，「佛法既分五乘，必也有五乘不同層次的淨土境界，是以人間淨土、天國淨土、二乘淨土、諸佛淨土，都應列入淨土思想的範圍。」〔註50〕此外，如印順法師亦將淨土別爲三種：五乘共土、三乘共土，與大乘不共土。〔註51〕故基於下一章節論述之便，吾人且將佛經中之淨土思想區分爲三類，即他方淨土、唯心淨土、以及人間淨土來作說明。

（一）他方淨土

他方淨土，即「彼方」之淨土，相對「此人間」而言。乃是由諸佛之本願力，通過累劫修行所成就，更是娑婆眾生所願生之處。據佛經所載，又可分作佛國淨土與天國淨土。

1、佛國淨土

A. 彌陀淨土。即西方阿彌陀佛的極樂世界。首見於《阿彌陀經》：

> 從是西方過十萬億佛土，有世界名曰極樂，其土有佛號阿彌陀，今現在說法，舍利弗，彼土何故名爲極樂，其國眾生無有眾苦，但受諸樂故名極樂。又舍利弗，極樂國土，七重欄楯七重羅網七重行樹，皆是四寶周匝圍繞，是故彼國名曰極樂。〔註52〕

此經乃敘述阿彌陀佛於因位法藏菩薩時，發四十八大願〔註53〕，行菩薩行，利樂一切眾生令歸佛道，如是積功累德，歷無量無數百千萬億劫，功德圓滿，方得成就所願而入佛位。〔註54〕又據《無量壽經》所載，往生於該佛土者身受諸種快樂，例如，身上有如佛之三十二相，且具神通，五官之對境非常微妙，心中舒暢清涼，在心中聞法，供養佛陀，即得開悟等，描述得更爲詳細。〔註55〕

〔註50〕語見釋聖嚴：〈淨土思想之考察〉。《華岡佛學學報》，6期，1983。頁6。
〔註51〕見釋印順：《淨土與禪》，頁5～8。
〔註52〕見鳩摩羅什譯：《佛說阿彌陀經》卷一。《大正藏》，冊12。頁346c。
〔註53〕見於《佛說阿彌陀經》卷一。《大正藏》，冊12。頁328c。
〔註54〕見《佛說阿彌陀經》卷一。《大正藏》，冊12。頁331a。
〔註55〕見《佛說無量壽經》：「其佛國土，自然以七寶合成，面積恢廓廣大，不可極限，光明輝耀，微妙奇麗，清淨莊嚴，超踰十方一切世界。無有三惡道，亦

　　有關極樂世界往生之教義與阿彌陀佛之信仰，自古印度以來即十分興盛。現存經藏中，關於彌陀與極樂之著作更多達兩百餘部，於中國、韓國、日本等地，後世學者關於彌陀信仰、思想之著作，與極樂世界變相之圖畫等更是不計其數。除《阿彌陀經》外，如《觀佛三昧海經》、《大般泥洹經》、《稱讚淨土經》、《大般若波羅蜜經》、《無量壽如來修觀行供養儀軌》、《大寶積經無量壽如來會》等等，亦皆述及極樂世界之景況與修持往生法門。故而「極樂世界」之異名異譯〔註56〕亦特別多，例如，極樂世界又喚作極樂國土、安樂淨土、安樂世界、安樂國、安養淨土、安養世界、安養國，又被稱作西方淨土，或簡稱西方等。然而即因此故，近代學者對於極樂之原語〔註57〕及極樂世界之方位〔註58〕、距離、思想起源〔註59〕、淨土之土體〔註60〕等均有種

無四季變化，時常不寒不熱，調和舒適。彼佛威神光明第一，眾生遇此光者，三垢消滅，身意柔軟，歡喜善心，自然而生。彼佛壽命長久，不可稱計，其土聲聞、菩薩天人等眾的壽命，亦如彼佛。其土的聲聞、菩薩，數亦不可稱說，無不神通智慧，威力自在。彼國七寶諸樹，遍滿世界，行行相值，莖莖相望，枝枝相準，葉葉相向，華華相順，實實相當，榮色光耀，清風吹動，出五音聲，微妙宮商，自然相和。其道場樹，眾寶合成，周匝條間，垂寶瓔珞，百千萬色，變異無窮，無量光炎，照耀無極，出妙法音，普聞十方一切國土，聞其音者，得深法忍，睹其色者，觸其光者，知其香者，舌其味者，一切皆得甚深法忍，住不退轉，至成佛道。六根清淨，無諸煩惱。彼國殿堂宮觀，皆七寶成，復以真珠、明月、摩尼眾寶以為覆蓋。其殿堂內外左右，有諸七寶浴池，八功德水，充盈其中，清淨香潔，味如甘露。池上有栴檀樹，華葉垂布，香氣普薰，各色蓮華，出於水上。波揚無量自然微妙音聲，所謂三寶聲、無我聲、寂靜聲、大慈悲聲、波羅蜜聲、十力、四無畏、十八不共法聲。若欲食時，七寶應量器自然現前，百味飲食自然盈滿，雖有諸妙飲食，實無食者，但見色聞香，意以為食，自然飽足，身心柔軟，無所味著，事畢化去，時至復現。（見《大正藏》，冊 12，頁 270a-271b。）

〔註56〕梵名 Sukhvat 音譯作蘇訶帝、須摩提、須阿提。被譯為極樂世界、極樂國土、安樂淨土、安樂世界、安樂國、安養淨土、安養世界、安養國等，又被稱為西方淨土，或者簡稱西方。（見《佛光大辭典》，頁 5481。）

〔註57〕即關於其梵語（Amida, Amita 之意。Amida 意譯無量。另有梵名 Amityus，音譯阿彌多廋，意譯無量壽；又有梵名 Amitbha，音譯阿彌多婆、阿彌嚲皤，意譯無量光。此外，Amida 除無量義之外，相當於阿彌利多（Amrta）。Amrta 含有不死、甘露二義。（關於阿彌陀佛原語之考證，日本藤田博士《原語かぅみた起源考》一書中有詳細的報告，見其書頁 287～335。本文此處援引自楊白衣：〈淨土的淵源及其演變〉。《華岡佛學學報》，8 期，1885。頁 96。）

〔註58〕關於其方位及距離，《佛說阿彌陀經》云：「從是西方過十萬億佛土，有世界名曰極樂，其土有佛號阿彌陀。」（見《大正藏》，冊 12，頁 346c。）《無量壽經》云：「法藏菩薩，今已成佛，現在西方，去此十萬億剎，其佛世界，名

種不同之見解。如，以此淨土乃指由菩薩所修之因行而感果報之報土；或指佛爲救度眾生而假現之應化土；或指位於西方，經過十萬億土，於彼方實有之淨土；或更指於眾生心中所現之淨土等，有種種不同之說法。又極樂有邊地、疑城、胎宮、懈慢界（爲至極樂途中之國土，爲彌陀淨土之化土）等，乃是懷疑佛智者所往生之處。〔註61〕

　　B. **藥師淨土**。即東方藥師如來之淨土，乃藥師佛所化現出來的淨土。在此淨土中，世界並如來皆清淨如琉璃，故又稱「淨琉璃世界」。但據《藥師琉璃光七佛本願功德經》〔註62〕的記載，其實「東方淨土」共有七位藥師佛。他們各有其所化現之淨土，且各各於因位行菩薩道時具發大願，並皆以解除五濁惡世眾生之憂病困頓煩惱爲主，是以又被稱爲「七藥師佛」〔註63〕。今則據玄奘大師所譯爲主，將藥師淨土稱爲「淨琉璃世界」。

　　《藥師琉璃光如來本願功德經》敘述此淨土云：

> 曰安樂。」（見《大正藏》，冊 12，頁 270a。）又，《般舟三昧經》、《大阿彌陀經》卷上，《平等覺經》卷一等，均言彌陀淨土，在過千億萬須彌山佛國的西方；《無量壽莊嚴經》卷中，《稱讚淨土經》等，則言過百千俱胝那由陀佛剎；《拔陂菩薩經》說爲百千億佛界，《觀世音菩薩授記經》說百千佛剎。因此，極樂淨土究竟距離我們所居住之娑婆世界多遠，看來眾說紛紜，而唯其乃在「此」娑婆國土之遙遠的「彼」西方，則爲共說。
>
> 〔註59〕例如學者楊白衣認爲，極樂世界乃印度民族想像而創說的理想世界。
> 〔註60〕即關於彌陀淨土究竟爲法身土、報土、化土三土之何者的看法。如『大乘同性經』、『摩訶俱絺羅經』、『悲華經』、『楞伽經』、『華嚴經』壽命品、『佛地經』卷一等，均說極樂世界是報土。『鼓音聲經』等，說是變化土。『大智度論』等說是通於報化二土。中國的慧遠、智顗、吉藏等諸師，依據『觀無量壽經』及『觀世音菩薩授記經』等，說極樂世界是應化土。迦才的『淨土論』則作調和之說，以爲初地以上菩薩正體智所見者是法身淨土，加行智所見者是報身淨土，地前菩薩及二乘凡夫所見者，即是化身淨土。又關於極樂國土中有無二乘人的問題，亦有異說異見。例如『大阿彌陀經』、『無量壽經』、『智論』卷三十四、『十住毘婆沙論』卷五等，均說彼土有聲聞眾。『悲華經』卷三、『大悲分陀利經』卷三、『如來智印經』、『往生論』等，則說彼國無二乘，純係菩薩所居土。中國用慧遠、曇鸞、智顗、吉藏、善導等諸師，皆有會通此矛盾的意見。」（援見釋聖嚴：〈淨土思想之考察〉。《華岡佛學學報》，6 期，1983。頁 64～65。）
> 〔註61〕可參見《阿彌陀佛の研究》、《淨土教の起原及發達》等書。
> 〔註62〕唐代義淨譯。見於《大正藏》，冊 14。
> 〔註63〕七尊藥師，又作七躬醫王。此七佛即：善名稱吉祥王如來、寶月智嚴光音自在王如來、金色寶光妙行成就如來、無憂最勝吉祥如來、法海雷音如來、法海勝慧遊戲神通如來、藥師琉璃光如來。彼等住於東方四恆河沙乃至十恆河沙之世界，各於因位發願拔濟眾生之苦惱。（詳見《藥師七佛供養儀軌如意王經》卷一。《大正藏》，冊 19，頁 54a-57c。）

東方去此過十伽沙等佛土，有世界名淨琉璃，佛號藥師琉璃光如來，

應正等覺明行圓滿。〔註64〕

又，其所發之十二大願中的第一、二願亦云：

第一大願。願我來世得阿耨多羅三藐三菩提時。自身光明熾然。照

曜無量無數無邊世界。〔註65〕

第二大願。願我來世得菩提時，身如琉璃，內外明徹，淨無瑕穢，

光明廣大，功德巍巍。〔註66〕

關於其土之描述，如「彼佛國土一向清淨，無女人形離諸欲惡，亦無一切惡

道苦聲，琉璃為地，城闕垣牆門窗堂閣柱樑斗拱周匝羅網，皆七寶成，如極

樂國，淨琉璃界莊嚴如是。」〔註67〕文字雖不多，但可知此淨琉璃世界與由

七寶而成之極樂世界一樣莊嚴。

　　C. 阿閦佛的妙樂世界。主要見於《阿閦佛國經》：

東方去是千佛剎有世界名阿比羅提，其佛名大目如來無所著等正

覺，為諸菩薩說法及六度無極之行。〔註68〕

《阿閦佛國經》乃是中國最早講述淨土的漢譯佛經。〔註69〕《法華經》「化城

喻品」，亦曾提到阿閦佛於因地時，曾為大通智勝佛的十六王子之一，名叫智

積，後在東方成佛。又，《悲華經》卷四記載，阿彌陀佛於過去世為無諍念王

時有千子，其第九子蜜蘇即阿閦，在東方成佛，國號妙樂。密教則將阿閦佛

作為金剛界的五佛之一〔註70〕，象徵大圓鏡智。〔註71〕

〔註64〕見《藥師琉璃光如來本願功德經》卷一。《大正藏》，冊14，頁405a。

〔註65〕見《藥師琉璃光如來本願功德經》，頁405a。

〔註66〕見《藥師琉璃光如來本願功德經》，頁405a。。

〔註67〕《佛說藥師如來本願經》卷一。《大正藏》，冊14，頁402a。

〔註68〕見後漢支婁迦讖譯：《阿閦佛國經》卷一。《大正藏》，冊11，頁751c。

〔註69〕援見楊曾文：〈人間淨土思想與不二法門〉《人間淨土與現代社會——第三屆
中華國際佛學會議論文集》，頁184。

〔註70〕金剛界五如來即：不動如來、寶生如來、觀自在王如來、不空成就如來、一
切如來。」（見《金剛頂一切如來真實攝大乘現證大教王經》。《大正藏》，冊
18。頁208b。）而其中「不動如來」即「阿閦如來」，見《佛說一切如來真實
攝大乘現證三昧大教王經》：「是時金剛界如來，得一切如來所加持已，於一
切如來師子座中，隨諸方面如理安住。爾時阿閦如來、寶生如來、觀自在王
如來、不空成就如來，是諸如來，以世尊釋迦牟尼如來，成一切如來所加持
身，一切平等善通達故，向一切方普遍觀察，於其四方隨方而坐。」（《大正
藏》，冊18，頁342b。）

〔註71〕見《金剛頂瑜伽略述三十七尊心要》：「東方阿閦如來金剛部也，即大圓鏡智

　　阿閦佛在此一世界初發無上菩提心，亦在此一世界成佛。其世界之佛樹以七寶作之，常有花實。其地平正，所生樹木，無有高下，無山陵溪谷，行走於世，踏之柔軟下陷，舉足還復如故。並且，阿閦如來佛土之中無三惡道〔註72〕，人民皆行善事；無三病〔註73〕，人民皆無有惡色者，亦無有醜者。無牢獄拘閉之事，無淫怒痴，無邪見異道。人民所著衣香，譬如天華，飯食香美，譬如天樹，勝於天人飯食。其佛土人民，隨所念欲得何食，即自然在前，而無貪於飲食者。又，其佛土人民所臥起處，以七寶爲交露精舍，其浴池中有八味水，人民眾共用之，其水轉相灌注，諸人民終不失善法行。又，其土人民不須爲了生活而忙碌，故無耕作，亦無販賣。其國雖有女人，卻不著於愛欲淫行，由於因緣而自然愛樂。彼國女人，無有惡舌、嫉妒，妊身之時以及產時，身不疲倦，意念不倦，亦無有諸苦及臭處惡露。〔註74〕如是一切食衣住行乃至育樂等物質生活，與人間十分近似，然於阿閦國土中則皆盡善盡美矣。

　　以上三淨土之比較，淨土方位、莊嚴情形、住民種別，依諸經所述，各有差異，係由因位發願之不同而產生。若就史學立場，由阿閦、彌陀淨土之描述不同，可以看出一種發展變遷之軌跡，如彌陀淨土則無女人、皆化生、受自然虛無之體、無極之身。阿閦之佛刹有女人、人民皆著由樹所取五色衣服、有通往切利天之三道寶階，可視爲較早之思想。

　　2、天國淨土〔註75〕

是也。」（《大正藏》，冊18，頁292a。）

〔註72〕《阿閦佛國經》云：「何等爲三。一者泥犁，二者禽獸，三者薜荔。」意即地獄、餓鬼、畜生三惡趣。（見《大正藏》，冊11，頁755c。）

〔註73〕《阿閦佛國經》云：「何等爲三。一者風，二者寒，三者氣。」又作熱、風、冷三種，乃世間之三大病。（見《大正藏》，冊11，頁755c。）

〔註74〕參見《阿閦佛國經》卷一。《大正藏》，冊11，頁755c-756a。

〔註75〕佛經中所言之「天國淨土」，雖非究竟清淨無染之佛國淨土，然以本文前節所明之「淨土」名詞義可知，淨土除意爲「清淨國土」，乃至爲「清淨佛土」（佛的願力成就）外，亦表明爲一「清淨理想的環境」，而爲菩薩爲攝化眾生所莊嚴成就。（如印順法師即言：「莊嚴淨土，是集菩薩功德所共同實現的。」語見氏著：《淨土新論》，頁41。）且「天國淨土」中之清淨天國「兜率淨土」尚具有任何一佛國淨土所沒有、更不可能發生的特殊處——往生該土之眾將與彌勒菩薩下生人間，共同成就「人間淨土」之殊勝性。如《佛說觀彌勒菩薩上生兜率天經》云：「如是等眾生若淨諸業行六事法，必定無疑當得生於兜率天上值遇彌勒，亦隨彌勒下閻浮提，第一聞法於未來世，值遇賢劫一切諸佛於，星宿劫亦得值遇諸佛世尊，於諸佛前受菩提記。」（《大正藏》，冊14，頁420a。）而這將牽涉到本文探討關於「人間淨土」

指人間以上的眾生所居之處。從佛教之分類而言，天國分有欲界天、色界天、無色界天三大層次，各界又各有不同的層次，通常是說欲界六天、色界十八天、無色界四天，共計二十八個層次。欲界天乃因修五戒十善而生之福報欲樂天，色界天乃是修禪觀成功而生的禪定天，無色界天亦係修禪定者所生，唯其深細，已超越了意識感受的境界。〔註76〕三界本是未解脫生死輪迴的凡夫所居，卻有方便大小乘聖者，作更進一步完成最後歷程的轉換息腳之處，即：一、色界有五淨居天，不是因禪定力生，乃是小乘的三果聖者，死後所生之所，在此修成阿羅漢果，即出三界，生於五淨居天者，雖未出三界，但已決定不再還至輪迴生死界中，故又稱之爲五不還天。二、欲界有最後身菩薩〔註77〕所居之處「兜率天」，「兜率天」雖在欲界的範圍內，卻是清淨天國，而非欲樂天國。〔註78〕故今本本只介紹此清淨的「兜率淨土」。

「兜率淨土」，此天主名曰彌勒，故又稱「彌勒淨土」。在六欲天〔註79〕中的第四重天，又叫作「兜率天」（又作「兜率陀天」）。有內外二院，內院稱善法堂，大神牢度跋提所造，此天之內院，居住的乃是一生補處位的菩薩，當來下生的彌勒佛亦即生在此天內院，故內院方是眞正的「彌勒淨土」。據《彌勒上生經》載，兜率天上，雖有無量無數的天子天女，但無男女淫欲之事，往生彼天的眾生，皆是蓮華化生，所以有別於欲界第四層次的兜率天。雖其壽量亦同於欲界第四天，爲四千歲，相當人間的五十六億萬年，但卻有欲樂與清淨的不同。因此註經家們通常把欲樂的兜率天稱爲外院，而把清淨的兜率天稱爲內院。〔註80〕

此外，彌勒信仰又分爲二派，一派爲上生信仰，即信仰現今於兜率天說

之佛典依據，故本文仍延印順法師與聖嚴法師對於淨土之分類，將「天國淨土」中屬於清淨天國之「兜率淨土」納入討論。

〔註76〕詳見《阿毘達磨俱舍論》（卷8），《大正藏》，冊29，頁41a-43b。

〔註77〕又稱「一生補處」，謂經過此生，來生定可在世間成佛。略稱補處。即指菩薩之最高位——等覺菩薩。一般皆稱彌勒爲一生補處之菩薩。據《佛說觀彌勒菩薩上生兜率天經》等記載，彌勒菩薩現居於兜率天，待此生盡，則下生於人間，以補釋迦之佛位。（見《大正藏》，冊14，頁418c。）

〔註78〕援見釋聖嚴（1983）：〈淨土思想之考察〉。《華岡佛學學報》，6期。頁26～27。

〔註79〕欲界的天國有六個層次，從人間的地面往上數爲：四王天、忉利天、焰摩天、兜率天、化樂天、他化自在天。（詳見《長阿含經》卷二十、《俱舍論》卷八、卷十一、《大智度論》卷九、《成唯識論》卷五之記載。）

〔註80〕引見釋聖嚴：〈淨土思想之考察〉。《華岡佛學學報》，6期，頁28。

法之彌勒菩薩，而欲往生兜率內院聽聞彌勒說法，受法益而得度；另一派爲下生信仰，相信彌勒將來下生此世界時，於龍華樹下，三會說法，以救渡眾生，而自己亦能生此世界，於龍華樹下聽受說法而成佛，故有龍華三會之說。〔註81〕其實，若就兜率淨土天主彌勒乃「一生補處」之菩薩而言，則與其說彌勒菩薩安立兜率天國爲使眾生接受法益而得度，不若說彌勒菩薩建造兜率淨土的本意乃是爲了下生以救度眾生更具有積極的義涵。

（二）唯心淨土

「唯心淨土」之說，一般皆認爲有兩個依據，一是出自《維摩詰經》，另一則主要出於禪宗的看法。主要認爲心即是佛，淨土乃唯心所變，存於眾生的心中，故強調修心即是淨化國土，心淨當下即是淨土，而無需另覓他方淨土。如《維摩詰經》〈佛國品〉云：

> 當知直心是菩薩淨土，……，深心是菩薩淨土，……，菩提心是菩薩淨土，……，布施是菩薩淨土，……，持戒是菩薩淨土，……，忍辱是菩薩淨土，……，精進是菩薩淨土，……，禪定是菩薩淨土，……，智慧是菩薩淨土，菩薩……，四無量心是菩薩淨土，……，四攝法是菩薩淨土，……，方便是菩薩淨土，……，三十七道品是菩薩淨土，……，迴向心是菩薩淨土，……，說除八難是菩薩淨土，……，自守戒行不譏彼闕是菩薩淨土，……，十善是菩薩淨土。……。菩薩隨其直心則能發行，隨其發行則得深心，隨其深心，則意調伏，隨意調伏則如說行，隨如說行則能迴向，隨其迴向則有方便，隨其方便則成就眾生，隨成就眾生則佛土淨，隨佛土淨則說法淨，隨說法淨則智慧淨，隨智慧淨則其心淨，隨其心淨則一切功

〔註81〕中國彌勒信仰於兩晉時期開始逐漸盛行；至唐代後，由於阿彌陀經之譯出，發願往生西方淨土者亦多，故彌勒信仰已不如以前盛行。然十九、二十世紀之民間宗教社團猶深受彌勒信仰之影響。上生信仰者，始有道安（314～385）至唐代，玄奘、窺基亦宏揚兜率上生信仰，而成爲法相宗之傳統。下生信仰亦甚爲普及，劉宋明帝（465～471 在位）撰龍華誓願文，周顒作京師諸邑造彌勒三會記，齊竟陵文宣王作龍華會記。南嶽慧思作立誓願文，敘述彌勒下生之說。唐代則天武后於永昌元年（689）命法朗等僞作大雲經，謂武后係彌勒下生。五代時之布袋和尚，更被傳爲彌勒化身。另據歷代史書所載，藉彌勒下生信仰，而曲解經文，糾眾叛亂者亦不少，南宋及元代之白蓮教亦混入彌勒教，假藉彌勒下生之名謀反，迄至明、清時代，尚流行於各地。（參見陳揚炯：《中國淨土宗通史》，南京市：鳳凰出版社，2008，頁 164～195。）

德淨，是故寶積，若菩薩欲得淨土當淨其心，隨其心淨則佛土淨。
〔註82〕

據上所言分析，即「直心」、「深心」、「菩提心」、「布施」、「持戒」、「忍辱」、「精進」、「禪定」、「智慧」、「四無量心」、「四攝法」、「方便」、「三十七道品」、「迴向心」、「說除八難」、「自守戒行不譏彼闕」、「十善」等即是淨土成因，故欲得淨土當淨其心，是以總結「心淨則佛土淨」。《維摩經》又云：「菩薩若應諸波羅蜜教化眾生，諸有所作，舉足下足，當知皆從道場來，住於佛法矣。」
〔註83〕聖嚴法師認為，《維摩經》所說的淨土及道場〔註84〕，是指的同一個東西，那就是我們的修道心，以道力而使心得清淨，便是國土清淨，心繫於修行的法門，此心便是道場。不必另覓地方佛土，不必另找清淨道場。相反地，心若不清淨，佛國對你何用？心不染於法，道場又有何益？是故如《西方合論》亦云：

> 惟心淨土者，直下自證當體無心，即是淨土，欲得淨土，當淨其心，
> 隨其心淨，則佛土淨；……夫心是即土之心，土是即心之土，心淨
> 土淨，法爾如故。……夫念即是心。念佛豈非心淨。心本含土。蓮
> 邦豈在心外。〔註85〕

以此而言，則所謂「唯心淨土」，乃指心為一切造作根源，淨穢成乎於心，是以國土（道場）或淨或穢，實存於眾生心中，此心由煩惱而顯菩提，此土由穢土而成淨土，則「心淨則國土淨」，淨心當下即是清淨土。

此外，禪宗四祖道信禪師（580～653）《入道安心要方便門》據《觀無量壽經》第八種觀行法「佛想」觀條下云：

> 諸佛如來是法界身，遍入一切眾生心想中，是故汝等心想佛時，是
> 心即是三十二相八十隨形好，是心作佛，是心是佛，諸佛正遍知海，
> 從心想生。〔註86〕

〔註82〕見姚秦三藏鳩摩羅什譯：《維摩詰所說經》「佛國品」。《大正藏》，冊 14。頁 538b-538c。

〔註83〕見《維摩詰所說經》卷一。《大正藏》，14 冊。頁 543a。

〔註84〕即《維摩經》〈菩薩品〉所云，直心、深心、菩提心、布施、持戒、忍辱、精進、禪定、智慧、慈、悲、喜、捨、神通、解脫、方便、四攝法、多聞、伏心、三十七道品、四諦、緣起、諸煩惱、眾生、一切法、降魔、三界、獅子吼、力、無畏、不共法、三明、一念知一切法等，均是道場。

〔註85〕見《西方合論》卷一。《大正藏》，47 冊。頁 390b。

〔註86〕見《觀無量壽經》。《大正藏》，12 冊，頁 343a。

又云：

> 離心無別有佛，離佛無別有心，念佛即是念心，求心即是求佛……
> 看此等心，即是如來真實法性之身，亦名正法，亦名佛性……亦名
> 淨土……於一塵中具足無量世界。〔註87〕

> 心本來不生不滅，究竟清淨，即是淨佛國土，更不須向西方……一
> 方無量方，無量方一方。〔註88〕

道信禪師認為，心想佛時，當下的那個心，即與佛同，因此，「是心作佛，當知佛即是心。」〔註89〕「離心無別有佛，離佛無別有心」，「念佛即是念心，求心即是求佛」。凡此皆示「心外更無別佛也」。是故後來五祖弘忍大師（601～674）《修心要論》即提倡「守心」道：「守我本心，得到彼岸。」〔註90〕「坐時滿世界，寬放身心，住佛境界，清淨法身，無有邊畔，其狀亦如是。」〔註91〕又，六祖慧能大師（638～713）即主張：「心但無不淨，西方去此不遠，心起不淨之心，念佛往生難到。」〔註92〕又云：「若悟無生頓法，見西方只在剎那。」〔註93〕換言之，禪宗認為，淨土的諸佛，不出於此心之所念所想，若信此心即是佛，何必別向心外求佛求淨土？故而，聖嚴法師即云：「禪宗的唯心淨土思想乃著重於清淨的本心所顯的真如自性，諸佛與眾生心中的自性平等不二，眾生亦未離諸佛的嚴淨妙土。迷者向心外求佛求淨土，悟者頓悟自心是佛，自心作佛，當下未離嚴淨的佛土。」〔註94〕

（三）人間淨土

人間淨土，其意即以「人間」為淨土之場域，而相對於「他方」之淨土而言。按照佛教「淨土」即佛國之本義，「人間淨土」即是「人間佛國」，而佛國乃佛所教化之國土，則釋迦牟尼佛在人間修行，在人間教化眾生，亦在人間成道，故此人間娑婆世界換言之即是釋迦牟尼佛的佛國。

而佛經中關於「人間淨土」之說，主要有《彌勒下生成佛經》中提到當

〔註87〕見唐代淨覺集：《楞伽師資記》（卷1）《大正藏》，85 冊，頁 1287a。
〔註88〕見《楞伽師資記》，頁 1287c。
〔註89〕見《楞伽師資記》，頁 1288a。
〔註90〕見弘忍：《最上乘論》（卷1）《大正藏》，48 冊，頁 377b。
〔註91〕見《楞伽師資記》，頁 1290a。
〔註92〕見《六祖法寶壇經》。《大正藏》，48 冊，頁 341b。
〔註93〕見《六祖法寶壇經》，頁 341b。
〔註94〕語見釋聖嚴：〈人間佛教的人間淨土〉。《中華佛學學報》，3 期，1999，頁 8。

彌勒菩薩降生成佛之後，人間的美好：

> 爾時閻浮地，東西南北千萬由旬，諸山河石壁皆自消滅，四大海水各
> 減一萬，時閻浮地極為平整如鏡清明，舉閻浮地內穀食豐賤，人民熾
> 盛多諸珍寶，諸村落相近，雞鳴相接，是時弊華果樹枯竭穢惡亦自消
> 滅，其餘甘美果樹香氣殊好者皆生于地，爾時時氣和適四時順節，人
> 身之中無有百八之患，貪欲瞋恚愚癡不大慇懃，人心均平皆同一意，
> 相見歡悅善言相向，言辭一類無有差別，如彼優單越〔註95〕人而無有
> 異，是時閻浮地內人民大小皆同一向，無若干之差別也，彼時男女之
> 類，意欲大小便時地自然開，事訖之後地便還合，爾時閻浮地內自然
> 生粳米亦無皮裹，極為香美食無患苦，所謂金銀珍寶車磲馬瑙真珠虎
> 珀，各散在地無人省錄，是時人民手執此寶自相謂言，昔者之人由此
> 寶故更相傷害，繫閉在獄受無數苦惱。如今此寶與瓦石同流無人守
> 護，……時閻浮地內，自然樹上生衣，極細柔軟人取著之，如今優單
> 越人自然樹上生衣，而無有異。〔註96〕

由此看來，那時的人間世界除了環境優美，飲食無缺，人心善良平和之外，
壽命也很長，而唯有三種「苦難」：即大小便、日常飲食、壽終衰老。果然人
間即佛國淨土。

又，一生補處菩薩彌勒將於未來自兜率天下生人間，成道、說法以度眾，
此即人間之「龍華三會」：

〔註95〕優單越，梵名 Uttara-kuru，巴利語同。又音譯作北俱盧洲、北拘盧洲、北洲、
　　　　北單越、鬱單越、北鬱單越、鬱多羅究留、嗢怛羅句嚧。意譯作勝處、勝生、
　　　　高上。乃須彌四洲之一。據《阿毘達磨俱舍論》及《大樓炭經》卷一「鬱單
　　　　曰品」等經所載，北俱盧洲位於須彌山北之鹹海中，洲形正方，每邊各長二
　　　　千由旬，狀如盒蓋，由七金山與大鐵圍山所圍繞，黃金為地，晝夜常明。其
　　　　地具有平等、寂靜、淨潔、無刺等四德。彼洲人民面形正方，如北洲地形，
　　　　人人面色皆相同，身高皆一丈四尺。生活平等安樂，無所繫屬。此洲有種種
　　　　佳妙之山林、河水、浴池、遊園、樹果等，器物多為金銀、琉璃、水晶所成，
　　　　物皆共有，無有我所之計執，亦無盜賊、惡人、鬥諍等事。其人民居止於林
　　　　樹之下，男女異處而居，無有婚姻，若起淫欲，共相娛樂。女子懷胎，七八
　　　　日即產子，置之道路，四方來者皆共育養，予以指頭吮之，乳汁自出。七日
　　　　之後即長大，如閻浮提人之二十歲，壽足千年。命終之後，即生忉利天或他
　　　　化自在天，於四洲中果報最殊勝。（詳見《大正藏》，29冊，頁58a、90a-90b。
　　　　《大正藏》，1冊，頁279c-281a。）
〔註96〕見《彌勒下生成佛經》卷一。《大正藏》冊14，頁421a。

最初之會，九十六億人皆得阿羅漢，斯等之人皆是我弟子。所以然
者，悉由受我訓之所致也，亦由四事因緣惠施仁愛利人等利。彌勒
佛第二會時，有九十四億人，皆是阿羅漢，亦復是我遺教弟子，行
四事供養之所致也。又彌勒第三之會，九十二億人，皆是阿羅漢，
亦復是我遺教弟子，爾時比丘姓號皆名慈氏弟子，如我今日諸聲聞
皆稱釋迦弟子。〔註97〕

　　由《彌勒上生經》及《彌勒下生經》兩經合看，可以知道，所謂彌勒淨
土，一在天國，一在人間，而往生兜率天國之彌勒淨土的最後目的，仍是爲
了與彌勒佛下生人間，說法度眾，從而共同造就人間之彌勒家園，亦即人間
之淨土。因而，若就此最後之目的而言，則誠如印順法師所言：「彌勒淨土
的第一義，爲祈求彌勒早生人間，即要求人間淨土的早日實現。至於發願上
生兜率，也還是爲了與彌勒同來人間，重心仍在人間的淨土。」〔註98〕故而，
淨化人間，將人間變成淨土，這才是彌勒淨土的眞義。

　　此外，《六祖壇經》亦有：「佛法在世間，不離世間覺。」〔註99〕強調人
的自覺與主體性，亦唯有人間才是佛法普施之處。《般若經》云：「成熟有情，
嚴淨佛土。」〔註100〕意即成熟（度化）有情眾生，才能使佛國土莊嚴清淨。
又，《維摩詰經》云：「眾生之類是菩薩佛土。」〔註101〕僧肇注之云：「土之淨
穢繫之於眾生，故曰眾生之類是菩薩佛土。或謂土之淨穢繫於眾生者，則是
眾生報應之土，非如來之土。」〔註102〕土之淨穢繫於眾生，是則可以說，若
無眾生即無所謂淨土，淨土不離眾生，而眾生居於人間，故人間即是實現淨
土之歸趨。〔註103〕

三、淨土之等級

（一）各宗之說法

　　依上所言，既然淨土有所謂「契機」與「根性」之差異，是則諸佛之淨

〔註97〕　《佛說彌勒下生經》，頁422c。
〔註98〕　見印順：《淨土與禪》〈淨土新論〉。新竹縣：正聞出版社，頁17。
〔註99〕　見《六祖大師法寶壇經》卷一。《大正藏》，冊48，頁351c。
〔註100〕　見《大般若波羅蜜多經》卷一。《大正藏》，冊5，頁39b。
〔註101〕　《維摩詰所說經》卷一。《大正藏》，冊14，頁538a。
〔註102〕　《注維摩詰經》卷一。《大正藏》，冊38，頁334b。
〔註103〕　另關於「人間淨土」之義涵與認知，詳見本篇論文第四章第二節之論述。

土，就其境界或位階而言，究竟是方便示現之化土？抑或爲功德示現之報土？

　　三論宗《大乘玄論》認爲，土有不淨、不淨淨、淨不淨、雜、淨等五種，此五土係依眾生之業而感受者，故稱眾生土；又以佛所教化之土爲國土，故亦稱佛土。其中有凡夫與聖者共住之凡聖同居土、大乘與小乘之證悟者（阿羅漢、獨覺、大力菩薩）共住之大小同住土、僅菩薩住之獨菩薩居土、僅諸佛獨住之諸佛獨居土等四種。〔註104〕

　　法相宗《成唯識論》則有三身四土之說，即自性、受用、變化之三身說，佛之變化身示現八相居穢土，受用身住於十八圓淨之蓮華藏世界，即隨佛之報化有淨穢之別；又分法性土、受用土、變化土等三土，受用土再分爲自受用土、他受用土，故亦立四土，而爲自性身、受用身、變化身所依之土。其中，「法性土」乃以法界眞如之理名爲土，與身無別；「自受用土」爲佛果無漏之第八識上所顯現之無漏純淨之佛土，乃除佛以外所無法測知者；「他受用土」，則爲教化十地菩薩所變現之土；「變化土」爲教化地前菩薩、二乘及凡夫所變現之土。〔註105〕

　　淨土宗則以阿彌陀佛有法、報、應三身，故有法身土（又作法土）、報身

〔註104〕見吉藏《大乘玄論》卷五：「淨土者。蓋是諸佛菩薩之所栖域。眾生之所歸總談佛土凡有五種。一淨二不淨三不淨淨四淨不淨五者雜土。所言淨者。菩薩以善法化眾生。眾生具受善法。同搆善緣。得純淨土言不淨者。若眾生造惡緣感穢土也。淨不淨者。初是淨土。此眾生緣盡。後惡眾生來。則土變成不淨也。不淨淨者。不淨緣盡。後淨眾生來。則土變成淨。如彌勒與之釋迦也。言雜土者。眾生具起善惡二業。故感淨穢雜土。此五皆是眾生自業所起。應名眾生土。但佛有王化之功。故名佛土。……就淨土中更開四位。一凡聖同居土。如彌勒出時凡聖共在淨土內住。亦如西方九品往生爲凡。復有三乘賢聖也。二大小同住土。謂羅漢辟支及大力菩薩。捨三界分段身。生界外淨土中也。三獨菩薩所住土。謂菩薩道過二乘。居土亦異。如香積世界。無二乘名。亦如七寶世界。純諸菩薩也。四諸佛獨居土。如仁王云。三賢十聖住果報。唯佛一人居淨土。」（《大正藏》，冊45，頁67a。）

〔註105〕見《成唯識論》卷十：「如是法身有三相別。一自性身。謂諸如來眞淨法界。受用變化平等所依。離相寂然絕諸戲論。具無邊際眞常功德。是一切法平等實性。即此自性亦名法身。大功德法所依止故。二受用身。此有二種。一自受用。謂諸如來三無數劫修集無量福慧資糧所起無邊眞實功德。及極圓淨常遍色身。相續湛然盡未來際恒自受用廣大法樂。二他受用。謂諸如來由平等智示現微妙淨功德身。居純淨土爲住十地諸菩薩眾現大神通轉正法輪決眾疑網令彼受用大乘法樂。合此二種名受用身。三變化身。謂諸如來由成事智變現無量隨類化身。居淨穢土爲未登地諸菩薩眾二乘異生稱彼機宜現通說法令各獲得諸利樂事。」（《大正藏》，冊31，頁57c-58a。）

土（又作報土）、應身土（又作應土）等三土。然而『報土』則一向純淨；『應土』則有染有淨，云：「土有五種，一純淨土，唯在佛果；二淨穢土，謂淨多穢少，即八地已上；三淨穢亭等土，謂從初地乃至七地；四穢淨土，謂穢多淨少，即地前性地；五雜穢土，謂未入性地。第五人見後一，不見前四；第四人見後二，不見前三；第三人見後三，不見前二；第二人見後四，不見前一；第一佛上下五土，悉知悉見也。」一般以阿彌陀佛之報身所居之報土為「極樂淨土」，日本淨土眞宗〔註106〕則謂爲「眞實報土」〔註107〕，並立引導、教化眾生之方便化土〔註108〕。

華嚴宗從相待之差別而言，應人類能知之機緣所說之世界（因分可說之土）爲世界海；悟佛果者能知之眞如世界（果分不可說之土）爲國土界；全宇宙名爲「蓮華藏世界」，乃十身具足之毘盧遮那如來所教化之國土。

天台宗則將淨土分爲凡聖同居土、方便有餘土、實報無礙土（又作實報土）、常寂光土（又作寂光土）等四土說。其中，凡聖同居土即凡聖共住之國土，有淨穢之別，淨者如西方極樂世界等。方便有餘土係修方便道之空觀與假觀，而斷除見惑與思惑（生於三界之因），出分段生死，但尚未斷除無明惑，故更於界外受變易生死之藏教二乘、通教三乘、別教三十心之菩薩等所生之土。而修眞實法之中觀，斷除無明之別教初地、圓教初住以上之菩薩所生之

〔註106〕「淨土眞宗」，指藉由阿彌陀佛之本願力期以往生成佛之教說。爲日本十三宗之一。開宗之祖爲日僧親鸞（1173～1262）。以一心一向專念阿彌陀佛爲教旨，故又稱「一向宗」；復以「盡十方無礙光如來」爲本尊，歡喜其光明攝取，故又稱「無礙光宗」；又因親鸞稱信徒爲「御門徒眾」，也被稱爲「門徒宗」。明治五年（1872），定名爲淨土眞宗，或稱眞宗。此宗以《無量壽經》、《觀無量壽經》、《阿彌陀經》等三部爲所依經典，主張縱使是愚惡之凡夫、最下之劣機，若於遇值此本願他力一乘眞實之法時，於一念之中，住於正定聚，即可證得往生即成佛之妙果。（詳見陳揚炯：《中國淨土宗通史》，頁510～517。）

〔註107〕「眞實報土」又作「實報土」。指佛之報身所居之土，即佛於過去菩薩因位以願行所酬報之淨土，故此土乃由因位無漏行業之熏發，所顯現無量莊嚴之清淨土。如《大乘義章》云：「實報土者，菩薩顯前法性土時，曠修法界無盡行業，以此淨業勳發之力，於彼無邊淨法界處，無量殊異莊嚴事起名實報土。」〔見《大正藏》，冊37，頁835b。〕

〔註108〕方便化土，乃對應於眞實而言。如《阿彌陀經疏》云：「方便有餘土，謂修方便道斷四住惑，而餘有無明在故，所以出三界外受法性身，而有變易生死也。」（見《大正藏》，冊37，頁354b。）又，《止觀輔行傳弘決》云：「無漏即是方便土也。」（見《大正藏》，冊46，頁295c。）

土，即爲實報土。寂光土即指佛者所居之土。〔註109〕

　　此外，《大乘義章》則依三僧祇劫之淨業所自然感得之清淨依報，將淨土別爲事淨土、相淨土、眞淨土三種。事淨土者，分爲求「有」之淨業所感者（如諸天），及求出世之淨業所感者（如安樂國）兩種。相淨土者，則分二乘土及地前菩薩土兩種。眞淨土者，則有離妄眞土（爲十地菩薩所居）與純淨眞土兩種；而純淨眞土又再細分眞土（爲法身佛與報身所居）與圓應土（有由淨土三昧法門所現之法應土，及由大悲願力所現之報應土）。簡而言之，凡夫由有漏業力所感之事相莊嚴則屬「事淨土」；二乘與地前菩薩所感之妙相莊嚴則屬「相淨土」；十地菩薩與佛所居住者爲「眞淨土」，而「眞淨土」中，十地菩薩所居住者爲「離妄眞土」，佛所居者爲「純淨眞土」；唯佛自居者始名爲「眞土」，而示現於其他有情者，則名爲「圓應土」（能隨眾生種種異現，用無缺少，故名圓應土。）〔註110〕又《佛地經論》卷一，也有自性、受用、變化三身之說，佛之變化身示現八相居穢土，受用身住於十八圓淨之蓮華藏世界，即隨佛之報化有淨穢之別的三土說〔註111〕。此外，如印順法師亦將淨

〔註109〕見智顗《觀無量壽佛經疏》卷一：「四種淨土。謂凡聖同居土。方便有餘土。實報無障礙土。常寂光土也。各有淨穢。五濁輕重同居淨穢。體析巧拙有餘淨穢。次第頓入實報淨穢。分證究竟寂光淨穢。娑婆雜惡荊棘瓦礫。不淨充滿同居穢也。安養清淨。池流八德樹列七珍。次於泥洹皆正定聚。凡聖同居上品淨土也。方便有餘者。修方便道斷四住惑。故曰方便。無明未盡故言有餘。釋論云。出三界外有淨土。聲聞辟支佛出生其中。受法性身非分段生。法華云。若我滅後實得阿羅漢。不信此法。若遇餘佛。於此法中。便得決了。就中復有利鈍。指上爲淨。指下爲穢也。實報無障礙者。行眞實法感得勝報。色心不相妨。故言無障礙。純菩薩居無有二乘。《仁王經》云。三賢十聖住果報。即是其義。釋論云。菩薩勝妙五欲。能令迦葉起舞。華嚴云。無量香雲臺。即其土淨妙五塵。就中更論次第頓悟上下淨穢等也。常寂光者。常即法身。寂即解脫。光即般若。是三點不縱橫並別。名祕密藏。諸佛如來所遊居處。眞常究竟極爲淨土。分得究竟上下淨穢耳。」（《大正藏》，冊 37，頁 188b-188c。）另，關於天台「四淨土」之義涵及相關論述見本篇論文第三章第一節。）

〔註110〕詳見慧遠撰：《大乘義章》卷十九「淨土義六門分別」。《大正藏》，44 冊。頁834a-836a。

〔註111〕見《佛地經論》卷一：「見變化身居此穢土爲其說法。地上大眾見受用身居佛淨土爲其說法。」「受用身土略有二種。一自受用。謂諸如來三無數劫所修無邊善根所感周遍法界。爲自受用大法樂故。從初得佛盡未來際相續無變。如諸功德諸大菩薩亦不能見。但可得聞。如是淨土以無量故。諸佛雖見亦不能測其量邊際。二他受用。謂諸如來爲令地上諸菩薩眾受大法樂。進修勝行隨宜而現。或勝或劣或大或小。改轉不定如變化土。」（《大正藏》，26 冊。頁293a、293b。）

土分作：五乘共土、三乘共土、大乘不共土三種。〔註112〕並從修行的境界淺深，又將共土、不共土分爲四類：一、凡聖共土：有凡夫也有聖人。二、大小共土：沒有凡夫。這是聲聞、辟支佛、大力菩薩同得意生身，所依托的世界，此即天台宗所謂的「方便有餘土」。三、菩薩不共土，或可稱爲佛與菩薩共土。這一類淨土，與聲聞不共；天台宗名此爲實報莊嚴土，爲菩薩不共二乘的淨土。四、佛果所得的不共土，如《仁王經》說：「三賢十聖居果報，唯佛一人登淨土」。這或名法性土，即天台宗所謂之常寂光淨土。〔註113〕

　　然則就上而論，諸佛以大悲願力所成就之淨土，若爲化土，則化土乃佛之方便示現，即非究竟且永恆之土；若是報土，則究竟乃眞實無量莊嚴之清淨土，抑或爲他受用之菩薩所居土？若以此標準而言，則「諸佛爲利他（成就眾生、利益眾生）之大悲願力所成就之國土，均非究竟淨土，皆係方便淨土，甚至只是凡聖同處的淨穢相雜土。」〔註114〕故聖嚴法師認爲，「如係究竟淨土，則佛佛平等，一相一性，無處不遍，無時不現，不應有十方的分位，亦不該有三世的分際。據此以論，諸佛淨土，雖稱佛國，實際仍爲利他而設的眾生國，究竟佛的報身，橫遍十方，豎窮三世，不須有其特定時空以內的淨土。」〔註115〕印順法師亦認爲，「大乘經中所說的佛淨土，並不這樣明顯的判別。如西方極樂淨土，有看爲凡聖共的；有看爲大小共的；有以爲凡夫是示現的，聲聞是約宿因而說，現在都是菩薩。究屬何土，實不必限定，因爲經文也有互相出入的地方。然約修證淺深來說所依的淨土，確乎可分四級。凡聖同的，可通攝五乘共；大小同的，可通攝三乘共；佛菩薩共的，或唯佛淨土，爲大乘不共。」〔註116〕是則如《淨土論》所云：

> 西方是何土：亦具三種。若入初地已去菩薩正體智見者，即是法身淨土，若加行後得智見者，即是報身淨土。若是地前菩薩二乘凡夫

〔註112〕即一、五乘共土，指的是一般人所謂的理想國、烏托邦、或大同世界。如印度四洲中的北俱盧洲，梵語鬱恒羅俱盧，是無上福樂的意義。在中國，儒道所傳的思想中，也有同一意境的說明。二、三乘共土，指的是佛法大小乘所共說的，如兜率淨土。三、大乘不共土，大乘不共的淨土，多得不可數量。最有名的，如東方阿　佛的妙樂淨土，西方阿彌陀佛淨土，以及東方藥師如來淨土。（見印順：《淨土與禪》〈淨土新論〉。新竹縣：正聞出版社。頁5～7。）

〔註113〕見印順：《淨土與禪》〈淨土新論〉。新竹縣：正聞出版社。頁5～7。

〔註114〕援見釋聖嚴：〈淨土思想之考察〉，《華岡佛學學報》，6期，頁7。

〔註115〕援見〈淨土思想之考察〉，頁7～8。

〔註116〕見印順：《淨土與禪》〈淨土新論〉。新竹縣：正聞出版社，頁8。

見者，即是化身淨土也，如龍樹等菩薩往生，具見法報化三種淨土，

由上得見下故。〔註117〕

十方諸佛所安立之淨土，本皆係佛之究竟真實報土，然因眾生以業力不一，以及境界與見地深淺，而有所分別，故初地菩薩以智所見者，即是法身淨土；初地菩薩加功用行之後所見者，即是報身淨土；又地前菩薩、二乘、凡夫所見者，即是化身淨土。

（二）淨土之位階

依上所論，淨土之別，乃因眾生之根性有利有鈍，因而有修行境界之深淺高下，以是往生之淨土即有各品位階之別。有關往生之階位，諸家異說頗多。據《觀無量壽經》，由於機類不同，行業各殊，而有優劣之九品，故所生之極樂淨土，即有九種差別，所生之淨土亦有九種（九品淨土），迎接往生者之蓮花臺亦有九種（九品蓮臺），來迎之阿彌陀佛有九種（九品彌陀），所結之手印亦有九種（九品印），往生者之念佛方法有九種（九品念佛）。日僧親鸞以為九品淨土係方便化土，然與阿彌陀佛之真實報土並無二致。今據《觀無量壽經》載，將往生階級區分為九種，即九品之別。即上品、中品、下品，每品復分上生、中生、下生，合為九品。如下：

（一）上品上生，先發三心，即「至誠心」、「深心」、「迴向發願心」，次修三業，即「慈心不殺，具諸戒律」、「讀誦大乘經典」、「修行六念」。此人精進勇猛，臨命終時，觀世音菩薩執金剛臺，與大勢至菩薩至行者前，阿彌陀佛放大光明照行者身，與諸菩薩授手迎接。

（二）上品中生，亦發三心，然於大乘法不能受持讀誦修行，唯能解了第一義諦，深信因果。此人臨命終時，阿彌陀佛與觀世音、大勢至等無量大眾，持紫金臺，授手迎接。

（三）上品下生，亦發三心，然於大乘法不能受持讀誦解義，唯信因果。此人臨命終時，阿彌陀佛與觀世音、大勢至及諸眷屬持金蓮華，化作五百化佛授手來迎。

（四）中品上生，受持五戒，持八戒齋，修行諸戒，不造五逆，無眾過惡。此人臨命終時，阿彌陀佛與諸比丘眷屬圍繞，放金色光，至其人所；其人見已，心大歡喜，見己身坐蓮花臺。

〔註117〕唐代迦才撰：《淨土論》。《大正藏》，47 冊，頁 84c。

（五）中品中生，一日一夜持八戒齋，或一日一夜持沙彌戒，或一日一夜持具足戒，威儀無缺。此人臨命終時，見阿彌陀佛與諸眷屬放金色光，持七寶蓮華至行者前。

（六）中品下生，若有善男子、善女人孝養父母，行世仁義。此人臨命終時，遇善知識爲說阿彌陀佛國土樂事及法藏比丘四十八願，至心信樂即得往生。

（七）下品上生，或有眾生作眾惡業，雖誹謗方等經典，多造惡法，無有慚愧。此人臨命終時，遇善知識爲讚大乘十二部經題，除卻千劫極重惡業，復教令合掌叉手，稱「南無阿彌陀佛」名號，除卻五十億劫生死重罪。爾時彼佛即遣化佛、化觀世音、大勢至菩薩來迎。

（八）下品中生，或有眾生毀犯五戒、八戒及具足戒，偷僧祇物，盜現前僧物，不淨說法，無有慚愧，以諸惡法而自莊嚴，如此罪人，臨命終時，地獄眾火一時俱至。遇善知識爲讚阿彌陀佛十力威德，除八十億劫生死重罪，地獄猛火化爲涼風，吹諸天華，華上皆有化佛菩薩迎接此人。

（九）下品下生，或有眾生作五逆十惡，具諸不善。此人臨命終時，遇善知識種種安慰，爲說妙法，教令念佛。如是至心，令聲不絕，具足十念稱南無阿彌陀佛。於念念中，除八十億劫生死重罪，即見金蓮花猶如日輪，住其人前。

又，淨影慧遠以之爲求生淨土者之九種觀法，善導則以之爲求生淨土之實踐方法，二者皆以九品爲凡夫。淨影以四地至六地之菩薩爲上品上生，初、二、三地之菩薩爲上品中生，種性以上之菩薩爲上品下生，又以小乘前三果之聖者爲中品上生，見道以前之內外二凡爲中品中生，見道以前之凡夫爲中品下生，而以始學大乘之人未辨階位，故依過之輕重分爲下品上生、下品中生、下品下生。天台則以習種性（十住）以上之菩薩爲上品，外凡至十信爲中品，凡夫爲下品。此外，《淨土論》亦以純學大乘者，即生彼九品上輩三品土；純小乘者，即生九品中輩二品土；雜學大小乘者，即生九品中輩下生及下輩三品生。〔註118〕

以上九品，意即只要修習淨土法門，則不論上、中、下三根皆得往生，並依此三根階分九品來迎。然則，誠如《淨土論》所云，以上之位階分別，

〔註118〕見迦才撰：《淨土論》。《大正藏》，47 冊，頁 84c-85a。

雖以「眾生起行千殊」，故「往生見土亦有萬別」，然而，「委曲分別」，無非是希望成就眾生皆能眞正「發菩提心」爲其本意矣。〔註119〕

第三節　淨土分類之義涵

依上節，吾人將淨土大別爲他方淨土、唯心淨土、以及人間淨土三類。現則依此分類探究其各自之修證理念、目的及修證方法（法門），以得見其所蘊藏之義涵，意即，對於生死解脫、成佛、涅槃一觀念之歧異性，甚至，蘊含對於佛性之思想與理解。

一、修證理念與目的

（一）求生他方淨土之修證理念

關於求生他方淨土之修證理念（因）與目的（果），茲從果中說因，故首先探究往生佛國淨土的究竟目的，亦即，佛經中所敘述之淨土景況。

《佛說大阿彌陀經》中述及「極樂世界」國土云：

> 極樂國土有七寶池，八功德水充滿其中，池底純以金沙布地，四邊階道，金銀琉璃頗梨合成，上有樓閣，亦以金銀琉璃頗梨車磲赤珠馬瑙而嚴飾之，池中蓮花大如車輪，青色青光，黃色黃光，赤色赤光，白色白光微妙香潔。〔註120〕

又，《佛說無量壽經》卷上云：

> 其佛國土自然七寶，金銀琉璃珊瑚琥珀車磲瑪瑙合成爲地，恢廓曠蕩不可限極，悉相雜厠轉相入間，光赫焜耀微妙奇麗，清淨莊嚴超踰十方一切世界，眾寶中精，其寶猶如第六天寶，又其國土無須彌山及金剛圍一切諸山，亦無大海小海溪渠井谷，佛神力故欲見則見，亦無地獄餓鬼畜生諸難之趣，亦無四時春秋冬夏，不寒不熱常和調適。〔註121〕

《藥師琉璃光如來本願功德經》云：

> 彼佛土一向清淨無有女人，亦無惡趣及苦音聲，琉璃爲地，金繩界

〔註119〕見《淨土論》，頁85a。
〔註120〕見鳩摩羅什譯：《佛說阿彌陀經》卷一。《大正藏》，冊12，頁346c-347a。
〔註121〕見康僧鎧譯：《佛說無量壽經》。《大正藏》，冊12，頁270a-271b。

> 道，城闕宮閣軒窗羅網皆七寶成，亦如西方極樂世界，功德莊嚴等
> 無差別。〔註122〕

往生於該佛土者身受諸種快樂，例如，身上有如佛之三十二相，且具神通，
五官之對境非常微妙，心中舒暢清涼，在心中聞法，六根清淨，無諸煩惱，
供養佛陀，即得開悟。

此外，佛淨土亦是佛於因地時，發願所行之菩薩道的展現，故而從佛的願
力（所發之願）亦可知其土、其民景況。如《阿閦佛國經》「佛剎善快品」云：

> 阿閦如來剎中無有三惡道。何等為三，一者泥犁，二者禽獸，三者
> 薜荔。一切人皆行善事，其地平正生樹木，無有高下，無有山陵谿
> 谷，亦無有礫石崩山，其地行足蹈其上即減，這舉足便還復如故，
> 譬如綩綖枕頭枕其上即為減，這舉頭便還復如故，其地如是，其佛
> 剎無有三病，何等為三，一者風，二者寒，三者氣。其佛剎人，一
> 切皆無有惡色者，亦無有醜者，其婬怒癡薄，其佛剎人民，皆悉無
> 有牢獄拘閉之事，一切皆無有眾邪異道，其剎中樹木常有花實，人
> 民皆從樹取五色衣被，眾共用著之，其衣被甚姝好無敗色者。佛語
> 舍利弗，人民所著衣香，譬如天華之香，其飯食香美，如天樹香無
> 有絕時。諸人民著無央數種種衣被，其佛剎人民，隨所念食，即自
> 然在前，譬如舍利弗，忉利天人，隨所念食即自然在前，如是其剎
> 人民，隨所念欲得何食，即自然在前，人民無有貪於飲食者。復次
> 舍利弗，其佛剎人民所臥起處，以七寶為交露精舍，滿無有空缺處，
> 其浴池中有八味水，人民眾共用之，其水轉相灌注，諸人民終不失
> 善法行，譬如舍利弗，玉女寶過踰凡女人不及，其德如天女。如是
> 舍利弗，其佛剎終不失善法行，譬如舍利弗，玉女寶過踰凡女人不
> 及，其德如天女。如是舍利弗，其佛剎女人德，欲比玉女寶者，玉
> 女寶不及其佛剎女人，百倍千倍萬倍億倍，巨億萬倍不與等，人民
> 以七寶為床，上布好綩綖，悉福德致自然為生。舍利弗，是阿閦如
> 來無所著等正覺，昔行菩薩道時所願而有持，阿閦佛以福德所致成
> 佛剎如是比。佛復語舍利弗言，其剎中人民飯食勝於天人飯食，其
> 食色香味，亦勝天人所食，其剎中無有王，但有法王佛天中天。……
> 譬如忉利天帝釋，於坐這發念，諸天便來受其教，舍利弗，是為阿

〔註122〕見《大正藏》，冊14，頁405c。

閟如來佛剎之善快，其剎人民不從婬欲之事。……〔註123〕

又如，阿彌陀佛的「四十八大願」：

第一願……，我剎中無地獄餓鬼禽畜，以至蜎飛蠕動之類，……。
第二願，……，我剎中無婦女，無央數世界諸天人民，以至蜎飛蠕動之類，來生我剎者，皆於七寶水池蓮華中化生，……。第二十三願，我作佛時我名號聞於十方無央數世界，諸佛各於大眾中，稱我功德及國土之勝，諸天人民以至蜎飛蠕動之類，聞我名號乃慈心喜悅者，皆令來生我剎。……，第二十五願，我作佛時，光明照諸無央數天下幽冥之處，皆當大明，諸天人民以至蜎飛蠕動之類，見我光明莫不慈心作善，皆令來生我國，不得是願終不作佛，……。第二十七願，我作佛時，十方無央數世界諸天人民，有發菩提心，奉持齋戒，行六波羅蜜，修諸功德，至心發願欲生我剎，臨壽終時我與大眾，現其人前引至來生，作不退轉地菩薩。……。第二十八願，我作佛時，十方無央數世界諸天人民，聞我名號，燒香散花然燈懸繒，飯食沙門起立塔寺，齋戒清淨益作諸善，一心繫念於我，雖止於一晝夜不絕，亦必生我剎。……。第二十九願，我作佛時，十方無央數世界諸天人民，至心信樂欲生我剎，十聲念我名號必遂來生，惟除五逆誹謗正法，……。第三十願，我作佛時，十方無央數世界諸天人民，以至蜎飛蠕動之類，前世作惡，聞我名號即懺悔爲善，奉持經戒願生我剎，壽終皆不經三惡道徑遂來生，一切所欲無不如意。……。第三十三願，我作佛時，凡生我剎者一生遂補佛處，惟除本願欲往他方，設化眾生修菩薩行，供養諸佛即自在往生，我以威神之力令彼教化一切眾生皆發信心，修菩提行，普賢行，寂滅行，淨梵行，最勝行，及一切善行。……。第三十四願，我作佛時，我剎中人欲生他方者，如其所願不復墮於三惡道，……。第三十五願，我作佛時，剎中菩薩以香華旛蓋眞珠纓絡種種供具，欲往無量世界供養諸佛，一食之頃即可遍至。……。第四十八願，我作佛時，他方世界諸菩薩，聞我名號歸依精進，即得至第一忍第二忍第三法忍，於諸佛法永不退轉。……。〔註124〕

〔註123〕見《阿閦佛國經》卷一。《大正藏》，冊11，頁755c-756a。
〔註124〕見康僧鎧譯：《佛說無量壽經》卷一。《大正藏》，冊12，頁328c。

由阿彌陀佛之四十八願內容可知，阿彌陀佛的因地願力，其對象從地獄餓鬼禽畜，乃至人、菩薩等眾生，無一不在其願力涵蓋普照之下；而其所發之利益眾生、成就眾生之願，範圍除包含食衣住行之完備美善外，亦恩及眾生之修行、持戒、懺悔、發願、往生接引，乃至剎中菩薩之說經行道、發心精進、永不退轉、直至成佛等等，十分廣大。

此外，屬於欲界之清淨天國「彌勒淨土」，據《彌勒上生經》所述，其國土景況顯然更加多采多姿，更爲美妙，如有：天子寶女、金光寶色、牟尼寶冠、光音寶樹、九重寶宮、師子寶座、莊嚴寶帳、寶珠、寶鈴、寶華、寶器……等「寶物」，且各各或演說不退轉地的法輪之行，演說大慈大悲之法，或演說苦、空、無我、無常及諸波羅蜜，或演說十善法及四弘誓願，或讚歎菩薩六波羅蜜，十分勝妙。〔註125〕

綜上所述可知，佛經中所描繪之他方淨土，無論在食、衣、住、行、育、樂等物質方面皆十分完備、完善、完美；而其土人民不僅壽命很長，長相莊嚴，並且質淳性良，相互愛敬，毫無憎、嫉、貪、瞋、怒、愚、癡之心；更重要的是，皆能精進修行，自利利他，樂聞佛法。故《往生要集》卷上舉生於淨土者能受有諸十樂：（一）聖眾來迎樂，臨命終時，阿彌陀佛及觀音、勢至二菩薩來迎，引導至淨土。（二）蓮華初開樂，託生蓮華，往生淨土，故於蓮華初開之際，可見淨土之莊嚴。（三）身相神通樂，可得三十二相之身與天眼等五種神通。（四）五妙境界樂，可得色、聲、香、味、觸等五境勝妙。（五）快樂無退樂，受樂無窮。（六）引接結緣樂，從前結緣之恩人親至淨土迎接。（七）聖眾俱會樂，眾多菩薩俱會於一處之樂。（八）見佛聞法樂，得見佛、聞法。（九）隨心供佛樂，隨心供養十方諸佛。（十）增進佛道樂，修行精進，終得佛果。〔註126〕亦可謂爲他方淨土思想之修證目的。

是則，淨土法門不僅只是佛於因位時的悲願，更因爲眾生的需要而建立，如，眾生視藥師佛如藥王亦如醫王，應病給藥，消災延壽，藥師佛也因此而受到廣泛的崇信〔註127〕。則從《藥師本願經》來看，藥師佛的功德，與其說是鼓勵眾生求生琉璃光淨土，倒不如說旨在救濟眾生現生的疾苦災難要來得

〔註125〕詳見沮渠京聲譯：《佛說觀彌勒菩薩上生兜率天經》卷一。《大正藏》，冊14，頁418c-419b。

〔註126〕見日僧源信撰：《往生要集》。《大正藏》，冊84。

〔註127〕受到密宗的普遍重視。其經典及儀軌行法，被收入大正藏經的，竟達二十五種之多，日本對於藥師佛的信仰也很普遍。

貼切。〔註128〕故而，就消極而言，修證往生淨土之理念與目的，乃爲求生淨土後所得之十大樂處，而其背後眞正的因素，正是爲了解脫此五濁惡土（穢土）中，現世人生的災難和痛苦。〔註129〕然則，就積極而言，誠如《淨名經》所謂：「眾生之類是菩薩佛土。」〔註130〕又如《大智度論》所云：

> 生國土中者皆共作因緣，內法與外法作因緣，若善若不善，多惡口
> 業故地生荊棘，諂誑曲心故地則高下不平，慳貪多故則水旱不調、
> 地生沙礫；不作上諸惡故地則平正，多出珍寶。如彌勒佛出時，人
> 皆行十善故地多珍寶。〔註131〕

生彼國土中者，既皆共作因緣，是則如是相同淨行眾生（共作因緣），隨所願同生菩薩成佛之國土，如「彌勒佛出時，人皆行十善，故地多珍寶」，則由佛因地行願可知，修證往生淨土之理念，即是佛之因地大願，故其目的，雖爲往生淨土，隨受妙樂，聽聞佛法，證成佛道，然則其積極行願之大乘菩薩精神卻是可以肯定的。

（二）唯心淨土之修證理念與目的

「唯心淨土」思想，乃是對於一心求生他方淨土，因而忽略佛於因地時所實踐之大乘菩薩精神者的反思。〔註132〕故而，「唯心淨土」思想之修證理念與目的，即強調應以自心清淨作爲淨土之依歸，而不是汲汲向外別求淨土。如禪宗六祖《法寶壇經》所云：

〔註128〕語見釋聖嚴：《淨土在人間》。台北市：法鼓文化，2003，頁 34。又如學者楊白衣亦認爲，藥師佛的琉璃世界，代表東方的光明前途，爲利樂現生的淨土。（參見楊白衣：〈淨土的淵源及其演變〉。《華岡佛學學報》，8 期，1885，頁 88。）

〔註129〕是故有學者認爲，佛教徒絞盡了腦汁，綜合一切作模式，創造二種淨土。一爲利樂現生的淨土，其代表是藥師佛的琉璃世界，東方代表有光明的前途。二爲利樂來生的淨土，其代表是阿彌陀佛的西方極樂世界，西方代表幸福的歸宿。因爲：日出東方，猶如一天開始，人要懷抱希望，向著理想前進。日沒西天，猶如一天工作完畢歸家，要有甜蜜的幸福的歸宿。這原爲人夢寐以求的理想人生。（參見索文林譯，牧田諦亮著：《中國近代史佛教研究》。台北市：華宇出版社。頁 87～88。）又如，淨宗法師：「淨土法門，以往生彌陀淨土爲目的：一旦往生，三界業系從茲永斷，無上佛果自然圓成。」（見釋淨宗，〈淨土法門的人間佛教觀──和諧世界從心開始〉，世界佛教論壇主辦，「第一屆世界佛教論壇徵文」精進獎論文，2006，頁 4。）即明白表示了淨土法門爲超生了死的目的。

〔註130〕見《維摩詰所說經》卷一。《大正藏》，冊 14，頁 538a。

〔註131〕見《大正藏》，25 冊，頁 708c。

〔註132〕詳見本節「唯心淨土之修證方式」一段之論述。

世尊在舍衛城中說西方引化，經文分明，去此不遠。若論相說，里
數有十萬八千，即身中十惡八邪，便是說遠。說遠爲其下根。說近
爲其上智。人有兩種。法無兩般。迷悟有殊。見有遲疾。迷人念佛
求生於彼。悟人自淨其心。所以佛言。隨其心淨即佛土淨。使君東
方人。但心淨即無罪。雖西方人。心不淨亦有愆。東方人造罪。念
佛求生西方。西方人造罪。念佛求生何國。凡愚不了自性。不識身
中淨土。願東願西。悟人在處一般。所以佛言。隨所住處恒安樂。
〔註133〕

六祖認爲，佛陀所說的西方淨土，就下根之人（迷人）而言，淨土在遙遠的
西方，但就上根之人（悟人）而言，傾刻便至。因爲，迷人不明白「心淨則
佛土淨」〔註134〕的道理，一昧外求，以念佛求生於彼；而悟者了達「但心清
淨，即是自性西方。」〔註135〕。故而，「悟人」但求「自淨其心」，反之，僅
以「念佛」而望求生於彼的人，即是「不了自性，不識身中淨土」的「迷人」
啊！

「唯心淨土」之修證理念雖強調「心淨則佛土淨」，然則，誠如《基疏》
所提醒的：

此釋所由。諸修行者，自心嚴淨，外感有情、器土亦淨。自心不淨，
何得淨地？所以菩薩自心清淨，五蘊假者有情亦淨。內心既淨，外
感有情及器亦淨。《佛地經》言，最極自在淨識爲相。故識淨時，淨
土便淨。上來但說有情爲土，本所化故，不說器界。有情土淨，器
界自淨，不說自成。〔註136〕

「心淨則佛土淨」之實義，並不能一昧的認爲只要「自心清淨」則淨土「自
成」，「心淨則佛土淨」要強調的，乃是「自心不淨，何得淨地」？要先淨內
心，才能「外感有情，及器亦淨」。是故，土之淨，終究要透過實際修證與實
踐的「行淨」過程。故《大智度論》亦云：

淨佛世界者，有二種淨。一者、菩薩自淨其身。二者、淨眾生心，
令行清淨道。以彼我因緣清淨故，隨所願得清淨世界。〔註137〕

〔註133〕見《六祖大師法寶壇經》卷一。《大正藏》，冊48，頁352a-352b。
〔註134〕見《維摩詰所說經》卷一。《大正藏》，冊14，頁538c。
〔註135〕見《六祖大師法寶壇經》卷一。《大正藏》，冊48，頁352b。
〔註136〕見《大正藏》，冊38，頁1027a。
〔註137〕見《大正藏》，冊25，頁418b。

又云：

> 深心清淨故能教化眾生。何以故？是煩惱薄故，不起高心、我心、
> 瞋心故，眾生愛樂信受其語。教化眾生故得淨佛世界。如《毘摩羅
> 詰》佛國品中說：眾生淨故世界清淨。〔註138〕

意即：菩薩身淨→眾生心淨→行淨→佛土淨。由於菩薩深心清淨故，眾生愛
樂信受其語。菩薩容易教化眾生，故眾生清淨。以眾生清淨故，則淨佛世界
（世界清淨）。亦即是深心清淨→教化眾生（眾生清淨）→淨佛世界（世界清
淨）的關係。〔註139〕則無論他方淨土，抑或唯心淨土，其修證的方式，最後
仍在於真實實踐的清淨眾行。〔註140〕

（三）人間淨土之修證理念與目的

　　佛經中雖有彌勒當來下生人間，將娑婆人間變成環境優美、飲食無缺、
人心善良平和的「人間淨土」之說，然而真正提出「人間淨土」之詞，並予
以提倡的，則是民國的太虛大師。故關於「人間淨土」之修證理念與目的，
即以當代太虛等人之說法來作探究。

　　太虛之「建設人間淨土論」云：

> 甚麼是人間淨土？近之修淨土者，多以此土非淨，必須脫離此惡濁
> 之世，而求往生一良好之淨土，然此為一部分人小乘自了之修行方
> 法，非大乘的淨土行。……然遍觀一切事物，無不從眾緣時時變化，
> 而推原事物之變化，其出發點都在人等各有情之心的力量。既人皆
> 有此心力，即人人皆有創造淨土本能，人人能發造此土為淨土之勝
> 願，努力去作，即由此人間可造成淨土，固無須離開此齷齪之社會
> 而另求一清淨之社會也。質言之，今此人間雖非良好莊嚴，然可憑

〔註138〕見《大智度論》。《大正藏》，冊25，頁657b。

〔註139〕參見釋惠敏：〈「心淨則佛土淨」之考察〉。《中華佛學學報》，10 期，1997，
　　　　　頁34。

〔註140〕學者釋惠敏亦認為：對於「心淨則佛土淨」之說，應該要注意「自心淨」→
　　　　　「行淨」→「有情淨」→「佛土淨」的關係，也就是以各種「淨土之行」令
　　　　　自「行淨」，亦令彼有情「行淨」（化彼同自），故說「行淨」→「有情淨」，
　　　　　如是共作淨行因緣的有情們將來共同生於菩薩成佛之國土，故說「有情淨則
　　　　　佛土淨」，不能只認為：「自心淨」則淨土「自成」。（見釋惠敏：〈「心淨則佛
　　　　　土淨」之考察〉。《中華佛學學報》，10 期，頁37～38。）然則，吾人對於其
　　　　　「共作淨行因緣的有情們將來共同生於菩薩成佛之國土」之句尚需商榷。詳
　　　　　見本篇論文第四章第二節之討論。

> 各人一片清淨心，去修集許多淨善因緣，逐步進行，久而久之，此
> 惡濁之人間便可一變而爲莊嚴之淨土，不必於人間之外另求淨土，
> 故名人間淨土。〔註141〕

太虛認爲，現下一般淨土修行者，大多以爲「此土非淨」，故必須（唸佛）脫離此「惡濁之世」，而求往生另一美好的清淨國土。然而，太虛認爲，爲脫離「此」惡濁之世以追求「彼」良好淨土的思想及修行，並非大乘淨土修行的目的。眼下的人世間雖非良好莊嚴，然而，人人皆有創造「淨土」的能力（本能）。他深信，只要人人能「發造此土爲淨土之勝願」，憑藉這股信願心力，努力做去，從個人做起，由人格的完善，修集愈來愈多的淨善因緣，那麼總有一天，一定能將這個不完美的惡濁人間轉成一片清淨莊嚴的淨土，而不必於人間之外，另覓他方淨土。故所謂「人間淨土」，即由此惡濁之人間所轉變而成之莊嚴淨土。是則就太虛而言，「人間淨土」之修證理念與目的，乃是爲創造人間爲淨土。

又，聖嚴法師根據永明延壽禪師（904～975）之「一念相應一念佛，念念相應念念佛」〔註142〕的觀點認爲：

> 如果在日常生活中體驗佛法，哪怕只有一個念頭與佛法的慈悲與解
> 決煩惱的智慧相應，當下見到的，就是人間淨土。也就是說，一念
> 心中有慈悲及智慧，就一念見到人間淨土；念念與慈悲及智慧相應，
> 就念念見到人間淨土。然後只要有一個人的心念與佛法的慈悲及智
> 慧相應，他就生活在人間淨土；如果人人都能夠生活在佛法的慈悲
> 與智慧中，當下人人就生活在人間淨土。〔註143〕

意即，人心念念清淨、慈悲、智慧的同時，當下就是生活在人間淨土。此處雖頗有「唯心淨土」之論，不過，聖嚴法師亦認爲：「十方三世諸佛國土的成就與往生，必須從人間的立場做起。」〔註144〕實踐人間佛教的目的乃是

〔註141〕語見《太虛大師全書》第 14 編支論，頁 427～428。

〔註142〕語見蕅益智旭：《大乘起信論裂網疏》卷三。《大正藏》，冊 44，頁 437c。然永明禪師的原文是：「一念相應一念佛，一日相應一日佛。」（見《宗鏡錄》卷十五。《大正藏》，冊 48，頁 497c。）聖嚴法師云：「宋初永明延壽禪師（西元 904 ～975 年）的《宗鏡錄》內，常常說到：『一念相應一念佛，念念相應念念佛』的觀點。」（語見釋聖嚴：《淨土在人間》。台北市：法鼓文化，初版，1989，頁 500。）其實出處有誤，但本文仍以法師理念乃源自永明禪師而作上述。

〔註143〕見釋聖嚴：《禪與悟》。台北市：法鼓文化，2006，頁 3。

〔註144〕見釋聖嚴，〈人間佛教的人間淨土〉，《中華佛學研究》第 3 期，1999，頁 4。

「在做往生佛國、嚴淨佛土的準備工夫階段，先要在人間自利利人，便是建設人間淨土。」〔註145〕意即，建設人間淨土，實現人間淨土，才能往生他方淨土。換句話說，就聖嚴而言，人間淨土之修證的究竟目的，乃爲求生他方淨土。

又如，證嚴法師倡導「生活中每個當下就是極樂世界」〔註146〕，如她認爲：

> 心淨即土淨，歡喜心就是淨土，以佛心爲人群奉獻，爲社會服務；
> 用佛心看人，人人皆是佛，則處處是淨土。家庭淨土、生活淨土、
> 人間淨土，當下就是極樂世界。〔註147〕

因爲，「要往生極樂世界必須有資源——善根、福德因緣具足。」〔註148〕所以要學習大乘菩薩的精神，「以佛心爲人群奉獻，爲社會服務」，並且，「立願不斷迴入婆娑，淨化世間」〔註149〕。由此可知，證嚴法師於人間淨土的修證理念，乃是學習大乘菩薩「立願不斷迴入婆娑，淨化世間」〔註150〕的悲願精神，而其目的，亦是以往生他方淨土（極樂世界）爲其究竟。

二、修證方式之歧異

（一）他方淨土之修證方式

佛以大悲願力建立淨土，既爲攝受眾生來往，故必有其攝機因緣，意即往生其國土的法門。茲下即分別敘述求生阿彌陀佛國極樂世界、阿閦佛國妙樂世界，以及兜率天彌勒淨土之修證法門。

1、求生彌陀淨土法門

據《佛說無量壽經》云：

> 若有眾生，聞其光明威神功德，日夜稱說至心不斷，意所願得生其
> 國。〔註151〕

> 上輩者，捨家棄欲而作沙門，發菩提心，一向專念無量壽佛，修諸

〔註145〕見〈人間佛教的人間淨土〉，頁 1。
〔註146〕語見證嚴：《生死皆自在》，頁 326。
〔註147〕見證嚴：《生死皆自在》，頁 326。
〔註148〕見證嚴：《生死皆自在》，頁 326。
〔註149〕見證嚴：《生死皆自在》，頁 326。
〔註150〕見證嚴：《生死皆自在》，頁 326。
〔註151〕見《佛說無量壽經》卷上。《大正藏》，冊 12。頁 270b。

功德，願生彼國。此等眾生臨壽終時，無量壽佛與諸大眾現其人前，
即隨彼佛，往生其國，便於七寶華中自然化生，住不退轉」。〔註152〕

中輩者，雖不能行作沙門大修功德，當發無上菩提之心，一向專念
無量壽佛，多少修善，奉持齋戒，起立塔像，飯食沙門，懸繪燃燈，
散花燒香，以此迴向，願生彼國。其人臨終，無量壽佛化現其身，
光明相好具如真佛，與諸大眾現其人前，即隨化佛往生其國，住不
退轉，功德智慧，次如上輩。〔註153〕

下輩者，其有至心欲生彼國，假使不能作諸功德，當發無上菩提之心，
一向專意，乃至十念，念無量壽佛，願生其國。若聞深法，歡喜信樂，
不生疑惑，乃至一念，念於彼佛，以至誠心，願生其國。此人臨終，
夢見彼佛，亦得往生，功德智慧，次如中輩者也。」〔註154〕

由上可知，願生西方彌陀淨土者，除要發厭離心、欣求心外，尚有四項修證
要領：一、要有信心、願心、至誠心、迴向心、菩提心。其中，至誠心，即
眾生一切身口意所修解行，必須內外相應，真實為求生彼佛淨土，不可內蓄
名聞利養之心；外現賢善精進之相。深心，即即深信之心；初信機：決定深
信自身現是煩惱具足之凡夫，無始以來漂溺五趣，循環不息，無出離之緣；
次信法：深信阿彌陀佛成就四十八願，攝受一切眾生，專念彼佛名號，依彼
佛加被護念，定得往生極樂。迴向發願心，即謂以自無始以來及今生自他所
修一切世出世善根悉皆迴向，願生彼佛國土。二、聞佛名號、一向專念、十
念乃至一念，念彼阿彌陀佛。三、若犯五逆者，誹謗正法者，雖願往生彼國，
亦不得往生彼國。四、若能出家，修諸功德，而求願往生者，臨終佛自來臨；
若是在家修善法、持齋戒、飯僧、造塔像、燃燈、散花、燒香，而求願往生
者，臨終化佛來臨；不能作諸功德，但能信樂深法，不生疑心，而求願往生
者，臨終夢見彼佛，亦得往生。〔註155〕

又，《佛說大乘無量壽莊嚴經》云：

眾生聞彼佛名，發清淨心憶念受持，歸依供養求生彼土，是人命終，
皆得往生極樂世界。……若有善男子善女人，聞此經典受持讀誦書

〔註152〕見《佛說無量壽經》卷上。《大正藏》，冊 12，頁 270b。
〔註153〕見《佛說無量壽經》卷上。《大正藏》，冊 12，頁 270b-270c。
〔註154〕見《佛說無量壽經》卷上。《大正藏》，冊 12，頁 270c。
〔註155〕引見釋聖嚴：〈淨土思想之考察〉。，《華岡佛學學報》，6 期，頁 37。

寫供養，晝夜相續求生彼剎，是人臨終，無量壽如來與諸聖眾現在
其前，經須臾間，即得往生極樂世界。……若有善男子善女人，發
十種心，所謂一不偷盜，二不殺生，三不婬欲，四不妄言，五不綺
語，六不惡口，七不兩舌，八不貪，九不瞋，十不癡。如是晝夜思
惟極樂世界無量壽佛，種種功德種種莊嚴，志心歸依頂禮供養，是
人臨終，不驚不怖心不顛倒，即得往生彼佛國土。……若有善男子
善女人，發菩提心已，持諸禁戒堅守不犯，饒益有情，所作善根悉
施與之，令得安樂，憶念西方無量壽如來及彼國土，是人命終，如
佛色相種種莊嚴，生寶剎中賢聖圍繞。〔註156〕

據上可知，欲生極樂世界淨土，又當修證三福、十六觀、後三觀，「三福」
為：一者，孝養父母，奉事師長，慈心不殺，修十善業，二者，受持三歸，
具足眾戒，不犯威儀，三者，發菩提心，深信因果，讀誦大乘，勸進行者，
如道綽《安樂集》亦云：

大經云，凡欲往生淨土，要須發菩提心為源，云何菩提者，乃是無
上佛道之名也，若欲發心作佛者，此心廣大遍周法界，此心究竟等
若虛空，此心長遠盡未來際，此心普備離二乘障，若能一發此心，
傾無始生死有淪，所有功德迴向菩提，皆能遠詣佛果，無有失滅。

〔註157〕

強調發菩提心的重要，此三福乃是一切修行法門的基礎，重點在於「戒」的
精神，其次的讀誦大乘乃為發「慧」，再次的修行觀法，即是禪「定」。〔註158〕

其次，由九品往生〔註159〕所言可知，往生彌陀淨土分作九種因緣，亦即
往生之九種層次的修證法門：即

上品上生者：須發三心：至誠心、深心、回向發願心，慈心不殺，具諸
　　　　　　戒行，讀誦大乘經典，修行六念，回向發願，願生彼國，
　　　　　　具此功德，一日乃到七日。

上品中生者：不必受持方等經典，善解義趣，於第一義，心不驚動，深
　　　　　　信因果，不謗大乘，以此功德，回向願求生極樂國。

〔註156〕見《佛說大乘無量壽莊嚴經》卷二。《大正藏》，冊12，頁323b-323c。
〔註157〕見《安樂集》卷一。《大正藏》，47冊。頁7b。
〔註158〕語見〈淨土思想之考察〉，頁38。
〔註159〕見《佛說觀無量壽佛經》。《大正藏》，冊12，頁344c-346a。

上品下生者：亦信因果，不謗大乘，但發無上道心，以此功德，回向願
　　　　　　求生極樂國。

中品上生者：受持五戒，持八戒齋，修行諸戒，不造五逆，無眾過患，
　　　　　　以此善根，回向願求生極樂國。

中品中生者：一日夜持八戒齋，或一日夜持沙彌戒，或一日夜持具足戒，
　　　　　　威儀無缺，以此功德，回向願求生極樂國。

中品下生者：孝養父母，行世仁慈。

下品上生者：作眾惡業，雖不誹謗方等經典，如此愚人，多造惡法，無
　　　　　　有慚愧。

下品中生者：毀犯五戒八戒，及具足戒，偷僧祇物，盜現前僧物，不淨
　　　　　　說法，無有慚愧，如此罪人，應墮地獄。

下品下生者：作不善業，五逆十惡，具諸不善，以惡業故，應墮惡道，
　　　　　　經歷多劫，受苦無窮。

由上分析可知，能以上品往生淨土者，都須發菩提心，能以中品往生者，
皆須三業善淨；而以下品往生者，則盡是一些惡人，《觀經》最大的特色，即
是從中品下生開始，強調臨終救度與稱名念佛的重要性。〔註160〕

2、求生妙樂淨土法門

阿閦佛國的修證法門，注重自身德行的完成，並以無貪著心之清淨梵行
往生為特色，如《阿閦佛國經》云：

> 癡人汝不得生彼佛剎，所以者何，不以立婬欲亂意者，得生彼佛剎，
>
> 用餘善行法清淨行，得生彼佛剎，〔註161〕

茲綜合《阿閦佛國經》與《大寶積經》中所言，往生阿閦佛國的因緣共
有七項：〔註162〕

〔註160〕印順法師曾對《觀無量壽佛經》與《無量壽經》進行比較，發現：一、《無量壽
　　　　經》說：往生淨土的人，都要發菩提心；但《觀經》，中品以下的往生者，都是
　　　　不曾發菩提心的。二、《無量壽經》明說：「唯除誹謗深法，五逆十惡」；而《觀
　　　　經》即惡人得往生為下品。三、關於惡人，《無量壽經》的支譯本——《無量清
　　　　淨平等覺經》於阿彌陀佛的願文中，曾說（相當三輩的下輩人）：「前世為惡」，
　　　　而不說今世的惡人——五逆十惡等。而《觀經》，以下品三生為現生作惡者。從
　　　　此可見，《觀經》的攝機更廣。（詳見印順：《淨土與禪》，頁46～47。）
〔註161〕見《阿閦佛國經》卷一。《大正藏》，冊11，頁756a。
〔註162〕參考釋聖凱：《四大淨土之比較》，頁57～58。

一、發願學阿閦佛往昔的願行。

二、行六波羅蜜，善根回向，願生阿閦佛國。

三、願當來見阿閦佛的光明而成大覺。

四、願見阿閦佛國的聲聞眾。

五、願見阿閦佛國的菩薩眾，與菩薩們一同修學，願見具大慈悲的，求菩提而出家的，捨離二乘心的，諦住於空的，念佛念法念僧的菩薩。

六、念十方佛法僧──「三隨念」，回向無上菩提。

七、誦念阿閦佛的德號、法經，臨終時得阿閦佛之見護，便得生阿閦佛剎。

　　前二項是往生阿閦佛剎法門的根本，足以代表阿閦淨土思想的特色。淨土法門，大多有佛力加持的成分，如極樂世界之阿彌陀佛之四十八大願，然而往生阿閦佛剎則主要以自力為主，並須學阿閦因地的願行，及行菩薩六度，次三項，願當來生在阿閦佛剎，見佛光、聲聞與菩薩，主要是與菩薩共學，只有在第七項才有所謂他力的色彩，但在整個阿閦淨土思想體系中並不重要。由此可知，往生阿閦淨土的因緣，除了修證具備清淨梵行之外，首重絲毫不能有所貪厭執著之心（貪圖淨土的莊嚴享受，厭惡五濁生死），就此一修證特質而言，與《彌勒上生經》所言「不厭生死」〔註163〕、「不欣涅槃」之精神是一致的〔註164〕。

3、求生兜率彌勒淨土法門

　　據《彌勒上生經》所言：

> 往昔於毗尼中及諸經藏說阿逸多次當作佛，此阿逸多具凡夫身未斷諸漏，此人命終當生何處，其人今者雖復出家，不修禪定不斷煩惱，佛記此人成佛無疑，此人命終生何國土，……必得往生兜率陀天上〔註165〕。……有比丘及一切大眾，不厭生死樂生天者，愛敬無上菩提心者，欲為彌勒作弟子者，當作是觀。〔註166〕

又，

> 欲往生天宮，必修行十善，念佛形像，口稱彌勒之名，以此功德並

〔註163〕語見《佛說觀彌勒菩薩上生兜率天經》卷一。《大正藏》，冊14，頁419c。

〔註164〕詳見本節「求生兜率彌勒淨土法門」一段之論述。

〔註165〕《佛說觀彌勒菩薩上生兜率天經》卷一。《大正藏》，冊14，418c。

〔註166〕《佛說觀彌勒菩薩上生兜率天經》，419c。

可超越九十六億劫生死之罪。

> 若有精勤修諸功德威儀不缺掃塔塗地，以眾名香妙花供養，行眾三昧，深入正受，讀誦經典，如是等人應當至心，雖不斷結，如得六通，應當繫念，念佛形像，稱彌勒名，如是等輩若一念頃受八戒齋，修諸淨業發弘誓願，命終之後譬如壯士屈申臂頃，即得往生兜率陀天，於蓮華上結加趺坐。……於閻浮提廣修福業來生此處，此處名兜率陀天，……眾生若淨諸業，行六事法，必定無疑當得生於兜率天上，值遇彌勒亦隨彌勒下閻浮提，第一聞法，於未來世值遇賢劫一切諸佛，於星宿劫亦得值遇諸佛世尊，於諸佛前受菩提記。〔註167〕

窺基之認為，此段經文敍述了修證上品往生彌勒淨土的「六事法」：

一、精勤修諸功德，依窺基《觀彌勒菩薩上生經疏》（以下簡稱《窺基疏》，修諸功德即是修福，亦名播種福田，而福田有三種：敬田、恩田、悲田，敬田乃恭敬三寶，恩田乃報父母、師長恩，悲田乃悲一切痛苦眾生，此三者能生極大福報，是曰福田。〔註168〕

二、威儀不缺，依《窺基疏》，為堅守諸戒，即是持五戒、八戒、具足戒。

三、掃塔塗地，依《窺基疏》，為整理制多（即佛塔），修飾道場。

四、香花供養，依《窺基疏》，為四事什物，隨給濟等，即以衣服、臥具、湯藥及其餘用品，隨所需要，即供給。

五、行眾三昧、深入正受，"凡夫行三昧聞思等定，聖人入正受隨所得禪，或凡三昧，非六行定，天行定者必上生故，深住聞思，亦名三昧"，即是隨各人根性，使心不亂，但亦不必要修入深定。

六、讀誦經典，依《窺基疏》，「演說修習十法行等」，這是對於經典的十種行法，有書寫、供養、演說、諦聽、披讀、受持、開示、諷誦、思惟、修習等；此處之經典，狹義指彌勒經典，廣義則泛指佛教一切經論。

此外，除了行六事法，尚有「繫念，念佛形像，稱彌勒名」稱名法門，以及「行十善道」之善行。綜上可知，求生彌勒的兜率淨土，雖能以彌勒佛之宏慈大願故，不必斷盡煩惱，即得往生，獲得六通，但必須要做到：修十

〔註167〕《佛說觀彌勒菩薩上生兜率天經》，頁420a。
〔註168〕《觀彌勒菩薩上生經疏》卷下，《卍續藏》，冊35，頁751c-752a。

善法，行六度行，供養承事，憶念佛像，稱誦彌勒聖號，持戒守齋，讀誦經典而發弘願。聖嚴法師認爲，「從方便的角度而言，彌勒淨土似乎尙無彌陀淨土之殊勝而有多門，因爲此一彌勒淨土之往生，是間乎難行道及易行道之中，也更強調以眾生的自力修行來達成往生的目的。」〔註169〕此即，往生彌勒淨土，除了精勤六事之外，更應學習彌勒佛於凡夫（阿逸多）時之修爲，「不修禪定，不斷煩惱」，意即「眞實不造作」，六祖亦云「直心是道場」；「不厭生死」、「不欣涅槃」，即「不忮」、「不求」，心有所貪，即染，有所求，即著，唯有無染、無著，方稱得上「彌勒弟子」啊！

　　綜上所述可知，往生他方淨土除了靠自力（清淨梵行）外，更要依靠他力（佛力）的幫助，此即後來淨土宗有所謂難行道與易行道之稱，龍樹將一代時教，八萬四千修行法門，概分爲兩類，即其方《十住毗婆沙論》卷五《易行品》所云：

> 佛法有無量門，如世間道，有難有易，陸道步行則苦，水道乘船則樂，菩薩道亦如是，或有勤行精進，或有以信方便易行，疾至阿惟越致者。〔註170〕

又云：

> 行大乘者，佛如是説：發願求佛道，重於舉三千大千世界，汝言阿惟越致地，是法甚難，久乃可得，若有易行道，可疾得阿惟越致地者，是乃怯弱下劣之言，非是大人志幹之説。〔註171〕

由上述可知，大乘菩薩，發願求佛道，靠自力勤修戒定慧，於無量劫受勞忍苦，次第破見思惑、塵沙惑、無明惑，豎出三界，歷劫修證，終有「大人志幹」，但要得「阿惟越致地」〔註172〕，實非易事。龍樹菩薩形容這是「重於舉三千大千世界」，可見其難，是爲「難行道」〔註173〕。所以，仰賴佛力，只須

〔註169〕見〈淨土思想之考察〉，頁32。
〔註170〕見《十住毘婆沙論》卷五。《大正藏》，冊26，頁41b。
〔註171〕見《十住毘婆沙論》，頁41a-41b。
〔註172〕即不退轉地。
〔註173〕自力與他力，乃是淨土宗的判教學說。最早主要體現在曇鸞的著作《往生論註》中。曇鸞認爲，在末法時期，眾生斷惑證果，求「阿毗跋致」（不退轉法），有的靠自力，有的靠他力（佛力）。靠自力的爲難行道，靠他力的爲易行道，這就是二道二力說。此後，道綽又提出了聖道門與淨土門。於娑婆世界憑自力，斷惑證理，入聖得果之法，名爲聖道門；以稱念佛名，乘佛本願，往生淨土，入聖得果的教門，則爲淨土門。其後的善導大師進一步光大「他力本願」的思

一心執持名號，便得佛願佛力加持，此身得至阿毗跋致，疾速圓成菩提，是為「易行道」。然龍樹菩薩認為，這乃是為怯弱下劣者而設的方便法門而已，換句話說，大乘菩薩的願行精神，方才是求生淨土真正的法門。

（二）唯心淨土之修證方式

既然淨土唯心，那麼修證淨土的方式，首先不外乎「淨心」與「修心」，如《維摩詰經》云：

> 直心是菩薩淨土，……深心是菩薩淨土，……菩提心是菩薩淨土，……布施是菩薩淨土……，持戒是菩薩淨土……，忍辱是菩薩淨土……，精進是菩薩淨土……，禪定是菩薩淨土……，智慧是菩薩淨土……，四無量心是菩薩淨土……，迴向心是菩薩淨土……，自守戒行不譏彼闕是菩薩淨土……，十善是菩薩淨土……，若菩薩欲得淨土當淨其心，隨其心淨則佛土淨。〔註174〕

依《維摩詰經》所言，則「直心」、「深心」、「菩提心」、「布施」、「持戒」、「忍辱」、「精進」、「禪定」、「智慧」、「四無量心」、「迴向心」、「自守戒行不譏彼闕」、「十善」……等等，不僅是菩薩「成就眾生」的具體「眾行」，亦是修證淨土的「修心」法門。

又，《六祖壇經》云：

> 使君心地但無不善，西方去此不遙，若懷不善之心，念佛往生難到。今勸善知識，先除十惡，即行十萬，後除八邪，乃過八千，念念見性，常行平直，到如彈指，便睹彌陀。使君但行十善，何須更願往生，不斷十惡之心，何佛即來迎請，若悟無生頓法，見西方只在剎那，不悟念佛求生，路遙如何得達。〔註175〕

關於淨土的修證，六祖認為，比起消極的念佛求生，更應該積極的先消除心中的十惡〔註176〕八邪〔註177〕，如：

> 想，以凡夫往生報土為立教本旨。他認為，三輩九品皆是五濁凡夫，乘佛之大悲願力乃得往生。若唯依自力精勤修學，以期斷惑證真，則雖二乘聖者及地前菩薩，亦不得生報土見報佛。然若在淨土門中，依托阿彌陀佛之本願他力，雖一毫煩惱未斷之凡夫，亦能與地上菩薩，同入真實無漏的報土而見報佛。這是淨土一系圓滿的他力往生說。（參見陳揚炯：《中國淨土宗通史》，頁 510～512。
〔註174〕 語見《維摩詰所說經》。《大正藏》，冊 14，頁 538b-538c。
〔註175〕 《六祖大師法寶壇經》卷一。《大正藏》，冊 48，頁 352a-352b。
〔註176〕 《十不善業道經》云：「此十不善業道體性是罪，若樂求佛道者遠離彼過，當

> 除人我，須彌倒，去貪欲海水竭，煩惱無，波浪滅，毒害除魚龍絕，
> 自心地上覺性如來，放大光明，外照六門，清淨，能破六欲諸天，
> 自性內照，三毒即除，地獄等罪，一時銷滅，內外明徹，不異西方，
> 不作此修，如何到彼。〔註178〕

人我、貪欲、煩惱，這些都是心中的三毒，三毒在，何土往生？唯有消了、滅了，當下即如同清淨的西方，故云「常行十善〔註179〕，天堂便至，」〔註180〕此如後來的聖嚴法師亦提出：「只要你的一念心淨，此一念間，你便在淨土，」〔註181〕的觀點，算是呼應了六祖此處的說法。

　　由此可知，唯心淨土的修證理念，並非必然的否定他方淨土之存在（雖然不強調、不肯認），而於修證法門上有所歧異，它的重點在於強調，如果不先「心」清淨，如何有所謂淨「土」可言？（換句話說，淨土不僅只是「土淨」，人也應是「淨」的，）故而否定徒求念佛往生之法門，就此而言，吾人可視「唯心淨土」法門，乃是對治消極的以念佛往生他方淨土法門的一種反思。然則，「唯心淨土」後來的發展，至宋代以後，「知識僧俗往往將西方彌陀淨土解釋爲唯心淨土」〔註182〕，如圓辨道琛即言：「唯心淨土，一而已矣，」以致產生後世對於唯心淨土與彌陀淨土關係之爭議，此則有待圓詮。

（三）人間淨土之修證方式

　　據《彌勒下生經》，能生於人間淨土，成爲彌勒眷屬的修證方法，如其偈所云：

> 增益戒聞德，禪及思惟業，善修於梵行，而來至我所，勸施發歡心，

如是知，何等爲十，所謂身業三種，語業四種，意業三種，於是義中今當解說，身三種者，殺生不與取欲邪行，語四種者，妄言綺語兩舌惡語，意三種者，貪瞋邪見。」（見《大正藏》，冊17，頁457c。）意即由身口意所行之十種惡行爲：殺生、偷盜、邪淫、妄語、兩舌（即說離間語、破語）、惡口（即惡語、惡罵）、綺語（即雜穢語、非應語、散語、無義語，乃從染心所發者）、貪欲（即貪愛、貪取、慳貪）、瞋恚、邪見（即愚癡）。

〔註177〕即：邪見、邪思惟、邪語、邪業、邪命、邪方便、邪念、邪定。（《十住毘婆沙論》《大正藏》，冊26，頁93b。）

〔註178〕《六祖大師法寶壇經》卷一。《大正藏》，冊48，頁352b。

〔註179〕即十善業道。離殺生，離偷盜，離邪行，離妄語，離兩舌，離惡口，離綺語，離貪欲，離瞋恚，離邪見。

〔註180〕《六祖大師法寶壇經》卷一。《大正藏》，冊48，頁352b。

〔註181〕見釋聖嚴：《禪與悟》。台北市：法鼓文化，2006，頁5。

〔註182〕語見陳揚炯：《中國淨土宗通史》。南京：鳳凰出版社，2008，頁47。

修行心原本，意無若干想，皆來至我所，或發平等心，承事於諸佛，
飯飴於聖眾，皆來至我所，或誦戒契經，善習與人說，燃然於法本，
今來至我所，釋種善能化，供養諸舍利，承事法供養，今來至我所，
若有書寫經，班宣於素上，其有供養經，皆來至我所，繒綵及諸物，
供養於神寺，自稱南無佛，皆來至我所，供養於現在，諸佛過去者，
禪定正平等，亦無有增減，是故於佛法，承事於聖眾，專心事三寶，
必至無爲處。〔註183〕

又，

爾時彼眾中諸天人民思惟此十想，十一垓人諸塵垢盡得法眼淨，時
恒以一偈以爲禁戒：口意不行，惡身亦無所犯，當除此三行，速脫
生死關。〔註184〕

由上述可知，人間淨土的修證方法爲：增益戒聞、禪定思惟、善修梵行、勸
施發心、修心、修意、發平等心、承事諸佛、飯飴聖眾、誦戒契經、善習勸
說、釋種善化、供養舍利、書寫經文、班宣素上、供養經典、繒綵供養於神
寺、自稱南無佛、專心事三寶。

又，維摩詰經以「十善法」來教導眾生建立人間（娑婆）淨土：

此娑婆世界，有十事善法，諸餘淨土之所無有，何等爲十：以布施
攝貧窮，以淨戒攝毀禁，以忍辱攝瞋恚，精進攝懈怠，以禪定攝亂
意，以智慧攝愚癡，說除難法度八難者，以大乘法度樂小乘者，以
諸善根濟無德者：常以四攝成就眾生，是爲十。〔註185〕

《十善業道經》云：「言善法者，謂人天身，聲聞菩提、獨覺菩提、無上菩提，
皆依此法以爲根本，而得成就，故名善法，此法即是十善業道，」〔註186〕又
《佛爲娑伽羅龍王所說大乘經》云：「所謂十善之業是爲一切根本安住，」〔註
187〕具體而言，淨化人間的十善法及其功德利益爲：

〔註183〕見《佛說彌勒下生經》卷一。《大正藏》，冊14，頁423a。

〔註184〕見《佛說彌勒下生經》，頁423a-423b。

〔註185〕《維摩詰所說經》卷三。《大正藏》，冊14，頁553a。

〔註186〕見《十善業道經》載，永離十惡而修行十善者，有如下之功德：離殺生者成
就十離惱法，離偷盜者得十種可保信法，離邪行者得四種智所讚法，離妄語
者得八種天所讚法，離兩舌者得五種不可壞法，離惡口者成就八種淨業，離
綺語者成就三種決定，離貪欲者成就五種自在，離瞋恚者得八種喜悅心法，
離邪見者得成就十功德法。（《大正藏》，冊15，頁158a。）

〔註187〕見《佛爲娑伽羅龍王所說大乘經》卷一《大正藏》，冊15，頁160a。

一、離殺生：永離一切瞋恚習氣，身常無病，壽命長遠，恒爲非人之所守護，常無惡夢，睡醒快樂，滅除怨結眾，怨自解。

二、離偷盜：資財盈積，多人愛念，人不欺負，十方讚美，不憂損害，善名流布，處眾無畏，財命色力安樂，辯才具足。

三、離邪淫：諸根（肉體）調順（健康），永離喧掉（喧譁放逸），世所稱歎，妻女貞節。

四、離妄語：口常清香，世人信伏，發言成證受人敬愛，言無誤失，心常歡喜。

五、離兩口：得不壞身，得不壞眷屬，得不壞信譽，得不壞行，得不壞善知識。

六、離惡口：言不乖度，言皆利益，言必契理，言詞美妙，言可承領，言則信用，言無可譏，言盡愛樂。

七、離綺語：爲智人所愛，定能以智如實答問，定於人天威德最勝。

八、離貪欲：三業自在，諸根具足故；財物自在，一切怨賊不能奪故；福德自在，隨心所欲物皆備故。

九、離瞋恚：無損惱心，無瞋恚心，無諍訟心，得柔和質直心，得聖者慈心，常作利益安樂眾生心，身相端嚴，眾共尊敬。

十、離邪見：得眞善意樂，深信因果，寧殞身命終不作惡，直心正見，永離一切吉凶疑網，永離邪道，行於聖道，不起身見，捨諸惡業，住無礙見，不墮諸難。

此十善法，從表面看僅是消極的不作惡，若從其所得的利益看，實是積極地去行善，所以，此「十善法修得好，必定進而去修布施等六度與四攝，如果人人都是仁慈、富足，人人都能守身如玉，守口如瓶，守心自在，這豈不就是無病苦、無貧窮、無鬥爭、無怖畏、無怨尤、無憂患的人間淨土了嗎？」〔註188〕

是故，人間淨土的完成，即是使用此一短暫的色身，修行善法，解脫生死，故有「此身不向今生度，更向何生度此身」之句，若能人人珍視人身的獲得，並及時努力，修行善法，〔註189〕「於日用行事上，把自己的身口意三業修養成正潔無疵，學大乘菩薩積極救世的精神深入社會人群中，發大悲救

〔註188〕語見釋聖嚴：《淨土在人間》。台北市：法鼓文化，2003，頁57。
〔註189〕見《淨土在人間》，頁55。

苦之心以犧牲自我利益群眾爲前提，能如此做去，則社會自然寧靜，人群皆可安和，這個世界便成爲十善的大道場」〔註190〕。換句話說，即是用佛法的觀念，來淨化人心，用佛教徒的生活芳範淨化社會，通過思想的淨化、生活的淨化、心靈的淨化，以聚沙成塔，水滴石穿的逐步努力，來完成社會環境的淨化和自然環境的淨化，〔註191〕如此一來，人間淨土，便會在此世界出現。

〔註190〕參見太虛：《信眾學行》，頁 277。
〔註191〕見釋聖嚴：《禪與悟》。台北市：法鼓文化，2006，頁 4。

第三章 天台圓教之淨土思想與演變

第一節 天台智者之淨土思想

一、「四淨土」說及其義涵

  智者大師之淨土思想，從天台圓教之義理思想和脈絡來看，主要為他在《佛說觀無量壽佛經疏》（簡稱《觀經疏》）中對於四種淨土之詮解〔註1〕。故本文關於智者大師淨土思想探究，主要環繞於《觀經疏》智者大師如何以天台圓教（性具及一心三觀）之觀點詮解「四種淨土」之義涵，從而得見天台圓教於淨土之思維。

  智者大師之「四淨土」說，即其將淨土分類作：凡聖同居土、方便有餘土、實報無障礙土、常寂光土等四種淨土所作之系統性的論述〔註2〕。主要見於其《佛說觀無量壽佛經疏》〔註3〕中：

> 今此經宗，以心觀淨則佛土淨，為經宗致，四種淨土，謂凡聖同居土，方便有餘土，實報無障礙土，常寂光土也，各有淨穢。

〔註1〕 智者大師另有《淨土十疑論》一文，乃是以淨土宗之立場對於西方彌陀淨土所作的迴護，因似不諦天台圓教（山家）之思維，故有學者或疑為偽作，凡此，本文第一章第二節已作過說明，茲不再贅述。

〔註2〕 從現有文獻資料考察，智者乃是第一個對「四土」進行系統性論述的人。故如自智顗立此說後，三論宗嘉祥吉藏亦常引用其說，然於名稱略有變更，即方便有餘土改為「大小同住土」，實報無障礙土改為「獨菩薩所住土」，常寂光土改為「諸佛獨居土」。

〔註3〕 《觀無量壽經義疏》卷二。《大正藏》，冊37，頁186b。

五濁輕重同居淨穢，體析巧拙有餘淨穢，次第頓入實報淨穢，分證究竟寂光淨穢，娑婆雜惡荊棘瓦礫，不淨充滿同居穢也，安養清淨，池流八德樹列七珍，次於泥洹皆正定聚，凡聖同居上品淨土也。

方便有餘者，修方便道斷四住惑，故曰方便，無明未盡故言有餘，釋論云，出三界外有淨土，聲聞辟支佛出生其中，受法性身非分段生，法華云，若我滅後實得阿羅漢，不信此法，若遇餘佛，於此法中，便得決了，就中復有利鈍，指上爲淨，指下爲穢也。

實報無障礙者，行眞實法感得勝報，色心不相妨，故言無障礙，純菩薩居無有二乘，仁王經云，三賢十聖住果報，即是其義。釋論云，菩薩勝妙五欲，能令迦葉起舞。華嚴云，無量香云臺，即其土淨妙五塵，就中更論次第頓悟上下淨穢等也。

常寂光者，常即法身，寂即解脫，光即般若，是三點不縱橫並別，名祕密藏，諸佛如來所遊居處，眞常究竟極爲淨土，分得究竟上下淨穢耳，故以修心妙觀能感淨土，爲經宗也。〔註4〕

據上分析而論：

1、凡聖同居土，又稱染淨同居土、染淨國。指人、天兩道之凡夫，與聲聞、緣覺之聖者所同居之國土。其中，又可分兩種：（1）凡居，其內亦有惡眾生所居之「四惡趣」與善眾生所居之「人天趣」之別。（2）聖居，亦有實聖與權聖之分別。實聖即聲聞四果、辟支佛、通教之六地、別教之十住等人所居之處。權聖則有方便有餘土中之三乘人、實報無障礙土及常寂光土之法身菩薩、妙覺如來等，應有緣眾生之須而權化生於此土。此外，凡聖同居土又有淨、穢兩種差別，穢者，即「雜惡荊棘瓦礫。不淨充滿」的娑婆人間；淨者，即是「池流八德樹列七珍」的極樂世界〔註5〕。

2、方便有餘土，又稱方便土、有餘土。乃修至藏教二乘、通教三乘、別教

〔註4〕 智顗：《佛說觀無量壽佛經疏》。《大正藏》，冊37。頁188b-c。

〔註5〕 依智者《維摩詰經廣疏》所言，他將彌陀淨土置於同居土的理由，乃因西方無量壽國雖然果報殊勝，沒有四趣，然有人天二道之故。因爲生其土者，未必皆是得道之人。佛經（指淨土經典）中說，但凡犯重罪者，臨終懺悔念佛者，業相便轉而得以往生。因此，倘若該土只有得道之人才能往生，那麼那些凡夫哪裡能夠往生？所以，該淨土不見得只有清淨得道之人，具惑染之人也是居於此土的。（見《維摩詰經廣疏》卷一。《續正藏》，冊55。頁465b。）

三十心之菩薩等所感之土。指係修方便道之空觀與假觀，斷除「四住惑〔註6〕」，即，已斷除一切見惑及思惑（生於三界之因），故稱「方便」；但因雖已出，然尚未斷除無明惑〔註7〕，更於界外受變易生死，故稱「有餘」。

3、**實報無障礙土**，又稱**實報土**、**果報國**。爲斷除一切無明根本之惑的菩薩所感生之處。係酬報眞實之道的無礙自在國土，故稱實報無障礙土；純屬菩薩之居，無有凡夫二乘，乃別教初地以上、圓教初住以上之菩薩所感之果報土。別教菩薩從初地起漸斷此惑；而圓教菩薩則從初住起漸斷之，而證中道實相之理。

4、**常寂光土**，又稱**理性土**。爲全然斷除根本無明之佛之依處，即妙覺究竟果佛所居之土，乃常住（法身）、寂滅（解脫）、光明（般若）之佛土。（然此三點不縱不橫，亦即即一而三，即三而一。）

上述將淨土分作「四土」之說，有學者研究認爲，此與淨影寺慧遠（523～592）〔註8〕（以下簡稱靜影）對於淨土的三種畫分——「事淨土」、「相淨土」、「眞淨土」〔註9〕，大體不異，或乃承襲慧遠而來，並在此基礎上作了進一步的發揮〔註10〕，如日本望月信亨教授：

> 智顗之淨土論，大體不異於淨影慧遠之說。智顗分四土，眾生、
> 佛各有其土，全同於慧遠之說。四土之中，凡聖同居相當於慧遠

〔註6〕 「四住惑」者，《華嚴經隨疏演義鈔》云：「一見一切處住地。二欲愛住地。三色愛住地。四有愛住地。上無明住地即當第五。」（見《大正藏》，冊36，頁465a。）

〔註7〕 迷於中道第一義諦之煩惱。即障覆中道之根本無明，爲一切生死煩惱之根本。以其不了一法界之微細煩惱，遂成法性之障。此無明惑，聲聞、緣覺不知其名，僅菩薩能了知、斷盡，故又稱別惑。又此惑乃由於受界外生死而有煩惱，故屬界外之惑。（詳見《法華玄義》卷三、卷五，《摩訶止觀》卷三上）

〔註8〕 隋代文帝時地論宗南道派僧人。著有大乘義章二十六卷、十地經論義記十四卷、華嚴經疏七卷、大般涅槃經義記二十卷、法華經疏七卷、維摩經義記四卷、勝鬘經義記三卷、無量壽經義疏一卷等，凡二十部百餘卷。其中，大乘義章二十六卷，堪稱爲佛教之百科全書，對隋、唐佛教之研究影響甚大。後世爲別於廬山慧遠，乃稱之爲淨影寺慧遠。（見《佛光大辭典》，頁6053。）

〔註9〕 靜影於《大乘義章》卷十九主張，淨土有事淨、相淨、眞淨三種，眞淨之中又分出離妄之眞、純淨之眞兩種。若與上記智顗之四土相比照，則「事淨」相當於智顗之凡聖同居土，「相淨」相當於方便有餘土，眞淨中之「離妄」相當於實報無障礙土，眞淨中之「純淨」相當於常寂光土。

〔註10〕 語見望月信亨著，釋印海譯：《中國淨土教理史》。台北市：正聞出版社，1991，頁78。

的事淨土，方便有餘土相當於相淨土，實報、常寂光土二土相當
於真淨土。……智者游化於江南，慧遠則於此地從事講說，二師
是否有所往來雖不詳知，然智顗較慧遠後生十五年，且智顗之說，
多係門人之筆錄，此四土說，或爲承慧遠之說，加以多少改修而
成歟？〔註11〕

基本上，望月信亨乃依據分類方式及提出分類的時間點先後，並就當時的歷
史與地理等時空背景因素考察，認爲智者之「四淨土」說或乃承襲自淨影慧
遠「三淨土」說而來，並「加以多少改修而成」。然而，淨影所代表的南北朝
以來諸師（特別是攝論師）對於淨土的爭議，是從「佛身論」的角度區別淨
土爲佛之報土或化土問題〔註12〕，從而衍生出三土，甚至後來所謂的「四土」
〔註13〕之說。〔註14〕則不論就文獻，抑或從智者大師對於「四土」分類之義

〔註11〕 見望月信亨著，釋印海譯：《中國淨土教理史》，頁78～79。又，日本學者山
　　　 口光圓亦同意此種看法。（見氏著：《天台淨土教史》。日本京都：法藏館，1967，
　　　 頁92～93。）然亦有學者認爲，二人的「三淨土」、「四淨土」之說，之間並
　　　 無直接的承繼關連。如，日本學者安藤俊雄（見氏著：《天台思想史》。日本
　　　 京都：法藏館，1959，頁398～399。）以及小林順彥，皆指出兩者並沒有承
　　　 繼或對應關係。（見氏撰：〈關於天台的四土說〉（天台の四土說について），
　　　 1995。收於論說資料保存會編：《中國關係論說資料》（第1分冊下）。東京：
　　　 論說資料保存會，1996，頁527～529。）

〔註12〕 慧遠《大乘義章》中，根據所證入的眾生的等次，把淨土類別爲事、相、真
　　　 三種：又根據淨土自身的體相和作用，類別之爲法性、實報、圓應三種，並
　　　 依次把它們跟法、報、應三種佛身相配對。（援引自廖明活：〈淨影寺慧遠的
　　　 淨土思想〉。《中華佛學學報》，8期，1995，頁359。）即在討論佛身時，把
　　　 佛身區分爲法身佛、報身佛、應身佛三種。法身佛爲眾生所本具的法性，在
　　　 去除煩惱後，得以顯現，從而成就的佛體：報身佛爲法佛體酬報清淨因行，
　　　 從而變現的相好莊嚴之身；應身佛爲法佛體順應其教化的眾生的根性，從而
　　　 示現的各種身。《大乘義章》分別把法性、實報、圓應三種佛土，跟這三種佛
　　　 身比配：「總相論之，三身一身，三土一土，以一佛身依一佛土。隨義別分，
　　　 用彼三身，別依三土：法性之身依法性土，實報之身依實報土，應化之身還
　　　 依應土。」（見《大正藏》，冊44，頁836c。）這裡分「總」、「別」兩方面，
　　　 把三種身跟三種佛土比配：指出要是總合三佛身爲一佛身，總合三佛土爲
　　　 一佛土，則是一種佛身對應一種佛土；要是別分一佛身爲三佛身，別分一佛
　　　 土爲三佛土，則是法身佛對應法性土，報身佛對應實報土，應身佛對應圓應
　　　 土。（見《大正藏》，冊44，頁354。）

〔註13〕 攝論宗所謂四土，即法性身土、自受用土或實報土、他受用土或事淨土、（變）
　　　 化身土。

〔註14〕 此處相關論點援引自張雪松：〈帶業往生與淨土等級〉一文。見賴品超、學愚
　　　 主編：《天國、淨土與人間：耶佛對話與社會關懷》。北京：中華書局，2008，

涵而言，智者之「四土」說與靜影之「三土」說，二者於本質及內容義涵上絕對是有所不同的。

首先，就文獻來看，「四土」之說的疑議，於隋代即有之，如《維摩經略疏》云：

> 問：經論散明可如向說，不見四土一處出之。答：經論度此本自不多，尋讀之者又不備悉，四土共出何必無文，正如此經（維摩詰經）答長者子，即是其意，文云隨所化眾生而取佛土，隨所調伏眾生而取佛土，隨諸眾生應以何國入佛智慧，隨諸眾生應以何國起菩薩根，若對四土宛然相似，名目既異，佛意難量。〔註15〕

有人懷疑「四土」之說根源的眞確性，認爲無出佛典，智者答以，「經論度此本自不多」，「四土共出何必無文」，亦即，智者大師認爲，「四土」之別其實早在《維摩詰經》裡就有這層意思，如〈佛國品〉云：

> 眾生之類是菩薩佛土，所以者何，菩薩隨所化眾生而取佛土，隨所調伏眾生而取佛土，隨諸眾生應以何國入佛智慧而取佛土，隨諸眾生應以何國起菩薩根而取佛土。〔註16〕

菩薩「隨所化」、「隨所調伏」眾生，隨諸眾生「應以何國入佛智慧」、「應以何國起菩薩根」而取佛土，就之，自己只不過依此經義，更進一步具體的提出「四種淨土」之說，並非憑空自創。〔註17〕

由此可見，智者主要是從「教化眾生」的立場來說明淨土的分類，如《法華玄義》云：

> 若言今此三界皆是我有，諸土淨穢調伏攝受，皆佛所爲，譬如百姓居土土非其有，如父立舍父去舍存，如來亦爾，爲眾生故而取佛土。
>
> 〔註18〕

既是爲「調伏攝受」教化眾生故取佛土，則知並非是單純「以一佛身依一佛土」〔註19〕之三佛身觀而論佛土。故智者云：

> 彼家料簡云，法身是實二身不實，法身具四德，般若解脫各具二

頁 85～86。
〔註15〕見湛然略：《維摩經略疏》卷一。《大正藏》，冊 38，頁 565a。
〔註16〕見鳩摩羅什譯：《維摩詰所說經》卷一。《大正藏》，冊 14，頁 538a。
〔註17〕此觀點參見安藤俊雄：《天台思想史》。日本京都：法藏館，1959，頁 397～398。
〔註18〕《妙法蓮華經玄義》卷七。《大正藏》，冊 33，頁 767a-767b。
〔註19〕《大乘義章》卷二十四。《大正藏》，冊 44，頁 836c。

德。……三義不了，一因果不通，二乖圓別，三不稱法性。〔註20〕

又云：

> 夫三身三德，本是果上圓滿之名，而今分置三德殘缺不足。何者，若
> 法身是道前，爲是果上之法身，爲是性德之法身，若是果上之法身，
> 不應在道前，若是性德之法身，性德何獨有法身，亦應有性德之般若，
> 性德之解脫（云云）。若言般若是道中，爲是何等之般若，若是果上
> 之般若，不應在道中，若是分得之般若，何意無分得之法身解脫（云
> 云）。若解脫在道後，道後眾善溥會，何獨有解脫。……當知道前圓
> 性德，道中圓分德，道後圓究竟德，那忽分割一處唯一耶。〔註21〕

地攝論師雖亦將法身分作三身，謂法身是實，報、化二身是權，即事淨土、
相淨土是權，而眞淨土是實，然其權實互異，三身不通，三土各別。〔註22〕
而智者《觀經疏》分明言：

> 隨順世間而論三身，……隨順世間而論三量法身者，師軌法性，還
> 以法性爲身，此身非色質亦非心智，非陰界入之所攝持，強指法性
> 爲法身耳。……報身者，修行所感。法華云，久修業所得。涅槃云，
> 大般涅槃修道得故，如如智照如如境，菩提智慧，與法性相應相冥，
> 相應者，如函蓋相應，相冥者，如水乳相冥，法身非身非不身，智
> 既應冥亦非身非不身，強名此智爲報身。……應身者，應同萬物爲
> 身也，應同連持爲壽也，應同長短爲量也，智與體冥能起大用，如
> 水銀和眞金能塗諸色像，功德和法身處處應現，往能爲身非身，能
> 爲常壽爲無常壽，能爲無量能爲有量，……然此三身三壽不可並別
> 一異，即乖法體，即一而三，即三而一。〔註23〕

又云：「佛即法身，觀即般若，無量壽，即解脫，當知即一達三，即三達一。」
〔註24〕「常即法身，寂即解脫，光即般若，是三點不縱橫。」〔註25〕知禮亦復

〔註20〕《金光明經玄義》卷一。《大正藏》，冊39，頁2b。
〔註21〕《金光明經玄義》卷一。《大正藏》，冊39，頁2a-2b。
〔註22〕如淨影《觀無量壽經義疏》云：「然佛壽命有眞有應。眞如虛空畢竟無盡。應
　　　 身壽命有長有短。今此所論是應非眞。故彼觀音授記經云無量壽佛命雖長久
　　　 亦有終盡。故知是應。此佛應壽長久無邊非餘凡夫二乘能測故曰無量。命限
　　　 稱壽。」（見《大正藏》，冊37，頁173c。）既定以佛之眞、應論無盡、有盡，
　　　 則知其三身不通，故其對應之三土亦各別。
〔註23〕見智顗：《佛說觀無量壽佛經疏》。《大正藏》，冊37，頁187c-188a。
〔註24〕見《佛說觀無量壽佛經疏》，頁187a。

云：「法身般若解脫，但轉其名不改法體，其實只是當體通徹。」〔註26〕意即，智者認為，若隨順世間而論三身，則以法性即法身，以般若智即報身，而以解脫為應身。然，法身、解脫、般若，即一而三，即三而一，故名祕密藏。

由上可知，佛身既非三而三，則所取佛土，即非地攝論師所言化土、報土、抑或實土而有待於眾生之來往。是故智者於《觀經疏》起首即云：「樂邦之與苦域，……誠由心分垢淨。見兩土之升沈。」〔註27〕樂邦與苦域的分別，主要乃因眾生依染淨之心所見。則智者所言四土之別，乃因「眾生心之染淨」而異，如智者《法華玄義》中所云：

> 或言統此三千百億日月者，同居穢土也，或言西方有土，名曰無勝，其土所有莊嚴之事，猶如安養者，同居淨土也。或言華王世界蓮華藏海者，此實報土也，或言其佛住處，名常寂光者，即究竟土也。寂光理通如鏡如器，諸土別異如像如飯，業力所隔，感見不同，淨名云，我佛土淨而汝不見，此乃眾生感見差別，不關佛土也。〔註28〕

又，《摩訶止觀》云：

> 十種〔眾生〕所居，通稱國土世間者；地獄依赤鐵住；畜生依地、水、空住；修羅依海畔、海底住；天依宮殿住；〔藏教〕六度菩薩，同人依地住。通教菩薩惑未盡，同人、天依住；斷惑盡者，依方便〔有餘〕土住。別、圓菩薩惑未盡者，同人、天、方便〔土〕等住；斷惑盡者，依實報土住。如來依常寂光土住〔註29〕。

依上所述可知，四種土即是眾生因「修證境界」的高低而各居其土，亦即，淨土之分類，乃依修證所「觀」之境界而「感」得國土有所差別；說得更為明白一點，即是由眾生「無明業力」所感見差別，「不關佛土也」。即如牟宗三先生所詮，「生死、煩惱、淫怒痴等，有是凡夫的，有是聲聞的，有是菩薩的（菩薩只斷分段身，不斷變易身，至等覺位尚有一生待斷，唯佛究竟斷，即徹底的圓滿的解心無染。）是則下自凡夫（六道眾生亦在內），上至菩薩，每一法界之差別法，差別相，其成為差別，主要地說，都是由于無明。」〔註30〕故《摩訶止

〔註25〕見《佛說觀無量壽佛經疏》，頁188c。
〔註26〕見知禮：《金光明經玄義拾遺記》卷二。《大正藏》，冊39，頁23b。
〔註27〕見智顗：《佛說觀無量壽佛經疏》，頁186b
〔註28〕《妙法蓮華經玄義》卷七。《大正藏》，冊33，頁767a。
〔註29〕見《摩訶止觀》。《大正藏》，冊46。頁53a。
〔註30〕語見牟宗三：《佛性與般若》（下）。台北市：臺灣學生書局，1993。頁600～

《觀》又云：

> 心起想即癡，無想即泥洹。諸佛從心得解脫。心者無垢名清淨。五
> 道鮮潔不受色。有解此者成大道。是名佛印。無所貪無所著。無所
> 求無所想。所有盡所欲盡。無所從生無所可滅。無所壞敗。〔註31〕

荊溪釋云：「若取心相皆悉無智。皆從無明出。因是心相即入諸法實相。
得是三昧智慧。」〔註32〕因此，「心觀淨則佛土淨」、「修心妙觀，能感淨土」，
重點在於「心」之「觀」〔註33〕與「感」。「心」之染（無明）淨（法性），才
是淨土「分得究竟上下淨穢」〔註34〕之最重要關鍵。故而，淨土既是因眾生
之染淨（或言所修證之境界）而分為四，換言之，就佛而言，其實相究竟互
不為隔，意即，並無所謂四種淨土之別，因為，「諸佛從心得解脫」，佛無垢
也，意即，佛無苦惑業之無明煩惱。如智者於《金光明經玄義》中所云：

> 苦道者，謂識名色六入觸受，大經云，無明與愛是二，中間名為佛
> 性，中間即是苦道。名為佛性者，名生死身為法身，如指冰為水爾。
> 煩惱道者，謂無明愛取名此為般若者，如指薪為火爾。業道者，謂
> 行有乃至五無間，皆解脫相者，如指縛為脫爾。當知三道體之即真
> 常樂我淨，與三德無二無別。〔註35〕

由惑、業、苦三道而感的前三種淨土，實則與具法身、般若、解脫之常
寂光淨土不相為隔，因為，三道當體即是三德，無二無別。又於《觀經疏》

601。

〔註31〕 見《摩訶止觀》，頁 13a。
〔註32〕 見《止觀輔行傳弘決》卷六。《大正藏》，冊 46，頁 187b。。
〔註33〕 智者《觀經疏》中所云之「觀」即「一心三觀」之修證「次第三觀」，如其所
云：「觀者觀也有次第三觀。一心中三觀。從假入空觀。亦名二諦觀。從空入
假觀。亦名平等觀。二空觀為方便。得入中道第一義諦觀。心心寂滅自然流
入薩婆若海。假是虛妄俗諦也。空是審實真諦也。今欲去俗歸真故。言從假
入空觀。假是入空之詮。先須觀假。知假虛妄而得會真。故言二諦觀。此觀
若成。即證一切智也。從空入假觀者。若住於空與二乘何異。不成佛法不益
眾生。是故觀空不住於空。而入於假。知病識藥應病授藥。令得服行。故名
從空入假觀。而言平等者。望前稱平等。前破假用空。今破空用假。破用既
均。故言平等觀。此觀成時證道種智。二空為方便者。初觀空生死。次觀空
涅槃。此之二空為雙遮之方便。初觀用空。次觀用假。此之二用為雙照之方
便。心心歸趣入薩婆若海。雙照二諦也。此觀成時。證一切種智。是為次第
三觀也。」（見《佛說觀無量壽佛經疏》，《大正藏》，冊 37，頁 187b-187c。）
〔註34〕 語見智顗：《佛說觀無量壽佛經疏》。《大正藏》，冊 37，頁 188c。
〔註35〕 智者：《金光明經玄義》卷一。《大正藏》，冊 39。頁 4a-4b。

云：

> 即涅槃經云，一切眾生即是佛。……淨名云，一切眾生皆如也。寶
> 篋云，佛界眾生界，一界無別界。此是圓智圓覺諸法，遍一切處無
> 不明了，雖五無間皆解脫相，雖昏盲倒惑，其理存焉，斯理灼然。
> 世間常住，有佛不能益，無佛不能損，得之不爲高，失之不爲下。
> 故言眾生即是佛，理佛也。〔註36〕

又云：

> 如淨名云，眾生如彌勒如，一如無二如，此性德法身也。一切眾生
> 即菩提相，不可復得，此性德般若也。一切眾生即涅槃相，不可復
> 滅，此性德解脫也。〔註37〕

「圓智圓覺諸法，遍一切處」，「佛界」即是「眾生界」，「一界無別界」，即使
如「五無間〔註38〕」之罪業果報，亦無非「解脫相」。即如知禮所釋云：

> 若謂結佛界水爲九界冰，融九界冰，歸佛界水，此猶屬別。若知十
> 界互具如水，情執十界局限如冰，融情執冰成互具水，斯爲圓理。
> 薪火縛脫其例可知。故十二緣輪迴之法，謂實則三障碻爾，情虛則
> 三德圓融，於十二緣不損毫微，全爲妙境。即惑業苦一一通徹法界
> 邊底，是名三道，欲顯此三圓融義故，名從勝立。故云法身般若解
> 脫，但轉其名不改法體，其實秖是當體通徹耳。〔註39〕

前三淨土乃眾生「三障所蔽」（無明），故「情執十界」，如「結佛界水爲
九界冰」，感得前三種淨土，成其差別，如《仁王經》所言之「三賢十聖住果
報」〔註40〕；若能「融情執冰」（除無明），則「成互具水」，十界互融，三德
圓融，即見諸法實相，四土無別。此即《觀經疏》所稱，「甚深第一義者，謂

〔註36〕見《佛說觀無量壽佛經疏》，頁187a。
〔註37〕智者：《金光明經玄義》卷一。《大正藏》，冊39，頁2b。
〔註38〕即阿鼻地獄，又作五無間業。《翻譯名義集》云：「五無間業。瑜伽第九云：
一害母、二害父、三害羅漢、四破僧、五出佛身血。」（《大正藏》，冊54，
頁1178a。）又《楞伽阿跋多羅寶經註解》云：「佛告大慧，云何五無間業？
所謂殺父、母、及害羅漢、破壞眾僧、惡心出佛身血。五無間業，惡逆之極
者。凡作是業，必受無間地獄之報。」（《大正藏》，冊39，頁386c。）故此
五種罪業能招感無間地獄之苦果，又稱五無間獄。法界有情眾生隨所造業，
墮此地獄，受苦報無有間斷。爲八大地獄中之最苦處，乃極惡之人所受之果
報。
〔註39〕見知禮：《金光明經玄義拾遺記》卷二。《大正藏》，冊39。頁23b。
〔註40〕見《仁王護國般若波羅蜜多經》卷一。《大正藏》，冊8。頁838a。

諸法實相」〔註41〕，又如牟宗三先生所詮：

> 客觀的法之類聚于九法界而成爲九法界之差別，則由于無明。凡夫的生命全在無明中，因此，其法界之法亦全在染著中。小乘斷見思惑，而不能斷塵沙惑，至如根本惑（無始無明）則只伏不斷，正因此故，而成其爲小乘法界。菩薩斷及無明，而不斷盡，亦正因此而成爲菩薩界。至佛究竟斷（不斷斷〔註42〕，徹底而圓滿的解心無染〔註43〕），則其法界之法全在清淨中。〔註44〕

由此分析，「凡聖同居之穢土」乃生命全在無明染著中之凡夫法界土，「方便有餘土」乃斷見思惑而未能斷塵沙惑與根本惑之小乘法界土，「實報無障礙土」乃斷及無明而不斷盡之菩薩所成之法界土，而「常寂光土」乃究竟斷無明之佛法界土。然則，「差別法與體不二」〔註45〕，若能「修心妙觀」〔註46〕權相決了，明諸法實相，則四土「差而無差」〔註47〕，四土皆名常寂光土；又若能「解心無染」，以「世間相常住」故，如《觀經疏》所言：「一切異名別說，皆與實相不相違背。」〔註48〕則四土亦「無差而差」〔註49〕，森然羅列別名四土。

二、淨土與涅槃之相即不二

綜上所述可知，智者之「常寂光土」，並非佛之應身所居之土（二乘所居），亦非自證之功德實報土（菩薩所居），實乃法身佛所居處，更確切而言，乃圓實（中道實相）佛法身所居之法性土。「雖然它（常寂光土）需要通過

〔註41〕 見智顗：《佛說觀無量壽佛經疏》卷二。《大正藏》，冊37。頁193c。
〔註42〕 不斷斷，依牟先生之意，即不客觀的斷除或隔離淫怒癡等非道之惡事而主觀地即得「解心無染」也。故又名「不思議斷」，「圓斷」。（語見牟宗三：《佛性與般若》（下）。台北市：臺灣學生書局，1993，頁600。）
〔註43〕 語自智顗：《觀音玄義》：「如來性惡不斷還能起惡。雖起於惡而是解心無染。通達惡際即是實際。能以五逆相而得解脫。亦不縛不脫行於非道通達佛道。」（見《大正藏》，冊34，頁883a。
〔註44〕 語見牟宗三：《佛性與般若》（下）。台北市：臺灣學生書局，頁601。
〔註45〕 見知禮：《十不二門指要鈔》卷二。《大正藏》，冊46，頁715b。
〔註46〕 即智者所言之以「次第三觀」究竟證得一切種智。（見《佛說觀無量壽佛經疏》，頁187b-187c。）
〔註47〕 語見《法華玄義釋籤》卷一。《大正藏》，冊33，頁895c。
〔註48〕 語見《觀無量壽佛經疏》卷一。《大正藏》，冊37，頁188b。
〔註49〕 語見《法華玄義釋籤》，頁895c。

『心』的修證工夫達到，但它已超越了實報莊嚴土之境界，而進入到法性的自在呈現。」〔註50〕因此，從修行實證之境界而言，證得「中道實相」，究竟圓滿，唯佛而是，則「常寂光土」，唯圓實佛法身（法性）所居，故智者云：「唯佛與佛，乃能究盡諸法實相。」〔註51〕《仁王經》亦云「唯佛一人居淨土」〔註52〕。證得「中道實相」，實即究竟「涅槃」，是則就此而言，智者大師認爲，「常寂光」即是「涅槃實相」，則「涅槃」即是「常寂光淨土」。如智者於《觀經疏》所云：

> 常寂光者，常即法身，寂即解脫，光即般若。是三點不縱橫並別，
> 名祕密藏，諸佛如來所遊居處，眞常究竟極爲淨土。〔註53〕

又於《金光明經玄義》所云：

> 云何涅槃，性淨圓淨方便淨是爲三，不生不滅名涅槃，諸法實相不
> 可染不可淨，不染即不生，不淨即不滅，不生不滅名性淨涅槃。修
> 因契理惑畢竟不生，智畢竟不滅，不生不滅名圓淨涅槃。寂而常照
> 機感即生，此生非生，緣謝即滅，此滅非滅，不生不滅名方便淨涅
> 槃。當知此三涅槃，不生不滅即是常，常故名樂，樂故名我，我故
> 名淨，涅槃既即常樂我淨，即是三德。〔註54〕

由此可知，「涅槃」即法身、般若、解脫「三德」，而法身、般若、解脫「三德」，亦即「常寂光」之異名，是故「涅槃」即「常寂光」，換言之，證得涅槃實相，亦即成就「淨土」——常寂光土。

然則，此常寂光土並非一客觀外在之土而由圓實佛法身所居，如湛然於《維摩經略疏》所云：

> 明寂光土者，妙覺極智所照如如法界之理名之爲國，但大乘法性即
> 是眞寂智性，不同二乘偏眞之理。故涅槃云，第一義空名爲智慧，
> 此經云，若知無明性即是明，如此皆是常寂光義，不思議極智所居
> 故云寂光，亦名法性土，但眞如佛性非身非土，而說身土，離身無

〔註50〕見潘桂明、吳忠偉：《中國天台宗通史》。南京：江蘇古籍出版社，2001，頁
　　　　583。
〔註51〕見《觀無量壽佛經疏》卷一。《大正藏》，冊37。頁187b。語出《妙法蓮華經》
　　　　卷一。（見《大正藏》，冊9，頁5c。）
〔註52〕見《仁王護國般若波羅蜜多經》卷一。《大正藏》，冊8，頁838a。
〔註53〕見《觀無量壽佛經疏》卷一。《大正藏》，冊37，頁188c。
〔註54〕見《金光明經玄義》卷一。《大正藏》，冊39，頁3b。

土離土無身。其名土者一法二義，故金剛般若論云，智集唯識通，如是取淨土，非形第一體非莊嚴莊嚴，問出何經論，答仁王云：唯佛一人居淨土。此經云心淨則佛土淨，心淨之極極於佛也，普賢觀云，釋迦牟尼名毘盧遮那遍一切處，其佛住處名常寂光。〔註55〕

寂光土亦即法性土，然而，若以爲眞有一處佛土名爲常寂光，則是落入二乘菩薩報化二土之權相對待，如智者大師於《金光明經玄義》所云：「惡生死欣羨涅槃，別而分之是二乘識，於佛即是方便智。」〔註56〕意即，二乘以惡生死欣羨涅槃故，生出分別心，起心即有所貪，即染；有所求，即著。故如知禮所言：「若離心緣能所等相名爲實相，介爾有相即爲魔事，故別教已下至六道法，皆有能所心緣等相。」〔註57〕是則，佛以方便智宣說生死涅槃道果，見西方彌陀淨土即是權說，唯有了達諸法實相，方是涅槃。

故而湛然復云道，「眞如佛性非身非土，而說身土，離身無土離土無身」。意即，常寂光既是眞如佛性（圓實佛法身），亦復眞如法性土，然「非身非土」，不可定執，執即著相，又，「離身無土離土無身」，是故圓實佛法身，並非居處高高在上而爲一孤懸獨居常寂光土之「清淨覺體」〔註58〕（如華嚴所言之清淨眞如心），乃「即九法界」，「即于一切法之法理之如而當體即如其如而如之」〔註59〕。是故智者《觀經疏》云：

> 如來妙色身湛然應一切，開祕密藏，以不住法即住其中，以普現色身作眾色像，一音隨類報答諸聲，不動眞際群情等悅，應以三輪度者能八相成道具佛威儀，以佛音聲方便而度脫之，況九法界三輪耶。
>
> 〔註60〕

可見，法性身非一客觀獨立之性體而爲佛法身，乃「湛然應一切」，「普現色身作眾色像」而爲法性身。如前所明，法身必十界互融而爲法身（般若、解脫亦然），意即，必即三千世間法而爲法身，此亦即上述湛然所稱，若明「無明即是明」，即是「常寂光義」。因「無明即是明」者，無明即法性，如荊溪

〔註55〕 見《維摩經略疏》卷一。《大正藏》，冊38，頁565a。

〔註56〕 智者：《金光明經玄義》卷一。《大正藏》，冊39，頁4a。

〔註57〕 《觀無量壽佛經疏妙宗鈔》卷三。《大正藏》，冊37。頁209a。

〔註58〕 牟宗三先生之語。見氏著：《佛性與般若》（下）。台北市：臺灣學生書局，頁600。

〔註59〕 見《佛性與般若》（下），頁600。

〔註60〕 見智顗：《佛說觀無量壽佛經疏》。《大正藏》，冊37，頁187b。

《法華玄義釋籤》云：

> 從無住本立一切法者，無明爲一切法作本。無明即法性，無明復以法
> 性爲本，當知諸法亦以法性爲本；法性即無明，法性復以無明爲本，
> 法性即無明，法性無住處，無明即法性，無明無住處，無明法性雖皆
> 無住，而與一切諸法爲本，故云從無住本立一切法。無住之本既通，
> 是故眞諦指理也，一切諸法事也，即指三千爲其森羅。〔註61〕

「無明無住，無明即法性」，「法性無住，法性即無明」，「無明法性雖皆無住
而與一切諸法爲本。故云從無住本立一切法」。三千世間法亦即一切法，故如
上述，法身必十界互融而爲法身，必即三千世間法而爲法身，亦即，法身必
即一切法而爲法身，故而智者云，「一色一香，無非中道」〔註62〕，「一色一
香，無非般若」〔註63〕。

　　綜上所論，就眾生（凡夫、二乘、菩薩）而言，以無明業惑不斷未斷故
（此時法性即無明，三千俱染），所見之淨土（即前三種淨土）即爲權非實，
乃佛之方便法，應機施設；若能了達開決（此時無明即法性，三千俱淨），則
如智者所言，「低頭舉手，著法之眾，皆成佛道，更無非佛道因，佛道既成，
那得猶有非佛之果。」〔註64〕眾生即佛，亦如智者所謂「眾生如彌勒如，一
如無二如」〔註65〕，則「一切國土依正即是常寂光」〔註66〕，一切國土（三
千世間法），無非「淨土」，亦無非諸法實相（世間相常住）。是故（前三）淨
土，「那得猶有非佛之果」，即涅槃實相（常寂光淨土），四土皆實（相）非權
（土），而淨土之與涅槃，相即不二。

第二節　四明知禮之淨土思想

一、淨土與實相之權實不二

　　從上節可知，智者大師之淨土思想，從「即三千世間法而爲法身」之性

〔註61〕《法華玄義釋籤》卷十四。《大正藏》，冊33，頁920a。
〔註62〕見《妙法蓮華經玄義》卷一。《大正藏》，冊33，頁688c。
〔註63〕見《仁王護國般若經疏》卷一。《大正藏》，冊33，頁255a。
〔註64〕見《妙法蓮華經玄義》卷一。《大正藏》，冊33，頁757b。
〔註65〕智者：《金光明經玄義》卷一。《大正藏》，冊39，頁2b。
〔註66〕見《妙法蓮華經玄義》卷一。《大正藏》，冊33，頁688c。

具三千的思想，圓詮了淨土與涅槃的關係（相即不二），從而解消了淨土究爲
報、化之權，抑或涅槃實相的權實問題。而知禮於《佛說觀無量壽佛經疏妙
宗鈔》（簡稱《妙宗鈔》）中，則更進一步以「心具三千」即「色具三千」之
色心不二說闡發其旨，從而將淨土權實之辨，轉化成達與不達的問題，意即，
證得（達）即是實，未證即是未達，亦即是權。茲下即以《妙宗鈔》之思想
內容爲主，闡述知禮關於淨土權實之論見。

知禮於《妙宗鈔》云：

> 經論中言寂光無相，乃是已盡染礙之相，非如太虛空無一物，良由
> 三惑究竟清淨，則依正色心究竟明顯，故大經云，因滅是色獲得常
> 色，受想行識亦復如是。仁王稱爲法性五陰，亦是法華世間相常，
> 大品色香無非中道，是則名爲究竟樂邦，究竟金寶，究竟華池，究
> 竟瓊樹，又復此就捨穢究盡取淨窮源，故苦域等判屬三障樂邦，金
> 寶以爲寂光，若就淨穢平等而談，則以究竟苦域泥沙而爲寂光，此
> 之二說但順悉檀無不圓極。〔註67〕

此處，知禮說明，經論中所謂「寂光無相」，是以其「已盡染礙之相」而
言，事實上，並非眞的如太虛之空無一物而名爲「寂光」。若以圓觀妙觀得三
惑究竟清淨，則是「因滅是色獲得常色」，了知三千法一一如是，此即法華經
所謂「世間相常住」之意。故而，無論是究竟樂邦，還是「苦域泥沙」，都是
「盡染礙」之相。亦即，做爲寂光之理（心具三千），與世間之常相（色具三
千），淨穢平等，色心不二，故知禮《妙宗鈔》言：

> 應知今淨淨於垢淨，乃以垢淨平等之理，而爲於淨土，名偏義圓，
> 斯之謂矣，但以機緣，捨穢心強，宜以淨門淨一切相，故今談淨與
> 不垢不淨，全不相違。〔註68〕

既「垢淨平等」，常寂光土並非脫離諸法而存在，乃是即三千世間相而非世
間相（無定一之性）之究竟實相，此如知禮解荊溪「一性無性，三千宛然」
〔註69〕云：「一性等者，性雖是一，而無定一之性，故使三千色心相相宛爾。」
〔註70〕是故知禮於《妙宗鈔》「釋疏序」又云：

〔註67〕《觀無量壽佛經疏妙宗鈔》卷三。《大正藏》，冊37，頁196a。
〔註68〕見《觀無量壽佛經疏妙宗鈔》卷一。大正藏，冊37。頁196c。
〔註69〕見荊溪：《十不二門》卷一。《大正藏》，冊46，頁703a。
〔註70〕見知禮：《十不二門指要鈔》卷一。《大正藏》，冊46，頁710a。

法界圓融不思議體，作我一念之心，亦復舉體作生作佛、作依作正、作根作境；一心一塵，至一極微，無非法界全體而作。既一一法全法界作，故趣舉一，即是圓融法界全分。既全法界，有何一物不具諸法？〔註71〕

就此而論，則關於淨土之依報又該如何作解？知禮復云：

報之淨穢，實從心行二因致感。心即迷了二心，行即違順二行，六道三教迷三德性，為三惑染，故曰垢心。身口諸業違理有作，皆名惡行，此之心行感四穢土，唯圓頓教了三德性，離三惑染，方名淨心，身口諸業順理無作，稱為善行。此之心行感四淨土，高升深妙也，心雖本一，以迷了故，須分垢淨，行業雖同，以違順故，須開善惡，從此二因感報淨穢。

知禮先解釋依報淨穢，莫不因為心行二因所召感，（六道及三教）迷三德性為三惑染，則曰垢心，感四穢土；唯圓頓教了三德性離三惑染，方名淨心，感四淨土。此即湛然所謂：

從無住本立一切法者，無明為一切法作本。無明即法性，無明復以法性為本，當知諸法亦以法性為本。法性即無明，法性復以無明為本，法性即無明，法性無住處，無明即法性，無明無住處。無明法性雖皆無住而與一切諸法為本，故云從無住本立一切法。無住之本既通，是故真諦指理也，一切諸法事也，即指三千為其森羅。〔註72〕

換言之，無明與法性與一切諸法為本，是故迷三德性為三惑染，曰垢心（無明），即「法性無住，法性即無明」，三千法皆是無明，即感「四穢土」；了三德性離三惑染，曰淨心（法性），即「無明無住，無明即法性」，三千法皆是法性，即感「四淨土」。真諦即理也，常寂光也，一切諸法事也，即世間相也。故知禮又云：

稟圓說者初心即用佛智照境，故能信解諸法實相。既解實相，亦解諸法實性，實體實力，實作，實因，實緣，實果，實報，實本末究竟等。十法既實，即是實生實佛，實依實正，一色一香，無非中道，一切諸法皆是佛法，既一切皆實，實外無餘。〔註73〕

〔註71〕見知禮：《觀無量壽佛經疏妙宗鈔》卷一。《大正藏》，冊37，頁197c。
〔註72〕《法華玄義釋籤》卷十五。《大正藏》，冊33，頁920a-920b。
〔註73〕《觀無量壽佛經疏妙宗鈔》卷三。《大正藏》，冊37，頁209a。

然則，既然常寂光爲諸法實相，那麼所謂無上報又是否爲權變而已？知禮《妙宗鈔》云：

> 佛無上報是究竟始覺，上品寂光是究竟本覺，始本既極豈分二體。應知二土縱分事理實非有無，豈眞善妙有而非理邪，祕藏之理豈同小空，故此事理二名一體，以復本故，名無上報事也。以復本故，名上寂光理也。故妙樂云，修得四德，本有四德，二義齊等，方是遮那身土之相。況淨名疏，顯將寂光爲佛依報，故知定執報土有金寶等，寂光定無，斯乃迷名全不知義矣。〔註74〕

知禮以無上報（事）與究竟寂光（理），一爲究竟始覺，一爲究竟本覺，始覺與本覺，實際上名二體一，消解了二者的對立。故知禮《觀音玄義記》又云：

> 應知生佛依正，及己色心皆是法界，無不具足三千三諦，故內外自地皆是妙境。但爲觀境近而復要，莫若內心，故諸經論多明心法遍攝一切，須知遍攝由乎不二。故四念處云，唯是一識唯是一色，萬象之色既許心具，千差之心何妨色具，眾生成佛是依報成，國土廢興豈是他事。……以心例色，乃顯諸法一一圓具，故云唯色唯聲唯香唯味唯觸，況唯心之說有實有權，唯色之言非權唯實。〔註75〕

意即，眾生及佛之依正果報，並是法界，既是色亦是心，即具三千世間法，亦即，心具三千且色具三千，而色心不二。因此，心不離色，色不異心，以心例色，方顯一一諸法，而諸法皆是實相，故可云唯色、唯聲、唯香、唯味、唯觸。此即知禮《十不二門指要鈔》中所言：「今家明三千之體隨緣起三千之用，不隨緣時三千宛爾，故差別法與體不二，以除無明有差別故。」〔註76〕故而，「眾生成佛是依報成」（唯心）爲權但是實，則「國土廢興」（唯色）又豈非權唯實。由此色心不二，寂光之有相，亦即常寂光乃「是法住法位，世間相常住」〔註77〕之中道實相，得以成立。

就此而論，則智者大師所謂之「四土」，在中道實相之究竟義下，不是果報，不是分別相，仍是「實相」。故知禮《妙宗鈔》言：

〔註74〕《觀無量壽佛經疏妙宗鈔》，頁196a。
〔註75〕《觀音玄義記》卷二。《大正藏》，冊34，頁907b-907c。
〔註76〕《十不二門指要鈔》卷二。《大正藏》，冊46，頁715b。
〔註77〕《妙法蓮華經》卷一。《大正藏》，冊9，頁9b。

中理今開，即感妙報，色心不二，毛剎相容，純是法身菩薩所居，
尚簡圓似，況七方便，收簡語寬，宜善分別，二仁王下，依經論釋
相，仁王借別而名圓位，三賢十聖借別名也，住果報者名圓位也。
三賢既與十聖同住果報，驗是實報，不證中道寧住實報，故知名別，
其義屬圓。今取果報證實報土，依經論釋相，仁王借別而名圓位，
三賢十聖借別名也，住果報者名圓位也，三賢既與十聖同住果報，
驗是實報，不證中道寧住實報，故知名別，其義屬圓，今取果報證
實報土。〔註78〕

以修圓觀三觀觀一境三諦故，即證諸法即是中道實相，則三賢十聖所同住
之果報，亦皆是實報，四土實即一土。故知禮方云：「須知四土有橫有豎〔註79〕，
仍知橫、豎，祇在一處；如同居土，趣爾一處，即是實報。」〔註80〕荊溪《輔
行》云：「一切諸行無非菩薩淨土之行，故有四土橫豎攝物。」〔註81〕為化眾生
故，四土有橫有豎，實則無橫無豎，當處亦無，橫豎不二，一體平鋪，並是實
相。又，荊溪《法華文句記》亦云：「豈離伽耶，別求常寂；非寂光外，別有娑
婆。」〔註82〕「非寂光外，別有娑婆」，意即常寂光土（中道實相）即是娑婆（穢
土），換句話說，就天台圓教而言，實相淨土與娑婆穢土，別名為二，其實是一。

綜上所論，則知禮已明四土即一土，四土無一不是中道實相，而非但四
土皆為常寂光，穢土寧為不是？是故淨土與穢土，即權即實，而權實不二。

二、淨土與唯心之圓融不二

智者以性具三千，圓詮了淨土與涅槃的關係，其實就是圓融的詮解了淨
土的權實問題；而宋代天台圓教真正所面臨的義理挑戰，則是關於唯心淨土
與他方淨土之對立如何圓融平衡的問題。

禪宗以實相唯心，「心淨則佛土淨」之「唯心淨土」思想，反對他方淨土

〔註78〕《觀無量壽佛經疏妙宗鈔》卷三。《大正藏》，冊37，頁211a。
〔註79〕所謂豎論四土者，即約行人修斷次第，分別證入四土，絲毫不能躐等。橫論
　　　　四土者，則不依豎論之修斷次第，此可分兩種情形：一者托佛加持故，遂使
　　　　同居凡夫，得見實報；二者以修圓觀故，即一土而具四土。（援引自吳聰敏：
　　　　《觀經妙宗鈔之研究》。中興大學中文系碩士論文，2002。）
〔註80〕《觀無量壽佛經疏妙宗鈔》卷三。《大正藏》，冊37，頁211b。
〔註81〕《止觀輔行傳弘決》卷十三。《大正藏》，冊46，頁235a。
〔註82〕《法華文句記》卷九。《大正藏》，冊34，頁333c。

存在之客觀眞實性，認爲淨土乃化他之權宜，折伏攝受，其目的無非是令眾生趨入證悟之道；而「他方淨土」思想者，則是認爲淨土實有，至誠念佛確可往生（極樂）世界。此兩種淨土思想，在淨土究竟是實有抑或唯心上，產生了極大的對立性。而天台圓教即是要在這兩種對立觀上取得平衡，消解二者之對立衝突，認爲不可因實（相）廢權，亦不可執權爲實（有），從而建立自己的淨土觀及修證法門，圓詮佛陀所開示之淨土眞義，令眾生契入眞道。

依上所言，天台圓教雖亦強調「唯心」，然其「唯心淨土」，乃是建立在「一念無明法性心即具一切法」之性具思想的基礎上，從而與禪宗以主觀之「自性清淨心」證悟實相淨土之「唯心淨土」觀有所區別。所用的方法，即是將淨土納入觀心之中，而以觀想念佛統攝傳統的念佛法門。

事實上，觀想念佛並非始自天台，早在晉代廬山慧遠倡結社往生時即採取觀想念佛的形式，如其《念佛三昧詩集序》中即云：

> 又諸三昧，其名甚眾，功高易進念佛爲先。何者，窮玄極寂尊號如
> 來，體神合變應不以方，故令入斯定者，昧然忘知，即所緣以成鑒，
> 明則內照交映而萬像生焉，非耳目之所至，而聞見行焉，於是睹夫
> 淵凝虛鏡之體，則悟靈根湛一清明自然，察夫玄音之叩心聽，則塵
> 累每消滯情融朗，非天下之至妙，孰能與於此哉。以茲而觀，一觀
> 之感，乃發久習之流覆，割昏俗之重迷，若以匹夫眾定之所緣，固
> 不得語其優劣，居可知也。〔註83〕

慧遠以坐禪入定的方式，觀想佛的三十二相，八十種好，此種禪觀過程，摻雜著對佛理的悟解（智慧），因此，此種念佛法門的特點，乃是將觀想、禪定、般若三者結合的一種念佛法門。然而，慧遠這種觀想念佛，無論其出現的是主觀的定中之佛，抑或爲客觀的外來佛，〔註84〕皆是以佛爲一客觀眞實存在的對象來做觀想。此與後來將觀想念佛發展爲更龐大之止觀體系的天台圓教極爲不同，因爲，天台圓教之觀想念佛，實際乃是強調以觀心理解觀佛之「妄

〔註83〕見晉廬山釋慧遠：〈念佛三昧詩集序〉。收於《廣弘明集》卷三十。《大正藏》，
　　　　册52，頁351b-351c。

〔註84〕《般舟三昧經》中，多將觀想念佛喻爲夢，即將觀想中出現的阿彌陀佛當作
　　　　夢境。然則慧遠認爲，禪定中所見之佛，如果如同夢境，則屬於個人之主觀
　　　　想像，並非眞佛顯現；若是由於佛威神而出現在定中，則是客觀外來之佛，
　　　　並非約幻，而是眞佛，不應以夢爲喻。（見慧遠：〈次問念佛三昧并答〉。收於
　　　　《鳩摩羅什法師大義》卷二。《大正藏》，册45，頁134b。）

心觀」。如知禮於〈修懺要旨〉云：

> 次示觀門者，所謂捨外就內，簡色取心，不假別求他法爲境，唯觀
> 當念，現今刹那最促最微，且近且要，何必棄茲妄念，別想眞如。
>
> 〔註85〕

又於《妙宗鈔》云：

> 圓教即染之淨，即是祕藏不垢不淨，祕藏不垢不淨，即是即染之淨。
> 今之妙觀，即於染心觀四淨土，既照寂光，豈異祕藏不垢不淨邪。……
> 應知今淨淨於垢淨，乃以垢淨平等之理，而爲於淨土。〔註86〕

亦即，圓教之淨土觀法，乃是「即於染心觀四淨土」之「妄心觀」。又知
禮《觀經融心解》云：

> 故修一心三觀求生淨土者，即以三惑爲穢土之因，以三諦爲淨土之
> 果。故別惑盡，則寂光淨究竟三諦也，此惑未盡，則實報淨分證三諦
> 也，通惑盡，則方便淨相似三諦也，此惑存，則同居淨觀行三諦也。
> 非此諦觀，安令四土皆淨，尚非實報之穢，豈止同居之淨。〔註87〕

此處知禮更具體的表示，觀佛即是觀穢爲淨，「以三惑爲穢土之因」，而「以
三諦爲淨土之果」。如上所言，乃是以「淨淨於垢淨」，即「垢淨平等」之理
來看待所謂的淨土。是故，觀佛並非執著于佛本身（有一客觀眞實存在之佛），
亦非爲求往生極樂之樂，乃是「托彼勝境」，以顯發三觀之眞義。如荊溪《法
華文句記》亦云：

> 圓即觀一念三千三諦具足，是則一心一切心，一身一切身，一土一
> 切土，一念俱觀若身心土若空假中，更無前後。故觀成時一心見一
> 切心，一身見一切身，一土見一切土，十方諸佛身中現故，故於自
> 心常寂光中，遍見十方一切身土，若唯觀他遮那之土，必迷自境。
> 若了心境自即他故，他即自故，不了此境自尚成他，況觀他耶，觀
> 土既爾，身佛心然。〔註88〕

若唯觀他遮那之淨土，是不了心境自他之理，等於自迷幻境，非是眞實的解
脫境界。是故知禮於《觀經融心解》更闡明：

〔註85〕 見《四明尊者教行錄》卷二。《大正藏》，冊46，頁870a。
〔註86〕 《觀無量壽佛經疏妙宗鈔》卷三。《大正藏》，冊37，頁196b-196c。
〔註87〕 《四明尊者教行錄》卷二。《大正藏》，冊46，頁866a-866b。
〔註88〕 見荊溪：《法華文句記》卷十。《大正藏》，冊34，頁343b。

此經雖觀深理，以緣極樂依正爲境，修乎三觀，則異於直觀三道等觀，是故得名淨土之行。又爲此土濁重，十信方出苦輪，彼土境勝九品悉皆不退，故令託彼勝境修觀，縱理未顯，見愛俱存，捨報必生無退轉處，如此，爭不捨此求彼。故起信論云，初學大乘，其心怯弱，以住娑婆不常值佛，懼謂信心有退失者，當知如來有勝方便，專念西方極樂世界阿彌陀佛，求生彼土，若觀彼佛眞如法身，畢定得生，住正定故，既懼此土闕緣信退，求生彼土，而令觀於彼佛眞如法身，自非一心三觀，將何觀之。〔註89〕

此「一心三觀」異於直觀三道，而以「緣極樂依正爲境」、「託彼勝境修觀」的眞正原因，在於眾生根性不利，初學大乘，其心怯弱，信心缺乏。爲了堅定眾生信心，能「捨此求彼」，如來才設此「勝方便」，即「專念西方極樂世界阿彌陀佛求生彼土」、「觀於彼佛眞如法身令住正定」法門。而此佛意（佛之本懷），若非以一心即空即假即中之圓融妙觀觀一境三諦，何能觀成，究竟諸法實相。亦即恐怕將如荊溪所言之「自迷其境」而不得究竟解脫。是故《觀經融心解》又云：

今託勝緣想乎諸相，即知諸相四性不生，法體本空，心境叵得，雖知叵得，不礙緣生。全性起修，念之即見，起是性起，空是性空，性非二邊，能所亦絕，唯心唯色，待對斯忘。故止觀判般舟之文心佛叵得爲空，夢事宛然爲假，心不見心爲中，說則三相歷然，修則一念備矣。經示諸相，而令諦觀，圓人修之，非此不諦。故知十六莫不皆三，而此三觀雖居一念，今觀依正各有功能。何者。心境叵得故染可觀淨，不礙緣生故想成相起，唯色唯心故當處顯現，人疑三觀妄想依正，今謂三觀能顯依正。〔註90〕

依上所言，知禮依染觀淨之意，乃將依正（事、境）置於觀心之下，則一念心所即之事、境即無所謂其自在性，而顯爲空、假、中三性，是故隨一念色，隨一念心，非法不是實相的顯現，即是實相，故謂不礙緣生。亦因此，觀佛即是觀心，而了達諸法實相。故知禮又云：

今之三觀非直於三道顯理，乃緣淨土依正而修，雖緣於事，非散善惡及以無記。故知雖同全理起事，須分違順，違理之事照令泯絕，

〔註89〕《四明尊者教行錄》卷二。《大正藏》，冊46，頁866b。
〔註90〕《四明尊者教行錄》，頁867a-867b。

順理之事觀令成就。今之依正是佛妙用與圓觀相應，此觀未成，則隨假想而進，故觀落日堅冰也，此觀若著，則以實法爲緣，故觀地樹佛身等也。故知用一心三觀，則依正易明，非一心三觀，依正難顯。〔註91〕

今之觀想念佛，乃緣淨土依正而修，雖緣淨土依正，卻不是在強調此種「異方便」法門，雖緣於事，卻不是爲了突顯穢土的雜惡，佛土的莊嚴，乃是以圓觀即于穢土而顯彌陀淨土。故知禮強調：

> 經論既以淨土之教，爲勝方便，驗知，是如來善巧權用也，但權名不局，實理亦通，是要甄分方知去取，體外之權須破，體內方便須修，離事之理則麤，即權之實方妙。〔註92〕

意即，知禮認爲，此方便教之存在，不應脫離眾生之觀心，「體內方便須修」，亦即，若無心佛之感應，則淨土彌陀終究是一外在孤懸之客體，然而，「體外之權須破」，既然佛之依正乃是在觀心實證意義上給出的，那麼依報世界（淨土）本身即具有兩種義涵：它既是方便，因爲它屬修、事，爲心所「變」而出，此即唯心；然而它又是即事之實相，亦即，非但唯心，而且唯色，故而，知禮云，「離事之理則麤」，唯有達于心變即證實相，「即權之實方妙」。是故知禮《妙宗鈔》言：

> 能觀皆是一心三觀，所觀皆是三諦一境，毘盧遮那遍一切處，一切諸法皆是佛法，所謂眾生性德之佛，非自非他非因非果，即是圓常大覺之體。故起信論云，所言覺義者，謂心體離念，離念相者，等虛空界無所不遍，法界一相即是如來常住法身，依此法身說名本覺。故知果佛圓明之體，是我凡夫本具性德故，一切教所談行法，無不爲顯此之覺體。

> 故四三昧通名念佛，但其觀法爲門不同，如一行三昧，直觀三道顯本性佛，方等三昧觀袒持顯，法華兼誦經，觀音兼數息，覺意歷三性，此等三昧歷事雖異，念佛是同，俱爲顯於大覺體故，雖俱念佛，而是通途，顯諸佛體。

> 若此觀門及般舟三昧，託彼安養依正之境，用微妙觀，專就彌陀，顯眞佛體，雖託彼境，須知依正同居一心，心性遍周，無法不造，

〔註91〕《四明尊者教行錄》卷二。《大正藏》，冊46，頁867b。
〔註92〕《四明尊者教行錄》，頁899a。

　　無法不具。若一毫法從心外生，則不名爲大乘觀也。行者應知，據
　　乎心性觀彼依正，依正可彰，託彼依正，觀於心性，心性易發。所
　　言心性具一切法造一切法者，實無能具所具能造所造，即心是法，
　　即法是心，能造因緣及所造法，皆悉當處全是心性。是故今觀，若
　　依若正，乃法界心，觀法界境，生於法界，依正色心，是則名爲唯
　　依唯正唯色唯心唯觀唯境。〔註93〕

　　知禮此言意即，心性遍周法界，法無不造，法無不具，故而能造所造，
「同居一心」，亦即，但凡娑婆之穢邦，極樂之依報國土、寶樹寶池，彌陀
之正報、三十二相等，一切法皆我心具（心具三千），亦皆我心造（色具三
千），然以當處「即心是法，即法是心」（色心不二）故，實無能具所具，能
造所造，諸法一體平鋪，如其如相，亦即法華所謂，「是法住法位，世間相
常住」之意。是故此觀心法門，乃據乎心性觀彼依正，見諸法一一實相；反
之，託彼依正觀於心性，以顯發其心性之即具三千，遍周法界。就此而論，
透過圓融妙觀，了達諸法實相，則「淨土世界即是實相世界，西方彌陀便在
唯心淨土」〔註94〕，亦即，無論強調唯心之淨土，抑或提倡往見西方彌陀之
他方淨土，無不能在天台圓教之圓詮下，達到彼此不二而二之圓融平衡了。

第三節　台淨合流之現象

　　如上節所言，宋代天台圓教所面臨的義理挑戰，乃是關於唯心淨土與他
方淨土如何圓融平衡的問題。北宋天台圓教在知禮的帶領下，一方面藉與山
外之論辯，鞏固並闡揚了山家義學，不僅在義學上取得了極高的成就；同時，
在以天台止觀法門爲主之實踐修證上也達到了高度的境界。然而，隨著知禮
的圓寂，天台教義再次產生內部紛爭，從而使淨土與唯心之間的平衡發生變
化。故而，宋代以後之台淨合流現象，一是指受到西方淨土思想影響，而專
以行法修懺及念佛爲主之天臺宗人，從而以淨土思想統攝天台教義之「天台
西方淨土化」；另一則是天台以性具論詮解淨土之思想唯心化，從而使天台之
淨土觀傾向唯心淨土，不免導致天台山家義學產生衰微現象之「天台唯心淨
土化」。

〔註93〕《觀無量壽佛經疏妙宗鈔》卷一。《大正藏》，冊37，頁195a-195b
〔註94〕語見潘桂明、吳忠偉：《中國天台宗通史》，頁601。

故本節即敍述以上兩種台淨合流之現象及代表人物〔註95〕，並從天台圓教（尤其是智者與知禮）之觀點對於這種「教崇天台，行歸淨土」之現象略予述評。

一、天台之西方淨土化

北宋以來，天台義學者因爲《金光明經玄義》廣略二本眞僞問題之觀點不同，著論相攻，相持不下，形成山家及山外兩大壁壘。又因對《觀經》「智顗疏」及「善導疏〔註96〕」之好惡各異，而於《觀經》中若干觀念之詮釋，意見紛歧，迭有詰難之詞，彼此你來我往，互不相讓，遂形成「親智顗──知禮」義解，以及「擁善導」義解之兩派淨土觀法陣營。使得天台宗山家與山外兩派，因西方淨土觀之差異，而再行分裂。〔註97〕

如與知禮同門之慈云遵式（993～1032），即孺慕善導遺風，而於觀想之外，同時鼓吹善導持名念佛的修西之法。安藤俊雄即因此說其根本作風，與知禮略有差異。〔註98〕

〔註95〕本文所言之台淨融合代表人物，僅以天臺山家爲主述對象，對於山外派諸師之淨土觀，如孤山智圓（976～1022）之淨土思想雖亦具有相當之代表性，然本文撰述之目的，在以天臺山家圓教義理對於淨土思想做一疏解與融攝。是故關於智圓之論，即不在此列。

〔註96〕即善導所撰之《觀無量壽佛經疏》，或稱《觀經四帖疏》，分玄義、序分、定散、散善四部份而成四卷。善導（613～681），唐代僧人。爲淨土宗第三祖。亦即淨土宗曇鸞、道綽派之集大成者。傳淨土法門，一心念佛，至力竭方休。著有《觀無量壽佛經疏》四卷、《淨土法事贊》二卷，及《觀念法門》、《往生禮贊偈》、《般舟贊》、《五種增上緣義》等各一卷，甚受淨土宗重視，故經其闡揚而確立之淨土宗，特稱「善導流」，爲唐代佛教特色之一，對淨土宗影響至巨。（參考《佛光大辭典》（1997光碟版）。頁4896。）

〔註97〕此可見于知禮弟子淨覺仁嶽（992～1064）的叛離知禮山家陣營。仁嶽本爲山家派與山外辯論之主要健將，曾爲山家之「理毒性惡說」及「寂光有相說」著《止疑書》及《抉膜書》協助知禮對抗山外派鹹潤所著之《籤疑》及《指瑕》。仁嶽後來因觀佛之方法與其師意見相左，遂辭知禮門下而去，而加入反對知禮學說之陣營。如如知禮第四代法孫慧覺齊玉（？～1127），對知禮的淨土觀法也未能苟同，而采批判立場。其弟子如湛（？～1140）也曾作《觀經疏淨業記》批判知禮的《觀經疏妙宗鈔》。二人大致都是因支持善導的淨土觀門而反對知禮的。（見黃啓江：〈淨土詮釋傳統中的宗門意識論宋天臺義學者對元照《觀無量壽經義疏》之批判及其所造成之反響〉《中華佛學學報》，14期，2001，頁311、351。）

〔註98〕見安藤俊雄著，蘇榮焜譯：《天臺學：根本思想及其開展》。臺北市：慧炬出版社，1998，頁450～451、455。

曾有懷疑西方淨土者問遵式道:「淨土在心,何須外覓?隨其心淨則佛土淨,豈用迢然求生他方?」〔註99〕遵式認為這種想法是把心局限在方寸之間,而視西方夐在域外,這樣怎可能談心淨佛土淨之義?故道:

> 華嚴云,心佛及眾生,是三無差別,佛法既遍,心法亦遍。若各有方面,何謂無差。又云,遊心法界如虛空,虛空豈有分隔,若了一念心遍,一塵亦遍,十萬億剎咫步之間,豈在心外。世人若談空理,便撥略因果,若談自心,便不信有外諸法。豈唯謗法,亦謗自心殃墜萬劫,良可痛哉,妄造是非,障他淨土,真惡知識也。無量壽經云。佛告彌勒菩薩諸天人等。無量壽國聲聞菩薩。功德智慧不可稱說。及其國土。微妙安樂清淨若此。何不力為善。念道之自然。宜各勤精進。努力自求之。必得超絕去。往生安樂國。橫截五惡道惡趣自然閉。升道無窮極。易往而無人。其國無違逆。自然之所牽。何不棄世事。勤行求道德。可得極長生。壽樂無窮極。〔註100〕

他認為,要瞭解唯心淨土,就須認知《華嚴經》所講的「心、佛及眾生,是三無差別」〔註101〕、「佛法既遍,心法亦遍」、「若一念心遍,一塵亦遍,十萬億剎咫尺之間,豈在心外」等義理。但是世人都不求理解此義,而總是「若談空理,便撥略因果;若談自心,便不信有外諸法,」這不僅是謗佛而且是謗自心。他深信《無量壽經》中佛所說的「無量壽國聲聞、菩薩功德不可稱說,」和「其國土微妙安樂清淨,」認為只要「精進努力自求之」,必得超絕去安樂國,橫截五惡道。

是以遵式雖然仍以天台性具思想來詮釋淨土,但他在其《往生淨土決疑行願二門》中即將彌陀淨土法門與普通佛所設方便區分開來,認為大乘中有了義與不了義,如其所云:

> 今明大乘複有三種。一者三乘通教,此則門雖通大類狷二乘,又當教菩薩,雖復化他淨佛國土,化畢還同二乘歸於永滅,淨土深理非彼所知,非了義也。二者大乘別教,此明大乘獨菩薩法,雖談實理道後方證因果,不融淨土則理外,修成萬法乃不由心具,雖塵劫修

〔註99〕見遵式:〈依修多羅立往生正信偈〉。見《樂邦文類》卷五。《大正藏》,冊47,頁216b。

〔註100〕見〈依修多羅立往生正信偈〉,頁216c。

〔註101〕見《大方廣佛華嚴經》卷十。《大正藏》,冊9,頁465c。

道廣遊佛刹，指彼淨土因果，但是體外方便，斯亦未了。三者佛乘圓教，此教詮旨圓融因果，頓足佛法之妙，過此以往不知所裁也。經曰，十方諦求更無餘乘，唯一佛乘斯之謂與，是則大乘中大乘，了義中了義，十方淨穢卷懷同在於刹那，一念色心羅列遍收於法界，並天真本具非緣起新成，一念既然一塵亦爾，故能一一塵中一切刹，一一心中一切心，一一心塵複互周，重重無盡無障礙，一時頓現非隱顯，一切圓成無勝劣，若神珠之頓含眾寶，猶帝網之交映千光。我心既然生佛體等，如此則方了回神億刹實生乎，自己心中孕質九蓮豈逃乎，刹那際內苟或事理攸隔淨穢相妨，安令五逆凡夫十念便登於寶土，二乘賢輩回心即達于金池也哉，信此圓談則事無不達，昧斯至理則觸類皆迷。〔註102〕

他認爲三乘通教不明淨土深理，大乘別教則將淨土因果視爲體外方便，而賦予了彌陀淨土「佛乘圓教」〔註103〕之特殊地位。並具體的表示：「今談淨土唯是大乘了義中了義之法也。」〔註104〕可見，在他的心目中，淨土法門與天台圓教是不相違礙的。而這種以天臺思想行念佛三昧的行爲，無疑「助成了此後『教在天台，行歸淨土』之風的形成」〔註105〕。

其次，知禮的弟子石芝宗曉（1151～1214），他從知禮闡述淨土之權實不二思想中得到啓發，認爲法華乃「彌陀跡中化緣之始」，因而淨土並非權教，而是實教。如其所云：

台宗明法華本跡，跡中以大通爲首，此文乃有三意。一昔日共結緣，二中間相逢值，三今日還說法華。此三總括跡中一期他化盡矣，釋迦既爾，彌陀亦然，良以十六王子，于大通時覆講，爲物結緣，其諸王子，各得成佛，西方號阿彌陀，以果驗因，彌陀爾時乃爲第九王子，爲眾講說，是知，彌陀爲物結緣明矣，故妙玄六云，大通爲結大乘之首，彼佛八千劫說經，十六王子八萬四千劫覆講，于時聽眾，或當座已悟，或中間得入，或近化始得即斯意也，如是銓量非唯顯，佛佛施化道同，抑亦知，古往今來生淨土者，並第九王子當

〔註102〕《往生淨土決疑行願二門》卷一。《大正藏》，冊47，頁145b-145c。

〔註103〕《往生淨土決疑行願二門》卷一。《大正藏》，冊47，頁145b。

〔註104〕《往生淨土決疑行願二門》，頁145b。

〔註105〕語見俞學明：〈天臺的淨土權實辨〉。載于釋根通、溫金玉主編：《中國淨土宗研究》。北京：宗教文化出版社，2008，頁118。

時結緣之眾矣。〔註106〕

其意即，「既然淨土之法與《法華》一樣爲眾生之宿緣，那麼，往生淨國便是眾生必然選擇。而且由於彌陀昔日亦是聞《法華》而得道，則其以淨土宣教不僅是一種方便，也是一種開權顯實。」〔註107〕他更引天臺思梵講主回答「念彌陀佛願生淨土，此莫專爲鈍根方便權說」之疑認爲，文殊、普賢、馬鳴、龍樹、智者、智覺等人皆願往生淨土，難道他們是鈍根？釋迦勸淨飯王及六萬釋種往生，亦難道皆是凡器？因此，「淨土非聖人之權設」，我若欲見彌陀，隨心即見，是故專注念佛者，定見彌陀，「斯乃稱性實言，非權教也」。〔註108〕

宗曉有鑒於彌陀淨土信仰之盛，於是搜集淨土有關文獻、事蹟，編成《樂邦文類》及《樂邦遺稿》二書，表彰對彌陀淨土信仰有貢獻的僧侶和士人。他在《樂邦遺稿》序中云：「此書專導群生歸於淨土。……蓋惟人人本有唯心樂國，何籍（藉）劬勞肯綮修證。」〔註109〕勸進人人專修彌陀樂土。宗曉雖非佛教史家，但他顯然對「專以彌陀爲宗主，諸經爲司南」的淨社之興，認爲是一個重要的歷史現象，故搜集相關文獻，欲著爲彌陀信仰發展之實錄，而在編纂各類詩文之時，也自撰篇什，立「蓮社六祖」之說，以表達其個人對淨土信仰淵源與遞嬗之看法。他的著作對於彌陀淨土信仰的發展無疑具有催化作用〔註110〕，從而成爲「天臺淨土化的集大成者」〔註111〕。

其實早在知禮時代，知禮答楊億（974～1020）書中即有所謂「惟極樂之界，蓋覺皇之示權」之語。其云：「言極樂之界，蓋覺皇之示權者，經論既以淨土之教爲勝方便，驗知是如來善巧權用也。」〔註112〕然而，知禮並認爲：「但權名不局，實理亦通，是要甄分，方知去取。體外之權須破，體內方便須修。離事之理則麤，即權之實方妙。」〔註113〕意即，淨土雖是「勝方便」之「權法」，但「即權是實」，仍是大乘佛法：

《起信論》云：初學大乘正信，以在此土，不常值佛，懼謂信心，

〔註106〕見《樂邦文類》卷一。《大正藏》，冊47，頁151c。
〔註107〕引見潘桂明、吳忠偉：《中國天臺宗通史》，頁613。
〔註108〕見《樂邦遺稿》卷一。《大正藏》，冊47，頁239c。
〔註109〕《樂邦遺稿》，頁231c。
〔註110〕見黃啓江：〈淨土決疑論——宋代彌陀淨土的信仰與辯議〉《佛學研究中心學報》，4期，1999，頁107。
〔註111〕語見潘桂明、吳忠偉：《中國天臺宗通史》，頁607。
〔註112〕引見知禮〈複楊文請住世書〉。《樂邦文類》，頁260a。
〔註113〕〈複楊文請住世書〉，頁260a-b。

　　缺緣退失。當知如來有勝方便，令其不退。但當專念極樂世界阿彌
　　陀佛眞如法身，必生彼國，住正定故。專念眞如法身者者，豈異大
　　乘？以依彼佛爲境，故能牽生淨方，斯是如來權巧也。〔註114〕

　　知禮認爲，法華經云，「是法住法位，世間相常住」，因此，作爲相的淨
土，亦是常住的。淨土可以從自行修證所悟的境界而言，亦可就化他之方便施
捨而言。如此，就前者了悟諸法實相而言，即是實際淨土（事實上，無處不是
淨土），就未達之人而言，則是方便淨土。換句話說，「往生西方就是實證涅槃，
證悟實相也就是了達西方之境。於是，專念極樂世界阿彌陀佛與眞如法身發生
於同時，而往生淨土與住正定也是同一事。」〔註115〕故而，「專念眞如法身者
者，豈異大乘」，而如來的「勝方便」——淨土法門，也未必就是權巧了。

　　有了祖師這番話，是故志磐於《淨土立教志》序即更進一步道：

　　在凡具惑，而能用三觀智顯本性佛，如四明師之言，曰心境叵得故
　　染可觀淨，不礙緣生故想成相起，唯色唯心故當處顯現，斯觀佛三
　　昧之正訣，唯明宗得意者能行之。至若稱唱嘉號瞻禮尊容讀誦大乘
　　持奉淨戒，皆淨業之正因正觀之助行，而但修十善行也仁慈者亦可
　　以成回向莊嚴之績，然則若定若散若智若愚，無一機之或遺，雖登
　　臺之有金銀，入品之有上下，至於趣無生而階不退，則一概云耳。

　　〔註116〕

志磐認爲，因爲「觀佛三昧」這種修行證悟方法，只有對天臺佛法悟性高的
人，所謂「明宗得意者」才做得來，因此，他引知禮的話說明，既然唯心唯
色當處顯現，則萬法皆是佛法，故而，「稱唱嘉號瞻禮尊容讀誦大乘持奉淨戒」
法門，亦皆是「淨業正因」，「正觀助行」。換句話說，就其爲天臺宗人而言，
淨土念唱法門，亦不失爲修證觀行的好法門。此即爲將天臺高深之義學暫放
一邊，順理成章以淨土思想及淨土行門取代天臺止觀法門者，給出了十足合
理的理由。從而加深了台淨融合之天臺西方淨土化。

　　然則，知禮所示之淨土修懺行法，乃是必須要納入到「觀心」範疇下所
進行的「妄心觀」，如其于〈修懺要旨〉所云：

〔註114〕〈複楊文請住世書〉，頁 260a-b。
〔註115〕援見俞學明：〈天臺的淨土權實辨〉。載于釋根通、溫金玉主編：《中國淨土宗
　　　　研究》。北京：宗教文化出版社，2008，頁 117。
〔註116〕見志磐：《佛祖統紀》卷二十六。《大正藏》，冊 49，頁 260c-261a。

今所修法華三昧者，若能精至進功，豈不破障顯理，然須預識標心之處進行之門，所謂圓常正信也。云何生信，信一切法唯心本具，全心發生，生無別理，並由本具，具無別具，皆是緣生故。世間相常，緣起理一，事理不二，色心互融，故法法遍周，念念具足，十方三世不離剎那，諸佛眾生皆名法界，當處皆空，全體即假，二邊叵得，中道不存，三諦圓融，一心具足，不一不異，非縱非橫，不可言言，宵容識識，斯是不思議境，入道要門。〔註117〕

知禮強調，修懺（法華三昧）要先能了知「一切法唯心本具」，「法法遍周，念念具足」，是故「諸佛眾生皆名法界，當處皆空，全體即假。」「三諦圓融，一心具足。不一不異，非縱非橫。」這才是「入道要門」。亦即，知禮之立論乃是基於性具思想的實相論而言，如其又云：

隨於一境用不思議三觀，即照即亡，故觀成成，豁然皆同真淨，一境既遍，收諸法彼彼各各遍攝諸法。〔註118〕

由性具出發，觀心即是觀色，色心之體性不二，故隨觀一念，隨觀一色，以一心三觀觀不可思議境，及至觀成，即可實現即空即假即中圓融三諦之究竟實相。如荊溪亦云：「若唯觀他遮那之土。必迷自境。若了心境自即他故。他即自故。不了此境自尚成他。」〔註119〕故知禮又云：

此經雖觀深理，以緣極樂依正為境，修乎三觀，則異于直觀三道等觀，是故得名淨土之行。……當知如來有勝方便，專念西方極樂世界阿彌陀佛，求生彼土，若觀彼佛真如法身，畢定得生，住正定故，既懼此土闕緣信退，求生彼土，而令觀於彼佛真如法身，自非一心三觀，將何觀之。〔註120〕

此「一心三觀」異于直觀三道，而以「緣極樂依正為境」、「托彼勝境修觀」的真正原因，在於眾生根性不利，初學大乘，其心怯弱，信心缺乏。為了堅定眾生信心，能「舍此求彼」，如來才設此「勝方便」，即「專念西方極樂世界阿彌陀佛求生彼土」、「觀於彼佛真如法身令住正定」法門。而此佛意（佛之本懷），若非以一心即空即假即中之圓融妙觀觀一境三諦，何能觀成，

〔註117〕《四明尊者教行錄》卷二。《大正藏》，冊46，頁868b
〔註118〕《四明十義書》卷一。《大正藏》，冊46，頁839c
〔註119〕見荊溪：《法華文句記》卷十。《大正藏》，冊34，頁343b。
〔註120〕《四明尊者教行錄》，頁866b。十

究竟諸法實相。如知禮《妙宗鈔》云：

> 本覺諸法即空假中，覺諸法假，即相好身，覺諸法空，即法門身，
> 覺諸法中，即實相身，如此論之其義宛爾。更於一覺約寂照說，照
> 而常寂自在神通，即相好身，寂而常照清淨智慧，即法門身，非寂
> 非照而寂而照，即實相身，此之二三皆非縱橫不可思議，乃是寂覺
> 照覺，雙遮照覺全本成始，即是相應及俱忘義，此位三身即佛義顯。
> 〔註121〕

換言之，就知禮而言，「修懺之過程，實質上是通過觀心體悟實相」〔註122〕。因而，就天臺山家義學觀之，若一昧執著於淨土行門與他方淨土，而偏廢了圓觀覺照之修證，恐怕將如荊溪所言之自迷其境而不得究竟解脫，抑且有違祖師疏經著鈔之圓旨啊！

二、天台之唯心淨土化

如上一節所言，知禮所說的唯心淨土，乃是以性具論為其基礎，淨土權實不二，故唯心不廢常寂光之有相。然則，知禮以「約心觀佛」把握念佛，其「念佛」觀往往配合實際的懺法，故其「念佛」並不執著於單純的（稱名）念佛，而是廣義的「念」，亦即，「據乎心性，觀彼依正」〔註123〕之「觀」。據乎此，故其後之天臺義師，如圓辯道琛〔註124〕（1086～1153）、蕅益智旭〔註125〕（1599～1655）等人〔註126〕，即多以「心性」理解淨土，一方面乃為調和唯心與淨土之關係，另一方面，二師以濃厚之唯心論為主軸詮釋淨土，相形使得天臺以性具論詮解淨土之思想傾向唯心論之淨土觀，無疑等於間接湮沒了天臺性具思想之圓教義。茲下，即分別敍述二人之淨土觀，並略予述評；

〔註121〕見知禮：《觀無量壽佛經疏妙宗鈔》卷二。《大正藏》，冊37，頁203a。
〔註122〕語見潘桂明、吳忠偉：《中國天臺宗通史》，頁458。
〔註123〕見《觀無量壽佛經疏妙宗鈔》，頁195b。
〔註124〕圓辯道琛有《唯心淨土說》（收于《樂邦文類》卷四，《大正藏》冊47。）
〔註125〕蕅益智旭有《阿彌陀經要解》（《大正藏》冊37）及《靈峰宗論》（《嘉興大藏經》冊36。）。
〔註126〕除上述二人外，明智中立、櫨庵有嚴、德藏澤英、竹庵可觀等人之思想，在闡釋唯心與淨土之關係時，不再偏執一方或以理事平衡之，而是直接建立起唯心與淨土的相即。（相關論述，參見潘桂明、吳忠偉：《中國天臺宗通史》，頁607～608。）本文僅列舉影響較大、唯心色彩較為濃厚之兩人的唯心淨土思想予以論述說明。

（一）圓辯道琛之「唯心即淨土」

　　圓辯道琛（以下簡稱道琛）號爲中興四明之後，乃因他將淨土與唯心之關係做了更爲圓融的表詮。如其〈唯心淨土說〉云：

> 當知十界四土，若淨若穢，不離我心，此心全是妄念。以本具故，具足百界千如依正等法，此但直具而已，若達全具爲遍，遍彼生佛，彼彼生佛互遍亦爾，趣舉一法是法界之大都，互具各具互融互攝，參而不雜，離亦不分，一多自在，不相留礙，夫如是者，豈有娑婆釋迦樂邦彌陀，而離我心耶。〔註127〕

又云：

> 唯心淨土，一而已矣。良由彌陀悟我心之寶剎。我心具彌陀之樂邦，雖遠而近，不離一念，雖近而遠，過十萬億剎。譬如青天皓月，影臨眾水，水不上升，月不下降，水月一際，自然照映。〔註128〕

　　道琛認爲，若淨若穢，不離我心，皆是本具，因此，「心」即「具」，心之全遍即是「全具」。故娑婆釋迦、樂邦彌陀，皆不離我心。故而，「唯心淨土，一而已矣」，唯心即淨土，淨土即唯心。換句話說，無心外之法，離心別無淨土。是故其又譬喻道：

> 如彼帝釋殿上，千珠寶網，眾珠之影，映在一珠。一珠具足眾珠，彼彼千珠，互映亦爾。現前一心，即是千珠中一，彼彌陀佛土，亦是千珠中一。所有十界眾生趣，舉一界皆是千珠中一。既我一珠能映眾珠，我心之內，無複眾珠，則離我心外，別無淨土？何故爾耶？以釋迦亦是一珠，彌陀亦是一珠。既舉一全收，豈心外有法？故曰，唯心淨土，本性彌陀也。〔註129〕

唯心淨土就是本性彌陀。然則，所謂「西方淨土」，又該如何作解？

> 事理有異，約事須當往生，據理即心而是。……若達全具爲遍，遍彼生佛，彼彼生佛互遍亦爾，趣舉一法是法界之大都，互具各具互融互攝。參而不雜，離亦不分，一多自在，不相留礙。夫如是者。豈有娑婆釋迦樂邦彌陀，而離我心耶。……三千本是融妙之法，任運具攝依正色心淨穢國土。既曰三法無差，則唯心本性，無複致

〔註127〕見《樂邦文類》卷四。《大正藏》，冊47，頁207a-207b
〔註128〕見《佛祖統紀》卷十六。《大正藏》，冊49，頁230c。
〔註129〕《樂邦文類》。《大正藏》，冊47，頁265b。

疑。……經旨乃是以理揀情說之。何者，情生則十萬迢遙。唯心乃一念理是。若爾唯心而已，何云淨土，須知體非因果，一念唯心迷悟既殊，因果宛爾，彌陀果悟我等因迷，忻厭心生，順佛勸往，故云唯心，又稱淨土矣，然則既有取捨忻厭，莫成虛偽耶。曰當知，圓人舍則舍穢究盡，三土九界皆舍，取則取淨窮源，直取上品寂光，故妙宗曰，取捨若極，與不取捨亦非異轍，良由寂光不離三土，十界只是四土耳。〔註130〕

此處，道琛將西方淨土與唯心區分作事與理看待，淨土是事，唯心則是理。此理並非空理，乃是「全具」之理。他以《金光明經玄義拾遺記》十界互具互融〔註131〕之理說明，眾生與佛，娑婆與淨土互遍、互具、互融、互攝，所以一、多自在，亦即，淨土既具有其自在性，同時亦具有實在性，即「是法住法位，世間相常住」之自在性、實在性。因此，「淨土」的遠，在於眾生的分別相、取捨念。之所以強調「淨土」，無非出於化他的考慮，如智者《五方便念佛門》所云：

諸佛以眾生樂稱諸佛名生彼國者，則示以稱名往生門，眾生有樂睹諸佛身懼障不見者，則示以觀相滅罪門，眾生有迷心執境者，則示以諸境唯心門，眾生有計實有者，則示以心境俱離門，眾生樂深寂定趣無生滅者，則示以性起圓通門。〔註132〕

事實上，根本沒有所謂淨穢之分。此處道琛舉知禮《妙宗鈔》之語〔註133〕說明，若圓人取捨若極，則與不取捨無異。換句話說，表面上舍穢取淨有所取相，實際上寂光外別無娑婆，「唯心而已，何云淨土」。

就上所述可知，道琛此段話，既突顯了一念唯心，又說明了淨土的實在性，是則將淨土與唯心似乎詮解得比知禮更為圓融了。然則，道琛這種對於一念唯心的強調，不僅易於與禪宗的唯心淨土產生混淆，如六祖所云：

迷悟有殊，見有遲疾。迷人念佛求生於彼，悟人自淨其心。所以佛

〔註130〕《樂邦文類》，頁207a-207b

〔註131〕見知禮《金光明經玄義拾遺記》卷二：「若謂結佛界水為九界冰。融九界冰。歸佛界水。此猶屬別。若知十界互具如水。情執十界局限如冰。融情執冰成互具水。斯為圓理。」(《大正藏》，冊39，頁23b。

〔註132〕見智顗：《五方便念佛門》卷一。《大正藏》，冊47，頁82b。

〔註133〕知禮《妙宗鈔》云：「今談淨與不垢不淨，全不相違。又複應知，取捨若極，與不取捨亦非異轍。」（見《大正藏》，冊37，頁196c。）

言，隨其心淨即佛土淨。使君東方人，但心淨即無罪，雖西方人，
心不淨亦有愆。……凡愚不了自性，不識身中淨土，願東願西。悟
人在處一般。所以佛言，隨所住處恒安樂。使君心地但無不善，西
方去此不遙，若懷不善之心，念佛往生難到。……念念見性，常行
平直，到如彈指，便睹彌陀。使君但行十善，何須更願往生，不斷
十惡之心，何佛即來迎請，若悟無生頓法，見西方只在剎那。〔註134〕

更將天臺性具義下的淨土義轉化成唯心之淨土，從而使得天臺性具思想因而
更傾向唯心化。即如學者吳忠偉所言，道琛是在性具論的基礎上進一步突顯
「唯心」的意義，然而，「唯心即淨土的同時亦是淨土即唯心，天臺在圓融消
化淨土時，其實也被淨土悄悄地同化。如此，天臺與淨土之間的張力得以消
解，而天臺義學的衰弱則不可避免地引發。」〔註135〕

（二）蕅益智旭之「西方即是唯心土」

蕅益智旭（以下簡稱智旭）的思想，既私淑天台，一方面又被尊為蓮宗
九祖，作為一代淨土宗師，使得他在台淨關係的詮釋上，有別於以往傳統意
義上的法門之別，認為台淨之間乃是「行與解、修與悟之關係」〔註136〕。而
其台淨融合理論，正是基於「淨土本位來融通」〔註137〕的。

首先，在吸收天台「一色一香，無非中道，以及禪宗「不離世間覓菩提」
等思想的基礎上，智旭對《法華經》中「是法住法位，世間相常住」〔註138〕
之實相觀點進行新的闡述。與知禮突出世間相與實相之相即不同，智旭要表
達的是「心性」如何使世間相呈現為實相〔註139〕。如其所云：

舉手低頭，皆成佛道，開示悟入，妙在不別覓玄奧。無相不離有相，
解脫不離文字，究竟不異初心。若以生滅心觀一切法，設有一法過
涅槃者，亦是生滅數。若以不生滅心會一切法，是法住法位，世間
相常住。豈得漫云塔是土木，經是紙墨邪？〔註140〕

〔註134〕見《六祖大師法寶壇經》〈疑問品第三〉。《大正藏》，冊48，頁351c。
〔註135〕見潘桂明、吳忠偉：《中國天臺宗通史》，頁610。
〔註136〕參見張學智：《明代哲學史》。北京：北京大學出版社，2000。（此處援引《中
　　　　國天臺宗通史》，頁763。）
〔註137〕參考《中國天臺宗通史》，頁763。
〔註138〕《妙法蓮華經》卷一。《大正藏》，冊9，頁9b。
〔註139〕《妙法蓮華經》，頁9b。
〔註140〕見蕅益智旭撰，成時編：《靈峰蕅益大師宗論》卷第二之一〈示無云〉。《嘉興

此處，智旭認爲，《法華玄義》中所謂「舉手低頭，皆成佛道」〔註141〕及「開示悟入」〔註142〕之語，重點在於揭示「無相不離有相」，「解脫不離文字」，「究竟不異初心」之眞義，因此，世間相之所以常住，乃是因以不生滅之心去把握它。換言之，一切法之常住與否，在於此「心」。故智旭言：「能化所化，能生所生，皆惟心故。」〔註143〕然則，這種對於「心」的理解，與天台圓教之義解大相異轍，天台所謂之「心」，並不是能生能含一切萬法的「心」〔註144〕，乃是非縱非橫非一非異之「不思議心」。如智者《摩訶止觀》所云：

> 若從一心生一切法者，此則是縱，若心一時含一切法者，此即是橫。
> 縱亦不可橫亦不可，秖心是一切法，一切法是心故，非縱非橫非一
> 非異玄妙深絕，非識所識，非言所言，所以稱爲不可思議境。〔註145〕

若就上述智旭所言之「心」解，則不異地攝論師，如智者復云：

> 若從地師則心具一切法，若從攝師則緣具一切法，此兩師各據一邊。
> 若法性生一切法者，法性非心非緣，非心故而心生一切法者，非緣
> 故亦應緣生一切法，何得獨言法性是眞妄依持耶。若言法性非依持
> 黎耶是依持，離法性外別有黎耶依持，則不關法性。若法性不離黎
> 耶，黎耶依持即是法性依持，何得獨言黎耶是依持，又違經，……
> 又違龍樹。……當知四句求心不可得，求三千法亦不可得。〔註146〕

意即，不論從地論以心具一切法，或從攝論以緣具一切法，又或言法性生一切法，皆是有違經義（法華）與有違龍樹之論的外道之見。

其次，爲了確立西方淨土的眞實性，他反對禪宗向以「唯心淨土」而否定「他方淨土」的態度，如博山禪師有淨土偈云，「淨心即是西方土」，這是將西方淨土納入本心之中，從而以本心爲淨土之依歸，故心淨則佛土淨。換

大藏經》，冊36，頁275c。

〔註141〕原文見《法華玄義》卷九：「決了麤因同成妙因。決諸麤果同成妙果。故低頭舉手，著法之眾，皆成佛道。更無非佛道因。」（見《大正藏》，冊33，頁795c。）

〔註142〕原文見《法華玄義》卷一：「令開示悟入佛之知見。」（《大正藏》，冊33。頁682a。）

〔註143〕語見蕅益智旭：《金剛經破空論》。《續藏經》，冊25，頁139a。

〔註144〕能生能含一切萬法之「心」，如華嚴所謂之「眞常心」，故云「性起」。而天台圓教所謂之「心」，乃「一念無明法性心」，非能含能生萬法，以萬法本具，故云「一念心具」，或云「性具」。

〔註145〕見《摩訶止觀》卷九。《大正藏》，冊46。頁54a-54a。

〔註146〕《摩訶止觀》卷九。《大正藏》，冊46，頁54b。

言之，西方淨土只是一種方便、權說，實際上並無眞實性。智旭認爲，這是「以因攝果」的說法，不予認同。是故他另造「淨土偈」十四首，期「以果明因」，藉此強調「淨土」的眞實性。偈云：

> 西方即是唯心土，無上深禪不用參，佛向念中全體露，更生疑慮大癡憨。西方即是唯心土，離土談心實倒顚，念念總皆歸佛海，生盲重覓祖師禪。西方即是唯心土，得見彌陀始悟心，寸土不存非斷滅，堂堂相好寂光身。西方即是唯心土，欲悟唯心但念西，舌相廣長專爲此，更求玄妙抑合癡。西方即是唯心土，無相非從相外求，擬欲將心取無相，靈龜曳尾轉堪憂。西方即是唯心土，未識西方豈識心，逝子謬希圓頓解，拾將落葉當黃金。西方即是唯心土，更覓唯心見已達，光影揣摩成活計，蓮邦何日薄言歸。西方即是唯心土，擬撥西方理便乖，極樂一塵同刹海，假饒天眼未知涯。西方即是唯心土，趁到同居第一關，但得九蓮能托質，寂光何慮不時還。西方即是唯心土，土淨方知心體空，一切境風猶掛念，云何妄說任西東。西方即是唯心土，莫把唯心旨趣誣，迷悟去來元藏性，謾言平等卻成迂。西方即是唯心土，白藕池開不用栽，一念頓教歸佛海，何勞少室與天臺。西方即是唯心土，三昧中王道最微，瞥爾生疑千古隔，咬釘嚼鐵莫依違。西方即是唯心土，慧日高懸第一機，事理雙融眞淨業，現前何法不玄微。〔註147〕

總結其意，西方淨土並非無相，是眞實客觀存在的，但是它要由心去把握，由心去認識，因此，淨土的眞實性，正是「唯心」來保障的。故智旭於《金剛經破空論》中云：

> 夫土有四種，……所化眾生，既非性外，所取佛土，豈離自心。故《淨名》云，隨其心淨即佛土淨。實非離於心性，別有外依報境可莊嚴也。是故諸佛種種心內眾生，還依淨心之業，隨其修力，生於眾生心內諸佛土中。所謂五濁障輕，生同居淨，體法斷惑生方便淨，圓妙三觀生實報淨，究竟智斷生寂光淨。如此能化所化，能生所生，皆惟心故。性離造作，若達心外無土，淨心即是淨土。〔註148〕

〔註147〕見蕅益智旭撰，成時編：《靈峰蕅益大師宗論》卷第十之一〈淨土偈十四首〉。《嘉興大藏經》，冊36，頁417b-417c。
〔註148〕見蕅益智旭：《金剛經破空論》。《續藏經》，冊25，頁138c-139a。

　　既然西方淨土是「唯心」來把握，「唯心」來保障的，因此，可言「心外無土」，則「淨心」即是「淨土」。由此可見，智旭以能化、能淨、能生、能住一切法而言「心」，並由此「心」來保障一切法，實在與天台山家義旨是完全不同的。

　　但是，淨土雖然是真實存在的，仍有等級上的差異，智旭模仿智者亦將淨土分作四種，如其所云：

> 信願持名，消伏業障，帶惑往生者，即是凡聖同居淨土。信願持名，見思斷盡而往生者，即是方便有餘土。信願持名，豁破一分無明而往生者，即是實達莊嚴土。信願持名持到究竟之處，無明斷盡而往生者，即是寂光淨土。〔註149〕

就上分析，不同的是，智者大師所謂的四種淨土，乃因眾生心之染（無明）淨（法性）而分，所謂「修心妙觀，能感淨土」〔註150〕，然而，就圓融三觀觀一境三諦而言，實無分別，並是實相，所謂「以心觀淨，則佛土淨」〔註151〕，就此而論，亦與穢土無二無別，此其「法住法位，世間相常住」之實義，即如知禮《觀音玄義記》所云：「應知生佛依正，及己色心皆是法界，無不具足三千三諦，故內外自地皆是妙境。」〔註152〕而智旭的這四種淨土，乃是隨著眾生「信願持名」的「修力」不同而有所差別。

　　首先，顯然的，「智旭所理解的持名念佛的關鍵是破除煩惱、無明，而持名之所以能達到斷無明的結果，則在於此『持名』其實是建立在『觀心』背景下的」〔註153〕。如其又云：

> 所持之佛名，無論悟與不悟，無非一境三諦；能持之念心，無論達與不達，無非一心三觀。只為眾生妄想執著，情見分別，所以不契圓常。殊不知能持者即是始覺，所持者即是本覺。今直下持去，持外無佛，能所不二，則始覺合乎本覺，名究竟覺。〔註154〕

〔註149〕見蕅益智旭撰，成時編：《靈峰蕅益大師宗論》卷第四之一〈持名念佛歷九品淨四土說〉。《嘉興大藏經》，冊36，頁327c。

〔註150〕見智顗：《佛說觀無量壽佛經疏》。《大正藏》，冊37，頁188c。

〔註151〕《佛說觀無量壽佛經疏》，頁188b。

〔註152〕見知禮：《觀音玄義記》（卷2）。《大正藏》，冊34。頁907b。又，另關於智者「四淨土」之義涵，詳見本章第一節之論述，此處茲不再贅。

〔註153〕援見潘桂明、吳忠偉：《中國天臺宗通史》，頁770。

〔註154〕見蕅益智旭撰，成時編：《靈峰蕅益大師宗論》卷第四之一〈持名念佛歷九品淨四土說〉。《嘉興大藏經》，冊36，頁328a。

智旭將「持名」分作「能持」與「所持」,「能持」者「(念)心」也,即「一心三觀」;「所持」者,「(佛)名」也,即「一境三諦」。因此,「持」即「觀」,「持名」即是以一心三觀觀一境三諦,「能所不二」即是心(始覺)佛(本覺)合一。此處,智旭並未特別說明三觀三諦之義涵,然,若就其所言,則一境三諦所照顯者即佛,而一心三觀所觀照者即心,由此顯見,心、佛自住,且心、佛非一爲二,此其所以言「無論悟與不悟」,「無論達與不達」,且修證工夫爲「直下持去」之故,雖云究竟「能所不二」,「始覺合乎本覺」,然與天台圓旨已大相逕庭。

天台圓教所謂之「一心三觀」者,如智者所云:

> 一心中三觀,從假入空觀,亦名二諦觀,從空入假觀,亦名平等觀,二空觀爲方便,得入中道第一義諦觀,心心寂滅自然流入薩婆若海。
> 〔註155〕

又,

> 一心三觀者。……三智實在一心中,得祇一觀而三觀,觀於一諦而三諦,故名一心三觀,類如一心而有生住滅,如此三相在一心中。
> 〔註156〕

是則一心三觀者,乃即空即假即中之圓融三觀,觀於境之一諦而圓融三諦,然此三即三,故云「得入中道第一義諦觀」。故而,一心三觀亦即般若觀,照了分明,見諸法實相,故知禮復云:「觀字即是清淨智慧寂而常照。故屬般若。」〔註157〕是則,天台乃一心三觀觀三諦一境,能觀即所觀,非爲二也。

其次,如前所言,智旭以淨土隨「淨心之業」的「修力」不同而有所差別,因此,他特別強調實際的「修力」,也就是「修行功夫」。他的修行法門有兩個方面:一是「信」、「願」,一是「念」;也就是「解」與「行」。如其云:

> 真學以解行雙到爲宗趣,非開解無以趨道,非力行無以證道。而解行又有大小、頓漸不同:若但求一出生死法門,自度脫者,小解小行也;若遍通一切法門,自利利他者,大解大行也。若先解後行者,漸也;若知解行同時,隨文入觀,不離語言,而得解脫者,頓也。

〔註155〕《觀無量壽佛經疏》卷一。《大正藏》,冊37,頁187b。
〔註156〕《觀無量壽佛經疏》,頁187c。
〔註157〕《觀無量壽佛經疏妙宗鈔》卷一。《大正藏》,冊37,頁199b。

〔註158〕
可見，「修」若有眞實大義，須解、行雙具。〔註159〕然則，此處「不離語言，而得解脫」之「解脫」，並不等同於「究竟涅槃」之解脫。前已述及，淨土並非由修證境界高下來保障，而是由「修力」強弱來證取。就此而言，智旭解消了淨土與涅槃二者之間，權實高下的判釋，同時也弱化了「涅槃」的追求與迷思，但亦同時，則更增強了對於現世人間的修證與實踐，因爲，「深心弘願，決志求生，不惟上上方便，是其資糧，將世、出世一切方便，無非往生左券」〔註160〕，「懺悔之力，亦能往生，況持戒修福，種種勝業」〔註161〕。

　　因此，他將知禮的「約心觀佛」解作「約信觀佛」，故「唯心」之「心」即是「信」，「唯心」即等同於「唯信」，換句話說，淨土存在的保障，與其說「唯心」，在此被他轉化成更爲有力的「唯信」，並由「信」而「願」。如其所云：

　　　　若欲速脫輪回之苦，莫如持名念佛，求生極樂世界。若欲決定得生
　　　　極樂世界，又莫如以信爲前導，願爲後鞭。信得決，願得切，雖散
　　　　心念佛，亦必往生。信不眞，願不猛，雖一心亂，亦不得生。〔註162〕

智旭認爲，決定得生西方淨土與否的最大關鍵在於「信」及「願」，「信得決，願得切」，則「雖散心念佛，亦必往生」，反之，「信不眞，願不猛」，則「雖一心亂，亦不得生」。然此由「信」而「願」，若無實際的「行」（實踐），則絕不可能而「證」達西方淨土。因此，他更重視「行」的眞功夫，也就是「念」，亦即「念佛三昧」〔註163〕，並「主張一切佛法無不歸於念佛三昧」〔註164〕。如其〈示念佛三昧〉云：

　　　　念佛三昧，名寶王三昧，三昧中土。凡偏、圓、權、實，種種三昧，
　　　　無不從此三昧流出，無不還歸此三昧門。蓋至頓圓之要旨，亦三根

〔註158〕見蕅益智旭撰，成時編：《靈峰蕅益大師宗論》卷第二之一〈示眞學〉。《嘉興大藏經》，冊36，頁276a。

〔註159〕語見潘桂明、吳忠偉：《中國天臺宗通史》，頁767。

〔註160〕見蕅益智旭撰，成時編：《靈峰蕅益大師宗論》卷第二之一〈示王心葵〉。《嘉興大藏經》，冊36，頁276b。

〔註161〕見《靈峰蕅益大師宗論》〈示法源〉。《嘉興大藏經》，冊36，頁275a。

〔註162〕見《靈峰蕅益大師宗論》〈持名念佛歷九品淨四土說〉。《嘉興大藏經》，冊36，頁327c。

〔註163〕又，智旭認爲，廣義的念佛，可以分爲三種：一、念他佛，二、念自佛，三、雙念自他佛。因與本文論旨不同，茲不在此討論。

〔註164〕見釋聖嚴：〈蕅益大師的淨土思想〉。張曼濤主編：《現代佛教學術叢刊》，65期，頁335。

普利之巧便也。〔註165〕

「信」、「願」如動力，而「念」如車之有輪，無動力無以發輪，無輪無以行前。此其特重「念佛三昧」，而爲其淨土思想之核心了〔註166〕。

　　總結上述，智旭的淨土思想，可歸納（依序）爲「心」、「信」、「願」、「念」四項特質。就其淨土思想乃具體修證並實踐上述四項特質而言，實爲一代「解行並重」的佛學宗師；然則，就其站在淨土思想的立場，「援教入淨土」〔註167〕，重新詮解天台對心、觀心、四土、以及實相的思想而言，亦無疑扭曲了天台佛學之圓教義涵。

　　綜上所述之台淨合流現象，或將天台「西方淨土化」，或將天台「唯心淨土化」，皆顯然是以淨土之思想來統攝天台，而非以天台教觀來融攝淨土。吾人以爲，此種以禪（唯心）、淨（念佛）思想詮解天台的現象，不僅非天台山家祖師欲以天台教觀圓詮淨土之思想本懷，更因此而或恐不免湮沒了天台之圓教義理〔註168〕與「即事而修」、「即俗而眞」之修證實踐精神。

〔註165〕見《靈峰蕅益大師宗論》卷第四之一。《嘉興大藏經》，冊 36，頁 322a。

〔註166〕參見釋聖嚴：〈蕅益大師的淨土思想〉，頁 335。

〔註167〕援見《中國天台宗通史》，頁 769。

〔註168〕如釋法藏言：「修淨土法門……學人曾提出『帶理念佛』的概念。所謂帶理念佛並不是指參『念佛是誰』的參禪念佛，而是對所念的每一句佛號，都能正念的認知其乃來自於一念現前的清淨心（這是一念三千的那一念「心」），而所念的佛號還返入現前的這一念清淨心中去。而所謂的極樂世界，既在十萬億佛國土之外，卻也不隔方寸，這正是用天臺「一念三千」的概念來念佛的。……這就是淨土教在修行的方法方面，應該要加以深化，配合天臺教觀的例子。」（見氏著：〈臺灣淨土教思想的發展〉一文。《佛藏》14 期，1999。）若就其所言，一念現前的清淨心即是「一念三千」的那一念「心」，則其以天臺之「一念心」即是「一念清淨心」。然則，觀諸天臺圓教所謂之「一念心」乃是「一念無明法性心」，「不縱不橫不可思議」。如智者云：「當知若色若識。皆是唯識。若色若識皆是唯色。今雖說色心兩名。其實只一念。無明法性十法界即是不可思議一心。具一切因緣所生法。一句名爲一念無明法性心。」（見《四念處》卷四。《大正藏》，冊 46。頁 578c。）又云：「一念心起即空即假即中者。若根若塵並是法界。並是畢竟空。並是如來藏。並是中道。云何即空。並從緣生。緣生即無主。無主即空。云何即假。無主而生即是假。云何即中。不出法性並皆即中。當知一念即空即假即中。並畢竟空。並如來藏。並實相。非三三而三三而不三。非合非散而合而散。非非合非非散。不可一異而一異。譬如明鏡。明喻即空。像喻即假。鏡喻即中。不合不散合散宛然。不一二三二三無妨。此一念心不縱不橫不可思議。」（見《摩訶止觀》卷二。《大正藏》，冊 46，頁 8c-9a。）是故彼以「一念清淨心」解天臺所謂之「一念心」，恐有山外義解之嫌，如孤山智圓所云：「自性清淨心即中道理

也。」（語見《維摩經略疏垂裕記》卷六。《大正藏》，冊38，頁786b。）此外，又如現代學者楊曾文於〈人間淨土思想與不二法門〉一文道：「智顗在《觀無量壽經疏》和《維摩經略疏》中把淨土分爲四種……三論宗的吉藏所著《法華游意》（應是法華玄論或法華義疏）、《大乘玄論》和其他一些學者都對淨土進行分類解釋，……雖然各種解釋存在很多差別，但不少的論述都認爲眞如法性是一切淨土的本體、本源，稱之爲『眞土』、『法性土』、『常寂光土』等，說它可以有不同的表現，很像《大乘起信論》中的「一心二門」或華嚴宗的「眞如不變隨緣」的說法，特別是認爲佛國淨土與現實世界不二，如同吉藏《大乘玄論》卷五所引的淨土與穢土是「一質二土」的說法，是相當有影響的一種說法。這種說法與前述《維摩經》的說法是一致的，後經禪宗以心性論對此加以發揮，成爲中國佛教界最具理論特色的淨土學說。」（見《人間淨土與現代社會——第三屆中華國際佛學會議論文集》。台北市：法鼓文化，1998，頁189。）將天台之「一念無明法性心」比之爲華嚴「眞如法性」（如山外然），又將天台「一切國土依正即是常寂光」（見《法華玄義》卷一。《大正藏》，冊33，頁688c。）之權實不二與三論宗之「一質二土」視爲一同，最後認定禪宗之心性論乃由此發揮……。凡此皆是不究明天台圓教義理，而隨意比擬，非但使天台教理不明，令人產生混亂，或亦恐有「陷墜本宗」（知禮語。見《十不二門指要鈔》卷一。《大正藏》，冊46，頁707a。）之憂也。

第四章　天台圓教之「人間性」與「人間淨土」義

第一節　天台圓教之「人間性」

本文所謂「人間性」之「人間」，意指吾人當下所身處之「人世間」[註1]，則天台圓教之「人間性」，乃指天台圓教所示之義理即具有強烈之「人間化」特性，與必即于人間修證之特質。如尤惠貞教授即認為，《法華經》中：「或有人禮拜，或復但合掌，乃至舉一手，或復小低頭，以此供養像，漸見無量佛。」[註2] 即蘊含了落實於現實生活中的具體修證之特質，而：

> 智者大師對於《妙法蓮華經》之洞見與詮釋，特別彰顯即于諸法之當體以證成佛法之特性與精神，所謂「低頭舉手皆是佛道」，乃至「一色一香皆是佛道」，即表示人間一切事物，其自身皆即是成就佛道之當體，如此的詮釋除了顯示智者大師所開展之圓教義理與圓頓觀行，具有很強的人間化之特性與精神；同時亦顯示天臺教觀與人間佛教之間可能的相互關涉。[註3]

[註1] 如《佛本行集經》云：「人世間，閻浮提地。」（《大正藏》，冊9，頁693b。）「人」即此「閻浮提」眾生。

[註2] 見《法華經》卷一，《大正藏》，冊9，頁9a。

[註3] 見尤惠貞：〈宗教與實踐——從天臺教觀的進路論人間佛教的修證〉，《當代儒學研究叢刊26》「跨文化視野下的東亞宗教傳統：體用修證篇」，台北：中研院文哲所，2010，頁155～156。

故《法華玄義》即云：「治生產業皆與實相不相違背，低頭舉手，開矙顯妙，悉成佛道。」〔註4〕治生產業，即人世間之一切生活事物與樣態，就此而言，則智者大師揭示了人世間之種種（諸法）之本質，其實即是實相、即是妙法，包含人（眾生）亦當體即是妙法，故《法華玄義》明「眾生法妙」云：

> 淨名云，觀身實相，觀佛亦然，諸佛解脫當於眾生心行中求。華嚴云，心佛及眾生是三無差別。……若廣眾生法，一往通論因果及一切法。若廣佛法，此則據果。若廣心法，此則據因。……眾生之法不可思議，雖實而權，雖權而實，實權相即，不相妨礙，不可以牛羊眼觀視眾生，不可以凡夫心評量眾生，智如如來乃能評量。何以故，眾生法妙故。〔註5〕

郭朝順教授認為，「若廣眾生法，一往通論因果及一切法」含括了修行解脫的因與果兩個方面，推而廣之，因果便即含攝了一切諸法，而這個說法，顯示了天台思想的重大方向，即：

> 佛教乃是站在眾生立場上所建立的解脫學，佛經並不是以無情世界的存有為討論對象，而是以立於生死煩惱與寂滅涅槃之間的一切眾生，以這所有眾生的本質，所謂如是相如是性如是體……，來宣說其實相的。智顗的一切法即等於眾生法，因此智顗心目中的佛教、佛經，是以眾生之解脫為核心的經教，而非抽象或孤絕地談宇宙之大道或天地之真理，因此所謂諸法實相，也一樣是以眾生法為中心的。〔註6〕

不脫離眾生法而言解脫，意即即于眾生法而得解脫，因此，天台圓教之「人間性」，即其教法乃是以一切眾生之究竟解脫為目的，故以一切眾生為對象而示之以圓義圓理與圓頓教法。則其修證，即一切時中，一念心即于人世間一切事、境之如實圓頓觀行，如《修習止觀坐禪法要》云：

> 若隨緣對境而不修習止觀，是則修心有間絕，結業觸處而起，豈得疾與佛法相應。若於一切時中，常修定慧方便，當知是人必能通達一切佛法。云何名歷緣修止觀？所言緣者，謂六種緣，一行、二住、

〔註4〕　見《法華玄義》卷二，《大正藏》，冊33，頁714b。
〔註5〕　見《法華玄義》，頁693b-694a。
〔註6〕　見郭朝順：〈智顗「五重玄義」的佛教詮釋學〉，《世界中國哲學學報》，創刊號，2000，頁138。

　　三坐、四臥、五作作（下祖臥切）、六言語。云何名對境修止觀？所
　　言境者，謂六塵境，一眼對色，二耳對聲，三鼻對香，四舌對味，
　　五身對觸，六意對法，行者約此十二事中，修止觀故名爲歷緣對境
　　修止觀也。〔註7〕

如上所言，則天台圓教所謂之觀行，乃於日常生活，一切時中，即于一切行、
住、坐、臥、作作、言語中，包含吾人因眼、耳、鼻、舌、身、意所起對色、
對聲、對香、對味、對觸、對法之即觀即照。而其所以爲圓義圓理，則在於
其所言「一色一香無非中道」中所透顯之「諸法實相」義，換言之，於天台
圓教義下，成就佛道並非革除（或隔斷）任何一法而成就，乃「即于九法界
之任一法而成佛」〔註8〕，故亦保障了一切法存在之必然性〔註9〕，即，諸法
既爲實相，故無一法可得，亦無一法可滅。故眞正的圓頓教法，乃不以求斷
（出離）此「人世間」而爲解脫之「圓斷」〔註10〕，或謂「明脫」，《維摩詰
經》云：

　　不斷婬怒癡亦不與俱，不壞於身而隨一相，不滅癡愛起於明脫，以
　　五逆相而得解脫，亦不解不縛。〔註11〕

　　意即，解脫必即于婬怒癡而爲解脫，必即于身而爲解脫，必即于癡愛而
爲解脫，必即于五逆相而爲解脫，換言之，解脫必即于一切惡事而爲解脫，
故解脫乃非脫離或隔斷客觀的一切惡事、種種惡法而言解脫。則如《摩訶止
觀》所言：

〔註7〕　見《大正藏》，冊46，頁467c。

〔註8〕　語見牟宗三：《佛性與般若》，頁599。

〔註9〕　此處所以謂「存在之必然性」，乃因如來藏恒沙佛法佛性無量無作具三千法（一
　　　　切法），故其圓滿體現，亦必即三千法（一切法）而體現，故法身常住，無有
　　　　變易，故荊溪云：「三千在理，同名無明。三千果成，咸稱常樂。三千無改，
　　　　無明即明。三身並常，俱體俱用。」（語見《法華玄義釋籤》（《大正藏》33
　　　　冊，頁919a。）牟先生認爲：「本來佛教講無自性，要去掉『存有』，根本不
　　　　能講存有論；但是就著佛性把法的存在保住，法的存在有必然性而言，那麼
　　　　就成功了佛教式的存有論。」（語見氏著《中國哲學十九講》，台北市：學生
　　　　書局，1993，頁362。）故成佛必即于九法界而成佛，必備一切法而爲佛，此
　　　　即保住了一切法存在之必然性。

〔註10〕　語見《佛性與般若》：「即于淫怒癡而得解脫，此名曰『不斷斷』，亦曰『不思
　　　　議斷』，或『圓斷』。『不斷斷』者，不客觀地斷除或隔離淫怒癡等非道之惡事
　　　　而主觀地即得『解心無染』也。」（見頁600。）

〔註11〕　《大正藏》，14冊，頁540b。

若最後窮無明源愛取畢竟盡，故名究竟般若，識等七果盡，故名究竟法身，行有盡，名究竟解脫。雖言斷盡，無所可斷，不思識（議）斷，不斷無明愛取而入圓淨涅槃，不斷名色七支而入性淨涅槃，不斷行有善惡而入方便淨涅槃。淨名云，以五逆相而得解脫，亦不縛不脫。〔註12〕

綜上所言，欲說明天台圓教之「人間性」，意即說明天台圓教所言之吾人即境即事當下「一念心」之義涵，以及由「一念即具三千」與「十界互具」思想，所揭示而出之「一切治生產業」皆與實相「不相違背」〔註13〕之「中道實相」義，亦即，天台圓教所揭示之「一色一香無非中道」與「是法住法位，世間相常住」之「諸法實相」義。

一、「一念三千」義

欲明天台圓教「一念三千」之義涵，首先需明「一念心」之特殊義涵。關於「一念心」，智者《摩訶止觀》云：「言一念，不同世人取著一異定相一念。乃是非一非異而論一耳。」〔註14〕可知，天台圓教所謂「一念心」之「一念」，非定質定相之「一念」，其具有特殊之義涵，如知禮《十不二門指要鈔》解荊溪「一期縱橫，不出一念」〔註15〕即云：

> 今為易成妙解妙觀故，的指一念，即三法妙中特取心法也。應知心法就迷就事而辨。……四念處節節皆云觀一念無明心，止觀初觀陰入心九境，亦約事中明心，故云煩惱心病心乃至禪見心等，及隨自意中四運心等，豈非就迷就事辨所觀心。〔註16〕

此處知禮明言，「一念」乃「就迷就事而辨」，又舉智者《四念處》云「觀一念無明心」〔註17〕，及《止觀》「觀陰入心九境」〔註18〕，可知，天台圓教所

〔註12〕 見《摩訶止觀》卷二十一，《大正藏》，46 冊，頁 127a。

〔註13〕 見《法華文句》卷十：「此經所說以實相入真。決了聲聞法。是諸經之王。實相入俗一切治生產業不相違背。」（《大正藏》34 冊，頁 143c。）

〔註14〕 見《摩訶止觀》，《大正藏》，冊 46，頁 127b。

〔註15〕 《十不二門》卷一，《大正藏》46 冊，頁 703a。

〔註16〕 《十不二門指要鈔》卷二十一，《大正藏》46 冊，頁 706b。

〔註17〕 智者《四念處》云：「此之觀慧，只觀眾生一念無明心，此心即是法性，為因緣所生，即空即假即中，一心三心，三心一心。」（見《大正藏》，冊 46，頁 578b。）

〔註18〕 《摩訶止觀》卷九云：「此十種境始自凡夫正報終至聖人方便，陰入一境常自

謂之「一念心」，乃陰識心、煩惱心、刹那心，而非凝然眞如心（如華嚴云）
〔註19〕。然天台所言之「一念心」雖是陰識心，卻與於五陰中所說之識陰爲
識心不同〔註20〕，亦與唯識中分說八識之妄識不同〔註21〕，因爲，上述兩種
識心皆爲「可思議」之心，如智者《摩訶止觀》云：

> 思議法者，小乘亦說心生一切法，……乃是有作四諦，蓋思議法也。
> 大乘亦明心生一切法，謂十法界也。若觀心是有有善有惡，……此
> 之十法邐迤淺深皆從心出，雖是大乘無量四諦所攝，猶是思議之境，
> 非今止觀所觀也，不可思議境者。〔註22〕

荊溪《輔行》釋此云：「由大小乘皆云心生。以教權故不云心具。」〔註23〕是
而可知，無論小乘、抑或大乘菩薩，皆以「心生」一切法，故心是「思議心」，
則法即爲「思議」之法。而天台圓教之「一念心」，乃非一非異之「不思議心」，
具「不可思議境」，如智者《摩訶止觀》云：

> 不可思議境者，如華嚴云，心如工畫師，造種種五陰，一切世間中，
> 莫不從心造。〔註24〕

《輔行》釋云：

> 言心造者不出二意，一者約理造即是具，二者約事不出三世。三世
> 又三，一者……無始來及以現在，乃至造於盡未來際一切諸業，不
> 出十界百界千如三千世間；二者……逐境心變名之爲造，以心有故
> 一切皆有，以心空故一切皆空；……三者……並由理具方有事用，

現前，若發不發恒得爲觀，餘九境發可爲觀，不發何所觀，又八境去正道遠，
深加防護得歸正轍，二境去正道近，至此位時不慮無觀薄修即正。」（見《大
正藏》，冊46，頁49c。）可見此十境皆就迷就事說心。

〔註19〕 華嚴所解之「心」，乃凝然眞心，即如來藏自性清淨心，或云眞性、眞常心。
如《華嚴經》云：「眞如不可破壞。……眞如性常清淨……眞如體性寂靜。……」
（見《大正藏》，冊10，頁162c）又《華嚴經隨疏演義鈔》云：「不生滅者。
是如來藏自性清淨心。」（見《大正藏》，冊36，頁235b。）凡此皆非天台所
云之「心」，故知禮斥山外諸師云：「有人解今一念云是眞性，恐未稱文旨，
何者若論眞性諸法皆是何獨一念，又諸文多云觀於己心，豈可眞理有於己他。」
（見《十不二門指要鈔》卷一，《大正藏》，冊46，頁706c。）

〔註20〕 五陰，又作五蘊。即色、受、想、行、識等五陰。

〔註21〕 八識，即眼、耳、鼻、舌、身、意、末那、阿賴耶等八識。

〔註22〕 《摩訶止觀》卷九。《大正藏》，冊46，頁52b-52c。

〔註23〕 見《止觀輔行傳弘決》卷二十一。《大正藏》，冊46，頁292c。

〔註24〕 《摩訶止觀》卷九。《大正藏》，冊46，頁52c。

今欲修觀但觀理具，俱破俱立俱是法界，任運攝得權實所現，如向
引經，雖復種種不出十界三世間等。〔註25〕

可見，「一念心」是「不思議境」者，乃以一切法爲「心造」，而非「心生」。
「心造」即「理造」，「造」即「具」，且具十界、百界、千如、三千世間，亦
即「一念心」具「三千法」而爲言。是故智者《摩訶止觀》復詳述之云：

夫一心具十法界，一法界又具十法界，百法界。一界具三十種世間，
百法界即具三千種世間。此三千在一念心。若無心而已，介爾有心，
即具三千。亦不言一心在前，一切法在後；亦不言一切法在前，一
心在後。例如八相遷物，物不在相前，物不被遷；相在物前，亦不
被遷。前亦不可，後亦不可。祗物論相遷，祗相遷論物。今心亦如
是。若從一心生一切法者，此則是縱。若心一時含一切法者，此即
是橫。縱亦不可，橫亦不可。祗心是一切法，一切法是心故。非縱
非橫，非一非異，玄妙深絕，非識所識，非言所言，所以稱爲不可
思議境，意在于此。〔註26〕

十法界，即地獄、餓鬼、畜生、阿修羅、人、天，稱爲六凡法界；聲聞、
緣覺、菩薩、佛，稱爲四聖法界，而此六凡四聖則統稱爲「十法界」〔註27〕。
此十法界互具互融，一一界中融攝其他九法界，從而構成百法界，而每一法界
的眾生又具足十如是〔註28〕之特性，如《法華玄義》卷二所云：「此一法界具十
如是，十法界具百如是；又一法界具九法界，則有百法界千如是。」〔註29〕而
此百界千如又各具三種世間〔註30〕，總成三千世間。是故即此而言，「一念心」

〔註25〕 見《止觀輔行傳弘決》卷二十一。《大正藏》，冊46，頁293a。
〔註26〕 見《摩訶止觀》卷五。《大正藏》，冊46，頁54a。
〔註27〕 見《華嚴經》卷三十九。
〔註28〕 《法華經》〈方便品〉云：「佛所成就第一希有難解之法，唯佛與佛乃能究盡
諸法實相。所謂諸法如是相、如是性、如是體、如是力、如是作、如是因、
如是緣、如是果、如是報、如是本末究竟等。」（見《妙法蓮華經》卷一。《大
正藏》，9冊，頁5c。）此「十如是」即《法華經》所闡述的諸法實相。相是
事物表現在外的差別性；性是事物內在的本質；體是事物的質料或實體；力
是事物潛在的一種功能；作是事物功能的造作實施；因是構成事物的親因；
緣是成就事物的助緣；果是因緣和合下所成的結果；報是結果的進一步延伸；
本末究竟等是從相之本到報之末皆爲究竟平等的一如，所謂即空、即假、即
中之中道實相。
〔註29〕 《法華玄義》卷二，《大正藏》，33冊，頁693c。
〔註30〕 《大智度論》卷四十七云：「得是三昧故，能照三種世間，眾生世間、住處世

雖是陰識心、煩惱心、剎那心，但卻是即具一切法，一念即具十法界三千世間法〔註31〕之「一念三千」；且亦即是「非縱非橫，非一非異，玄妙深絕，非識所識，非言所言」之不可思議境心。所以「不可思議」，是由於它「只心是一切法，一切法是心」，故非縱（心生一切法）亦非橫（心含一切法），即，十法界三千世間法，並非由心所生（如華嚴然），亦非一時具於一心之中，故不可以言說，非可以識識，故言不可思議心具不可思議境。故智者《摩訶止觀》云：

> 次，根塵相對，一念心起，即空即假即中者，若根若塵並是法界，並是畢竟空，並是如來藏，並是中道。…………當知一念即空即假即中，並畢竟空，並如來藏，並實相，非三而三，三而不三，非合非散，而合而散，非非合非非散，不可一異而一異，譬如明鏡，明喻即空，像喻即假，鏡喻即中，不合不散，合散宛然，不一二三，二三無妨。此一念心不縱不橫，不可思議，非但己爾，佛及眾生，亦復如是。《華嚴》云：「心、佛及眾生，是三無差別。」當知己心具一切佛法矣《思益》云：「愚於陰界入而欲求菩提，陰界入即是，離是無菩提。」《淨名》曰：「如來解脫當於眾生心行中求，眾生即菩提，不可復得，眾生即涅槃，不可復滅。」一心既然，諸心亦爾，一切法亦爾。《普賢觀》云：「毘盧遮那遍一切處。」即其義也。當知一切法即佛法，如來法界故。〔註32〕

「一念心起，……若根若塵並是法界」者，意即，眾生之一念心「即具」地獄、餓鬼、畜生、阿修羅、人、天、聲聞、緣覺、菩薩、佛十法界，即具一切佛法，即具一切法，故當吾人一念心起，當下即「趣」〔註33〕十法界任一

間、五眾世間。」（見《大正藏》，25 冊，頁 402a。）眾生世間，是指眾生自身的境地，也就是正報的有情世界；住處世間，即是眾生所居住的環境，即是依報的器世界；五眾世間，也叫五陰世間，是構成人體的五種要素。

〔註31〕所謂「十法界三千世間」者，即十法界詳展之而爲三千世間也。蓋一一法界皆具十法界，即成百法界。而百法界之每一法界皆具有十種眾生世間、十種五陰世間、十種國土世間，共三十種世間。故此三千種世間於百法界中即成三千世間也。（參見《摩訶止觀》卷五上，頁 54a。）

〔註32〕見《摩訶止觀》，頁 8c-9a。

〔註33〕《法華玄義》卷八云：「觀一心即三心，以此三心歷一切心，歷一切法，何心何法而不一三，一切法趣此心，一切心趣此法。如此觀心，爲一切語本、行本、理本。」（《大正藏》，33 冊，頁 778c-779a。）「趣」意即「即」，「即」即「具」，具一切法，故言「一切法趣」是「趣不過」，無一法可得，故《止觀輔行》云：「言一切法趣者，此中通教何故亦云一切法趣，然但云趣，不云是

法界，隨即呈顯此任一法界之存在樣態，故《法華玄義》即云：「心能地獄，心能天堂，心能凡夫，心能賢聖。」〔註34〕又華嚴亦云：「心如工畫師，畫種種五陰。」〔註35〕故上言陰界入即菩提，無別處求菩提，陰界入即是；無別處求解脫，眾生即涅槃，以己心具一切佛法，無一法可得，無一法可滅，一切法即佛法。故《止觀》復云：

> 若得此解，根、塵、一念心起，根即八萬四千法藏，塵亦爾，一念心起亦八萬四千法藏。佛法界，對法界，起法界，無非佛法。生死即涅槃，是名苦諦；……貪嗔亦是菩提，煩惱亦即是菩提，是名集諦；翻一一塵勞門，即是八萬四千諸三昧門，亦是八萬四千諸陀羅尼門，亦是八萬四千諸對治門，亦成八萬四千諸波羅蜜。無明轉，即變爲明，如融冰成水，更非遠物，不餘處來，但一念心，普皆具足。如如意珠，非有實，非無實，若謂無者，即妄語，若謂有者，即邪見，不可以心知，不可以言辯，眾生于此不思議不縛法中，而思想作縛，于無脫法中而求于脫。〔註36〕

「佛法界，對法界，起法界，無非佛法」，即一切法即佛法，則八萬四千塵勞皆是波羅蜜，，煩惱亦即是菩提，故無一法可去；生死即涅槃，亦無一法可得。是則相較華嚴於「一心開二門」〔註37〕下所言之「轉染成淨」，去無明而後顯眞如之「唯一眞心」，天台依智者大師所倡言之性具圓教，於面對「轉識成智」，「轉染成淨」之問題時，強調非必斷除一切虛妄分別之染污心，而唯肯定眾生當下之「一念心」，如牟先生所云：「于此『一念無明法性心』而言其是染是淨：一念迷則三千法皆虛妄分別，一念覺則三千法皆眞實如理。」

趣不過及不可得，故屬通教。」（《大正藏》，46 冊，頁 199c。）

〔註34〕 見《法華玄義》，《大正藏》，33 冊，頁 685c。

〔註35〕 見《大方廣佛華嚴經》，《大正藏》，9 冊，頁 465c。

〔註36〕 見《摩訶止觀》，頁 9a-9b。

〔註37〕 《大乘起信論》云：「依一心法，有二種門。云何爲二，一者心眞如門，二者心生滅門，是二種門皆各總攝一切法。此義云何，以是二門不相離故，心眞如者，即是一法界大總相法門體，所謂心性不生不滅，一切諸法唯依妄念而有差別，若離妄念則無一切境界之相，是故一切法從本已來，離言說相離名字相離心緣相，畢竟平等無有變異不可破壞，唯是一心故名眞如，以一切言說假名無實，但隨妄念不可得故，言眞如者，亦無有相，謂言說之極因言遣言，此眞如體無有可遣，以一切法悉皆眞故，亦無可立，以一切法皆同如故，當知一切法不可說不可念故，名爲眞如。」（見《大正藏》，32 冊，頁 576a）

〔註38〕故對法界一念心起，即空即假即中觀，若根、若塵即空即假即中，則若根、若塵無非法界，並畢竟空，並如來藏，並是中道。即一念心非但含藏八萬四千法藏，亦是八萬四千塵勞，八萬四千諸三昧門，八萬四千諸陀羅尼門，亦是八萬四千諸對治門，亦成八萬四千諸波羅蜜，故言「無明轉，即變爲明。如融冰成水，更非遠物，不餘處來」，即生死即涅槃，煩惱、貪瞋即菩提，一念無明即是煩惱，即是貪瞋，一念法性即是菩提，即是涅槃。

是則就天台圓教而言，所謂觀「一念心」，乃是即于三道，即于一切陰界入〔註39〕境而觀，如《法華玄義》「觀十二因緣」所云：

> 上上智觀者，觀受由觸，乃至行由無明，知十二支，三道即是三德，豈可斷破三德更求三德，則壞諸法相。煩惱道即般若，當知煩惱不闇，般若即煩惱，般若不明，煩惱既不闇，何須更斷。般若不明，何所能破，闇本非闇，不須於明，如耆婆執毒成藥，豈可捨此取彼。業道即是解脫者，當知業道非縛，解脫即業者，脫非自在，業非縛故，何所可離，脫非自在，何所可得，如神通人豈避此就彼耶。苦道即法身者，當知苦非生死法身即生死，法身非樂，苦非生死，何所可憂，法身非樂何所可喜，如彼虛空無得無失，不忻不戚。如是觀者，三道不異三德，三德不異三道。亦於三道具一切佛法。何者，三道即三德，三德是大涅槃，名祕密藏。〔註40〕

「煩惱道即般若」，「業道即是解脫」，「苦道即法身」，即於「不斷斷」中，就陰界入，即空即假即中而圓說之者，且亦即是一切法趣色、趣空、趣不有不空，「非有寶，非無寶」之不思議妙境。是則智者大師復釋之云：

> 若得此意，俱不可說，俱可說。若隨便宜者，應言「無明法法性」，生一切法。如眠法法心，則有一切夢事。心與緣合，則三種世間，三千相性，皆從心起。一性雖少而不無，無明雖多而不有。何者？指一爲多，多非多。指多爲一，一非少。故名此心爲不思議境也。〔註41〕

〔註38〕見牟宗三：《中國哲學十九講》。台北市：學生書局，1996。頁107。

〔註39〕《摩訶止觀》云：「陰界入不異無明，無明即是法性，法性即是法界，一切法趣行中是趣不過，一陰界入一切陰界入，一多不一不多不相妨礙，是名行中不思議境。」（見《大正藏》，冊46，頁100b-100c。）

〔註40〕見《大正藏》，冊33，頁711b。

〔註41〕見《摩訶止觀》。《大正藏》，冊46，頁55a。

　　故知，「一念心」雖不縱不橫、不可思議，然而若能眞切了解其「非縱非橫」的道理和原則，亦得隨方便法而說它「『無明法法性』，生一切法」。所謂「無明法法性」生一切法者，即「法性是一，故云『一性雖少而不無』，蓋法性必即于三千法而爲一性也。無明差別是多，故云『無明雖多而不有』，蓋無明差別法當體即空，一法不可得也。」〔註42〕此亦即謂，智者所言心之不思議境即「一切法趣一念心，是趣不過」〔註43〕之「一念三千」〔註44〕，而且具體言之，也就是「一念無明法性心」一句也。故智者《四念處》云：

> 當知若色若識，皆是唯識，若色若識皆是唯色，今雖說色心兩名，其實只一念，無明法性十法界即是不可思議一心，具一切因緣所生法，一句名爲一念無明法性心。〔註45〕

　　依智者大師之意，唯識宗所說之唯識，只是就一一法而「轉識成智」，這是以分解的方式來說明識心。然而，若觀心十法界，則十法界法即一切法，十界法無非一識，皆是一識，亦可皆是一色，則一切法趣識，一切法趣色，而其實無明法性十法界即不可思議一心，即一念無明法性心具一切因緣所生法。亦即，就此十法界法而觀之，則「若色若識，皆是唯識；若色若識，皆是唯色」，即是一切法趣識、趣色亦趣不過，若說色，即是識色，若說心，亦是色心。故知禮《指要鈔》云：

> 心之色心者即事明理具也，初言心者趣舉刹那也，之者語助也，色心者性，德三千也，圓家明性既非但理，乃具三千之性也，此性圓融遍入同居刹那心中此心之色心乃祇心是三千色心，如物之八相更無前後，即同止觀心具之義，亦向心性之義，三千色心一不可改故名爲性，此一句約理明總別，本具三千爲別，刹那一念爲總，以三

〔註42〕見牟宗三：《佛性與般若》下冊，頁610。

〔註43〕「一切法趣一念心，是趣不過」一語，牟先生云：「此即『不但中』，故曰圓中。此語本是《般若經》中表示『般若之作用的圓』之語。今將表示『般若之作用的圓』之『一切法趣』套于『存有論的圓』中說。」（見牟宗三：《佛性與般若》下冊，頁648。）

〔註44〕關於「一念三千」，牟先生云：「若只是分解說的識心，則不能說一念心即具三千。若只是分解說的眞心，則亦不能說此一念眞心即是三千世間法，而只能說它隨緣起現三千世間法。但此一念心，相應開權顯實之圓教，在『不斷斷』中，它必須存有論地圓具一切法——三千世間法。」（見《佛性與般若》下冊，頁604。）

〔註45〕《四念處》卷四。《大正藏》，冊46，頁578c。

千同一性故，故總在一念也。〔註46〕

因此，若圓說之，「其實只『一念無明法性』十法界，即是不可思議一心具一切『因緣所生法』」，故而十法界三千法，得收於「一念無明法性心」而說「唯色、唯聲、唯香、唯味、唯觸、唯識」。由此可知，依天台圓教所說之「一念心」，不只趣一念，實即是將唯識宗所說之唯識更進一層地開發決了〔註47〕，而爲圓說之「一念心」，則「它雖是無明識心，卻即是法性；它雖是煩惱，卻即是菩提；它雖是剎那，卻即是常住」〔註48〕，亦且是不可思議之「一念無明法性心」即具三千，故其法理之理，即空如實相中道之理，亦且是圓具的「不但中」〔註49〕之中道理。由此可知，既「無明法性十法界即是不可思議一心」，則「一念心」即是「一念無明法性心」，而更可言，「一念無明法性心」即具十法界，「一念無明法性心」即具一切法。故智者《摩訶止觀》「觀心是不可思議境」中云：

> 若隨便宜者應言無明法法性生一切法，如眠法法心則有一切夢事，心與緣合則三種世間三千相性皆從心起，一性雖少而不無，無明雖多而不有，何者，指一爲多多非多，指多爲一一非少，故名此心爲不思議境也。〔註50〕

又云：

> 無明法法性一心一切心，如彼昏眠，達無明即法性一切心一心，如

〔註46〕《十不二門指要鈔》卷一。《大正藏》，冊46，頁710b。

〔註47〕「開發決了」，「開」，亦即「開權顯實」；「發」，亦即「發跡顯本」；「決了」，即就圓於權而不了實者，暢通而了之。此意可詳見牟著《佛性與般若》下冊，釋「開權顯實，發跡顯本」處。見頁589〜591。

〔註48〕見《佛性與般若》（下冊），頁614。

〔註49〕「不但中」者，「即一切法趣某，是趣不過」之意。此處指圓教之「一念無明法性心」乃「一切法趣空、趣假、趣中之三千」，且亦爲「一切法趣色、趣聲、趣香、趣味、趣法、趣觸」，而不只是一念心。此「不但中」即是天台所以爲圓教之特質，《天台四教儀》云：「謂但不但，若見但中，別教來接，若見不但中，圓教來接。」（《大正藏》，冊46，頁778a。）意即，但中仍帶方便，故的指別教；不但中者，《法華玄義釋籤》云：「不但中攝一切法，中無中相故，云一相，此之一相入無量相，故云相入。」（《大正藏》，冊33，頁933c。）意即圓具一切法，故的指圓教。故此「不但中」，牟先生特云之爲「圓中」，如其云：「圓教之特色又在『一切法趣某，是趣不過』之一語，此即『不但中』，故曰圓中。」（見氏著：《佛性與般若》（下冊），頁647〜648。）

〔註50〕《摩訶止觀》卷九。《大正藏》，冊46，頁55a。

彼醒寤。〔註51〕

「蓋法性即無明，即成爲心也，是故心是無明心，同時亦是法性心。從『無明心』可以說一切法，從『法性心』則示具一切法之無明心當體即是空如之法性。」〔註52〕「從無明心說一切法，此是心具，因心始有緣起法故，有造作故；若圓說，則只心即一切法，只一切法即心，非縱非橫，故爲不思議境。法性不能緣起，亦無造作，法性無作，法性即無明，始有一切法。若以此『即無明』之法性爲主而言性具或理具，則法性之具一切法本只是法性之即于一切法而爲法性。『即于一切法』即是不離一切法。即由此『即而不離』而說性具。」〔註53〕是故可知，三千法非由一念心所生〔註54〕，乃無明法性同體依即而具〔註55〕，是則若在識中，即法性即無明時，一切法爲「迷」，爲「染」，即念具三千，識具三千；若在智中，即「無明即法性」時，一切法爲「悟」，爲「淨」，即智具三千。此染淨不二，故智識不二，而三千不改，故總云「一念無明法性心即具一切法」，「一念無明法性心即具三千」，意即「性具三千」。

二、「十界互具」論

如前所言，天台言「一念心」即具十法界，而每一法界復含十法界，如此重疊爲言，即構成三千法界。故此「十界互具」論，正爲圓說「十界互融」。故智者《法華玄義》云：

今但明凡心一念即皆具十法界，一一界悉有煩惱性相惡業性相苦道性相，若有無明煩惱性相，即是智慧觀照性相，何者，以迷明

〔註51〕《摩訶止觀》卷九。《大正藏》，冊46，頁55c。

〔註52〕語見牟宗三：《佛性與般若》（下冊），頁785。

〔註53〕語見《佛性與般若》（下冊），頁785～786。

〔註54〕荊溪《輔行》云：「言心造者不出二意。一者約理，造即是具。二者約事，不出三世。三世又三。一者過造於現過現造當。如無始來及以現在。乃至造於盡未來際一切諸業。不出十界百界千如三千世間。二者現造於現。即是現在同業所感。逐境心變名之爲造。以心有故一切皆有。以心空故一切皆空。如世一官所見不同。是畏是愛是親是冤。三者聖人變化所造。亦令眾生變心所見。並由理具方有事用。今欲修觀但觀理具。俱破俱立俱是法界。任運攝得權實所現。」（《大正藏》，冊46，頁293a。）

〔註55〕見荊溪《維摩經玄疏記》云：「依他即圓者，更互相依，更互相即，以體同故，依而復即。」（引自《維摩經略疏垂裕記》。《大正藏》，冊38，頁830b。）相關論述詳見本節以下之討論論。

故起無明，若解無明即是於明，大經云，無明轉即變爲明，淨名
云，無明即是明，當知，不離無明而有於明，如冰是水，如水是
冰，又凡夫心一念即具十界，悉有惡業性相，祇惡性相即善性相，
由惡有善離惡無善，翻於諸惡即善資成，如竹中有火性，未即是
火事，故有而不燒，遇緣事成即能燒物，惡即善性未即是事，遇
緣成事即能翻惡，如竹有火，火出還燒竹，惡中有善，善成還破
惡，故即惡性相是善性相也，凡夫一念，皆有十界識名色等，苦
道性相，迷此苦道生死浩然，此是迷法身爲苦道，不離苦道別有
法身，如迷南爲北無別南也，若悟生死即是法身，故云苦道性相
即是法身性相也。〔註56〕

一念心起即具十法界，一一界中悉有煩惱性相、惡業性相、苦道性相，然而，
智者強調，「不離無明而有於明」，明與無明，非各自別物而客觀存在，如冰
之實相即是水，而水復能結成冰，是以，「無明轉即變爲明」，「翻於諸惡即善
資成」，一一界中之煩惱性相、惡業性相、苦道性相，亦即是菩提、即是善業、
即是解脫，十界互具，亦十界互融。故智者《法華文句》又云：

淨名云，一切煩惱之儔爲如來種，此明由煩惱道即有般若也。又
云，五無間皆生解脫相，此由不善即有善法解脫也，一切眾生即
涅槃相不可復滅，此即生死爲法身也，此就相對論種，若就類論
種。一切低頭舉手悉是解脫種，一切世智三乘解心即般若種，夫
有心者皆當作佛即法身種。諸種差別如來能知，一切種祇是一種，
即是無差別，如來亦能知，差別即無差別，無差別即差別，如來
亦能知，相體性，約十法界十如中釋，若論差別即十法界相，若
論無差別即一佛界相，差別無差別如來能知，差即無差無差即差，
如來亦能知。〔註57〕

又《觀音玄義》亦云：

地獄一界尚具佛果性相十法，何況餘界耶，地獄互有九界，餘界互
有亦如是，菩薩深觀十法界眾生，千種性相具在一心。〔註58〕

自地獄至佛之十界眾生，雖就其現實存在而言，乃是「各各因，各各果，不

〔註56〕《法華玄義》卷五。《大正藏》，冊46，頁743c-744a。
〔註57〕《法華文句》卷七。《大正藏》，冊34，頁94b-94c。
〔註58〕《觀音玄義》卷二。《大正藏》，冊34，頁889a。

相混濫」〔註59〕的，然就其「佛如眾生如，一如而二如」〔註60〕而言，則是平等互具的，故云，「地獄一界尚具佛果性相十法，何況餘界」，「地獄互有九界，餘界互有亦如是」。故前云若知一切煩惱之儔皆為如來種，則十法界諸種差別，只是一種，即無差別。而十法界一一性相，即煩惱、惡業、苦道是差別相，若明「由煩惱道即有般若」，即無差別，「一切眾生即涅槃相」，即一佛界相，無二亦無別。故知禮《拾遺記》復釋云：

> 若謂結佛界水為九界冰，融九界冰，歸佛界水，此猶屬別，若知十
> 界互具如水，情執十界局限如冰，融情執冰成互具水，斯為圓理，
> 薪火縛脫其例可知。

「情執十界局限如冰」者，即「法性即無明」，蓋十界之局限（差別相），皆因無明，是則十界下從凡夫、聲聞、乃至菩薩的種種生死、煩惱、淫怒痴，每一法界之差別法，差別相，其成為十界之差別，主要都是由于無明。故如牟先生所云，客觀的法之類聚于九法界而成為九法界之差別者，皆因一念無明，「凡夫的生命全在無明中，因此，其法界之法亦全在染著中。小乘斷見思惑，而不能斷塵沙惑，至如根本惑（無始無明）則只伏不斷，正因此故，而成其為小乘法界。菩薩斷及無明，而不斷盡，亦正因此而成為菩薩界。」〔註61〕是故智者《法華玄義》即云：

> 遊心法界者，觀根塵相對一念心起，于十界中必屬一界。若屬一界，
> 即具百界千法，于一念中悉皆備足。此心幻師于一日夜，常造種種
> 眾生，種種五陰，種種國土，所謂地獄假實國土，乃至佛界假實國
> 土，行人當自選擇何道可從。〔註62〕

「根塵相對一念心起，于十界中必屬一界」，亦即凡一起心動念，必為地獄、惡鬼、畜生、……乃至佛界其中一界，然此一念中，悉皆備足百界千法，故若能「融情執冰成互具水」，即「無明即法性」，即佛法界。知禮此處特別強調「融九界冰，歸佛界水」，此猶屬「別」，蓋若以為乃須斷除九界法方成佛法界，即非圓義〔註63〕，故智者《法華玄義》云：

〔註59〕 語見《摩訶止觀》卷九。《大正藏》，冊46，頁52c。
〔註60〕 語見《法華玄義》卷七。《大正藏》，冊46，頁771b。
〔註61〕 見牟宗三：《佛性與般若》，頁601。
〔註62〕 《法華玄義》卷一。《大正藏》，冊33，頁696a。
〔註63〕 見荊溪《法華文句記》云：「真如在迷能生九界。即指果佛為佛法界。故總云十。是故別人覆理無明為九界因。故下文中自行化他皆須斷九。九盡方名緣

決了麤因同成妙因，決諸麤果同成妙果，故低頭舉手著法之眾，皆
成佛道，更無非佛道因，佛道既成，那得猶有非佛之果，散善微因
今皆開，決悉是圓因，何況二乘行，何況菩薩行，無不皆是妙因果
也。〔註64〕

　　若必隔斷凡夫或小機之任一行，以為成佛必別是一套作法，則佛終不得
成，即有所成，亦不是圓佛。圓佛乃「如來藏恆沙佛法佛性」之圓滿體現，
如來藏即「一念無明法性心」，故圓滿體現，即必即三千法而體現之。〔註65〕
故荊溪「明染淨不二門」即云：

三千因果，俱名緣起，迷悟緣起，不離剎那，剎那性常，緣起理一，
一理之內，而分淨穢。別則六穢四淨，通則十通淨穢。故知剎那，
染體悉淨，三千未顯，驗體仍迷，故相似位成，六根遍照，照分十
界，各俱灼然，豈六根淨人謂十定十，分真垂跡，十界亦然，乃至
果成，等彼百界。〔註66〕

知禮《指要鈔》釋云：

以在纏心變造諸法，一多相礙，念念住著，名之為染：以離障心，
應赴眾緣，一多自在，念念捨離，名之為淨。今開在纏一念染心，
本具三千，俱體俱用，與淨不殊，故名不二。〔註67〕

蓋三千世間法，法門不改，染淨有別。只因心迷即染，染著則三千世間法，
一起俱染，雖二乘、菩薩、佛法門亦染，則六道眾生為穢，四聖是淨，一一
差別，故知禮解之云，「一多相礙，念念住著」。又，心悟即淨，即解心無染，
則三千世間法一起俱淨，雖地獄、惡鬼、畜生法門亦淨，通而言之，以解心
無染故，知禮解之云，「一多自在，念念捨離」。六道四聖俱可為淨，亦俱可
為穢，「俱體俱用，與淨不殊」。

　　是則可知，成佛必即于凡夫、二乘、菩薩之任一行而成佛，擴大之，必
即于九法界（六道眾生加聲聞緣覺與菩薩）之任一法而成佛。〔註68〕是故灌

<hr/>

了具足。足故正因方乃究顯。」（見《法華文句記》卷一。《大正藏》，冊34，
頁171a。）
〔註64〕《法華玄義》卷九。《大正藏》，冊33。頁795c-796a。
〔註65〕參見《佛性與般若》，頁647。
〔註66〕見荊溪：《十不二門》卷一。《大正藏》，冊46，頁703c。
〔註67〕見《十不二門指要鈔》卷二。《大正藏》，冊46，頁716a。
〔註68〕參見牟宗三：《佛性與般若》。頁599。

頂《觀心論疏》云：

> 九界之種是塞，佛界之種是通，又十界即一界即非通非塞，一界即
> 十界即而通而塞。〔註69〕

「九界之種是塞」，其塞即無明不斷，「佛界之種是通」，至佛究竟斷，其究竟斷乃「不斷斷」，意即「不客觀地斷除或隔離淫、怒、痴等非道之惡事，而主觀地即得「解心無染」。」〔註70〕此方爲徹底而圓滿的究竟斷，故爲「通」。「十界即一界即非通非塞」，言九法界原以「無明」而言「不斷」，既開權顯實已，彼此乃互具互融則皆成妙法而曰「斷」。但此「斷」乃是「不斷斷」、「不思議斷」、「圓斷」。即一切法，百界千如，十界互具、互融而爲佛法身，非情執十界，必隔斷九法界而後方能成佛，故稱「圓斷」。即如知禮《教行錄》所言：

> 問，同體如何說九界權相。答，若據同體言之，則百界一念不可分
> 別。今說九界權相者，蓋佛界九界不分而分，則非權非實，而權而
> 實也。何者，雖九權皆實，而相相宛然，淨之與穢參而不雜。且如
> 地獄一界，雖具十界，豈以地獄性相便同畜生等性相耶。故知九權
> 是三千少分，不妨非局而局，無差而差，一實是三千全分，故能非
> 遍而遍，差而不差，但以一實不出九權，少分不離全分，故云同體
> 也。若理若果，莫不咸然。如荊溪云，物理本來性具權實。又云，
> 至果契本權實，豈同他宗謂理無九界，果唯一眞，同體權相，何由
> 可說。〔註71〕

非權非實者，九界權皆實也，而與一實佛法界，互融爲十法界，則佛界雖亦有其餘九法界之煩惱、苦道、惡相，卻能「解心無染」，不受其影響，故能「病除而法存」也，即於「不斷斷」中就九法界而成佛，此即「差而不差」；然則，「雖九權皆實，而相相宛然」，意即，地獄一界，雖與具九界，其性相豈等同畜生、緣覺、菩薩、佛等性相？是故，而權而實者，十法界「不妨非局而局」，則佛界與九法界，不分而分，此即所謂「無差而差」。然則，一實不出九權，「差即無差，無差即差」〔註72〕，謂之「同體」，即人間界與其它九法界，十界互融也。

〔註69〕灌頂述：《觀心論疏》卷五。《大正藏》，冊46，頁620b-620c。
〔註70〕見《佛性與般若》。頁600。
〔註71〕《四明尊者教行錄》卷三。《大正藏》，冊46，頁881a-881b。
〔註72〕語見《法華文句》卷七。《大正藏》，冊34，頁94c。

三、「諸法實相」義

天台圓教之「諸法實相」義，表現在其「不斷斷」之圓義上，即在不斷斷中，顯出一主觀的解心無染，與客觀的存在之法之兩不相礙而並存，此即《維摩詰經》所謂之「但除其病而不除法」〔註73〕義，意即，於一切法，皆能如實而如理地觀照之，則一切法皆是妙法，如《法華玄義》云：

謂開一切愛見煩惱即是菩提，故云：「觀一切法空如實相。」

開一切生死即是涅槃，故云「世間相常住。」

開一切凡人即是妙人，故云：「一切眾生皆是吾子。」

開一切愛見言教即是佛法，故云：「若說俗間經書，治生產業，皆與實相不相違背。」

開一切眾生即是妙理，故云：「爲令眾生開佛知見」，示悟入等亦復如是。

開一切小乘法即是妙法，故云：「決了聲聞法，是諸經之王。」

開一切聲聞教，故云：「佛昔于菩薩前毀訾聲聞，然佛實以大乘而見教化。」

開一切聲聞行即是妙行，故云：「汝等所行是菩薩道。」

開一切聲聞理即是妙理，故云：「開方便門，示眞實相。」

開諸菩薩未被妙者今皆得圓，故云：「菩薩聞是法，疑網悉已除。」

別教有一種菩薩，三藏亦有一種菩薩，通教一種菩薩，未決了者，今皆開顯。〔註74〕

上謂「開一切愛見」，故「煩惱即菩提」，「開一切生死即是涅槃」，故「世間相常住」，及「開一切愛見言教即是佛法」，故「治生產業，皆與實相不相違背」，凡此開決，皆示客觀之「法」與主觀之「無明」並非爲一，是以，主觀之無明可「斷」，而客觀之法乃「不可斷」，此即「不斷斷」。「不斷斷」者，即「不思議斷」，即「不客觀地斷除或隔離淫怒痴等非道之惡事而主觀地即得『解心無染』也」〔註75〕。然則何以能「不斷斷」？《法華經》云：「是法住

〔註73〕見《維摩詰所說經》卷二。《大正藏》，冊14，頁545a。

〔註74〕見《法華玄義》卷九，《大正藏》，冊33，頁792b-792c。

〔註75〕語見牟宗三：《佛性與般若》，頁600。

法位，世間相常住。」〔註76〕此即示世間法乃爲常住，無可變易，意即，人間之諸法亦爲常住之法，則諸法之客觀存在乃爲一「必然的存在」，故無一法可去，亦無一法可得。更進一步言，則三千世間法既無一法可去，故除佛界外，舉凡九界法，菩薩、……乃至地獄、惡鬼、……一切眾生，任一法界法，亦皆爲必然的存在。然若欲保障一切法之存在，肯認其必然性，則須先明一切法之根源，與對於根源之合理說明，而此即圓教之所以爲圓故，意即，天台圓教所圓闡之「從無住本立一切法」義。〔註77〕

《維摩詰所說經》〈觀眾生品第七〉云：

〔文殊師利〕又問：善不善孰爲本？

答曰：身爲本。

又問：身孰爲本？

答曰：欲貪爲本。

又問：欲貪孰爲本？

答曰：虛妄分別爲本。

又問：虛妄分別孰爲本？

答曰：顛倒想爲本。

又問：顛倒想孰爲本？

答曰：無住爲本。

又問：無住孰爲本？

答曰：無住則無本。文殊師利！從無住本立一切法。〔註78〕

〔註76〕見鳩摩羅什譯：《妙法蓮華經》，《大正藏》，冊9，頁9b。

〔註77〕天台圓教之「從無住本立一切法」，即是對於一切法之根源以及其存在之必然性有一說明，然此並非否定佛教「緣起性空」之基本法則。如牟先生所云：「釋迦講十二緣生，自無明說起，則好像無明與差別同一化，即主觀的執與客觀的存在同一化，沒有把『法門不改』底意義留出來。因此，除無明，便無法說差別，亦不能說還有客觀的存在，因爲一切存在皆是緣無明而起。這樣一來，則一旦滅度，便成什麼也沒有。這或許就是小乘說『灰身滅智』爲涅槃之所由，這不能免於虛無主義之咎過。但是佛教不是亦不應是虛無主義。因此，我們必須說：釋迦十二緣生乃是隨順眾生自無始以來的執著說，這是粘附於無明說存在，存在既可以粘附於無明而緣起，在此，它就是執的存在，現象的存在，它亦可以不粘附無明而緣起，在此，它就是緣而非緣，起而不起的如相實相的法之在其自己。」（見氏著：《現象與物自身》。台北市：學生書局，1996，頁408～409。）

〔註78〕見《維摩詰所說經》〈觀眾生品第七〉，《大正藏》，冊14，頁547c。

　　由此六番問答最後可知，一切法究竟無所住、亦無所本，一切法（包括無明），全是空無自性，只是緣起性空。故鳩摩羅什解曰：「法無自性，緣感而起。」〔註79〕空無自性而諸法宛然，此即「從無住本立一切法」。而天台則由此更進一步將法性與無明結合在一起，而言「從一念無明法性心立一切法」。見荊溪《法華玄義釋籤》云：

> 從無住本立一切法者，無明為一切法作本。無明即法性，無明復以法性為本，當知諸法亦以法性為本。法性即無明，法性復以無明為本。法性即無明，法性無住處；無明即法性，無明無住處。無明法性雖皆無住，而與一切諸法為本，故云「從無住本立一切法」。〔註80〕

此「法性無住處，法性即無明。無明無住處，無明即法性」的來回相即，表明法性與無明非兩種不同的自住個體，而乃依他住之同體依即。荊溪《維摩經略疏》云：

> 煩惱之本，法性非煩惱，故言無住無本。既無有本。不得自住，依他而住。若說自住，望法性為他。亦得說是依他住也。說自住即別教意。依他住即圓教意。〔註81〕

又云：

> 是煩惱說法性體別，則是煩惱法性自住，俱名為自，亦可云離煩惱外別有法性法性為他，亦可法性為自離法性外別有煩惱煩惱為他，故二自他並非圓義，以其惑性定為能障，破障方乃定能顯理，依他即圓者，更互相依更互相即，以體同故依而復即。〔註82〕

此同體者，即指無明與法性當體即是，意即，「無明無住」，無明當體即是法性，非離無明外，別有法性；反之，「法性無住」，法性當體即是無明，非離法性外，別有無明，故無明與法性，同體「依而復即」。牟先生即云：

> 此種來回地「相即」明法性與無明非異體，乃即在「不斷斷」中而為同體之不思議境也。……此「一念心」（無住本）從無明處一骨碌即是法性，從法性處一骨碌即是無明：未動無明而言法性，未動法

〔註79〕見《注維摩詰經》，《大正藏》，冊38，頁386c。
〔註80〕見《法華玄義釋籤》，《大正藏》，冊33，頁920a-920b。
〔註81〕見《大正藏》，冊38，頁677a。
〔註82〕見於《維摩經略疏垂裕記》，《大正藏》，冊38，頁830b。

性而言無明。法性與無明在「不斷斷」中相即為一，即成「一念無明法性心」。〔註83〕

故「一念心」於無明處全是法性，於法性處全是無明，故其在「不斷斷」中，相即為一而成同體之不思議境，即成「一念無明法性心」。是故，「從無住本立一切法」，亦可從「法性立一切法」，總說為「從一念無明法性心立一切法」，則法性無住，法性即無明時，三千具是無明法；無明無住，無明即法性時，三千具為法性。故荊溪《十不二門》云：「三千在理，同名無明，三千果成，咸稱常樂。三千無改，無明即明，三千並常，俱體俱用。」〔註84〕又云：

> 從無住本立一切法，即是世間出世間有為無為一切諸法皆從無住本立，何者若迷無住則三界六道紛然而有，則立世間一切諸法，若解無住即是無始無明，反本還源發真成聖，故有四種出世聖法，故因無住立一切法。〔註85〕

「從無住本立一切法」，意即世間、出世間，一切有為無為法，皆從無住本立，是故「若迷無住」（法性即無明），則「三界六道紛然而有」，世間諸法一一森然〔註86〕；若解無明無住即是明，則「反本還源發真成聖」，「三千果成」，仍是「並常」、「無改」之三千。《法華玄義》亦云：

> 一切法趣有趣空趣不有不空為真實有二諦者，陰入界等皆是實法，實法所成森羅萬品，故名為俗，方便修道滅此俗已乃得會真。〔註87〕

換言之，一念心即具十法界，一念無明法性心即具三千世間法，則「無明即法性，即是覺，即是佛，即具淨三千而為佛。法性即無明，即是迷，即是眾生，即具染三千而為眾生。分別言之，法性空寂，圓具一切法，而一是皆空寂無相，是即實相。無明與法性同體，是即與法性同極。法性圓具一切法，而無明，因與之為同體同極故，亦可染著一切法，而一是皆成執相，亦即皆成煩惱。法性極至何處，無明隨之。法性達至何處，無明隨之。是則無明與法性同其廣大。法性圓具一切，無明亦遍滿一切。」〔註88〕故如此說之

〔註83〕見牟著《佛性與般若》下冊，頁611。
〔註84〕荊溪：《十不二門》卷一。《大正藏》，冊46，頁703c。
〔註85〕《維摩經略疏》卷八。《大正藏》，冊38，頁676c。
〔註86〕如智者《摩訶止觀》云：「法界者三義。十數是能依。法界是所依。能所合稱。故言十法界。又此十法各各因各各果。不相混濫故言十法界。」（見《大正藏》，冊46，頁52c。）
〔註87〕見《妙法蓮華經玄義》卷二，《大正藏》，冊33，頁702c。
〔註88〕見《佛性與般若》（下冊），頁982～983。

「無住本」，以及「從無住本立一切法」，便于一切法有一根源的解釋，並存有論地圓具一切法、保障一切法。

故圓教之所以爲圓者，即圓立一切法，保障一切法之存在，換言之，即解脫成佛非必隔斷九界法而後解脫成佛，亦即，客觀上並不斷除小機、凡夫、善法、惡相等九界之任一法，而主觀上卻能「解心無染」〔註89〕，亦即須圓具三千法而爲解脫，此方爲圓。如《維摩詰經》云：

> 不斷淫怒痴，亦不與俱。不壞于身，而隨一相。不滅痴愛，起于明
>
> 脫。以五逆相而得解脫，亦不解不縛。〔註90〕

所謂不斷淫怒痴、不壞于身、不滅痴愛，以五逆相等而得解脫者，解脫並不隔離或斷除種種「五逆相」而解脫，此前所謂「五無間皆生解脫相」〔註91〕；換言之，解脫須即此「五逆相」而得解脫，倘能「不染不雜」，即能不解不縛，這就是所謂的「不斷斷」，「不思議斷」、「圓斷」〔註92〕。故在此「不斷斷」中，即顯出主觀的解心無染與客觀存在之法之兩不相礙，所以能在此「不斷斷」上圓立一切法。

然而，客觀的「解心無染」亦不是獨自成一個清淨的、覺悟的實體擺在那裡，它是即一切法而存在於一切法之中的，「即于一切法之法理之如而當體即如其如而如之」〔註93〕。因此，雖則凡夫有凡夫的愛見、生死、煩惱，而聲聞、緣覺、菩薩也有聲聞、緣覺、菩薩的愛見、生死、煩惱，然就客觀之法理而言，從「一切眾生即菩提相」，「一切眾生畢竟寂滅，即涅槃相，不復更滅。」〔註94〕故智者《金光明經文句》云：

> 一切諸法皆是佛法，皆佛法故即皆法性，佛皆游之故言無量，又非
>
> 別有一法名爲甚深，即事而眞無非實相，一色一香莫非中道，皆中
>
> 道故即是甚深。〔註95〕

智者認爲，諸法在本質上即是實相，然實相的豐富內涵也必須通過善惡染淨

〔註89〕《妙法蓮華經文句》云：「若解心無染，即智慧生，煩惱滅。」《大正藏》，冊34，頁133a。

〔註90〕見《維摩詰所說經》，頁540b。

〔註91〕見《妙法蓮華經文句》，頁94b。

〔註92〕也就是不客觀地斷除一切惡法而主觀地即得成就佛道之「解心無染」。(語見牟宗三：《佛性與般若》（下冊），頁600。

〔註93〕見《佛性與般若》（下冊），頁600。

〔註94〕見《維摩詰所說經》，頁542b。

〔註95〕《金光明經文句》卷一，《大正藏》，冊39，頁49a。

的諸法展現出來，所謂「即事而眞無非實相，一色一香莫非中道」，這就意味著，不僅善法體現著實相，惡法同樣也體現著實相。〔註96〕故智者言「法住法位，世間相常住」之義，云：

> 知法常無性者，實相常住無自性，乃至無無因性，無性亦無性，是名無性。佛種從緣起者，中道無性，即是佛種。迷此理者，由無明爲緣，則有眾生。起解此理者，由教行爲緣，則有正覺起，欲起佛種，須一乘教，此即頌教一也。又無性者，即正因佛性也。佛種從緣起者，即是緣了。以緣資了，正種得起。一起一切起，如此三性，名爲一乘也。是法住法位，一行頌理一也。眾生正覺，一如無二，悉不出如，皆如法爲位也。世間相常住者，出世正覺，以如爲位，亦以如爲相，位相常住。世間眾生亦以如爲位，亦以如爲相，豈不常住。世間相既常住，豈非理一。又釋世間者，即是陰界入也。常住者即，正因也。然此正因，不即六法，緣了不離六法，正因常故緣了亦常。故言世間相常住也。〔註97〕

這種諸法實相論落實到十界眾生的領域，便是「凡聖皆實相」，〔註98〕故云「低頭舉手皆成佛道」〔註99〕。此乃「一念無明法性心」於「不斷斷」中「即九法界而成佛」。三千世間法既皆是本具，亦皆是性德（法性之德），故無一可改，亦無一可斷；無一由作意造作而成，故亦皆爲無作。但法性既必即無明而爲法性，則無明固須斷（圓斷），而無明中所起之差別法則不須斷。此即客觀地言「解心無染」故不斷斷也。而無明無住處，無明即法性，法性心即本具一切染污之法而不可改，亦無所改，是故佛法界亦有苦、惑、業三道惡相，只是內心並沒有「無明染執」（解心無染）而已。此即所謂「三道即三德」〔註100〕，般若與解脫既皆有性德之淨善之法，自亦可有性德之穢惡之法；則既可由淨善之法而緣了，亦可由穢惡之法而得緣了。故既可以般若觀智以了脫之，復能不爲其染而「解脫」之，此所以曰「通達惡際即是實際」。故牟先生即云：

〔註96〕援見張風雷：《天臺佛學入世精神》。第一屆中國近現代佛教學術研討專題。2008。

〔註97〕《妙法蓮華經文句》卷四。《大正藏》，冊34，頁58a。

〔註98〕《妙法蓮華經玄義》卷二，《大正藏》，冊33，頁695a。

〔註99〕語見《妙法蓮華經玄義》，頁757b

〔註100〕語見《妙法蓮華經玄義》，頁711b。

> 圓之所以為圓，一在一念三千，一念無明法性心即具三千世間，此是
> 存有論的圓具；一在不捨不著，不壞假名而說諸法實相，法門不改，
> 世間相常，通達惡際即是實際，此是般若智之作用的圓具。〔註101〕

天台圓教此圓具三千，法門不改，世間相常之義理，即說明了「一切世間治
生產業，皆與實相不相違背，一色一香，無非中道」〔註102〕之「諸法實相」
義。故而，諸法不離人間，而諸法既是實相，則天台圓教強調觀當下一念心，
即即于人世間，即于日用尋常行、住、坐、臥之一切諸法而明其如相、實相，
此則顯示了天台圓教之義理與觀行教法，實即蘊含著強烈之「人間」特性，
與即于「人間」修證之特質。

第二節　天台圓教之「人間淨土」義

一、「人間淨土」之三種認知及義涵

　　如前所述，由倡導人間佛教思想而繼提倡建設或實現人間淨土之理念，
自太虛提出「建設人間淨土論」〔註103〕以來，不乏學者針對其義涵、實踐、
根據、及其與傳統淨土思想和信仰（以往生他方淨土為目的）相互比較……
等等，提出廣泛之見解與討論。茲下即分別以太虛大師、印順法師、星雲大
師、聖嚴法師之人間淨土觀，及其他部分學者對人間淨土之看法略作整理，
並略作分析。

（一）太虛之人間淨土觀

> 若能精持五戒，勤修十善，由此雖不上生兜率陀天，亦可增長人類
> 道德，促現社會進化以成人間淨土也。〔註104〕早感彌勒下生成佛，
> 亦為創造人間淨土也。〔註105〕
>
> 人間淨土……壽命雖可延長，〔但〕有生終必衰亡，……妥當之地便
> 是上生往生的彌勒內院淨土和西方彌陀淨土等他方極樂淨土。〔註106〕

〔註101〕見牟宗三：《佛性與般若》（下冊），頁 989。
〔註102〕見《妙法蓮華經玄義》卷一，《大正藏》，冊 33，頁 683a。
〔註103〕見本篇論文第二章第三節所述。
〔註104〕見太虛：《法相唯識學》。頁 107。（援引自《太虛大師全書》。2005 年光碟版。）
〔註105〕見太虛：《法相唯識學》。頁 1364。（援引自《太虛大師全書》。2005 年光碟版。）
〔註106〕太虛：〈建設人間淨土論〉。頁 405～414。（援引自《太虛大師全書》。2005

可是他方極樂淨土，「少未圓淨」，唯有覺海淨土，「如如相應眞如法性，是爲自受用之淨土」。〔註107〕

人人能發造此土爲淨土之勝願，努力去作，即由此人間可造成淨土，固無須離開此齷齪之社會而另求一清淨之社會也。質言之，今此人間雖非良好莊嚴，然可憑各人一片清淨心，去修集許多淨善因緣，逐步進行，久而久之，此惡濁之人間便可一變而爲莊嚴之淨土，不必於人間之外另求淨土，故名人間淨土。〔註108〕

（二）印順之人間淨土觀

佛教的淨土，有二類：一是共五乘的人間淨土，如將來的彌勒淨土。〔註109〕彌勒人間淨土的思想，本於『阿含經』〔註110〕。起初是含得二方面的。但後來的佛弟子，似乎特別重視上生兜率天淨土，而忽略了實現彌勒下生的人間淨土。〔註111〕

人世和樂國——人間淨土。〔註112〕彌勒佛降生時，才實現人間淨土。彌勒佛時代的淨土，即是這個世界的將來，也就是我們仰望中的樂土。〔註113〕人間淨土的實現，身心淨化的實現；這眞俗、依正的雙重淨化，同時完成。佛弟子都祝願彌勒菩薩，早來人間，就因爲這是人間淨土實現的時代。〔註114〕人間淨土，依然是人類的共同要求。〔註115〕

年光碟版。）

〔註107〕太虛：〈建設人間淨土論〉。頁416。（援引自《太虛大師全書》。2005年光碟版。）

〔註108〕語見〈建設人間淨土論〉，《太虛大師全書》第14編支論，頁427。

〔註109〕印順：《淨土與禪》。新竹縣：正聞出版社，2003。頁13。

〔註110〕印順法師此處所言，一、或是指於增一阿含經中，有彌勒降生成佛說法度眾，以及轉輪聖王出現於世之際的人間環境。（見《增壹阿含經》卷四十四。《大正藏》，冊2。頁788b-789a。）二、或指阿含部中對「鬱單越洲」美好環境的描繪。（見《起世經》卷一。《大正藏》，冊1。頁314a-314c。）

〔註111〕印順：《淨土與禪》。新竹縣：正聞出版社。頁17。

〔註112〕印順：《華雨香雲》。頁309。（援引自《印順法師佛學著作集》。1999年光碟版。）

〔註113〕印順：《佛法概論》。頁134。（援引自《印順法師佛學著作集》。1999年光碟版。）

〔註114〕同註578。頁16～17。

〔註115〕同上註。頁17。

西方淨土是他方淨土，容易被誤會作逃避現實；而彌勒淨土是即此世界而爲淨土。〔註116〕淨土在他方、天國，還不如說在此人間好。總之，彌勒淨土的第一義，爲祈求彌勒早生人間，即要求人間淨土的早日實現。至於發願上生兜率，也還是爲了與彌勒同來人間，重心仍在人間的淨土。〔註117〕

（三）星雲之人間淨土觀

淨土其實不只西方，離我們最近的彌勒淨土，比西方極樂世界更容易往生。甚至我們所居住的婆婆世界，也可以轉爲人間淨土；只要我們這個世界沒有惡人的侵擾，……有的是諸上善人聚會一處，有的是善良同胞和諧敬愛，這就是人間淨土的實現，何必一定另求淨土？〔註118〕

我們要在世間建設人間的淨土，一定要每個人先建設唯心的淨土。〔註119〕只要內心淨化，當下就是佛國淨土。〔註120〕

人間佛教所成就的淨土，就是「佛光淨土」，也就是以「佛光」普照「人間」，讓社會大眾心裡都能充滿慈悲，每一個人都能明理有智慧，都能懂得尊重群我，這就是淨土。〔註121〕

佛光淨土是人生昇華圓滿的淨土。〔註122〕佛光淨土是人間究竟佛化的淨土，佛光淨土是人間的佛國淨土，因此佛光淨土是一個「佛化的世界」。〔註123〕以菩薩爲目標，自利利他，自度度人，自覺覺人。因此，五乘佛法的調和，也就是佛光淨土的思想。〔註124〕

「環保」是居住環境的保護，「淨土」是國土世間的淨化之外，還有

〔註116〕同上註。頁30。

〔註117〕同上註。頁17。

〔註118〕見星雲：〈佛教的前途在哪裡〉。《星雲大師講演集》（四）。（本處擷引自釋滿義：〈人間佛教的淨土思想〉。《星雲模式的人間佛教》。台北市：天下遠見出版，頁314。）

〔註119〕見星雲：〈淨土思想與現代生活〉，頁27。

〔註120〕見星雲：《佛光學・從佛光山認識人間佛教》。（引文擷自《星雲模式的人間佛教》，頁328。）

〔註121〕見星雲：《星雲日記》。（引文擷自《星雲模式的人間佛教》，頁401。）

〔註122〕擷自《星雲模式的人間佛教》，頁401。

〔註123〕擷自《星雲模式的人間佛教》，頁402。

〔註124〕擷自《星雲模式的人間佛教》，頁403。

身心的淨化身。如果把「環保」的理念淨化環境進而淨化身心，當下就是人間「淨土」。〔註125〕

（四）聖嚴之人間淨土觀

淨土諸家對此娑婆世界，從未有人承認即穢土是淨土的。〔註126〕佛國淨土，並不是在人間，……凡謂淨土，一定是指的他方佛國，或者是此界兜率內院的彌勒淨土，或者等待彌勒未來下生，龍華三會，始能見到人間淨土。〔註127〕

在淨土的層次之中，人間淨土最為脆弱，但卻是最為親切和基礎的起點，……所以佛法的終極是究竟的淨土。〔註128〕

人間淨土，不是要否定他方佛國淨土的信仰，而是說十方三世諸佛國土的成就與往生，必須從人間的立場做起。〔註129〕

人間淨土的主要根據，乃是《仁王般若經》的「唯佛一人居淨土」，《華嚴經》的「初發心時，便成正覺」，《法華經》的「我此土安隱」，《維摩經》的「直心是淨土」，《般若經》的「成熟有情，嚴淨佛土」，《觀無量壽經》及《無量壽經》的淨土生因說。〔註130〕

在做往生佛國、嚴淨佛土的準備工夫階段，先要在人間自利利人，便是建設人間淨土。〔註131〕

成熟有情，嚴淨佛土；由人心清淨而行為清淨，由個人的三業清淨而使社會的環境清淨。一念清淨一念見淨土，一日清淨一日見淨土；一人清淨一人居淨土，多人清淨多人居淨土。此心由煩惱而顯菩提，此土由穢土而成淨土。便是《維摩經》的「隨其心淨則佛土淨」。〔註132〕

（五）其他學者之人間淨土觀

如釋昭慧法師即認為：對人間淨土的願景，是一種讓環境趨向於相對完善

〔註125〕擷自《星雲模式的人間佛教》，頁405。
〔註126〕見聖嚴：〈人間佛教的人間淨土〉。《中華佛學學報》，3期，1999，頁6。
〔註127〕見〈人間佛教的人間淨土〉，頁4。
〔註128〕見聖嚴：〈淨土思想之考察〉。《華岡佛學學報》，6期。頁23。
〔註129〕見〈淨土思想之考察〉，頁3。
〔註130〕見〈淨土思想之考察〉，頁17。
〔註131〕見〈淨土思想之考察〉，頁1。
〔註132〕見〈淨土思想之考察〉，頁17。

的努力。建立人間淨土，……用「淨土」二字，則讓人比較能體會，這是人類的共同理想。它與「上帝國」的倫理內涵極其相近，就是希望這樣的國度充滿著愛與公義，或是用佛教術語而言，希望淨土中充滿著慈悲的精神，物資與精神糧食都有公正、公平的分配，沒有饑餓、災劫、苦難、罪惡。〔註133〕

釋惠敏法師則認爲：佛教的戒律是人性化、富人情味與實用性的，以此可淨化自他之身、口、意三業，淨化社會。若人人以四念住自淨其意，依「心淨則佛土淨」之說，則能達成人間淨土。有情雖處「五濁」，依緣生、滅，皆可淨化。隨念「佛法」……，內存四無量心，外以四攝法，淨化人間。總之，建立人間淨土是經典中傳統佛教人文精神的現代表現。〔註134〕且多數論文都指出《維摩詰經》「心淨則佛土淨」之說是「唯心淨土」「人間淨土」之理論基礎，其意義是「心淨→行淨→眾生淨→佛土淨」的模式，亦即菩薩依十八種「淨土之行」令自與彼眾生皆「行淨」故說「行淨則眾生淨」。如是同行眾生（眾生淨）來生菩薩成佛之國土，故說「眾生淨則佛土淨」。因此，「佛土淨」的關鍵點在於「眾生淨」，從人（眾生）心、行爲之淨化而實現環境的淨化。由此可見，「提昇人的品質」與「建設人間淨土」間的相關性。〔註135〕

而釋聖凱則認爲：人間淨土也不能取代彌陀淨土，人間淨土是改善生命現實的一種理想與實踐，彌陀淨土則是此一世生命結束後的一個理想的過渡，二者都不可偏廢，這是「人間淨土」與「彌陀淨土」提倡者所應注意的。〔註136〕

又，學者唯方認爲：求生他方淨土須先實現人間淨土爲基礎〔註137〕，故應改造現世間的萬惡社會，成爲人間的淨佛國土。即以此爲基礎，而求生他方淨土。〔註138〕

賴永海認爲：現代佛教應朝向人間化，肯定人生，積極入世，故佛教的

〔註133〕見釋昭慧：〈人間淨土與地上神國──潘儒達先生訪談錄〉。《活水源頭──印順導師思想論集》。台北市：法界出版社，2003。

〔註134〕見釋惠敏：〈人間淨土與現代社會──記第三屆中華國際佛學會議〉，《漢學研究通訊》，63期，1997，頁259。

〔註135〕見〈人間淨土與現代社會──記第三屆中華國際佛學會議〉，頁258。

〔註136〕語見釋聖凱：《四大淨土比較研究》。頁103。

〔註137〕見唯方，〈從求他方淨土說到人間佛教〉，張曼濤主編，《現代佛教學術叢刊》第62冊，台北市：大乘文化出版社，初版，1980，頁274。

〔註138〕〈從求他方淨土說到人間佛教〉，頁274。

人間化，必須充分發揮佛法淨化人心的功能，也就是將建立人間淨土，視爲現代佛教的根本任務和最終目標。〔註139〕

　　方立天認爲：對人間淨土的執著追求，就是中國佛教，尤其是近現代中國佛教淨土思想的歸趣，體現了中國佛教，尤其是近現代中國佛教對人生理想境界的憧憬。〔註140〕太虛等人的人間淨土理念，就其實質而言，乃強調人間道德素質的提高，精神境界的昇華，從而使人間社會日益淨化、文明、和諧、美好。〔註141〕人間淨土思想是以人們都有清淨心爲出發點的，認爲除去妄心，實踐德行，無須離開現實人間，就能把人間變成道德高尚、精神文明的淨土，變成彼此互助、人際和諧的樂園。可見《維摩詰經》說的「心淨則國土淨」正是人間淨土說的主要理論基礎。〔註142〕

　　徐文明認爲：人間淨土，應當從自我做起，首先要清淨自己的身心，修好身中淨土，然後再從團體和社會的角度著眼，將個人到民族、國家的事做好，乃至全世界，做到一身清淨、一家清淨、一方清淨、一國清淨、再到天下清淨。故而建設人間淨土，乃是人類共同的事業，使人類外在的環境與內在的身心道德都得到淨化、保護與建設，眞正將佛土的莊嚴清淨呈現出來。故建設人間淨土，關鍵在于行動的落實。立足本土，立足現實，先做好人，再想成佛。而六祖關於淨土的思想，則應是今天建設人間淨土的指導思想。〔註143〕

　　肖永明認爲：太虛大師提出建設人間淨土的思想依據，乃是《維摩詰經》所謂「隨其心淨則佛土淨」之「唯心淨土」論。根據這種唯心淨土原理，只要心性修爲清淨了，那麼，所居器界國土自然也就會隨之清淨。然而，所謂「唯心淨土」，不能僅僅局限于個人的心性修爲而已，偏于一己生死解脫之心性修爲，乃至帶業往生他方淨土，都只能說是一種「小乘自了之修行方法」，吾人必須在自他相依、內外兼修中，才能眞正建設淨土，這也是太虛大師人間淨土思想的深義所在，也才是眞正的大乘精神。〔註144〕故而要讓此娑婆世

〔註139〕見賴永海：〈人間佛教與佛教的現代化〉。《普門學報》，5期，頁59～72。
〔註140〕見方立天：〈人生理想境界的追求——中國佛教淨土思潮的演變與歸趣〉。佛學會議論文彙編1：《人間淨土與現代社會——第三屆中華國際佛學會議論文集》。台北市：法鼓文化，1998。頁288。
〔註141〕見方立天：〈中國佛教淨土思潮的演變與歸趣〉。載於釋根通主編：《中國淨土宗究》。北京市：宗教文化出版社，2008。頁8。
〔註142〕見〈中國佛教淨土思潮的演變與歸趣〉，頁7。
〔註143〕見徐文明：〈從唯心淨土、身中淨土到人間淨土〉。同註603引書。頁349。
〔註144〕見肖永明：〈人間淨土的社會意義〉。同上引書。頁61。

界不致真正變成五濁惡世，而最終成為人間淨土，就是要從社會層面進行逐步的自下而上的改進，從社會結構發展中尋找一種社會道德共識、傾向、與要求，進而使之成為一種制度，積極而確實的推動社會性道德改善，促進社會發展，而這正是人間淨土的社會意義。〔註145〕

白正梅認為：人間佛教的思想與淨土往生的思想並不是衝突對立的。建設人間淨土，是需發菩提心之人間菩薩，領導同願同行者，做饒益有情的行業，之後才能成就淨土。往生極樂世界則需要有資糧，而往生淨土與建設淨土一樣，都需發菩提心、具大悲心與性空慧。有慈悲心，則能與眾生世、出世的利益；有性空慧，能以「無我」的人生觀，摯誠的關懷一切有情，推之向外淨化世間。是故修行往生資糧的當下，實已在修「建設人間淨土」之行矣。以佛法的悲、智精神，來關懷現實世間，來共同淨化人間，莊嚴國土，相信人間淨土就可以在眾多的清淨業感下，轉為清淨。〔註146〕

何則陰認為：近當代佛教提倡「人間淨土」，主要是依據「人間佛教」的理念來建立人間淨土。〔註147〕以人間佛教的路徑來建立人間淨土，其實走的是一條由凡入聖的修行道路，這是以凡聖佛性平等不二的理論為其基礎的。在悟入凡聖佛性平等不二法門前，不能保障人人都能體現出「人間」中之「淨土」，因此，只能說是西方淨土可以在人間顯現，並不能說是人間自然或已經是淨土。〔註148〕

林崇安認為：「人間淨土」的實現，便是以人類為主的整個生活共同圈中，要奉行著正法，過著安詳和諧的生活。唯有實踐正法才能使眾生之心清淨，心淨之後則國土淨。〔註149〕只要依循著「諸惡莫作、眾善奉行、自淨其意」的佛法原則，將自心淨化，則眾生之間相處和諧，整個環境也跟著瀰漫著安詳的氣氛。因此，人間淨土的達成，必須有淨化心靈的正法被人們實

〔註145〕見肖永明：〈人間淨土的社會意義〉。載於釋根通主編：《中國淨土宗究》。北京市：宗教文化出版社，2008。頁63。

〔註146〕相關論點參見白正梅：〈往生極樂與建設人間淨土〉。見《中國淨土宗究》，頁223～224。

〔註147〕見何則陰：〈論天國與淨土之實踐性特徵〉。見賴品超、學愚主編：《天國、淨土與人間：耶佛對話與社會關懷》，2008。頁398。

〔註148〕見〈論天國與淨土之實踐性特徵〉，《天國、淨土與人間：耶佛對話與社會關懷》，頁399。

〔註149〕見林崇安：〈人間淨土的達成〉。《人間淨土與現代社會——第三屆中華國際佛學會議論文集》。台北市：法鼓文化，1998。頁96。

踐著，人們在人間就可以達成滅苦的標的，而不須往生他方淨土後才達成。
〔註150〕

　　楊曾文認爲：人間佛教的最高目標是建設人間淨土。〔註151〕《維摩詰經》
爲代表的經典所講述的淨土思想，認爲淨土不離眾生，淨土與所謂穢土，佛
國與人間是相即不二的，關鍵在于修行者（菩薩）的自心。說「心淨則佛國
淨」「直心是菩薩淨土」，特別強調修行者的心性修養。〔註152〕以禪宗爲代表
的佛教宗派則特別提倡「識心見性」，認爲眾生與佛，淨土與現實世界是相即
不二的。以禪宗爲代表的人間淨土思想特別受到般若中觀學說，特別是受到
《維摩詰經》的不二思想的影響的。〔註153〕〈弟子品〉的「不斷煩惱而入涅
槃」以及〈不二法門品〉所說的垢與淨、世間與出世間、生死與涅槃等等相
即不二的說法，也都有淨土與現實人間相即不二的意義。《法華經》〈如來壽
量品〉與《華嚴經》的蓮華藏淨土，恐怕也都有上述即心淨土，即眾生所在
的現實人間爲淨土的含義。不難看出，這種淨土思想實際是受到般若類經典
和大乘中觀思想的深刻影響的，也可以說是以般若中觀思想爲其理論依據
的。後世所謂的人間淨土的觀念，主要就是源自這種淨土思想。〔註154〕

　　歸結上述，無論釋者或學者們大致贊同人間佛教與人間淨土的思想〔註155〕

〔註150〕同上註。見頁97。
〔註151〕見楊曾文：〈人間淨土思想與不二法門〉。《人間淨土與現代社會——第三屆中
　　　　華國際佛學會議論文集》。台北市：法鼓文化，1998。頁203。
〔註152〕〈人間淨土思想與不二法門〉，頁182～183。
〔註153〕〈人間淨土思想與不二法門〉，頁183。
〔註154〕〈人間淨土思想與不二法門〉，頁187。
〔註155〕當然，此中亦有學者對於人間佛教或人間淨土表示消極的看法。如學者游祥
　　　　洲即認爲，在建構人間淨土的一切作爲中，有必要謹慎佛教本身可能出現的
　　　　「異化」現象，意即若僅僅是爲了迎合人間的特性，容易使佛教變得俗化。（參
　　　　見默雷：〈人間淨土與現代社會〉。《法音》，10期，1997。）又如學者李利安
　　　　認爲：「現有的人間佛教的理論建構與實踐倡導乃至學術界的呼應，卻基本上
　　　　都直接或間接地排斥著佛教的超人間性。」（見氏著：〈佛教的超人間性與人
　　　　間佛教〉。《哲學研究》，7期，2005。頁60～61。）關此，釋昭慧法師有其釋
　　　　解：「人間佛教的實踐，是儘量在包容『多元選擇』的前提下，對那些只尋求
　　　　個人此生或來世的幸福快樂，尋求生命的終極解脫，以及尋求所有眾生的圓
　　　　滿成就這三種層次，都涵蓋進來的教法。也就是說，對每一個層次的理想與
　　　　所成就的德行，都給予正面的鼓勵，期待他們能這樣打下良好的德行基礎。
　　　　但是以人間佛教的終極目標而言，當然是希望大家都能圓成佛道。……」「對
　　　　人間淨土的願景，我們只能說，這是一種讓環境趨向於相對完善的努力。」
　　　　「建立人間淨土，……用『淨土』二字，則讓人比較能體會，這是人類的共

，並積極提出具體實現人間淨土與建設人間淨土之可行性（方案、措施、藍圖）〔註156〕。有所差異的是，上述學者們對於建設「人間淨土」之義理根據，究竟該依據《維摩詰經》、《六祖壇經》，抑或《阿含經》，又或者其它經典之說法不一。如最早倡言「人間淨土」的太虛大師云：「可憑各人一片清淨心，去修集許多淨善因緣，逐步進行，久而久之，此惡濁之人間便可一變而爲莊嚴之淨土，不必於人間之外另求淨土，故名人間淨土。」〔註157〕又云：「由改造自心以造人間淨土。」〔註158〕換言之，太虛大師認爲，「心」是建設人間淨土的起點，由改造自心而改造社會，進而創造人間淨土。是則就此而言，太虛大師之人間淨土理念帶有《維摩詰經》所謂「隨其心淨則佛土淨」〔註159〕之「唯心淨土」色彩，然而，其實踐理念則更爲具體，他認爲，人間變爲莊嚴之淨土，乃是「逐步進行，久而久之」，並非一蹴可幾之事，故而需要「修集許多淨善因緣」。〔註160〕

　　其次，印順法師則明言：「彌勒人間淨土的思想，本於『阿含經』〔註161〕。」他強調，不能只「重視上生兜率天淨土，而忽略了實現彌勒下生的人間淨土」。〔註162〕因此，需從「身心淨化」〔註163〕的實現，祝願彌勒早日下生，實現人間淨土。具體的作爲，即是發菩提心修學佛法，並踐行「人菩薩行」以「利益眾生」，因「利益眾生，才能實現淨土」〔註164〕。

　　又，星雲大師則言：「要在世間建設人間的淨土，一定要每個人先建設唯

同理想。它與『上帝國』的倫理內涵極其相近，就是希望這樣的國度充滿著愛與公義，或是用佛教術語而言，希望淨土中充滿著慈悲的精神，物資與精神糧食都有公正、公平的分配，沒有饑餓、災劫、苦難、罪惡。」（見釋昭慧：〈人間淨土與地上神國——潘儒達先生訪談錄〉。《活水源頭——印順導師思想論集》。台北市：法界出版社，2003。）

〔註156〕關於具體實踐與建設人間淨土之想法與做法。詳見本篇論文第五章。
〔註157〕語見〈建設人間淨土論〉，《太虛大師全書》第14編支論，頁427。
〔註158〕語見〈建設人間淨土論〉，《太虛大師全書》第14編支論，頁398。
〔註159〕《維摩詰所說經》，《大正藏》，冊14，頁538c。
〔註160〕此外，上述持同一看法的學者，如方立天、肖永明。
〔註161〕印順法師此處所言，一、或是指於增一阿含經中，有彌勒降生成佛說法度眾，以及轉輪聖王出現於世之際的人間環境。（見《增壹阿含經》卷四十四。《大正藏》，冊2。頁788b-789a。）二、或指阿含部中對「鬱單越洲」美好環境的描繪。（見《起世經》卷一。《大正藏》，冊1，頁314a-314c。）
〔註162〕印順：《淨土與禪》。新竹縣：正聞出版社，頁17。
〔註163〕《淨土與禪》，頁17。
〔註164〕語見印順：《淨土與禪》。新竹縣：正聞出版社，頁39。此外，上述持同一看法的學者，如釋昭慧、何則陰。

心的淨土。」〔註165〕「只要內心淨化，當下就是佛國淨土。」〔註166〕換言之，星雲大師的人間淨土觀乃依據《六祖壇經》：「心但無不淨，西方去此不遠，心起不淨之心，念佛往生難到。」〔註167〕抑或《維摩詰經》所謂「隨其心淨則佛土淨」之思想。然則，星雲大師思考的是，如何「讓我們所居住的娑婆世界，也可以轉為人間淨土」〔註168〕，而不必再另覓他方淨土，故而其實現「人間淨土」的具體作法，即是以「佛」法教「化」「人間」，以「佛」法淨「化」「人心」，「讓社會大眾心裡都能充滿慈悲，每一個人都能明理有智慧，都能懂得尊重群我，這就是淨土。」〔註169〕

此外，聖嚴法師則明言：「人間淨土的主要根據，乃是《仁王般若經》的「唯佛一人居淨土」，《華嚴經》的「初發心時，便成正覺」，《法華經》的「我此土安隱」，《維摩經》的「直心是淨土」，《般若經》的「成熟有情，嚴淨佛土」，《觀無量壽經》及《無量壽經》的淨土生因說。」〔註170〕並且，他強調，提倡人間淨土，並非要否定他方佛國淨土，而是說，「十方三世諸佛國土的成就與往生，必須從人間的立場做起」〔註171〕，因此，「往生佛國、嚴淨佛土的準備工夫階段，先要在人間自利利人，便是建設人間淨土。」〔註172〕其具體理念，即是「成熟有情，嚴淨佛土」，希冀「由人心清淨而行為清淨，由個人的三業清淨而使社會的環境清淨。」〔註173〕

綜上所述可見，關於「人間淨土」之建設或實現，於當代「人間佛教」思想之倡導與實踐而言，實具有相當重要之關連。然則，就上所言，關乎「人間淨土」之認知，究竟是將建設「人間淨土」視為「往生他方淨土」之基礎與過程；抑或以實現「人間之淨土」為究竟目的與依歸；又或以「人間即淨

〔註165〕見星雲：〈淨土思想與現代生活〉。頁27。

〔註166〕見星雲：《佛光學‧從佛光山認識人間佛教》。（引文擷處同註585。頁328。）

〔註167〕見《六祖法寶壇經》。《大正藏》，48 冊。頁341b。

〔註168〕見星雲：〈佛教的前途在哪裡〉。《星雲大師講演集》（四）。（本處擷引自釋滿義：〈人間佛教的淨土思想〉。《星雲模式的人間佛教》。台北市：天下遠見出版，頁314。）

〔註169〕見星雲：《星雲日記》。（引自《星雲模式的人間佛教》，頁 401。）此外，上述持同一看法的學者，如賴永海、徐文明、林崇安。

〔註170〕見〈人間佛教的人間淨土〉，頁 17。

〔註171〕見〈人間佛教的人間淨土〉，頁 3。

〔註172〕見〈人間佛教的人間淨土〉，頁 1。

〔註173〕見〈人間佛教的人間淨土〉，頁 17。此外，上述持同一看法的學者，如釋惠敏、釋聖凱、白正梅、唯方。

土」爲修證與實踐之理念？實有待於釐清。茲下歸結分析而論：

第一種認知，乃以行菩薩道達淨土爲究竟目的，雖以實現「人間淨土」爲人生目的，但仍以「他方淨土」爲究竟依歸。意即，深信必然有「他方淨土」（彌陀淨土、彌勒淨土、或如太虛所言之覺海淨土）之存在，並將「往生他方淨土」，作爲建設「人間淨土」之目的。即以佛法界（淨土）在彼，而人間（穢土）爲此，實踐人間佛教之目的，乃爲求上生佛界（佛國淨土），或爲求他生來世之果報（福報）。如聖嚴云：「十方三世諸佛國土的成就與往生，必須從人間的立場做起。」〔註174〕實踐人間佛教的目的即是「在做往生佛國、嚴淨佛土的準備工夫階段，先要在人間自利利人，便是建設人間淨土。」〔註175〕意即，對持實現「人間淨土」之行者而言，認爲實踐「人間佛教」之目的即爲建設人間淨土，而實現人間淨土，才能往生他方淨土。是以如唯方：「求生他方淨土須先實現人間淨土爲基礎」〔註176〕，「改造現世間的萬惡社會，成爲人間的淨佛國土。即以此爲基礎，而求生他方淨土。」〔註177〕換句話說，就聖嚴等而言，人間淨土之建設，乃爲求生他方淨土之基礎（準備工夫階段）。〔註178〕大同世界或是「人間淨土」，乃是佛國境界的一個過程，也是美化人生的一種表現。然而過程不是終點，表現也不是究竟，超出三界火宅，擺脫六道輪迴，才算是佛國淨土的目的，才算是美化人生的理想。那就是彌陀淨土之類的佛國淨土。〔註179〕又如，釋聖凱云：「人間淨土也不能取代彌陀淨土，人間淨土是改善生命現實的一種理想與實踐，彌陀淨土則是此一世生命結束後的一個理想的過渡，二者都不可偏廢，這是『人間淨土』與『彌陀淨土』提倡者所應注意的。」〔註180〕吾人能認同聖凱法師對「人間淨土」的說法，然而，彌陀淨土是否爲生命結束後的理想過渡，則值得商榷。聖嚴云：「淨土法門是一種過程，到了佛國淨土之後，還是繼續在修行，直到見佛聞法，悟得無生法忍，證入不生不滅的空性，這在外道是不會有的；而且解脫之後，依舊倒駕慈航，還入娑婆，廣度眾生，那便

〔註174〕見釋聖嚴：〈人間佛教的人間淨土〉，《中華佛學研究》，3 期，1999，頁 4。

〔註175〕見〈人間佛教的人間淨土〉，頁 1。

〔註176〕見唯方，〈從求他方淨土說到人間佛教〉，張曼濤主編，《現代佛教學術叢刊》第 62 冊，台北市：大乘文化出版社，初版，1980，頁 274。

〔註177〕〈從求他方淨土說到人間佛教〉，頁 274。

〔註178〕見〈人間淨土與現代社會——記第三屆中華國際佛學會議〉，頁 258。

〔註179〕語見聖嚴：〈理想的社會與美化的人生〉。《人生雜誌》，9 卷，8 期，頁 10。及同卷，10 期，1957。頁 11。

〔註180〕語見釋聖凱：《四大淨土比較研究》，頁 103。

與自力的難行道殊途同歸了。」〔註181〕綜結此種認知，吾人稱之爲「人間佛教化」〔註182〕之「人間淨土」觀。

第二種認知，雖不否定佛經中所言之淨土，然並不以求往他方淨土爲實踐人間淨土之究竟依歸，如印順法師云：「淨土在他方、天國，還不如說在此人間好。總之，彌勒淨土的第一義，爲祈求彌勒早生人間，即要求人間淨土的早日實現。至於發願上生兜率，也還是爲了與彌勒同來人間，重心仍在人間的淨土。」〔註183〕主要希冀透過人間具體的修證與實踐（行菩薩道），成就眾生，而能將人間化爲「人世和樂國」，實現「人間成佛」、「佛在人間」之理想社會，如印順法師云：「人世和樂國──人間淨土。〔註184〕彌勒佛降生時，才實現人間淨土。彌勒佛時代的淨土，即是這個世界的將來，也就是我們仰望中的樂土。」〔註185〕「淨土，是佛菩薩的清淨土，也是人間的理想國。……佛在因中，立下這樣的大願。爲了實現這樣的理想，廣行菩薩道，從自利利他中去完成。這不是往生淨土，而是建設淨土。這可說是最極理想的社會了！」〔註186〕又如釋昭慧法師云：「建立人間淨土，……希望淨土中充滿著慈悲的精神，物資與精神糧食都有公正、公平的分配，沒有饑餓、災劫、苦難、罪惡。」〔註187〕故此種認知，或可稱之爲「佛教人間化」〔註188〕之「人間淨土」觀。

第三種認知，即是以天台圓教「性具三千」思想及「十界互具」論，說明佛法界與九界「分而不分」〔註189〕，「非權非實，而權而實」〔註190〕之關

〔註181〕聖嚴：〈佛教與一般宗教的不同〉。

〔註182〕如星雲大師即認爲：「佛光淨土（佛光普照的淨土）是人間究竟佛化的淨土，佛光淨土是人間的佛國淨土，因此佛光淨土是一個『佛化的世界』。」（語見星雲：《星雲日記》。援引自《星雲模式的人間佛教》，頁402。）

〔註183〕印順：《佛法概論》，頁17。（援引自《印順法師佛學著作集》。1999年光碟版。）

〔註184〕印順：《華雨香雲》，頁309。（援引自《印順法師佛學著作集》。1999年光碟版。）

〔註185〕印順：《佛法概論》，頁134。（援引自《印順法師佛學著作集》。1999年光碟版。）

〔註186〕見印順：《淨土與禪》。新竹縣：正聞出版社，頁157。

〔註187〕見釋昭慧：〈人間淨土與地上神國──潘儒達先生訪談錄〉，《活水源頭──印順導師思想論集》。台北市：法界出版社。

〔註188〕如印順法師云：「佛法是佛在人間，以人類爲本的佛法。」「佛的教化是現實人間，……所以佛法是人間佛教。」（見氏著：《契理契機之人間佛教》，頁3、33。）

〔註189〕見《四明尊者教行錄》卷三。《大正藏》，冊46，頁881a。

〔註190〕同上註。

係，佛法界與九界互具互融，故究實而言，人間界即佛法界，人間與佛界非背離關係，二者二而實相即不二。又以《法華玄義》云，「一切國土依正即是常寂光」〔註191〕，常寂光土即淨土，故一切國土（包含娑婆穢土）即是淨土，以此而言，「人間」即是「淨土」。故此種認知可稱之爲「人間即淨土」之「人間淨土」觀。（此觀點詳見下一小節之論述）

　　以上三種認知，分別代表現今三種主要對於「人間淨土」之修證思想與實踐之理念；同時，亦是對於「人間」與「淨土」之關係，意即，關乎「人間」是「淨」是「穢」之理解與認知。（另外，事實上或許亦仍牽涉到對於佛身、佛性、與涅槃之認知。〔註192〕）

二、「人間」與「淨土」之關係

　　承上所言，對於「人間」與「淨土」之關係，即是關乎「人間」是「淨」是「穢」之理解與認知。就傳統淨土思想而言，穢土（娑婆世界）即此而淨土（清淨蓮邦、佛國）在彼，求生或歸依淨土的信念與想望使得淨土思想形成一種捨此就彼與捨穢求淨之修證理念，因而也將穢土與淨土形成一種殊異的背反關係。若就此而論，則推動「人間淨土」思想即無可能實現，抑或無必要實現。然則，吾人生處此一所謂「人間」（穢土）之生存空間，其存在究無必要與無意義乎？吾人所厭棄之「人間」，究無完善與完美之可能性乎？換言之，即由「識心之執」〔註193〕所形構成之「現象界」，即此一「執的存有論」，是否有一存在之必然性？而此必然性亦涵蓋一「完善與完美」之可能性？而非必有所厭離。

〔註191〕見《妙法蓮華經玄義》卷一。《大正藏》，冊33，頁688c。

〔註192〕關於當代「人間淨土」之理念與實踐牽涉到對於佛身、佛性、與涅槃之認知問題，實則有待更進一步之探討與釐清。然此與本篇論文之主要論述範圍及思考向度無直接關係，希冀待於日後再行深入之究析。

〔註193〕「識心之執」，即「知性之執」。牟宗三先生云：「知性，認知主體，是自由無限心之自我坎陷而成，它本身本質上就是一種『執』。它執持它自己而靜處一邊，成爲認知主體，它同時亦把『物之在其自己』之物推出去而視爲它的對象，因而亦成爲『現象』。現象根本是由知性之執而執成的：就物之在其自己而縐起或挑起的。知性之執，我們隨佛家名之曰識心之執。識心是通名，知性是識心之一形態。……識心之執是一執執到底的：從其知性形態之執執起，直至至感性而後止。我們由此成立一『現象界的存有論』，亦曰『執的存有論』。」（見氏著：《現象與物自身》。台北市：學生書局。1996年，頁7。）

　　牟宗三先生認為，天台圓教「從無住本立一切法」，即是對於一切法之根源以及其存在之必然性有一說明。〔註194〕天台圓教以「一念三千」說明一切法，一念心是剎那心，煩惱心，亦為「一念無明法性心」，「無明無住，悟則無明即法性，則是轉念為智，即是智具三千。法性無住，迷則法性即無明，則是智隱識現，即是念具三千。」〔註195〕其云：

> 對於一切法作存有論的說明必備兩義：一是其存在之根源，二是其存在之必然。這兩義，就佛家（即天台圓教）而言，皆有獨特的姿態。其存在之根源不由於上帝之創造，亦不由於良知明覺之感應（自由無限心之道德的創造），而乃由於『一念無明法性心』。『法性即無明』時之念具念現，『無明即法性』時之智具智現。這就有一獨特的姿態。當智具智現時，即有一『無執的存有論』，……當念具念現時，即有一『執的存有論』。至於一切法底存在之必然性問題，則由於成佛必備一切法而為佛，此即保住了法底存在之必然性。〔註196〕

此中，所謂成佛必備一切法而為佛，意即天台圓教「十界互具」思想之成佛必「即九法界而成佛」。而天台圓教之「法門不改」與「除無明有差別」之說，即示：

> 法本身，無論好壞，或淨或穢，皆是客觀的，常在的。問題單在執不執。執是病，不執是無病，故「除病不除法」也。法是客觀的，執不執是主觀的，執是識，不執就是智，法對識言就是有執相定相的現象，對智言就是如相實相的在其自己。智與如相應合一，識與執相應合一。法對執不執而有兩面相。假定執識可以轉，因而現象歸於無，而如相實相的法之在其自己卻是真正的客觀的實在。因此，除無明，仍有「差別」。此所謂「差別」是客觀地就「法之在其自己」說，不是主觀的執的差別（虛妄分別）。因此，智者講法華經於此就說「差而無差，無差即差」。〔註197〕

一切法之存在，或善或惡，或淨或穢，皆是客觀的；而或智具智現，或識具（念具）識現（念現），則皆是主觀的「執」與「不執」，執即「識」，不執即是「智」。然無論或智具智現或念具念現，三千不改。亦即，當「念具念現」

〔註194〕
〔註195〕見牟宗三：《現象與物自身》。台北市：學生書局，1996，頁13。
〔註196〕見《現象與物自身》，頁407。
〔註197〕見《現象與物自身》，頁408。

時，即爲法性無住，法性即無明之「迷中三千」，它說明的是識心與現象之間的關係，因而爲一「執的存有論」；當「智具智現」時，即爲無明無住，無明即法性之「智中三千」，此時即智心與物自身之關係，而爲一「無執的存有論」。而無論在迷在悟，三千如故，三千不改。故牟先生云：

> 這些「法門不改」的法門，即十界三千法門，依天台宗說，是「一念無明法性心」即具的。這是順現實眾生底無始無明說。這是「法性即無明」的執識之具，因此，這所具的三千法門統統是執染的法門，因而也就是有執相定相的現象法。可是，若通過止觀底工夫，則「無明即法性」，而三千法就是清淨的法門，這是智具的三千法，也就是如相實相的三千法，法之在其自己的三千法，也可以說是無一法可得的三千法，這是眞正客觀存在的實相法。〔註198〕

故知禮《指要鈔》即云：「圓家斷、證、迷、悟，但約染淨論之，不約善、惡、淨、穢說也。」〔註199〕所謂斷、證、迷、悟，乃是主觀之修證工夫，而善、惡、淨、穢，則是客觀本有之法。是故智者《法華玄義》「明一諦」即云：

> 明一諦者，大經云：「所言二諦，其實是一，方便說二。如醉未吐，見日月轉，謂有轉日及不轉日。醒人但見不轉，不見于轉。」轉二爲粗，不轉爲妙。三藏全是轉二，同彼醉人。諸大乘經帶轉二說不轉一。今經「正直捨方便，但說無上道」。不轉一實，是故爲妙。……諸諦不可說者，「諸法從本來，常自寂滅相」，那得諸諦紛紜相礙？一諦尚無，諸諦安有？一一皆不可說。可說爲粗，不可說爲妙。「不可說」亦不可說，是妙。是妙亦妙，言語道斷故。〔註200〕

《維摩經玄疏》亦云：

> 約理事明本跡，此經云：「從無住本立一切法」。今明不思議理事爲本跡者，理即不思議眞諦之理爲本，事即不思議俗諦之事爲跡。由不思議眞諦之理本，故有不思議俗諦之事跡。尋不思議俗諦之事跡，得不思議眞諦之理本。是則本跡雖殊，不思議一也。〔註201〕

〔註198〕見《現象與物自身》，頁409。
〔註199〕語見《十不二門指要鈔》卷一，《大正藏》，冊46，頁707b。
〔註200〕見《法華玄義》卷第二下「明一諦」，《大正藏》，冊34，頁705a。
〔註201〕《維摩經玄疏》卷第四「明不思議本跡義」處，《大正藏》，冊38，頁545b。

「所言二諦，其實是一，方便說二」，二諦即眞諦與俗諦也，方便說二，亦即眞俗不二。故而不思議眞諦理即實相眞本之理，亦即「一念無明法性心」之「無明無住，無明即法性」，由法性爲本立一切法；而不思議俗諦事即是「法性無住，法性即無明」之森羅俗諦，即以無明爲本立一切法。此二諦既爲「一念無明法性心」，「無明與法性」之詭譎相即而成，故而其實即是一心，方便故說爲二。此即不思議「圓融二諦」，亦即圓教之所以爲圓處。故智者「明圓別」云：

> 明融不融者，別教四門，所據決定妙有善色，不關于空；據畢竟空，不關于有。乃至非空非有門亦如是。四門歷別，當分各通。不得意者，作定相取。……圓門虛融微妙，不可定執。說有不隔無，約有而論無；說無不隔有，約無而論有。有無不二，無決定相。假寄於有以爲言端。而此有門亦即三門。一門無量門，無量門一門。非一非四，四一一四，此即圓門相也。〔註202〕

由此可知，由於無明與法性這種同體依即，詭譎無住之關係，圓教由「一念無明法性心」爲說明一切染（無明法法性）、淨（法性性無明）二法之存在而開顯出之兩重存有論，實則「即于一切無明虛妄而顯現清明法性，則一切法作爲心性之迷悟對象時，實有不同的『表象』，如此即成就所謂的淨善穢惡法門」〔註203〕。故而，牟先生云：

> 就「性色」而說分別色與無分別色，乃至說分別智與無分別智，與就識而說分別識與無分別識不同。智者亦只說以唯識爲例耳。前者是就智具三千而明智如不二，色心不二。後者是就識具三千（即「一念無明法性心」之具三千）而明識色不二。前者是本體界的存有論，無執的存有論，三千法皆是「在其自己」之實相法。後者則是現象界的存有論，執的存有論，三千法皆是念具念現在執中的現象法，計執法，亦即執相定相的法。……天臺宗是在「性具」系統下的智如不二之色心不二中穩定住了三千法之在其自己。此時的「性具」是「無明即法性」之性具，亦即無執無著的智具。智具即智現，一無分別智，即一智如不二的法性心，同時即具三千世間法（善惡淨

〔註202〕《妙法蓮華經玄義》，《大正藏》，冊33，頁788a。
〔註203〕援引自尤惠貞〈「依一心開二門」之思想架構看天台宗「一念無明法性心」之特殊涵義〉一文中語，見頁113。

穢法門俱在內），同時即頓現三千世間法。這樣的即具頓現即是
佛。……這就是天臺宗的「本體界的存有論」，無執的存有論。同一
三千法，執即是現象界的存有論，不執就是本體界的存有論。〔註204〕

亦即，由《法華經》所謂之「十如是」可知，就法本身而言，即就法之「實
相無相」地究之，其本身實無所謂差別，無所謂穢惡淨善，而所成的即是一
「無執的存有論」；然就十如之有相，亦即就法之差別相而言，則一切法即有
所執定，此即成就所謂「執的存有論」。依此可知，圓教由「無明與法性」詭
譎無住，同體依即，於「三道即三德」之辯證方式下開展出「兩重存有論」，
而此兩重存有論「實已化除了兩層存有論之間的隔別相，亦可說是具有存有
論系統而無系統之定限相。」〔註205〕其雖二（重）而實不二，亦雖不二而實
為二，有無融通，染淨無礙，是為即于同一三千法而無可改也。如此，即保
障了一切法之存在，同時也顯示了一種「佛教式的存有論」之圓具。

　　綜上所言，則人間（穢土）與淨土（佛國）之關係，就天台圓教而言，
在其存有論的圓具（一念無明法性心具一切法）下，一切法得以必然而客觀
的存在，同一三千法，以「一念心」或執識而成為所謂的「娑婆穢土」（執的
存有論），或智如而無非「佛國淨土」（無執的存有論）。則其關係並非截然二
分，全然背反，然亦非一非異，而乃是主觀之執與無執。

三、天台圓教之「人間即淨土」

　　承上所言，天台圓教對於由淨土經典〔註206〕所揭示出來此方與彼方之殊
異，亦即，「娑婆世界」（穢土、人間）與「清淨佛國」（淨土、蓮邦）之背反
關係，本文嘗試藉天台圓教「性具三千」思想及「十界互具」論得以圓融詮
解，而顯天台圓教「人間淨土」之實義乃「人間即淨土」。

　　依第二章中述及淨土之「動詞義」，意即，由淨佛國土之意義而言，十方
三世諸佛淨土，皆由菩薩於因位時之願力與行踐眾行而成，故諸佛出現之世
界理應為淨土，然唯獨佛釋尊例外，卻出現於娑婆穢土。關此似是矛盾，其

〔註204〕見牟宗三：《現象與物自身》。台北市：學生書局，1996，頁413～415。

〔註205〕見〈「依一心開二門」之思想架構看天台宗「一念無明法性心」之特殊涵義〉，
　　　　頁115。

〔註206〕如由淨土經典，阿彌陀經、觀無量壽佛經、無量壽經、彌勒上生經、……等，
　　　　所揭示的他方淨土，如極樂淨土、妙樂淨土、兜率淨土、欲樂天國、……等
　　　　等。

實不然，如《法華經》「如來壽量品」中所云：

> 我成佛已來，復過於此百千萬億那由他阿僧祇劫，自從是來，我常
> 在此娑婆世界說法教化，亦於餘處百千萬億那由他阿僧祇國導利眾
> 生。〔註207〕

智者《法華玄義》釋此乃「廢迹顯本」後，復「住本顯本」之「本國土妙」。
如「卷九」云：

> 廢迹顯本者。……文云，自從是來我常在此娑婆世界，說法教化，
> 亦於餘處百千萬億那由他阿僧祇國，導利眾生，即是廢一期之迹教，
> 顯久遠之本說也。〔註208〕

又云：

> 住本顯本。……文云，娑婆世界純以黃金為地，人天充滿，又云，
> 人眾見燒盡，我淨土不毀，能如是深觀是為深信解相，常住此本恒
> 顯於本。〔註209〕

由「廢迹顯本」義可知，世以佛陀一生一代教法為迹教，今直廢此「一期迹
教」之說，闡明佛從久遠以來，常住於此娑婆世界說法教化，未曾暫離（涅
槃入滅）〔註210〕。次由「住本顯本」義可明，（法華）經文言娑婆世界「黃金
為地，人天充滿」，而此無疑即為淨土景況之描繪〔註211〕，由此可知，娑婆並
非五濁惡世，而實為淨土，佛既常住此娑婆世界說法教化，即明「恆住此本
顯於本」之義也。故智者復云此「住本顯本」乃是別用「本國土妙」〔註212〕：

> 本既成果必有依國，今既迹在同居，或在三土中間，亦有四土，本
> 佛亦應有土復居何處，文云，自從是來，我常在此娑婆世界，說法

〔註207〕見《法華經》卷五，《大正藏》，冊9，頁42b。

〔註208〕見《妙法蓮華經玄義》卷一。《大正藏》，冊33，頁798c。

〔註209〕《妙法蓮華經玄義》，頁798c。

〔註210〕如《法華經》卷五云：「我說燃燈佛等，又復言其入於涅槃，如是皆以方便分
別。……如來如實知見三界之相，無有生死若退若出，亦無在世及滅度者，
非實非虛非如非異，不如三界見於三界，……所作佛事未曾暫廢，如是我成
佛已來甚大久遠，壽命無量阿僧祇劫常住不滅。」（見《大正藏》，冊9，頁
42c。）

〔註211〕《法華經》卷五云：「眾生見劫盡，大火所燒時，我此土安隱，天人常充滿，
園林諸堂閣，種種寶莊嚴，寶樹多花果，眾生所遊樂，諸天擊天鼓，常作眾
伎樂，雨曼陀羅花，散佛及大眾，我淨土不毀，而眾見燒盡。」（見《大正藏》，
冊9，頁43c。）

〔註212〕見《妙法蓮華經玄義》卷一。《大正藏》，冊33，頁799b。

　　教化，按此文者，實非今日迹中娑婆，亦非中間權迹處所，乃是本
　　之娑婆，即本土妙也。〔註213〕

又，

　　我於娑婆世界，得三菩提已，教化示導是諸菩薩，又云，自從是來，
　　我常在此娑婆世界說法教化，亦於餘處導利眾生，此之國土非復今
　　時娑婆，即本國土妙也。〔註214〕

由是可知，世尊常住之此娑婆世界亦是清淨土，即所謂「本之娑婆」，然現今
所見之娑婆，明明是五濁惡世，即所謂「迹之娑婆」。何以有本迹之殊？智者
釋云：

　　經云，自從是來，我常在此娑婆世界，說法教化，亦於餘處導利眾
　　生。娑婆者。即本時同居土也。餘處者，即本時三土也，此指本時
　　真應所栖之土，非迹中土也，迹中明土又非一途，或言統此三千百
　　億日月者，同居穢土也，或言西方有土，名曰無勝，其土所有莊嚴
　　之事，猶如安養者，同居淨土也，或言華王世界蓮華藏海者，此實
　　報土也，或言其佛住處，名常寂光者，即究竟土也。寂光理通如鏡
　　如器，諸土別異如像如飯，業力所隔感見不同，淨名云，我佛土淨
　　而汝不見，此乃眾生感見差別，不關佛土也。

　　若言今此三界皆是我有，諸土淨穢調伏攝受，皆佛所為，譬如百姓
　　居土土非其有，如父立舍父去舍存，如來亦爾，為眾生故而取佛土，
　　化訖入滅佛去土存，此乃佛土不關眾生也。〔註215〕

　　就佛而言，土無所謂淨穢，何況更有四土之別？穢土之為穢者，乃因眾生
之無明障惑，使得心蔽眼盲。是故智者復云所謂佛以「法華三昧」之力〔註216〕

〔註213〕《妙法蓮華經玄義》，見頁765b。
〔註214〕《妙法蓮華經玄義》，見頁765c-766a。
〔註215〕見《妙法蓮華經玄義》卷一。《大正藏》，冊33，頁767a-767b。
〔註216〕又，「法華三昧」行法，梵語 saddharma-puarka-samdhi。法華三昧又作法華懺
　　　　法、法華懺。天台言「四種三昧」行法，見《摩訶止觀》云：「行法眾多略言
　　　　其四。一常坐，二常行，三半行半坐，四非行非坐，通稱三昧者，調直定也，
　　　　大論云，善心一處住不動，是名三昧，法界是一處，正觀能住不動，四行為
　　　　緣，觀心藉緣調直，故稱三昧也。」（《大正藏》，冊46，頁11a。）其中之半
　　　　行半坐三昧又分為方等三昧、法華三昧等二種。即依據法華經及觀普賢經而
　　　　修之法，以三七日為一期，行道誦經，或行或立或坐，思惟諦觀實相中道之
　　　　理。此法以懺悔滅罪為主，故須於六時修五悔，即於晨朝、日中、日沒、初

「三變土田」，說明穢土即淨：

> 復次三變土田者，或是變同居之穢，令見同居之淨，或見方便有餘
> 淨。例如壽量云，若有深信解者，見佛常在耆闍崛山，共大菩薩聲
> 聞眾僧者是也，或見實報淨，例如見娑婆國土皆紺琉璃純諸菩薩，
> 即其義也，或見寂光等也，法華三昧之力使見（變）不同耳。
>
> 有三義故，得知諸土，悉迹土也，一今佛所栖故，二前後修立故，
> 三中間所拂故。
>
> 若是本土非今佛所栖，今佛所栖即迹土也，若是本土一土一切土，
> 不應前後修立深淺不同，今土已前本土已後，皆名中間，中間悉稱
> 方便，況今之土寧得非迹，從本垂迹執迹爲本者，此不知迹亦不識
> 本，今拂迹指本＊本時所栖四土者，是本國土妙也。迹本非本，本
> 迹非迹。非迹非本，即不思議一也。〔註217〕

所謂「三變土田」者，即變凡聖同居之穢土，令見凡聖同居之淨土，或令見
方便淨土，或令見有餘淨土。意即，以「法華三昧」之力，得照見四土無別，
四土皆是「本土」。「三昧」者，如《法華文句》所云：

> 三變土淨者，此正由三昧，三昧有三，初變娑婆，是背捨能變穢爲
> 淨，次變二百那由他，是勝處轉變自在，後變二百那由他，是一切
> 處於境無閡，又初一變淨表淨除四住，次一變淨表淨除塵沙，後一
> 變淨表淨除無明。〔註218〕

初以背捨〔註219〕之三昧力，除四住，令娑婆變穢爲淨；次以勝處〔註220〕之三

夜、中夜、後夜等六時，勤修懺悔、勸請、隨喜、迴向、發願等五悔。其法
有三：（一）身開遮，開用行、坐二儀，而遮止住、臥二儀。（二）口說默，
口誦大乘經典而不間雜其他事緣。（三）意止觀，分爲有相行、無相行二種。
（1）有相行，依據勸發品，以散心念誦法華經，不入禪定，無論、坐、立、
行，皆一心念誦法華文字，並於日夜六時懺悔眼、耳等六根之罪障。（2）無
相行，依據安樂行品，入於甚深之妙禪定，觀照六根，以了達實相三諦之正
空。（參見《摩訶止觀》，見《大正藏》，冊46，頁11b-11c。）

〔註217〕見《妙法蓮華經玄義》卷一。《大正藏》，冊33，頁767b。
〔註218〕見《妙法蓮華經文句》，卷8，《大正藏》，34冊，頁114a-114b。
〔註219〕此處之「背捨」即「八解脫」，謂依八種定力而捨卻對色與無色之貪欲。又作
八惟無、八惟務。《阿毘達磨俱舍論》云：「解脫有八種，前三無貪性，二二
一一定，四無色定善，滅受想解脫，微微無間生，由自地淨心，及下無漏出，
三境欲可見，四境類品道，自上苦集滅，非擇滅虛空。」（詳見《大正藏》，
29冊，頁151b-151c。）

昧力，除塵沙，令二百那由他變爲自在；三以一切處之三昧力，除根本無明，令二百那由他，於境無閡。換言之，土之淨、穢「變現」乃深繫於眾生之無明障惑，故就佛而言爲「觀照示現」，而就眾生而言，乃爲「神通變現」。是則，郭朝順教授認爲：

> 染與淨之間，具有二而不二的關連，離染無淨，反之亦然，染淨皆是本具而相即。……國土的變現，乃是將本具的國土以清淨法眼給「觀照到」，而不是眞的「破壞」娑婆，另外建立新的國土。〔註221〕

「觀照」，即一念心之即空即假即中觀，亦即修心妙觀之「圓頓止觀」〔註222〕，故《四明尊者教行錄》即云：

> 修一心三觀求生淨土者，即以三惑爲穢土之因，以三諦爲淨土之果，故別惑盡，則寂光淨究竟三諦也，此惑未盡，則實報淨分證三諦也，通惑盡，則方便淨相似三諦也，此惑存，則同居淨觀行三諦也，非此諦觀，安令四土皆淨。〔註223〕

是故所謂「心能地獄，心能天堂，心能凡夫，心能賢聖。」〔註224〕《法華玄義》又云：

> 昔權昔權蘊實如華含蓮，開權顯實如華開蓮現，離此華已無別更蓮，離此麁已無別更妙，何須破麁往妙，但開權位即顯妙位也，開生死麁心者，明凡夫有反復，易發菩提心，生死即涅槃無二無別，即麁是妙也。〔註225〕

〔註220〕勝處，謂制勝煩惱以引起佛教認識之所依處。亦有八處，即：「一內有色想觀外色少。二內有色想觀外色多。三內無色想觀外色少。四內無色想觀外色多。內無色想觀外青黃赤白爲四。足前成八。八中初二如初解脫。次二如第二解脫。後四如第三解脫。若爾八勝處何殊三解脫。前修解脫唯能棄背。後修勝處能制所緣。隨所樂觀惑終不起。」（見《阿毘達磨俱舍論》，《大正藏》，29 冊，頁151c。）

〔註221〕援見郭朝順：《天台智顗的詮釋理論》，台北市：里仁書局，2004，頁190。

〔註222〕《摩訶止觀》云：「圓頓者，初緣實相，造境即中，無不眞實。繫緣法界，一念法界。一色一香，無非中道。己界及佛界、眾生界亦然。陰入皆如，無苦可捨；無明塵勞，即是菩提，無集可斷；邊邪皆中正，無道可修；生死即涅槃，無滅可證。無苦無集，故無世間；無道無滅，故無出世間。純一實相，實相外更無別法。法性寂然名止，寂而常照名觀。雖言初後，無二無別。是名圓頓止觀。」（見《摩訶止觀》，卷一。，《大正藏》，46 冊，頁 1c-2a。）關於圓頓止觀之修證，詳見第五章第一節。

〔註223〕《大正藏》，46 冊，頁 866a-866b。

〔註224〕《法華玄義》，卷一，《大正藏》，33 冊，頁 685c。

〔註225〕見《法華玄義》，頁 739a。

今既開決，則除常寂光土外，餘三土亦皆爲本時之土（實），非迹中之土（方便權土），故四土實爲一土，皆名常寂光。〔註226〕土之淨穢，皆因眾生「業力所隔」（即無明），故「感見」國土或淨或穢（即四土之別），實則土無淨穢，四土無別，故此明言淨穢「非關佛土」也。故《法華玄義》云：「淨穢差別，悉由眾生高下苦樂，不關佛也。」〔註227〕又云：「寂光理通，如鏡如器，諸土別異，如像如假，業力所隔感見不同。」〔註228〕又《維摩詰經》中亦云：

> 眾生罪故不見如來佛土嚴淨，非如來咎。……依佛智慧則能見此佛
> 土清淨，於是佛以足指按地，即時三千大千世界若干百千珍寶嚴飾，
> 譬如寶莊嚴佛無量功德寶莊嚴土，一切大眾歎未曾有，而皆自見坐
> 寶蓮華，……佛語舍利弗，我佛國土常淨若此，爲欲度斯下劣人故，
> 示是眾惡不淨土耳。〔註229〕

換句話說，此已點明，主觀之「心」之感見，並無礙於客觀之「土」的淨穢與否，更無礙於客觀之「土」的存在與否，究實而言，更無所謂土之淨穢，而淨穢之別，皆因眾生的無明感見使然。故智者復云：

> 若分別爲言，謂實報在方便之外，若即事而眞此亦不遠，文云，觀
> 見娑婆琉璃爲地坦然平正，諸臺樓觀眾寶所成，純諸菩薩咸處其中，
> 即實報土意也。〔註230〕

若分別言，即「感見」分別，則見實報土在方便土之外，若「即事而眞」，則能「觀見」娑婆「琉璃爲地坦然平正，諸臺樓觀眾寶所成」，即實報土。

是故，就佛而言，客觀之「土」無淨穢之別，而唯有「本迹」之殊。然雖有本迹之殊，其實，「迹本非本，本迹非迹」〔註231〕，非迹非本，不思議一也。如《玄義》復云：

> 餘經但道佛所變化是迹，不道佛身自是迹，今經自道佛身是迹，
> 其餘變化寧得非迹，今經正破廢化城二乘之果，況其因行耶。……

〔註232〕

〔註226〕如前所明，淨土雖分爲四種，然若「修心妙觀」，則顯四土非四土，四土皆名常寂光，又明涅槃即是常寂光。（詳見本篇論文第三章第一節之論述。）
〔註227〕見《妙法蓮華經玄義》卷七。《大正藏》，冊33，頁751b。
〔註228〕見《妙法蓮華經玄義》，頁767a。
〔註229〕見《維摩詰所說經》卷一。《大正藏》，冊14，頁538c。
〔註230〕見《妙法蓮華經玄義》，頁761a。
〔註231〕見《妙法蓮華經玄義》，頁766b。
〔註232〕見《妙法蓮華經玄義》卷一。《大正藏》，冊33，頁796c。

今經聲聞受記，菩薩疑除同開佛知見，俱入一圓因，發迹顯本同悟實果，因圓果實不帶方便，永異餘經，故稱爲妙也。……決了粗因同成妙因，決諸粗果同成妙果。故低頭舉手，著法之眾，皆成佛道，更無非佛道因。佛道既成，那得猶有非佛之果？散善微因，今皆開決，悉是圓因。何況二乘行？何況菩薩行？無不皆是妙因果也。〔註233〕

「決了粗因同成妙因，決諸粗果同成妙果」，粗者，權粗，佛爲種種根器眾生所說之權法；妙者，實妙，佛之本懷；決粗令妙者，即開近迹中之權粗令成實妙也。「低頭舉手，著法之眾，皆成佛道」，今既皆開決已，則無論是凡夫之身、小機之境，抑或是聲聞、緣覺、菩薩任一行，無非是妙因妙果，無不畢竟成佛。是則即如《法華經》所云：

不斷淫怒痴，亦不與俱，不壞于身，而隨一相，不滅痴愛，起于明脫，以五逆相而得解脫，亦不縛不脫。

解脫乃即于淫怒痴，即于身，即于痴愛，即于五逆相，而爲解脫，而非隔離或斷除此種種（五逆相）而爲解脫。染淨在於一心，並非客觀事物有其淨穢。故但除其病不除法。則由此可知，九法界中既無任一法可廢、可去，則成佛乃「即于九法界而成佛」，所謂「即于九法界」──即即于六道眾生、聲聞、緣覺、以及菩薩之任一法界而成佛，就此而言，九法界三千世間法無一法而非佛法。

是故人間（穢土）雖是惡際，然惡際即是實際，則一切穢惡法門俱成善用，「不但是俱成善用，而且一切穢惡法俱是在其自己之實相法。此即天台圓教所謂「性惡」。「性惡云者，這些穢惡法門俱是智如不二的法性心所本具。」〔註234〕「以其本具，故這些穢惡法即是性德上的穢惡法。」〔註235〕人間既是惡際，即是穢惡法門，則淨土即是善德法門，然惡際即是實際，換言之，淨土亦是實際也。此如《法華玄義》卷五云：

提婆達多是善知識，豈非惡即資成，三軌即三道是爲理性，行於非道通達佛道，五品觀行行於非道，通達佛道，六根清淨相似，行於非道通達佛道，十住去即分眞，行於非道通達佛道，妙覺究竟，行於非道通達佛道。〔註236〕

〔註233〕見《妙法蓮華經玄義》，頁795c-796a。
〔註234〕見牟宗三：《現象與物身》。台北市：學生書局，頁414。
〔註235〕見《現象與物身》，頁414。
〔註236〕見《妙法蓮華經玄義》卷五。《大正藏》，冊33，頁744b-p744b。

又云：

> 別教權說判佛則高，望實爲言其佛猶下，譬如邊方未靜授官則高，
> 定爵論勳，置官則下。別教權說雖高而麤，圓教實說雖低而妙，此
> 譬可解，以我之因爲汝之果，別位則麤，當知，大樹雖巨圍，要因
> 於地方漸生長，是知圓位從初至後，皆是實說，實伏實斷俱皆稱妙。
> 〔註237〕

相依法（實相）而在，通達惡際即是實際，即于魔道而見佛道，即于穢土而
顯現淨土。此即所謂是法住法位，世間相常住。開權顯實，權實不二，開粗
成妙，粗妙不二。

故只有即于「不斷斷」才是圓佛之斷，十法界互具互融，因之，十法界
即爲「必然的存在」，是則「不斷斷」之洞見亦啓發出一存有論的圓教，諸法
皆爲實相，「一色一香，無非中道」〔註238〕，是故色心不二，「差即無差，無
差即差」，三道即三德，以是之故，「一切國土悉常寂光」〔註239〕，智者釋云：
「常寂光者。常即法身。寂即解脫。光即般若。是三點不縱橫並別。名祕密
藏。」〔註240〕荊溪《維摩經略疏》云：

> 寂光土者，妙覺極智所照如如法界之理名之爲國，但大乘法性即是
> 眞寂智性，不同二乘偏眞之理。故涅槃云，第一義空名爲智慧，此
> 經云若知無明性即是明，如此皆是常寂光義，不思議極智所居故云
> 寂光，亦名法性土，但眞如佛性非身非土，而說身土，離身無土離
> 土無身。其名土者，一法二義。故金剛般若論云，智集唯識通，如
> 是取淨土，非形第一體非莊嚴莊嚴，問出何經論，答仁王云，唯佛
> 一人居淨土，此經云：心淨則佛土淨，心淨之極，極於佛也。普賢
> 觀云，釋迦牟尼名毘盧遮那遍一切處，其佛住處名常寂光。〔註241〕

是如理者爲如智之所依，故名曰土，非別有能依所依身土之別相。此一
義也。二依圓教之極意，三千諸法，宛然本有，是乃眞佛眞土，常寂光之名，
依之而立，此圓教之實義也。故佛國非在彼方，《法華玄義》「約理事明本迹」
即云：

〔註237〕見《妙法蓮華經玄義》，頁 737b。
〔註238〕見荊溪：《止觀輔行傳弘決》。《大正藏》，冊 46，頁 151c。
〔註239〕見知禮：《十不二門指要鈔》卷一。《大正藏》，冊 33，頁 711c。
〔註240〕見智者：《佛說觀無量壽佛經疏》，《大正藏》，冊 37，頁 188c。
〔註241〕見荊溪：《維摩經略疏》，《大正藏》，冊 38，頁 565a。

無住之理即是本時實相眞諦也。一切法即是本時森羅俗諦也，由實相
眞本垂于俗迹，尋于俗迹即顯眞本。本迹雖殊，不思議一也。〔註242〕

又云：

前來諸教已說事理，乃至權實者皆是迹也，今經所說久遠事理乃至
權實者，皆名爲本，非今所明久遠之本，無以垂於已說之迹，非已
說迹，豈顯今本，本跡雖殊不思議一也。〔註243〕

又云：

非本無以垂迹，若能解迹則亦知本。〔註244〕

「無住之理」與「一切法」即本時眞俗二諦，然「本跡雖殊，不思議一也」，
二諦雖二，二而不二，即中道第一義諦。是知森羅「俗諦之迹」（世間諸法），
無非實相眞本之垂形，然無森羅俗諦之迹，又豈能顯眞本實相？故《維摩詰
經》〈入不二法門品第九〉即云：

世間、出世間爲二。世間性空，即是出世間。於其中不入、不出、
不溢、不散，是爲入不二法門。……生死、涅槃爲二。若見生死性，
則無生死，無縛無解，不生不滅，如是解者，是爲入不二法門。……
明、無明爲二。無明實性即是明，明亦不可取，離一切數，於其中
平等無二者，是爲入不二法門。……色、色空爲二。色即是空，非
色滅空，色性自空。如是受・想・行・識、識空爲二，識即是空，
非識滅空，識性自空，於其中而通達者，是爲入不二法門。……是
空、是無相、是無作爲二。空即無相，無相即無作；若空、無相、
無作，則無心意識。於一解脫門即是三解脫門者，是爲入不二法
門。……佛、法、眾爲二。佛即是法，法即是眾，是三寶皆無爲相，
與虛空等，一切法亦爾。能隨此行者，是爲入不二法門。……樂涅
槃、不樂世間爲二。若不樂涅槃、不厭世間，則無有二。所以者何？
若有縛，則有解。若本無縛，其誰求解？無縛無解，則無樂厭，是
爲入不二法門。〔註245〕

凡世間、出世間等，乃至涅槃、世間等皆相即不二，是故淨土不離眾生，

〔註242〕見《維摩經略疏》，頁 764b。
〔註243〕《妙法蓮華經玄義》卷七。《大正藏》，冊 33，頁 764c。
〔註244〕見《妙法蓮華經玄義》，頁 766a。
〔註245〕見《維摩詰所說經》，頁 551a-551c。

荊溪《法華文句記》即云：「非寂光外，別有娑婆。」〔註246〕又云：「淨穢之土勝劣之身。塵身與法身量同。塵國與寂光無異。是則一一塵剎一切剎。一一塵身一切身。」〔註247〕意即常寂光土（中道實相）即是娑婆（塵國）。換句話說，就天台圓教而言，實相淨土與娑婆穢土，別名為二，其實是一。是故淨土與所謂穢土，即權是實，而權實不二，即佛國與人間相即不二。是則，依天台圓教，即九法界而成佛，即即無明即法性，即即空即假即中，即即惡性相即善性相，即即地獄即佛法界，即世間即佛法界，一本散萬殊，萬殊歸一本，三千諸法無一不是佛法的展現，故《金光明經文句記》云：「物機無量不出三千，能應雖多，不出十界。物機應契，身土無偏，同常寂光，無非法界。」〔註248〕又，《玄義釋籤》亦云：「物機無量不出三千，能應雖多不出十界。界界轉現不出一念。土土互生，不出寂光。」〔註249〕則知，萬法即是佛法，一一差別相，差即無差，無差即差，諸法如如，三千宛然，即空即假即中。是故眾生即佛，佛即眾生，淨土（佛法界）即人間（娑婆），人間即淨土。「此岸即彼岸」，無二無別，非為別處求淨土，非為別處求作佛，眾生即佛。故「人間即淨土」。

〔註246〕《法華文句記》（卷9）。《大正藏》，冊34，頁333c。
〔註247〕見《十不二門》（卷1）。《大正藏》，冊46，頁704a。
〔註248〕《金光明經文句記》（卷9）《大正藏》，冊39，頁142b。
〔註249〕《法華玄義釋籤》（卷14）。《大正藏》，冊33，頁919b。

第五章 天台圓教底「人間淨土」之 修證與實踐

第一節 天台圓教底「人間淨土」之修證

由上一章可知，天台圓教「人間即淨土」義之彰顯，乃由一心三觀觀圓融三諦之圓頓止觀，所展現而出之「一色一香，無非中道」，以及「是法住法位，世間相常住」之諸法實相義。故本章即為敘述天台圓教之修證觀行法門與其修證即實踐之圓義，並兼論當代人間佛教之實踐精神與具體建設。

智者《摩訶止觀》云：

> 圓頓者，初緣實相，造境即中，無不真實。繫緣法界，一念法界。一色一香，無非中道。己界及佛界、眾生界亦然。陰入皆如，無苦可捨；無明塵勞，即是菩提，無集可斷；邊邪皆中正，無道可修；生死即涅槃，無滅可證。無苦無集，故無世間；無道無滅，故無出世間。純一實相，實相外更無別法。法性寂然名止，寂而常照名觀。雖言初後，無二無別。是名圓頓止觀。〔註1〕

又，《法華經》卷五「分別功德品」云：

> 阿逸多，若善男子善女人，聞我說壽命長遠深心信解，則為見佛常在耆闍崛山，共大菩薩諸聲聞眾圍繞說法，又見此娑婆世界，其地琉璃坦然平正，閻浮檀金以界八道寶樹行列，諸臺樓觀皆悉寶成，

〔註1〕 見《摩訶止觀》，卷一。，《大正藏》，46 冊，頁 1c-2a。

其菩薩眾咸處其中，若有能如是觀者，當知是為深信解相。〔註2〕
「如是觀者」，即「圓頓止觀」。「深心信解」，即「深信解」，亦即「圓信解」，故《玄義》云：

> 若人宿殖深厚，或值善知識，或從經卷圓聞妙理，謂一法一切法，
> 一切法一法，非一非一切，不可思議，如前所說，起圓信解，信一
> 心中具十法界，如一微塵有大千經卷，欲開此心而修圓行。〔註3〕

「妙理」，即「一法一切法，一切法一法，非一非一切」之「不可思議」實相妙理。由「圓聞」「妙理」而起「圓信解」，《輔行》云：

> 圓信者。依理起信，信為行本。……若信三道即是三德，尚能度於
> 二死之河，況三界耶，此之三道祇是三諦，諦既是境，應須觀智，
> 三觀為因，觀成為智。〔註4〕

由「圓信」而起修「圓行」，如《止觀大意》亦云：「若釋法華彌須曉了權實本跡。方可立行。此經獨得稱妙。方可依此以立觀意。」〔註5〕又云：

> 言五方便及十乘軌行者，即圓頓止觀全依法華圓頓止觀，即法華三
> 昧之異名耳，若欲修此圓頓三昧，具圓十乘方名圓行。〔註6〕

故知，由「圓行」終能成觀，「見此娑婆世界，其地琉璃坦然平正，閻浮檀金以界八道寶樹行列，諸臺樓觀皆悉寶成……。」即，見娑婆世界（人間）即是淨土。

是故圓頓止觀之具體的修證，即在智者所示之一切觀行法門，所謂，「欲登妙位，非行不階」〔註7〕。則本節即為略述天台之圓頓觀行法門。〔註8〕

〔註2〕 《妙法蓮華經》卷五。《大正藏》，冊9，頁45b。
〔註3〕 《妙法蓮華經玄義》卷五。《大正藏》，冊33，頁733a。
〔註4〕 《止觀輔行傳弘決》卷二。《大正藏》，冊46，頁152b-152c。
〔註5〕 《止觀大意》卷一。《大正藏》，冊46，頁459b。
〔註6〕 《止觀大意》，頁459b。
〔註7〕 語出《大方廣佛華嚴經疏》卷一。《大正藏》，冊35，頁504b。今據《摩訶止觀》卷二。《大正藏》，冊46，頁11a。
〔註8〕 關於天台「圓頓止觀」之修持方法、禪定、三昧次第，具見於智者大師《摩訶止觀》、《童蒙止觀》（小止觀）、《釋禪波羅蜜次第法門》、《六妙門》等部著作；又其於《法華三昧懺儀》、《方等三昧行法》、《請觀音懺法》、《金光明懺法》等部中，更將坐禪之實相觀法與禮佛、懺悔、誦經結合起來，使修行易得三昧。凡此浩繁卷秩所載之止觀修持、法門、次第、懺法等，若一一詳明論述，實已泛超本篇論文之研究主旨與目的，故今僅作概括介紹，略為述之以明其意旨。

一、五悔與二十五方便

（一）五悔，又稱五懺悔

乃修法華三昧時，於晝夜六時為滅除罪惡所作之五種懺悔法。如《止觀》所云：「今於道場日夜六時行此懺悔。破大惡業罪。勸請破謗法罪。隨喜破嫉妒罪。迴向破為諸有罪。順空無相願。所得功德不可限量。」〔註9〕茲分別述之：

（1）懺悔，悔罪而修善果。《止觀》云：「懺名陳露先惡，悔名改往修來。佛智遍照佛慈普攝。我以身口投佛足下。願世間眼證我懺悔。我無始無量遮佛道罪。無明所偪不識正真。從三界繫動身口意起十惡罪。三寶六親四生五道。作不饒益事。破發三乘心人造五七逆。自作教他見作隨喜。應現生後受諸苦惱。如三世菩薩求佛道時懺悔。我亦如是。傷已昏沈無智慧眼。發是語時聲淚俱下。至誠真實。五體投地如樹崩倒。摧折我人眾惡傾殄。是名懺悔。」〔註10〕

（2）勸請，勸請十方諸佛轉法輪以救眾生。《止觀》云：「名為祈求。聲聞自度直懺己罪。菩薩愍眾故行道故須勸請。我今知罪尚不得脫。眾生不知歷劫流轉。我無力救請十方佛。佛愍眾生不簡巨細。必冀從願。大論明請不請。請轉法輪。謂勸示。證。令於四諦生眼智明覺。是名三轉。有人言。請說三乘名三轉。佛若說法眾生得涅槃證。設未得者且令受世間樂。佛若普許則一切得安。我預一切罪苦亦除。如遍請雨我有少田自露甘潤。請住世者。夫命隨業得住。變化隨心得住心止化滅。我今請佛饒益眾生如大炬火。莫止變化之心。久住安隱度脫一切。是名勸請。」〔註11〕

（3）隨喜，喜悅、稱讚他人之善行。《止觀》云：「名為慶彼。佛既三轉法輪。眾生得三世利益。我助彼喜。又我應勸化令其生善。其善自生是故我喜。喜三世眾生福德善。三世三乘無漏善。三世諸佛從初心至入滅一切諸善。我皆隨喜亦教他喜。如買賣香傍觀三人同熏。能化受化及隨喜者三善均等。觀眾生惑甚可悲傷。觀眾生善應大恭敬。心常不輕。深知眾生具正緣了。即雖未發會必應生。毒鼓遠近為要當死。故敬之如佛。何者。未來諸世尊其數無有量也。此深是隨喜意也。法華隨喜法。大品隨喜人。人法互舉耳。」〔註12〕又云：「若

〔註 9〕 《摩訶止觀》卷十四。《大正藏》，冊46，頁98c。
〔註 10〕 《摩訶止觀》，頁98a。
〔註 11〕 《摩訶止觀》，頁98a-98b。
〔註 12〕 《摩訶止觀》卷十四。《大正藏》，冊46，頁98b。

能勤行五悔方便助開觀門。一心三諦豁爾開明。如臨淨鏡遍了諸色。於一念中圓解成就。不加功力任運分明。正信堅固無能移動。此名深信隨喜心即初品弟子位也。」〔註13〕

（4）回向，把善行之功德回向菩提。《止觀》云：「迴眾善向菩提。一切賢聖功德廣大。我今隨喜福亦廣大。眾生無善我以善施。施眾生已正向菩提。如迴聲入角響聞則遠。迴向為大利。正迴向者斷三界道滅諸戲論。乾煩惱泥滅棘刺林捨除重擔。不取不念不見不得。不分別能迴向者所迴向處。諸法皆妄想和合故有。一切法實不生。無已今當生無已今當滅。諸法如是。我順諸法隨喜迴向。如三世諸佛所知所見所許。是名真實正迴向。亦名最上具足大迴向。則不謗佛無過咎。無所繫無毒無失。何但迴向如此。前三後一亦然。」〔註14〕

（5）發願，發願者，誓也。誓願一心成佛。《止觀》云：「如許人物若不分券物則不定。施眾生善若不要心。或恐退悔。加之以誓。又無誓願。如牛無御不知所趣。願來持行將至所在。亦名陀羅尼持善遮惡。如坏得火堪可盛物。」〔註15〕

（二）二十五方便

乃圓教修持止觀法門之「方便」法門。藉以開發善根，易得正定。如《觀心論疏》云：「二十五方便，調心入正道，斯之謂也。」〔註16〕指修持止觀禪定之前，應先具此二十五種方便調心，以得入正道。「方便」者，《摩訶止觀》云：

> 方便名善巧。善巧修行，以微少善根，能令無量行成解發入菩薩位。
>
> 大論云：「能以少施少戒，出過聲聞辟支佛上。」即此義也。〔註17〕

又，《輔行》釋云：

> 言善巧者，從初發心，權實不二，以不二解，調停事儀，能使一行
>
> 一切行，成三軌真解；一發一切發，入圓初住。〔註18〕

可見，「方便」不單單只是修行上進階的一種法門，智者大師更明白的指出，

〔註13〕《摩訶止觀》，頁98c。
〔註14〕《摩訶止觀》，頁98b-98c。
〔註15〕《摩訶止觀》，頁98c。
〔註16〕語見《觀心論疏》卷三。《大正藏》，冊46，頁607c。
〔註17〕《摩訶止觀》卷四上，「第六明方便」。《大正藏》，冊46，頁35c。
〔註18〕見《止觀輔行傳弘決》卷四之一，「釋二十五方便」。《大正藏》，冊46，頁252a。

能以方便法門善巧修行，即能以微少的善根，「一行一切行」、「一發一切發」，成無量行入菩薩位，而終至成佛。故《輔行》又云：「夫施在心不在事。」〔註19〕即使只有一文錢的發心佈施，一盞油燈的虔心供佛，一樣能照徹三千大千世界。

　　所謂的「方便」法門，即具五緣、呵五欲、棄五蓋、調五事、行五法。《止觀》云：「二十五法爲遠方便，十種境界爲近方便，橫豎該羅十觀具足，成觀行位能發眞似，名近方便。」〔註20〕又云：

> 今釋遠方便略爲五，一具五緣，二呵五欲，三棄五蓋，四調五事，五行五法。夫道不孤運，弘之在人，人弘勝法，假緣進道，所以須具五緣。緣力既具，當割諸嗜欲，嗜欲外屏，當內淨其心，其心若寂，當調試五事，五事調已，行於五法，必至所在。譬如陶師，若欲得器，先擇良處，無砂無鹵，草水豐便，可立作所；次息餘際務，際務不靜，安得就功？雖息外緣，身內有寂，云何執作？身雖康壯，泥輪不調，不成器物；上緣雖整，不專於業，癈不相續，永無辦理，止觀五緣，亦復如是。〔註21〕

　　分析而言，此二十五種遠方便法門如下：

（1）具備五緣：衣食具足、持戒清淨、閒居靜處、息諸緣務、得善知識，這是修習止觀的基本條件。

（2）外呵五欲：消除色欲、聲欲、香欲、味欲、觸欲等，摒除外塵的干擾。

（3）內棄五蓋：以五法蓋覆心神，使不能發定慧，故稱爲蓋。即棄除貪欲、瞋恚、睡眠、掉悔、疑慮等五蓋，使內心不起障礙。

（4）調和五事：調心不沈不浮、身不緩不急、息不澀不滑、眠不節不恣、食不飢不飽。

（5）勤行五法：精進不懈，進行五法，即：樂欲（樂觀積極）、精進、正念、巧慧、一心。

　　亦即，智者大師認爲，修行要能進道，首先必須具足五項外緣的護持，

〔註19〕《止觀輔行傳弘決》卷四之一，「釋二十五方便」。《大正藏》，46 冊，頁 252a。
〔註20〕《摩訶止觀》卷六。《大正藏》，冊 46，頁 35c。
〔註21〕《摩訶止觀》，《大正藏》，冊 46，頁 35c-36a。

其實也就是要先具備五種基本的身、心狀態和態度〔註22〕；其次是割捨種種嗜好欲望，以斷外務纏緣；再次是棄絕五蓋〔註23〕，以治內疾；又次是，調試食、眠、身、息、心等五事以安身心；最後是行欲、精進、念、巧慧、一心等五法，即，欣習無厭，曉夜匪懈，念念相續，善得其意，一心無異，以鞭策敏進，智者云，「當知五法通爲小大事理，而作方便也」。可見，一切世間的諸行萬法，即使小如芥子抽芽這等小事，亦無非緣力的具合，因此智者大師接著說道，「世間淺事，非緣不合，何況出世之道，若無弄引，何易可階？」〔註24〕更何況這等「出世成佛」的大事呢？當然更須要具備各項因緣的和合了，否則豈是輕易即可蹴及？

然而，值得注意的是，這個方便法門，目的是爲配合「弘道」的聖任，爲了「進道」，姑且「借假修真」的方便法，未可以過於執著，故而智者大師復告誡道：

> 此二十五法，通爲一切禪慧方便，諸觀不同，故方便亦轉，譬如曲弄既別，調絃亦別，若細分別，則有無量方便，文繁不載，可以意得。今用此二十五法爲定外方便，亦名遠方便，因是調心，豁然見理，見理之時，誰論內外？豈有遠近？大品云，非內觀得是智慧，非外觀非內外觀，不離外觀，不離內觀，及內外觀，亦不以無觀得是智慧，今且約此明外方便也。然不可定執而生是非，若解此意，沈浮得所，內外俱成方便，若不得意，俱非方便也。〔註25〕

這二十五種次第修行法，只是以禪慧修行的方便法門，即使暫且依漸次而有內外遠近的差別，卻不可就此執著於其方便法相之中而生彼是我非的爭端，亦如世尊於《金剛經》中所殷殷付囑的「知我說法如筏喻者，法尚應捨，何況非法？」〔註26〕一般，縱然如佛所說法，亦爲方便渡脫之筏，又豈能登岸而筏隨呢？故「若解此意，沈浮得所，內外俱成方便，若不得意，俱非方便」，知法非法，知非法非非法，即得中道實相也。

〔註22〕 《摩訶止觀》「明方便」云：「具五緣者，一持戒清淨，二衣食具足，三閑居靜處，四息諸緣務，五得善知識。」（見《大正藏》，冊46，頁35c。）
〔註23〕 《摩訶止觀》：「蓋者，蓋覆纏綿，心神昏闇，定慧不發。」（見《大正藏》，冊46，頁44c。）
〔註24〕 《摩訶止觀》，《大正藏》，冊46，頁36a。
〔註25〕 《摩訶止觀》，《大正藏》，冊46，頁48c。
〔註26〕 見《金剛經》卷一。〈正信希有分第六〉。《大正藏》，冊8，頁749b。

二、十境與十乘觀法

　　如前所言，由「圓行」終能成觀，「圓行」者何？即《法華玄義》卷五云：

　　　　圓行者，一行一切行。略言爲十，謂識一念平等具足不可思議，傷
　　　　己昏沈慈及一切，又知此心常寂常照，用寂照心破一切法，即空即
　　　　假即中，又識一心諸心若通若塞，能於此心具足道品，向菩提路，
　　　　又解此心正助之法，又識己心及凡聖心，又安心不動不墮不退不散，
　　　　雖識一心無量功德，不生染著，十心成就。〔註27〕

　　依上述，

　　　　「識一念平等具足不可思議」，即「觀不思議境」；
　　　　「傷己昏沈，慈及一切」，即「起慈悲心」；
　　　　「知此心常寂常照」，即「巧安止觀」；
　　　　「用寂照心破一切法，即空即假即中」，即「破法遍」；
　　　　「識一心諸心，若通若塞」，即「識通塞」；
　　　　「能於此心具足道品，向菩提路」，即「修道品」；
　　　　「解此心正助之法」，即「對治助開」；
　　　　「識己心及凡聖心」，即「知次位」；
　　　　「安心不動不墮，不退不散」，即「能安忍」；
　　　　「雖識一心無量功德，不生染著」，即「無法愛」。

「圓行」者，即以此十法觀心成就。故此十法門，亦稱「十法成乘」，如《觀
心論疏》釋云：

　　　　斯之十法是學道之方軌。還源之要術。出火宅之良津。度生死河之
　　　　橋梁。所以今行者宜記憶斯之十法。細心尋之。釋出十知其妙也。
　　　　而言十法成乘者。乘是運出之義。斯之十法共成一大乘。運出生死
　　　　涅槃二樂。直入中道。故法華云。乘此寶乘遊於四方。嬉戲快樂直
　　　　至道場。四方者。十住行向地等四十位也。直至道場。即妙覺也。

　　　　〔註28〕

又，此十法次第即：

　　　　今第一觀心是如來藏故，即是不可思議境也，但眾生理具而情迷有
　　　　而不知故，第二起私誓慈悲也，欲顯出心中如來寶藏，必須修定慧

〔註27〕《法蓮華經玄義》卷五，《大正藏》，冊33，頁733a。
〔註28〕灌頂：《觀心論疏》卷四。《大正藏》，冊46。頁608c。

方可顯故，第三明修止觀安心止觀，即定慧，定慧照了有壅滯不通，即須破之故，第四明破法遍也，雖復遍破，然塞處須破，通處不須故，第五明善知通塞也，雖知通塞，復須道品調停故，第六明三十七品調停得所也，此六章多明正道而復須助道故，第七明六度爲助道也，然正助既具必證勝法，行者不識即謂是極聖，多墮增上慢故，第八明識次位也，雖知次位，不墮上慢而發勝法不能不說，說畢則破菩薩行故，第九明安忍也，雖外忍不說而內心不能不愛著，愛著名菩薩頂墮故，第十明不起順道法愛也。〔註29〕

而以此「十乘觀法」所觀照之「境」，即吾人於所身處之界處（起自凡夫，終至聖人），隨時而起（一念無明）之陰入境、煩惱境、病患境、業相境、魔事境、禪定境、諸見境、增上慢境、二乘境、菩薩境。如《摩訶止觀》所云：

> 開止觀爲十，一陰界入，二煩惱，三病患，四業相，五魔事，六禪定，七諸見，八增上慢，九二乘，十菩薩，此十境通能覆障。〔註30〕

就內容而言，則十境〔註31〕爲：

1、**陰入界境**：又作陰界入境、陰入境、陰妄境。即觀五陰、十二入、十八界等陰識心。正修止觀時，唯取五陰中之識陰，即於現實日常生活之中，隨時觀「心」即空、即假、即中之理。因行人所受之身爲五陰、十二入等所成，常自現前，故特以爲初境。

2、**煩惱境**：即對貪、瞋、癡等重惑所引起之境作觀。五陰、十二入等係隨煩惱而起，故須「觀」貪、「觀」瞋、「觀」癡。

3、**病患境**：又作病境。由四大不調或修觀而招感病患時，「觀」病患之病相、病因與治病方法等等。

4、**業相境**：略稱業境。觀以上三相，皆由往昔善惡業的招感、現行，坦然以對，無怖無瞋，無喜無憂。如此明朗作「觀」，其相自然消除。

5、**魔事境**：略稱魔境。觀業相而滅惡之際，即令天魔畏懼而加以擾亂，故須以死之覺悟作「觀」。

6、**禪定境**：又作禪門境、禪發境、世禪境、禪境。作觀除魔事，而眞智

〔註29〕同上註。
〔註30〕見《摩訶止觀》卷九，《大正藏》，冊46，頁49a-49b。然在《摩訶止觀》中，智者大師並未完整宣講完十境，其後三種境：增上慢、二乘及菩薩境未宣，因而實際上完整講說的只有前七境。
〔註31〕見《摩訶止觀》卷五上、《法華經玄義》卷三下、《四教義》卷十一。

猶未生時，將起四禪、十六特勝、通明禪等諸禪，但若耽著於此禪味，將成為止觀之障礙，故須「觀」諸禪。

7、諸見境：略稱見境。隨觀法之進境，生出「相似真理」之見解，或因聞法而產生「相似妙悟」之智解，但此皆屬邪見、偏見，究非真理，將成為止觀之障礙，故須進而「觀」諸見對治。

8、增上慢境：又稱上慢境、慢境。觀前諸見而知錯誤之際，將誤以此等狀態即為「涅槃」，遂起慢心而成為止觀之障礙，故須「觀」增上慢對治。

9、二乘境：「見」與「慢」靜止之際，易滿足于小乘心志，偏執於「空寂」之境，遂墮於二乘，須以「觀二乘」對治。

10、菩薩境：耽樂二乘的偏執心靜止後，易產生藏、通、別前三教的菩薩境，因此尚非究竟妙覺，故亦為止觀障礙，須以「觀三教」對治。

《摩訶止觀》云：

> 此十種境始自凡夫正報終至聖人方便，陰入一境常自現前，若發不發恒得為觀，餘九境發可為觀，不發何所觀。又八境去正道遠，深加防護得歸正轍，二境去正道近，至此位時，不慮無觀，薄修即正。又若不解諸境互發大起疑網，如在岐道不知所從，先若聞之，恣其變怪，心安若空。互發有十，謂次第不次第，雜不雜，具不具，作意不作意，成不成，益不益，久不久，難不難，更不更。〔註32〕

由「陰入一境常自現前，若發不發恒得為觀。餘九境發可為觀，不發何所觀」，及「諸境互發」可知，所謂不思議境，乃指所發諸境（無明）雖有各別不同之差異（非通），然諸境無非皆為我心之所造（具）（非別），故云「一陰界入一切陰界入」〔註33〕。是故《止觀》又云：

> 十境不同即別義也，復有亦通亦別，陰是受身之本，又是觀慧之初，所以別當其首，此一境亦通亦別，後九境從發異相受名，但得是通是別，不得是亦通亦別也。……非通非別者皆不思議，一陰一切陰，非一非一切。〔註34〕

即陰入一境，既為「受身之本」，復又是「觀慧之初」，故其性「亦通亦別」；

〔註32〕《摩訶止觀》卷九，《大正藏》，冊46，頁49c。
〔註33〕《摩訶止觀》，頁83c。
〔註34〕《摩訶止觀》，頁51a-51b。

餘九境乃「從發異相受名」，故其性「是通是別」，不得是「亦通亦別」。換句話說，煩惱境、病患境、業相境、魔事境、禪定境、諸見境、增上慢境、二乘境、菩薩境皆可通稱爲「陰入境」；而其別異，則是指其「從發異相」而言，即此「陰入」或發爲煩惱境、或發爲病患境、或發爲業相境、或發爲魔事境、或發爲禪定境、或發爲諸見境、或發爲增上慢境、或發爲二乘境、或發爲菩薩境，「發一境已更發一境，歷歷分明」〔註35〕。是故，此十境乃不可說爲是一種靜態的、客觀存在之對象而爲「可思議境」，乃指涉一種心識活動的狀態〔註36〕，如《止觀》云：「陰入一境常自現前，若發不發恒得爲觀。」（如儒家所言「必有事焉」）又云：「餘九境發可爲觀，不發何所觀。」因此，「一陰一切陰，非一非一切」，「非通非別者」，皆不思議。故《輔行》云：

> 今家用此十法爲境，不同常途別立清淨眞如無生無漏，如是觀者，如離此空別更求空，今依經準行以陰爲首，下之九境隨發而觀，一一皆用十乘觀法，老子尚知觀身爲患，而世間人保護穢身，他求淨理，失之甚矣。〔註37〕

所謂「觀身爲患」、「他求淨理，失之甚矣」者，正是譬喻行者應以當下陰妄識心爲所緣，而不應另立「眞如心」爲所緣，否則即有「離此空，別更求空」之過失。凡此在在強調觀爲能觀，境爲所觀，然能觀與所觀，雖二而實不二之不可思議境。

依上所述，則此十境，陰入界境乃是一切眾生自身當下的心地，其餘九境則是心地下不同的境界與經驗。魔事境以下所談的是負面的身心境界，禪定境以上的是趨向正面之身心境界，然不論正面負面都會蘊含其相反之向上

〔註35〕《摩訶止觀》卷九，《大正藏》，冊 46，頁 50a。

〔註36〕關此，如郭朝順教授於其一文中亦曾申言：「作爲圓頓止觀所觀之十境，智顗強調其爲『不思議境』而與『思議境』相對，這十境在諸經論中多有論及其一二，智顗論述之時曾引經論以爲印證，但將十境視爲一個具有次第的觀修系統，並且從不思議性的角度論述之，則是智顗《摩訶止觀》的特殊貢獻。所謂不思議境指的是諸境的差異但非對立的互具性質。『差異』包含諸境間的差異，及境與心之間的差異；『互具』則指諸境彼此間的因緣作用，以及心境之間的互爲緣起。是故十境不可說是僅爲靜態存在的對象——這就是一種可思議境，更倒不如說這十境指涉一種動態活動的『事件』，這事件包含了諸境互動的關聯，也包含心境互動的歷程。」（見氏著：〈從《摩訶止觀》「十境」論天台智顗的身心觀——禪觀者對身心的詮釋〉，《跨文化視野下的東亞宗教傳統：體用修證篇》，台北：中研院文哲所，2010，頁 122。）

〔註37〕《止觀輔行傳弘決》卷十九，《大正藏》，冊 46，頁 281a。

或向下之**趨勢與轉機**，此這種種境相乃彼此差別但又相即互具的不可思議狀態，唯有觀照其不思議性時，才是對於十境的圓融觀照，否則只是偏觀而將會流於無明執著，致使流轉生死。所謂圓融的觀照，其重點則在須以動態的「一心三觀」，由假入空，由空入假，進而中道圓融觀，如是活動行之。在不同的觀照角度中，會有不同的視角，故唯以動態之圓融觀照，不停地妄視所觀之境，方能無偏狹而完整地領悟「境」之實相。〔註38〕故《止觀》卷九「明能觀觀法」即云：

> 觀心具十法門，一觀不可思議境，二起慈悲心，三巧安止觀，四破法遍，五識通塞，六修道品，七對治助開，八知次位，九能安忍，十無法愛也。〔註39〕

分析言之：

（一）觀不可思議境

智者《摩訶止觀》云：「秖心是一切法，一切法是心故，非縱非橫非一非異玄妙深絕，非識所識，非言所言，所以稱爲不可思議境。」〔註40〕又，荊溪《止觀大意》釋云：「謂觀不思議境，境爲所觀，觀爲能觀，所觀者何，謂陰界入不出色心。」〔註41〕故知「觀不思議境」者，即「觀心」也。智者於《法華玄義》，以「理觀觀心論」契入圓教圓實之義境即云：

> 從標章至料簡，悉明觀心。心如幻焰，但有名字，名之爲心。……心本無名，亦無無名，心名不生，亦復不滅，心即實相，初觀爲因，觀成爲果。以觀心故，惡覺不起，心數塵勞，若同若異，皆被化而轉，是爲觀心。〔註42〕

又，《法華玄義》之七番共解，前六悉「明觀心」云：

> 心本無名亦無無名。心名不生亦復不滅。心即實相。初觀爲因，觀成爲果；以觀心故，惡覺不起，心數塵勞，若同若異，皆被化而轉。
>
> 〔註43〕

〔註38〕摘引自〈從《摩訶止觀》「十境」論天台智顗的身心觀——禪觀者對身心的詮釋〉，頁122。

〔註39〕《摩訶止觀》卷九，《大正藏》，冊46，頁52b。

〔註40〕《摩訶止觀》，頁54a。

〔註41〕《止觀大意》卷一，《大正藏》，冊46，頁460a。

〔註42〕語見《法華玄義》卷一，《大正藏》，冊33，頁685c。

〔註43〕《法華玄義》，頁685c。

> 釋論云。三界無別法，唯是一心作，心能地獄，心能天堂，心能凡
> 夫，心能賢聖。覺觀心是語本，以心分別於心，證心是教相也。觀
> 心生起者，以心觀心，由能觀心，有所觀境，以觀契境故，從心得
> 解脫故。〔註44〕

「以觀心故，惡覺不起，心數塵勞，若同若異，皆被化而轉」，可見，「觀心」不僅作爲天台圓教鋪敍義理實相之方法〔註45〕，亦爲其實踐修習首要之法門。智者云：「觀心者，觀一念無明即是明。」〔註46〕依智者所言，此「一念心」非小乘「有作四諦」下所說心生一切法，去凡欣聖，棄下上出，灰身滅智之思議法；亦非別教「無量四諦」下，所攝逈邐淺深，歷別陳之的思議法界。亦即，此心既非八識系統下之（唯）識心，亦非如來藏自性清淨心之眞心，乃是「一念無明法性心」。故觀「一念心」，即觀此一念「陰識境」〔註47〕。故《摩訶止觀》云：

> 然界內外一切陰入，皆由心起……。心是惑本，其義如是，若欲觀
> 察，須伐其根，如灸病得穴。今當去丈就尺、去尺就寸，置色等四
> 陰，但觀識陰；識陰者，心是也。〔註48〕

就因言，陰者陰蓋善法；就果言，陰是積聚，生死重沓。因凡夫的日常生活，處處離不開色、受、想、行、識五陰所起現的重擔，如《華嚴》云：「心如工

〔註44〕《法華玄義》，頁685c。
〔註45〕如《法華玄義》之「觀心十妙」：一、觀心境妙：即觀一念識心，非色非心而色而心，知彼彼境法，差差而不差。二、觀心智妙：先了外色心一念無念，唯內體三千即空假中，是則知心性無外攝而不周，一切諸法悉皆體無殊。三、觀心行妙：達無修性唯一妙乘，無所分別，低頭舉手皆成佛道。四、觀心位妙：觀三千在理同名無明，三千果成咸稱常樂。五、觀心三法妙：知三千無改無明即明，三千並常俱體俱用。六、觀心感應妙：隨感而施，淨穢斯泯。七、觀心神通妙：隨機應他，事乃憑本。八、觀心說法妙：心色一如不謀而化，常冥至極稱物施爲。九、觀心眷屬妙：觀一切法無非妙眷屬，行於非道，通達佛道。十、觀心利益妙：究竟利益不離我人之一念心的觀照。而此「觀心十妙」即已概括天台圓教之圓實義理。
〔註46〕《法華玄義》卷二，《大正藏》，冊33，頁700c。
〔註47〕此「陰識境」即「陰入界境」。《摩訶止觀》云：「陰入界境者，謂五陰十二入十八界也。陰者陰蓋善法，此就因得名；又陰是積聚，生死重沓，此就果得名；入者涉入，亦名輸門；界名界別，亦名性分。毘婆沙明三科開合，若迷心，開心爲四陰；若迷色，開色爲十入及一入少分，心爲一意入及法人少分；若俱迷者，開爲十八界也。」（見卷五上。《大正藏》，冊46，頁51c。）
〔註48〕《摩訶止觀》卷五。《大正藏》，冊46，頁52a。

畫師，畫種種五陰，一切世界中，無法而不造。」〔註49〕智者《四念處》釋之云：「一切世間中，無不由心造諸陰。」〔註50〕即一切界內界外之陰入皆由心起（此起即造，造即具義），故「心」是惑業的根本，煩惱心遍，是故生死色遍。是以「觀境」當觀識陰，觀「心」不僅是實踐修習之最初法門，亦是「炙病得穴」，圓修實踐首要之根本。是以《大智度論》亦云：「一切世間中，但有名與色，若欲如實觀，但當觀名色。」〔註51〕即將緣生所現之眼、耳、鼻、舌、身等五識納入所觀境爲對象，若能如實以觀智照察，則能深入圓融無礙之觀智，化陰境轉成妙境也。故《止觀大意》即云：

> 色從心造全體是心，故經云，三界無別法，唯是一心作。此之能造具足諸法，若漏無漏、非漏、非無漏等，若因、若果、非因、非果等。故經云，心佛及眾生，是三無差別，眾生理具諸佛已成，成之與理莫不性等。謂一一心中一切心，一一塵中一切塵，一一心中一切塵，一一塵中一切心，一一塵中一切刹，一切刹塵亦復然，諸法諸塵諸刹身，其體宛然無自性，無性本來隨物變，所以相入事恒分，故我身心刹塵遍，諸佛眾生亦復然一一身土體恒同，何妨心佛眾生異，異故分於染淨緣，緣體本空空不空，三諦三觀三非三，三一一三無所寄，諦觀名別體復同，是故能所二非二。如是觀時，名觀心性，隨緣不變故爲性，不變隨緣故爲心。故涅槃經云，能觀心性，名爲上定，上定者，名第一義，第一義者，名爲佛性，佛性者，名毘盧遮那，此遮那性具三佛性，遮那遍故三佛亦遍，故知三佛唯一刹那，三佛遍故，刹那則遍。如是觀者，名觀煩惱，名觀法身，此觀法身，是觀三身，是觀刹那，是觀海藏，是觀眞如，是觀實相，是觀眾生，是觀己身，是觀虛空是觀中道，故此妙境爲諸法本，故

〔註49〕援引自《大方廣佛華嚴經》〈佛昇夜摩天宮自在品〉「如來林菩薩偈頌」：「譬如工畫師，分布諸彩色，虛妄取異色，四大無差別，四大非彩色，彩色非四大，不離四大體，而別有彩色。心非彩畫色，彩畫色非心，離心無畫色，離畫色無心。……心如工畫師，畫種種五陰，一切世界中，無法而不造。如心佛亦爾，如佛眾生然，心佛及眾生，是三無差別。」（見《大正藏》，冊10，頁102a。）

〔註50〕《四念處》卷四。《大正藏》，冊46，頁579a。

〔註51〕《大智度論》卷二十七云：「若欲求眞觀，但有名與色，若欲審實知，亦當知名色，雖癡心多想，分別於諸法，更無有異事，出於名色者。」（見《大正藏》，冊25，頁259b。）

此妙觀是諸行源，如是方離偏小邪外，所以居在十法之首。〔註52〕

由上述「觀爲能觀，境爲所觀」，是知「觀不思議境」者，即觀「陰界入不出色心」。「不可思議境」云者，即「色從心造，全體是心」，「（心）之能造具足諸法」，即一念心具足諸法，即一念心具百界千如，即心具三千，亦色具三千。故「諦觀名別體復同」，即以一心三觀觀境空假中三諦。而「一心三觀」者，如《法華玄義》「解四悉檀」起觀教云：

幽微之理非觀不明，契理之觀非悉檀不起，脩從假入空觀時，先觀正因緣法，此法內外親疏隔別，若不殷勤樂欲，則所習不成，必須曉夜精勤，欣悅無擇。此即世界悉檀起初觀也。若欲觀假入空，須識爲人便宜，若宜修觀，即用擇精進喜三覺分起之。若宜修止，則用除捨定三覺分起之，念通兩處是爲隨宜善心則發。若有沈浮之病，須用對治悉檀，若心沈時，念擇進喜治之，若心浮時，念捨除定治之。若善用爲人善根則厚，若善用對治，煩惱則薄，於七覺中，隨一覺怳然如失，即依此覺分研修，能發眞明見第一義，是爲用四悉檀起假入空觀，成一切智，發慧眼也；若從空入假觀，巧用四悉檀，取道種智，法眼亦如是；若修中道第一觀，巧用四悉檀，取一切種智，佛眼亦如是。若一心三觀巧用亦如是。〔註53〕

於一切法，即空觀、即假觀、即中觀。從假入空觀爲慧眼，成一切智；從空入假觀爲法眼，成道種智；修中道第一觀爲佛眼，成一切種智。此即不思議三觀亦爲不思議三智。故《摩訶止觀》即云：

若法性無明合，有一切法，陰界入等，即是俗諦；一切界入是一法界，即是眞諦；非一非一切，即是中道第一義諦。如是遍歷一切法，無非不思議三諦。若一法一切法，即是「因緣所生法」，是爲假名，假觀也。若一切法即一法，「我說即是空」，空觀也。若非一非一切者，即是中道觀。一空一切空，無假中而不空，總空觀也。一假一切假，無空中而不假，總假觀也。一中一切中，無空假而不中，總中觀也。即《中論》所說不可思議一心三觀。歷一切法亦如是。若因緣所生一切法者，即方便隨情道種權智。若一切法一法，「我說即是空」，即隨智一切智。若非一非一切，「亦名中道義」者，即非權

〔註52〕《止觀大意》卷一。《大正藏》，冊46，頁460a-460b。
〔註53〕見《法華玄義》卷一。《大正藏》，冊33，頁687c-688a。

非實一切種智。例上，一權一切權，一實一切實，一切非權非實，

遍歷一切，是不思議三智也。〔註54〕

　　所觀之空、假、中不思議三觀，不僅為不思議三智，亦為不思議圓融三諦。荊溪釋云，「三諦三觀三非三，三一一三無所寄，諦觀名別體復同，是故能所二非二。」〔註55〕空、假、中三觀三諦，即三而一，即一而三，「即空即假即中」。別而分之，則說空假為方便，說中為圓實；而中不離空假以為中，是故必須「即空即假即中」連三即說之方為圓實。是以若說空，則無假而不空，一切法趣空，是趣不過，此為總空觀；若說假，則無空中而不假，一切法趣假，是趣不過，此為總假觀；若說中，則無空假而不中，一切法趣中，是趣不過，總中觀也。總而言之，由於一念心起即具三千，所以一法即一切法，皆為因緣所生法，故為假名、假觀；一切法為緣起而有，其性本空，故為空觀；不落於有亦不執於空即是中道觀。因此，緣起無自性即是空；所現之無量境相即是假；又知其空不著於空，知其假不著於假，即是中，即空即假即中，即是一心三觀、圓融三諦之理。即以三千三諦為妙體，則須觀六識心，三諦三觀即為所觀。故能造所造，能觀所觀，二而非二，故云妙境、故云妙觀。是故知禮《指要鈔》即云：

　　應知不思議境對觀智邊不分，而分名所觀境，若對所破陰等諸境故，
　　不思議境之與觀皆名能觀，……豈非諦觀俱為能觀邪，今更自立一譬
　　雙明兩重能所，如器諸淳朴豈單用槌而無砧邪，故知槌砧自分能所，
　　若望淳朴皆屬能也，……若不立陰等為境，妙觀就何處用，妙境於何
　　處顯，故知若離三道即無三德，如煩惱即菩提生死即涅槃。〔註56〕

又，《教行錄》云「以心為境，心亦能照。能所俱心，心體俱遍。心心相照，於理甚明。故不可思議境初云不，可思議境即是觀。」〔註57〕即所照、所發、觀成、教他、歸宗，皆為三諦，為三觀，為三智，為三語，為三趣，……得斯意類者，一切皆成法門。〔註58〕因此，「不思議境並不是指有一種特殊的境（對象）是不可思議的，而是一切境都須以不思議的方式來觀照它們，這才可以使得所觀照之境的不可思議性對觀照者開顯。而不可思議之觀照方式的

〔註54〕參見《摩訶止觀》卷五。《大正藏》，冊46，頁55b。
〔註55〕見《止觀大意》。《大正藏》，冊46，頁460b。
〔註56〕《十不二門指要鈔》卷一。《大正藏》，冊46，頁706c-707a。
〔註57〕《四明尊者教行錄》卷二。《大正藏》，冊46，頁871a。
〔註58〕見《摩訶止觀》卷九。《大正藏》，冊46，頁55c。

第一項原則便是，不可以用對象性的思維來面對觀者當前的境；其次則是要把握觀照之時須以一心三觀的觀法，令觀者對境之時體悟空假圓融之中道境而無所偏執」。〔註59〕是故《維摩經玄疏》即云：

> 今明一心三觀會成大乘者，大名不可思議，乘以能運爲義，一心三觀境智並是不思議法，能運菩薩至於道場故名大乘，此須約六即明圓教一佛乘，即是六種大乘義也，一明理即大乘者，涅槃經云，一切眾生皆是大乘也，二名字即大乘者，緣理即發大乘心也，三觀行即大乘者，即是修不思議十法通達無閡也。〔註60〕

若能觀心是不思議境，即明此一念心即不思議境之理，則能不斷癡愛，起諸明脫，般若眞智現前，如水清澈，自然得見珠相，會成大乘，通達無閡。

（二）起慈悲心

又稱發眞正菩提心。修行者發圓教任運無作之菩提心，爲救度眾生，立四弘誓願。《玄義》云：「一切眾生即大涅槃。云何顚倒以樂爲苦，即起大悲興兩誓願，令未度者度，令未斷者斷，一切煩惱即是菩提。云何愚闇以道爲非道，即起大慈興兩誓願，令未知者知未得者得，無緣慈悲清淨誓願，慈善根力，任運吸取一切眾生也。」〔註61〕即，

（1）以「不肯前進，樂爲鄙事」〔註62〕、「不信不識，可悲可怪」〔註63〕而起「大悲」興兩誓願：「眾生無邊誓願度，煩惱無數誓願斷。」〔註64〕故《止觀》云：

> 眾生雖如虛空，誓度如空之眾生，雖知煩惱無所有，誓斷無所有之煩惱，雖知眾生數甚多，而度甚多之眾生，雖知煩惱無邊底，而斷無底之煩惱，雖知眾生如如佛如，而度如佛如之眾生，雖知煩惱如實相，而斷如實相之煩惱。〔註65〕

雖知眾生如虛空、數甚多、如佛如，又，煩惱無所有、無邊底、如實相，而

〔註59〕援見〈從《摩訶止觀》「十境」論天台智顗的身心觀——禪觀者對身心的詮釋〉，頁120。
〔註60〕見《維摩經玄疏》卷二。《大正藏》，冊38，頁530c。
〔註61〕見《妙法蓮華經玄義》卷九。《大正藏》，冊33，頁789c-790a。
〔註62〕見《摩訶止觀》，頁56a。
〔註63〕《摩訶止觀》，頁56a。
〔註64〕《摩訶止觀》，頁56a。
〔註65〕見《摩訶止觀》，頁56a。

仍誓度、仍誓斷。但若偏觀空，則不見眾生可度，是名「著空」；若遍見眾生可度，即墮愛見大悲，皆非解脫之道。故應以不思議境智了知「非毒非僞」、「非空邊非有邊」，「雖空而度，雖度而空」，方名眞正發菩提心。

（2）識不可思議心，知一樂心一切樂心，解「我及眾生，昔雖求樂不知樂因」〔註 66〕，如「執瓦礫」，「妄指螢光」。而起「大慈」興兩誓願：「法門無量誓願知。無上佛道誓願成。」〔註 67〕

> 雖知法門永寂如空，誓願修行永寂，雖知菩提無所有，無所有中吾故求之，雖知法門如空無所有，誓願畫績莊嚴虛空，雖知佛道非成所成，如虛空中種樹使得華得果，雖知法門及佛果非修非不修，而修非證非得，以無所證得而證而得，是名非僞非毒名爲眞，非空非見愛名爲正。〔註 68〕

雖知「法門永寂如空」、「菩提無所有」、「法門如空無所有」、「佛道非成所成」」「法門及佛果非修非不修」，而仍誓願修行、求之、畫空、種果，修「非證非得」，而以「無所證得而證而得」。如此，則

> 如此慈悲誓願與不可思議境智，非前非後同時俱起，慈悲即智慧，智慧即慈悲，無緣無念普覆一切，任運拔苦自然與樂，不同毒害，不同但空，不同愛見，是名眞正發心菩提義。〔註 69〕

慈悲誓願與不可思議境智，同時俱起，慈悲即智慧，智慧即慈悲，任運無作，拔苦與樂，方名眞正發心菩提。

（三）巧安止觀

即善巧方便運用止觀法門，將心安住于法理之中。如《摩訶止觀》云：「善以止觀，安於法性。」〔註 70〕又《玄義》云：「修行之要不出定慧。譬如陰陽調適萬物秀實。雨旱不節焦爛豈生。若兩輪均平是乘能運。二翼具足堪任飛升。體生死即涅槃名爲定。達煩惱即菩提名爲慧。於一心中巧修定慧。具足一切行也。」〔註 71〕

〔註 66〕《摩訶止觀》卷九。《大正藏》，冊 46，頁 56b。
〔註 67〕《摩訶止觀》，頁 56a。
〔註 68〕《摩訶止觀》卷九，頁 56a-56b。
〔註 69〕《摩訶止觀》卷九。《大正藏》，冊 46，頁 56b。
〔註 70〕《摩訶止觀》，頁 56b。
〔註 71〕見《妙法蓮華經玄義》卷九。《大正藏》，冊 33，頁 790a。

（四）破法遍

即以第一義正智慧破除一切諸法之執著心，而獲得解脫。如《玄義》云：「以此妙慧。如金剛斧所擬皆碎。如無翳日所臨皆朗。若生死即涅槃者。分段變易若諦皆破。若煩惱即菩提者。四住五住集諦皆破。雖復能破亦不有所破。何者。生死即涅槃故無所破也。」〔註72〕其行法如《摩訶止觀》所云：

> 明破法遍者爲三，一無生門從始至終，盡其源底豎破法遍，二歷諸法門當門從始至終，盡其源底橫破法遍，三橫豎不二從始至終，盡其源底非橫非豎破法遍。〔註73〕

然豎論高，橫論廣，唯橫豎不二，非橫非豎，方明諸法平等無有高下。無生門破法遍（豎論）者又三：從假入空、從空入假、兩觀爲方便得入中道第一義諦破法遍。

（五）識通塞

即於能破之觀知通塞，識別情智之得失，「如主兵寶取捨得宜，強者綏之弱者撫之」〔註74〕。如《玄義》云：「知生死過患名爲塞，即涅槃名爲通，煩惱惱亂名爲塞，即是菩提名爲通，始從外道四見乃至圓教，四門皆識通塞，節節執著即是塞，節節亡妙名爲通。」〔註75〕行人需清楚認知通往眞理的方向，並了知妨礙修道的原因。倘若在「破法遍」中，無法契入中道之理，則必須仔細檢討修行之「通」、「塞」。

（六）修道品

又作道品調適。即一一檢討三十七道品，而修其中適合行者之能力性質者。修行者雖然已經明瞭法門的通塞得失，但是仍然無法進步時，則必需一一調適，選擇三十七道品中適合自己資質能力者，專致力行。又修此法門爲能如《玄義》所云：「觀生死即涅槃，十界生死色陰，皆非淨非不淨，乃至識陰非常非不常，能破八顛倒，即法性四念處，念處中具道品三解脫及一切法，又知涅槃即生死，顯四枯樹，知生死即涅槃，顯四榮樹，知生死涅槃不二，即一實諦，非枯非榮住大涅槃也。」〔註76〕

〔註72〕 見《妙法蓮華經玄義》，頁790a。
〔註73〕 《摩訶止觀》卷九。《大正藏》，冊46，頁62a。
〔註74〕 見《妙法蓮華經玄義》卷九。《大正藏》，冊33，頁790a。
〔註75〕 見《妙法蓮華經玄義》，頁790a。
〔註76〕 見《妙法蓮華經玄義》，頁790a。

（七）對治助開

又稱助道對治。即修卑近、具體之善法，以爲去除障礙之幫助。即開闢三解脫門，以對治障礙。如《玄義》云：「若正道多障應須助道。觀生死即涅槃。治報障也。觀煩惱即菩提。治業障煩惱障也。」〔註77〕在實踐行持中，如果生起「障道」外緣，無法開啓圓理時，必須藉助「道」的行持，以去除「事惑」、「煩惱」。

（八）知次位

即雖居凡位，然不起已登聖位之慢心，了知自己修行之階段。即自善分別識知修證之分齊。如《玄義》云：「生死之法本即涅槃，理涅槃也，解知生死即涅槃，名字涅槃也，勤觀生死即涅槃，觀行涅槃也，善根功德生，即相似涅槃也，眞實慧起，即分眞涅槃也，盡生死底，即究竟涅槃也，觀煩惱即菩提亦如是。」〔註78〕因修行者容易患的毛病即是「未得」，認爲已得；「未證」，認爲已證，在境界上生起傲慢心，因而失去功德。所以，清楚明瞭自己所證的次位，是非常重要的。

（九）能安忍

即對於內外之障礙，心不動搖能安忍，成就道事。如《玄義》云：「能安內外強軟遮障。不壞觀心。若觀生死即涅槃。不爲陰入境病患業魔禪二乘菩薩等境所動壞也。若觀煩惱即菩提。不爲諸見增上慢境。所動壞也。」〔註79〕在修行的過程當中，對任何順、逆境界都必須安然不動，才能成就道業。

（十）無法愛

又作離法愛。即去除對非眞菩提之執著，而進入眞正之菩提位。如《玄義》云：「既過障難道根成立諸功德生，觀生死即涅槃，故諸禪三昧功德生，觀煩惱即菩提故，諸陀羅尼無畏不共諸般若生，觀生死涅槃不二，故法身實相生，相似功德順理而生，喜起順道法愛生名愛法，不上不退名爲頂墮，此愛若起即當疾滅，愛若滅已破無明，開佛知見證實相體，觀生死即涅槃，故證得解脫，煩惱即菩提故證得般若，此二不二證得法身，一身無量身，無上

〔註77〕見《妙法蓮華經玄義》，頁790a。
〔註78〕見《妙法蓮華經玄義》，頁790a-790b。
〔註79〕見《妙法蓮華經玄義》，頁790a-790b。

寶聚如意圓珠，眾法具足，是名有門入實證得經體。」〔註80〕對於努力精進修持而證得的十信「相似位」〔註81〕，其最後殘留的法愛、執著心，都要捨離，才能進入中觀實相。

第二節　天台圓教底「人間淨土」之實踐

一、自行唯在空中，利他三千赴物

　　承前所言，「淨土」指的不僅只是諸佛七寶莊嚴之土，更具有將眾生所居之「有情世間」「淨化」成「清淨國土」的積極意義，而此「積極意義」，吾人名之爲「淨土」之「動詞」義，即「淨化國土」之義，故土之淨者，必因實踐眾行，此亦爲大乘菩薩之行願。〔註82〕是故修證實踐天台圓教所謂之「淨土」，同樣亦無非力行實踐「自行化他」之菩薩行。且既然天台圓教「人間即淨土」義即由吾人依圓頓止觀修證而彰顯，是則實踐即是修證而自覺化他之實踐，意即，實踐乃是隨自行（修證）的一種自然展現（任運而現）。故如《玄義》所云：

> 行者內觀轉強外資又著，圓解在懷弘誓熏動，更加說法如實演布，安樂行云，但以大乘法答，設以方便隨宜終令悟大，淨名云，說法淨則智慧淨，毘曇云，說法解脫聽法解脫，說法開導是前人得道全因緣，化功歸己，十心則三倍轉明，是名第三品位。

> 上來前熟觀心未遑涉事，今正觀稍明，即傍兼利物，能以少施與虛空法界等，使一切法趣檀，檀爲法界，大品云，菩薩少施，超過聲聞辟支佛上當學般若，即此意也，餘五亦如是，事相雖少運懷甚大，此則理觀爲正事行爲傍，故言兼行布施，事福資理則十心彌盛，是名第四品位。

> 行人圓觀稍熟，理事欲融，涉事不妨理，在理不隔事，故具行六度，

〔註80〕見《妙法蓮華經玄義》，頁790b。

〔註81〕《妙法蓮華經玄義》卷五云：「十信位者。初以圓聞能起圓信。修於圓行善巧增益。令此圓行五倍深明。因此圓行得入圓位。」（《大正藏》，冊33。頁733c文）又圓教此「十信位」即「六根清淨位」，亦「相似即位」，簡稱「相似位」。（參考牟宗三：《佛性與般若》下冊，頁921。）

〔註82〕見本論文第二章第一節。

若布施時無二邊取著，十法界依正一捨一切捨，財身及命無畏等施，若持戒時，性重譏嫌等無差別，五部重輕無所觸犯，若行忍時，生法寂滅荷負安耐，若行精進，身心俱淨，無間無退，若行禪時，遊入諸禪靜散無妨，若修慧時權實二智究了通達，乃至世智，治生產業，皆與實相不相違背，具足解釋佛之知見，而於正觀如火益薪，此是第五品位。〔註83〕

　　由十乘觀法觀心十境，圓解在懷，即是「自覺」。「弘誓熏動」，故而「更加說法」；「正觀稍明」，故而「傍兼利物」，「兼行布施」；「圓觀稍熟，理事欲融」，故而「具行六度」。此之「更加說法」、「傍兼利物」、「兼行布施」、「具行六度」即是「化他」，故《止觀》即云：「若至六根清淨，名初依人，有所說法，亦可信受，一音遍滿，聞者歡喜，是化他位也。」〔註84〕又云：「一根佛事，互通諸根，方便利物，時或不同，而令眾生，得究竟樂。」〔註85〕《輔行》亦云：「圓解稍利，復以此解導於方便，事理融即乃名妙解，依此妙解以立正行。」〔註86〕而此自行化他，就圓教而言，並非作意爲之，乃是「稱性施設，諸化無作」〔註87〕，如《輔行》所云：「並由理具，方有事用。」〔註88〕又，《玄義釋籤》云：

　　隨機利他事乃憑本。本謂一性具足自他。方至果位自即益他。如理性三德、三諦、三千，自行唯在空中，利他三千赴物。物機無量不出三千，能應雖多不出十界。界界轉現不出一念，土土互生不出寂光，眾生由理具三千故能感，諸佛由三千理滿故能應，應遍機遍欣赴不差。不然，豈能如鏡現像，鏡有現像之理，形有生像之性，若一形對不能現像，則鏡理有窮形事不通，若與鏡隔則容有是理，無有形對而不像者，若鏡未現像由塵所遮去塵由人磨，像現非關磨者，以喻觀法大旨可知。應知理雖自他具足，必藉緣了爲利他功，復由緣了與性一合方能稱性施設萬端，則不起自性應無方所。〔註89〕

〔註83〕見《妙法蓮華經玄義》卷五。大正藏，冊33。頁733b。
〔註84〕見《摩訶止觀》卷七下，《大正藏》冊46，頁99b。
〔註85〕見《摩訶止觀》卷七下，《大正藏》冊46，頁101b。
〔註86〕見《止觀輔行傳弘決》卷十九。大正藏，冊46，頁277c。
〔註87〕語見牟宗三：《佛性與般若》下冊，頁861。
〔註88〕見《止觀輔行傳弘決》卷十九。大正藏，冊46，頁293a。
〔註89〕見《法華玄義釋籤》卷十四。大正藏，冊33，頁919b。

「隨機利他事乃憑本」,「本」即性德三千。利他化物所以能施設萬端,諸化無作,乃因稱此性德三千的緣故。眾生由有迷中之事理三千,故能感,諸佛由具悟中之事理三千,故能應,故云「物機無量不出三千,能應雖多不出十界」,眾生感佛,佛應化之,即以佛與眾生同一性德,故能「應遍機遍,欣赴不差」。「機遍」,是眾生之「三千在理,同名無明」之機感;然「應遍」,則是諸佛之「三千果成」,亦即「三千理滿」之遍應。機遍是無明,而應遍之「應赴」、「欣赴」,則非無明。有欣厭,即是緣修,即不能無無明,「應赴」、「欣赴」乃是任運而現,「稱性施設萬端」,化無方所,諸化無作,亦無所謂欣不欣。故云「三千赴物」,非關於磨,磨即緣修實踐,圓教是緣修至極的緣了滿現。故知禮《指要鈔》即云:

> 約三千明感應,先以三諦例自他本同,三千既即空假中,乃三德三諦之三千也,自行即淨穢亡泯,無不空中,利他則帝網交羅,三千皆假,三諦既即三,是一自他則分而不分。然今所辨自他俱在妙假,以能化所化皆三千故,欲約三諦論不二,故且對空中辨之。妙假尚不離空中,一假豈應隔異。〔註90〕

「自行之修」唯在證顯中道實相,然空不離假而為空,三千不改,故乃修而無修,非有欣厭之緣修;「緣」即緣因滿,緣因滿而為「解脫」,然此解脫乃不離三千而為解脫;「了」即了因滿,了因滿而為「般若」,然此般若乃不離三千而為般若。故利他化物乃藉緣了三千理滿之利他,即就三千諸法即空即假即中之三觀顯三諦之圓融,在不斷斷中〔註91〕,遍應眾緣,「能化所化皆三千」之「自即益他」。〔註92〕

換言之,非但自行之修是分內事,利物化他亦無非是分內事,自行即是化他,化他即是自行,即有一念貪嗔痴愛無明煩惱,即有一物不得解脫,但以「機緣所激,慈力所熏」〔註93〕,任運而現〔註94〕,「同一切惡事化眾生」

〔註90〕 見《十不二門指要鈔》卷二。《大正藏》,冊46,頁718a-718b。

〔註91〕 《觀音玄義》云:「以有性惡故名不斷。無復修惡名不常。若修性俱盡則是斷不得為不斷不常。」(見《大正藏》,冊34,頁883a。)

〔註92〕 參考牟宗三:《佛性與般若》下冊。頁861~862。

〔註93〕 語見《觀音玄義》卷一。《大正藏》,冊34,頁883a。

〔註94〕 「任運而現」者,乃本本有者之「因具而現」。即非「作意而現」。並且乃是「一現全現」,三千法門一齊具現。(茲參考牟宗三:《現象與物自身》。台北市:學生書局,1996年,頁409。)

〔註95〕。是故十乘觀法「起慈悲心」即云：

> 慈悲誓願與不可思議境智，非前非後同時俱起，慈悲即智慧，智慧
> 即慈悲，無緣無念普覆一切，任運拔苦自然與樂，不同毒害，不同
> 但空，不同愛見，是名眞正發心菩提義。〔註96〕

　　眞正菩提心乃「無緣」慈悲，即「任運拔苦，自然與樂」，非愛見，即不
取眾生相，不見有眾生可度者；非但空，即不取涅槃相，如《止觀》所云：「非
空寂，故非法緣慈悲；非愛見，故非眾生緣（慈悲）。」〔註97〕以無二邊相，
故名「無緣」慈悲。故《大般涅槃經》云：

> 眾生緣者，緣於五陰願與其樂，是名眾生緣。法緣者，緣諸眾生所
> 須之物而施與之，是名法緣。無緣者，緣於如來，是名無緣。慈者
> 多緣貧窮眾生，如來大師永離貧窮受第一樂，若緣眾生則不緣佛法
> 亦如是，以是義故，緣如來者，名曰無緣。世尊，慈之所緣一切眾
> 生，如緣父母妻子親屬，以是義故，名曰眾生緣，法緣者，不見父
> 母妻子親屬，見一切法皆從緣生，是名法緣，無緣者，不住法相及
> 眾生相，是名無緣。〔註98〕

又，《止觀》亦云：

> 無緣慈悲者，即如來慈悲也。此慈悲與實相同體。……普覆法界，
> 拔除苦本，與究竟樂。上兩觀慈慈有邊表，如來慈者即無齊限，上
> 兩觀慈與菩薩共，無緣慈者獨在如來，上兩慈無所包含，如來慈者
> 具一切佛法，十力無畏，是如來藏諸法都海，故大經云，慈若有若
> 無，非有非無，如是之慈乃是諸佛如來境界，當知慈具三諦也，……
> 所謂慈心遊世間，是慈即是大法聚，是慈即是眞解脫，解脫即是大
> 涅槃，上慈作意乃成，此慈任運無請爲依。……眾生心性即無緣慈，
> 無明障隔不能任運吸取一切，今欲破無明障顯佛慈石，任運吸取無
> 量佛法無量眾生，欲修此慈非中道觀，誰能開闢。〔註99〕

由是可知，眞正慈悲者，非以愛見見眾生可度（實無有能度可度者），亦非緣於
五陰（色愛想行識）而願與眾生樂（實無有能與可與者），「慈者具一切佛法」，

〔註95〕見《觀音玄義》卷一，頁883a。
〔註96〕見《摩訶止觀》卷九。大正藏，冊46。頁56b。
〔註97〕見《摩訶止觀》卷十二。大正藏，冊46。頁81a。
〔註98〕見《大般涅槃經》卷十五。大正藏，冊12。頁452c。
〔註99〕見《摩訶止觀》卷十二。大正藏，冊46。頁81a。

與實相同體，故《法華玄義》云：「唯佛與佛乃能究盡諸法實相。所謂諸法如是相，如是性，如是體，如是力，如是作，如是因，如是緣，如是果，如是報，如是本末究竟等。」〔註100〕故慈悲即具三諦，諸法如如之任運而現，現而非現，如如諸法。故智者云：「聖人以平等無住法，不住感；以四悉檀〔註101〕，隨機應爾！」〔註102〕此隨「機」之「機」即「機緣」，而此「機緣」能「激感」的最大因素，即智者大師於《觀音玄義》中所闡釋的，眾生與佛莫不同具「性德之善」。如《觀音玄義》所云：

> 今原其性德種子，若觀智之人，悲心誓願，智慧莊嚴，顯出真身，皆是了因爲種子。若是普門之法，慈心誓願，福德莊嚴，顯出應身者，皆是緣因爲種子。……〔註103〕

故《法華玄義》「神通妙」亦云：

> 今於法華無復兩麤，但有一妙。唯一大佛事因緣，曾無他事。假同九界神通，眾生自謂他事，於佛常是佛事，客作自謂賤人，長者審知是子，此即相待神通妙也，又諸經諸麤神通隔妙神通者，今經皆開權顯實，同妙神通，是名絕待明妙神通。〔註104〕

既經開決，「無復兩麤，但有一妙」，可知，但凡一事一物一念一行，無非佛法，更無非諸佛慈悲之任運而現〔註105〕。故智者大師於《六妙法門》即云：

〔註100〕見《妙法蓮華經》卷一。《大正藏》，冊9，頁5c。

〔註101〕「悉檀」（梵語 siddhanta），意譯「成就」、「宗」等；「四悉檀」，便是佛教化導眾生、成就果德的四類方法，分別是（1）世界、（2）各各爲人、（3）對治，與（4）第一義。（見《大智度論》卷第一，《大正藏》，冊25，頁59b-59c。）

〔註102〕見《觀音玄義》卷下，《大正藏》，冊34，頁891b。

〔註103〕見《觀音玄義》卷上，《大正藏》，冊34，頁877c-878a。

〔註104〕見《妙法蓮華經玄義》卷六。《大正藏》，冊33，頁751c。

〔註105〕如智者大師「捨身衣」並「勸助贖簄爲放生池」，「善誘殷勤，導達因果」，使「合境漁人，改惡從善，好生去殺」，即可謂「理觀爲正，事行爲傍」而「兼行六度」之慈悲任運實踐。見《智者大師別傳》云：「黎民漁捕爲業，爲梁者斷谿爲簄者。瀕海秋水一派巨細填梁，晝夜二潮噞滿，顱骨成岳蠅蛆若雷。非但水陸可悲，亦痛舟人濫殞。先師爲此而運普悲乘捨身衣，並諸勸助贖簄一所永爲放生之池。……以慈修身見者歡喜，以慈修口聞聲發心，善誘殷勤導達因果。合境漁人，改惡從善，好生去殺。」（見《隋天台智者大師別傳》卷一。《大正藏》，冊50，頁193c。）又見〈智者大禪師年譜事跡〉：「太建十三年。四十四歲。講金光明經。漁人捨漁簄立放生池。」（《國清百錄》卷四，《大正藏》，冊46，頁823b。）

爾時能於一念心中，數不可說微塵世界諸佛菩薩聲聞緣覺諸心行，及數無量法門，故名數門。能一念心中，隨順法界所有事業，故名隨門。能一念心中入百千三昧及一切三昧，虛妄及習俱止息，故名為止門。能一念心中，覺了一切法相，具足種種觀智惠，故名觀門。能一念心中，通達諸法了了分明，神通轉變調伏眾生，反本還源，故名還門。能一念心中。成就如上所說事，而心無染著，不為諸法之所染污故，亦能淨佛國土，令眾生入三乘淨道，故名淨門。初心菩薩入是法門，如經所說，亦名為佛也，已得般若正惠，聞如來藏，顯眞法身，具首楞嚴，明見佛性，住大涅槃，入法華三昧不思議一實境界也。〔註106〕

即如上述，則一切觀行，總離不開日用尋常，一切言動舉止、行住坐臥，與一切治生產業，因此，吾人若能依十乘觀法以觀十境，當下以一心三觀如實觀照，則世間一切事行及生活，如家庭生活、親子關係，乃至社會事業、人際關係等，皆是如實修證觀行之道場。則即如尤惠貞教所言：

> 若能如實修證，在生活中即能達成生命轉化的目的。天台止觀法門透過動靜閒忙間勤于觀行實踐，使能通達生命的實相，不使順逆境界形成障礙，而能圓觀生老病死苦等等逆境，故能即于諸逆境而解脫自在。因此，就實存個體之存在而言，可依天臺教觀以如實觀照自己的身心存在、對治身心疾病與正觀生死，並由之以證得生死解脫。具體而言，對於現實生命之存在進行理性而如實地省思，並針對生活中之煩惱、執見等習氣，藉由止觀之修證實踐，如藉訶五欲、棄五蓋等止息生活中的負面習氣，並且持守清淨戒律與調適飲食、睡眠、身、息、心五事以養成正確的生活態度；進而發揮擇善固執、一心精進不懈的積極實踐精神（即力行志欲、精進、正念、巧慧、一心五法），由之而開展正面積極的人生觀。每一存在的眞實個體，在依循天臺教觀所可能提供的修證進路與方法的同時，其自身即有可能完成了理論與實踐的合一。〔註107〕

〔註106〕《大正藏》，冊46，頁555b。

〔註107〕援引見尤惠貞（2009）：〈宗教與實踐——從天臺教觀的進路論人間佛教的修證〉。發表於南華大學哲學系主辦：「倫理與宗教的對話」比較哲學會議。6月3日～4日，嘉義縣：南華大學成均館334會議室，頁13。

事實上，所謂圓頓觀行，即即于生活當中的每一念之如履觀行，意即，圓頓觀行（唯人而有之）必定不能脫離（人的）現實生活而獨立存在，因此，如吳汝鈞教授所言的：「我們應該在與經驗世間緊密的連繫中實踐真理。涅槃，即真理，必須而且只能在經驗世間中達致。」〔註108〕換言之，圓觀實踐與此人存在之生活空間之諸法諸境是無法分割的，是則人間即淨土之實踐，亦即生活中如實之圓觀修證；而如實於生活中之圓觀修證，亦即朗顯人間即淨土（諸法如實境界）之實踐。

二、人間佛教之「人間淨土」的具體建設

承第一章所言，「人間淨土」之建設或實現，於當代「人間佛教」思想之倡導與具體實踐而言，實具有相當重要之關連。尤惠貞教授即曾引吳怡先生的話〔註109〕云：「佛教要能確實人間化，對儒、道思想尚且須『有容乃大』，則對於佛教各宗派之義理與觀行，自然更應融會貫通，如此，自能實際運用於現世之修證與度化。」〔註110〕又云：「當前佛教發展所以特別強調人間化，最主要之目的在於不隔絕世間一切，即于人間世而落實佛教之教理與行證，此與《維摩詰經》所說的『一切世間治生產業，皆與實相不違背』之精神是一致的。」〔註111〕依之，則綜觀當前人間佛教之實踐精神與具體建設，對於天台圓教而言，其實即是即于人間而實現淨土（顯實）的具體實踐，即如智者大師於《法華文句》所云：

> 此經所說，以實相入真，決了聲聞法，是諸經之王。實相入俗，一切治生產業不相違背。實相入中，諸法無非佛法。〔註112〕

〔註108〕見吳汝鈞（2010）：《中道佛性詮釋學：天台與中觀》。台北市：臺灣學生書局。頁235。

〔註109〕吳怡先生在〈從生命的轉化看中國人間佛教的開展〉中一文曾表示：「『人間佛教』是以人間的大海為範圍，『有容乃大』，大海必須能容納百川，所以『人間佛教』，必須能兼容各家思想的優點特色，才能真正進入早已兼受各家思想影響的中國人心，也才能真正迎接未來思潮澎湃的多元性的社會。」（見《普門學報》，1期。頁94。）

〔註110〕援引自尤惠貞（2002）：〈從智者大師論十二因緣看人間佛教之修證與度化〉。佛光山文教基金會主編，《佛學研究論文集：人間佛教》，高雄縣：佛光山文教基金會，頁148。

〔註111〕見〈從智者大師論十二因緣看人間佛教之修證與度化〉，頁148。

〔註112〕見《妙法蓮華經文句》卷十。大正藏，冊34。頁143c。

「一切治生產業」既是實相之展現（實相眞本垂於俗諦之跡〔註113〕），則諸法無非佛法，故知禮《妙宗鈔》釋疏序亦云：

> 法界圓融不思議體，作我一念之心，亦復舉體作生作佛、作依作正、作根作境；一心一塵，至一極微，無非法界全體而作。既一一法全法界作，故趣舉一，即是圓融法界全分。既全法界，有何一物不具諸法？〔註114〕

就此而論，在圓觀修證實踐下，則即如星雲大師所宣說的，只要是「佛說的、人要的、淨化的、善美的」，〔註115〕「凡是有助於幸福人生之增進的教法」〔註116〕，「凡是契理契機的佛法，只要是對人類的利益、福祉有所增進，只要能饒益眾生的」〔註117〕，都是人間佛教。更進而言之，亦無非是吾人當下依圓觀修證所起之實踐，亦即朗現人間即淨土之圓觀實踐。

故太虛大師認為，人間淨土可由人們去創造，但又如何去創造呢？在人間淨土是要人們去創造出來的思想既已有了，而於實踐方面：一、實業，實業發達，衣食住行的生活問題方可解決。二、教育，教育為改造思想與發展能力之要素，必教育進步，社會乃有進步。三、藝術，藝術為實業之昇華，由資生之工藝進而為娛樂欣賞、陶神悅性之美術，用以提高其思想與健全身心。四、道德，道德為教育之根本，由致知之教導，進而為操存、涵養、誠意、正心之德行，乃可保持此良好之社會至於悠久，而永不忘卻創造之心，以繼續發展而求進步。〔註118〕而此與聖嚴法師認為，人間淨土具體的做法，是從物質建設、政治制度、精神建設三個方向來建設，想法是一致的。〔註119〕

又，太虛認為，創造人間淨土的改善之行法，可分作治本與治標兩方面進行：

一、治本之法。此又有二：一者、在於力行不故殺生、不盜他物、不行

〔註113〕見《妙法蓮華經玄義》卷七云：「從無住本立一切法，無住之理，即是本時實相眞諦也，一切法，即是本時森羅俗諦也，由實相眞本垂於俗跡，尋於俗跡即顯眞本。」（見大正藏，冊33。頁764b。）

〔註114〕見《觀無量壽佛經疏妙宗鈔》卷一。大正藏，冊37。頁395a。

〔註115〕語見《人間佛教思想語錄》，援自《星雲模式的人間佛教》，頁317。

〔註116〕語見《人間佛教思想語錄》，援自《星雲模式的人間佛教》，頁317。

〔註117〕語見釋星雲，《佛光通訊》，援自《星雲模式的人間佛教》，頁334。

〔註118〕見太虛：《建設人間淨土論》。第十四編，支論。附錄：「創造人間淨土」。頁429。

〔註119〕見聖嚴：《法鼓山的方向》，頁501。

邪淫、不妄言、不兩舌、不惡口、不綺語、不貪、不瞋、亦不邪見。故今亦
惟各人各自歸依佛法僧寶，仗三寶力，勵行十善，修人間增上之善業；由改
造自心以造人間淨土而已。二者、改良陋俗，滅弭兵刑，寬裕生計，慈幼安
老，救廢恤煢；去貪則勞資之階級可平，去瞋則國際之戰爭可息；由此改造
人間環境，以造人間之淨土也。在人間淨土中，則身命資產自得保持安全矣。
故如《維摩詰經》所言：

> 菩薩淨修十善之行故，於佛國得道，而不離偶大財梵行誠諦之語免
> 于惡道，言以柔軟不別眷屬恒與善俱，無有嫉慢除忿怒意，以正見
> 誨人生于佛土。〔註120〕

一切淨土成因，乃至人間淨土，無非需有淨善之行，意即，菩薩之願行。則
《維摩詰經》所提出的十七種「淨土之行」〔註121〕，即是建設人間淨土所應
成就的「淨土行」。依《維摩詰經》所言，星雲大師即認為，建設淨土的先決
條件，就是要袪除貪瞋癡；因為地獄道的眾生多貪，餓鬼道的眾生多瞋，畜
生道的眾生多癡，把貪瞋癡去除，「自淨其意」，自然「心淨國土淨」。因此，
「淨土」的建設要從「淨心」做起，從心理上自我健全、自我清淨、自我反
省、自我進步，從而擴及到家庭、社區、國家，那麼整個世界就是佛光普照
的人間淨土。〔註122〕建設人間淨土，便是從淨化己心與他心，來履行大乘菩
薩理想，而大乘菩薩理想也激勵人們淨化這個世間。因此，他提倡「三好運
動」，倡導淨化人心。從淨化人心進而淨化社會與淨化世界。讓佛光普照人間，
讓人間充滿慈悲、理性、智慧與相互尊重，這就是「淨土」。〔註123〕換句話說，
就是從「心淨則國土淨」開始，從「環境淨化、生活淨化、經濟淨化、人群
淨化和身心淨化」等五方面來建設人間淨土。

　　而聖嚴法師亦認為，若能直接從自心的淨化著手努力，乃是最實際的修
行態度。淨化身心，心不受顛倒夢想的煩惱所動，則心既清淨，所處的國土
亦無處不清淨。由個人的自我清淨，再以關懷和勸導，付出時間與耐心，影

〔註120〕見姚秦三藏鳩摩羅什譯：《維摩詰所說經》「佛國品」，大正藏，冊38。頁520b。
〔註121〕即菩提心、良心、深心、精進、布施、忍辱、禪定、智慧、自守戒行、不譏
　　　　彼缺、五戒十善法、四無量心、四攝法、三十七道品。
〔註122〕見星雲（1991）：《星雲日記》。（援引自釋滿義：星雲模式的人間佛教。頁401
　　　　～402。）
〔註123〕見釋滿義（2005）：《星雲模式的人間佛教》。台北市：天下遠見出版社。頁
　　　　401。

響各自的家庭和生活環境內所接觸到的人，如此由個人而推展到家庭、團體，漸成清淨的世界。〔註124〕因此，提昇人的品質，才能建設人間淨土。而人間社會的淨化，要我們每一個人從觀念、想法的轉變做起。故而，他提倡「心六倫」運動，藉由家庭、生活、校園、自然、職場、族群等六種範疇的倫理，幫助社會與人心淨化、平安、快樂、健康。目的正是爲了「提昇人的品質，建設人間淨土」。〔註125〕

　　二、**治標之法**。此亦有二：一者、由全球各國佛教徒，依佛法爲大聯合之國際組織，請求各國政府護持。平時安分行善，互助互益，不相擾害；遇天災人禍等之生命資產危險時，由佛徒之國際聯合，設法救護。（例如此次日本東部大地震及海嘯之嚴重侵襲，國際佛教組織，如慈濟功德會、國際佛光會等隨即投入人力、物資等賑災救援的行動。）二者、依「法界無盡」、「自他不二」之三寶諸天威力，當修眞言密宗之祈禱法，息災增福，降伏魔怨；及臨時舉行全世界佛徒聯合之悔罪祈福等，便能遇難成祥，逢兇化吉，以護保身命資產之安全。〔註126〕

　　此外，生活中具體之實踐，尙可依下列幾方面來做起：（1）淨化自然。不濫墾、濫伐、濫建，積極造林、水土保持等來維護自然生態。（2）淨化市容。資源回收、杜絕噪音、開闢綠地。（3）淨化空氣、土壤、水質。（4）淨化眾生：（A）提倡正業（B）宣揚道德（C）健全社會福利（D）實踐心靈環保（E）倡導護生與素食。

　　凡此種種，就天台圓教「一色一香，無非中道」，與《維摩詰經》之「一切世間治生產業，皆與實相不違背」之圓義而言，但於念念圓觀，任運施設，亦無非爲具體實現人間即淨土之觀行實踐也。

〔註124〕參見《法鼓山的方向》，頁 501、503、512。

〔註125〕援見「聖嚴法師談心六倫」。（http://ethics.ddmthp.org.tw）

〔註126〕見太虛：眞現實論宗體論。第十二編，「淑善人間即嚴佛土」。頁 264～265。

第六章 結 論

一、追求「淨土」對生命的積極義涵

　　從上迤邐談來可知，上述有關淨土思想之研究，對於他方淨土（另一個世界）的求往，不論是對極樂世界彌陀淨土、阿閦佛國妙喜世界、藥師佛國淨琉璃世界的嚮往，抑或對於兜率天國彌勒淨土的歸趨，這些對於永恆美好、無憂之樂土的想望與追求，在在都顯示出娑婆世界眾生對於現世人生四大苦痛：生、老、病、死的厭離，人生劫難的躲免，生命無常的無奈，乃至對於生死輪迴之跳脫與心靈救贖之願望。而唯心淨土思想對於厭離現實世界，一心求往他方淨土之反思，從而強調「心淨則佛土淨」，專注致力於自我省察與自我修養之「修心」及「淨心」觀，雖不免落入「唯心空談」之譏〔註1〕，然其修證方法，實際仍強調要從日常之中，除十惡八邪、斷三毒、行十善做起。

　　是則就消極一面而言，修證往生他方淨土之理念與目的，乃為求生淨土後所得之十大樂處，而其背後真正的因素，正是為了解脫此五濁惡土（穢土）中，現世人生的災難與痛苦，因而求生他方淨土正是對於現世人生之厭離感。然則，就積極一面而言，修證往生淨土之理念，即是佛之因地大願，故其目的，雖為往生淨土，隨受妙樂，聽聞佛法，證成佛道，然則其積極「行願」之大乘菩薩精神，與唯心淨土及人間淨土之修證法門，其行踐方式卻是一致的。換言之，則無論他方淨土，抑或唯心淨土，以及人間淨土思想，所謂之淨土法門，何嘗不是人類對於生命之究竟，由消極被動（如萬物之自然消逝）

〔註1〕　關於唯心與淨土之關係，另見本篇論文第四章第二節之討論。

轉向積極主動（自我淨化與淨化他人）之契機（發大願，行菩薩道），從而對於生命之價值與意義有所覺醒之表現。〔註2〕

二、「人間即淨土」觀對現世人生與現實人間的正面意義

本文之探究涉及「淨土」思想根源性（緣起）問題，以及關於其存在之必然性問題。亦即，一、涉及「場域」問題。亦即淨土在彼方（如他方淨土論所言），抑或在此方（如人間淨土論所言），抑或既不在此，亦不在彼，唯在心中（如唯心淨土論所言）；是則其緣起又二、涉及「目的」問題。亦即，「淨土」乃為度化眾生之方便手段（化土），抑或乃真實之報土，若為真實報土，則佛應無方位無場域，亦即，無此方或彼方之問題，然則，此更涉及是否「究竟」（涅槃）與「解脫」的問題，亦即，能否「成佛」（此又涉及「佛性」問題），又如何「成佛」。往生他方淨土，究能真解脫嗎？如何才是究竟解脫（涅槃成佛）？如諸載佛國淨土佛經之所言，則往生者，仍需聽聞佛法，方能證成佛道，更甚者，彌勒上生經直言其淨土眾生，待與彌勒佛當來下生時，助往人間下生，而後共證佛道，可見，往生他方淨土者，大多尚未解脫，或未來世可解脫，但仍非必定解脫。是則往生他方淨土論者，其所歸之淨土，對往生之者而言，未必是究竟涅槃。故此又涉及淨土究為化土抑或真土？他方淨土，就化城而言，既是化城，即是三車，非大白牛車，乃方法，手段，誘度眾生，令其易得成就佛道，故非實也。然則，有眾生，始有淨土可言，若已無眾生，何來淨土？故就成就佛道實無所得而言，化城即非化城，乃不改之三千法門。以此觀之，他方淨土於成就佛道（涅槃）當下即與三千大千世界渾然一體，無二無別。

是則吾人從前述天台圓教之淨土觀可知，智者大師面對其時代於淨土與涅槃思想之衝擊，對於淨土所作之詮釋，乃是「淨土」與「涅槃」是一是異之辯證；承襲智者大師之淨土觀，四明知禮大師除了進一步闡述「淨土」究竟是權是實之辯證外，面對天台思想之傾向唯心化或淨土化，則其關於淨土思想，乃是提出「唯心淨土」與「他方淨土」之圓融詮解。而於當代，鑒於

〔註2〕 此之「生命的覺醒」，以現代的術語而言，亦可謂之「終極關懷」，如釋昭慧法師認為：「依佛家來看，如果將『終極關懷』定義為『生命中的核心關懷』，佛教無疑是有其『終極關懷』的，那就是對生命處境與出路的關切。」（語見氏著：《佛教後設倫理學》。台北市：法界出版社，2008，頁215。）

人間佛教之積極倡導與開展，吾人所關注的，乃是如何以天台圓教思想更圓融地看待「求生他方淨土」與「實現人間淨土」之關係，以及於推動實現「人間淨土」的同時，重新闡發天台圓教詮解「人間」究竟淨穢之問題。故本文試圖闡述天台圓教以「一念無明法性心即具十法界」，以「無住本立一切法」之存有論的圓具，保障一切法，則世間俗諦不必然為非，而有一如實存在之根據。如智者大師所云：

> 世間眾生亦以如為位，亦以如為相，豈不常住。世間相既常住，豈非理一。又釋世間者，即是陰界入也。常住者即，正因也。然此正因，不即六法，緣了不離六法，正因常故緣了亦常。故言世間相常住也。〔註3〕

正以世間相常住，故世間諸法常住亦如，世間眾生亦如。是故，天台言一念三千，一念心即具十法界，十界互具，十界互融，三千在理，同理無明，三千果成，咸稱常樂，成佛乃即九法界成佛，十法界互融圓具，則「佛界」即「人間界」，無二無別，故「此岸即彼岸」，人間即淨土，淨土即人間。

　　由此觀之，則由傳統淨土思想所展現出來之「娑婆穢土」（人間）與「清淨蓮邦」（佛國）之背反，在天台圓教之思想中得以圓融化解，亦即，「娑婆」即「蓮邦」，人間即佛國，故人間佛教實踐之場域雖明為人間，但實際人間即佛法界，人間即淨土。因之，天台圓教之「人間淨土」義，即其「人間即淨土」之淨土觀對於現實「人間」之肯定，及其強調如實相應於現世人間生活之修證，從而使吾人對於「淨土」之追求，由一種逃脫、厭離現世人生與現實生活之負面消極態度，得以轉化成正面光明的積極態度。天台圓教此一「人間即淨土」思想，無疑有助於正向面對及樂觀思考現世人生與現實生活中所接觸到的人、事、物之諸多悲、苦、喜、樂。

三、建設「人間淨土」對現代社會的重要性

　　承第五章所言，「人間淨土」之建設對現代社會的重要性，即建立正確、積極、向善的人生觀，並促進社會和諧。就實踐方法而言，或即如印順法師所言，「淨土乃五乘共法」〔註4〕，是則面對當代人間佛教之「人間淨土」思

〔註3〕　《妙法蓮華經文句》卷四。《大正藏》，冊34，頁58a。
〔註4〕　印順法師所言：淨土思想與大乘佛教，實有不可分離的關係，因為，從自身清淨，而更求剎土的清淨，（這就含攝了利益眾生的成熟眾生），更顯出了大乘佛

想，無論傳統淨土抑或天台圓教，就修持而言，皆可以「一心念佛」爲修持心性之方便法門〔註5〕；但就實踐目的而言，傳統淨土思想，乃以「他方」爲

法的特色。（語見印順：《淨土新論》。收錄於印順文教基金會編：《淨土新論》，新竹縣：正聞出版社，2003，頁4～5。）又言：了解此，就知淨土思想與大乘佛教，實有不可分離的關係。淨土的信仰，不可誹撥：離淨土就無大乘，淨土是契合乎大乘思想的。（同上引書）又：淨土，是佛菩薩的清淨土，也是人間的理想國。約智證畢竟空性以明清淨，只就佛的自證說；而淨土是有社會性的，有眾生，有衣食等一切問題。現實人間，是無限的苦迫與缺陷；淨土是無限的清淨莊嚴，自由與安樂。在這淨土中，一切圓滿，經常受佛菩薩的教化庇護。生在此中，一直向上修學，過著光明合理的生活。約佛的眞淨土說，一切佛土都是一樣的。如有什麼不同，那是適應教化的示現不同。那麼，東方淨土與西方極樂世界，有什麼差別呢？阿彌陀佛，在因中發願，主要是：凡願生我國土的，只要念我名號，決定往生。這著重在攝受眾生，使死了的眾生，有著光明的前途。琉璃光如來，因中發十二大願，都是針對現實人間的缺陷而使之淨化，積極地表現了理想世界的情況。這對於人間，富有啓發性，即人間應依此爲理想而使其實現。十二大願是：淨土中，不但物質生活夠理想，而智慧、道德，又能不斷的向佛道而進修。這樣的淨土，比起中國人所說的大同世界，清淨莊嚴得多了！佛在因中，立下這樣的大願。爲了實現這樣的理想，廣行菩薩道，從自利利他中去完成。這不是往生淨土，而是建設淨土。這可說是最極理想的社會了！（語見印順：《淨土新論》，頁17。）

〔註5〕 值得注意的是，此所念之「佛」非爲一外在客觀存在十方淨土之佛，而乃人人覺性自我朗現之「法佛」，誠如郭朝順教授所言：「法佛」並非外在於眾生之上的它者，而是內在於一切眾生的自我本性，也就是說法佛其實就是每一位眾生內在的覺性，是以並非外在的他佛示現了諸佛，而是覺性或說佛性的自我朗顯，才是使得眾生示現佛身的理由。」（見氏者：〈法華經的主題與精神〉，《人乘雜誌》，10期，2007。）故此念佛之念，乃時時覺照省察之工夫。是則智者大師有「四行三昧」之修觀。如一、「常坐三昧」：又叫「一行三昧」。依據《文殊說般若經》而修持，以九十天爲一期，獨自一人，或與大眾共同專心一意坐禪，口中稱念某一佛名聖號，心意集中一處，觀照眞如法性。但是所觀照的物件，因人而異。慧遠大師是以阿彌陀佛聖像爲所緣境，常坐三昧是以眞如法性爲所緣境。實踐常坐三昧，能夠了達「迷悟不二，凡聖一如」的境界。二、「常行三昧」：又叫「般舟三昧」。依據《般舟三昧經》所修的三昧，獨自一人，以九十日爲一期。九十天當中，不可以盤坐，更不可以躺臥，只准許站立、行走，每天二十四小時不停的行走繞佛，累了只能站立片刻，不能坐下或躺下休息。口中誦念阿彌陀佛聖號，心意觀想阿彌陀佛的三十二相好。若精進不懈，三昧成就時，能在定中見到十方諸佛顯現於前，所以又稱「佛立三昧」。三、「半行半坐三昧」：又可分爲二種。即「方等三昧」：依《方等陀羅尼經》所修持的三昧，以七日或二十一日爲一期，在道場內誦持陀羅尼咒，旋行一百二十匝，一旋一匝，疾徐適中。旋咒已，端坐思維，觀實相之理，觀畢複起旋咒，如此反覆實行。「法華三昧」：依《法華經》所修持的三昧，以七日或二十一日爲一期，修行的方法包括禮拜、懺悔、繞佛、

淨土，以「他方淨土」爲最終依歸，換言之，「人間」並非「淨土」，亦非「樂
土」，乃短暫色身之居；而天台圓教之修證，於淨土無欣厭，無取捨，最終仍
以人間即淨土，蓮邦非爲他方，「此方即彼方」、「彼方即此方」，故而所謂觀
行修證，無非把握生活當中，一切行住坐臥當下之一念心，換言之，觀照自
心的同時，面對生活、家庭、親友、、同事、有緣眾生，皆能生起無限的慈
悲心，因爲，「眾生」即非「眾生」，即如《金剛經》〈化無所化分第25〉亦云：

> 須菩提！於意云何？汝等勿謂如來作是念：『我當度眾生。』須菩
> 提！莫作是念，何以故？實無有眾生，如來度者，若有眾生，如來
> 度者，如來即有我人眾生壽者。須菩提！如來說有我者，即非有我，
> 而凡夫之人，以爲有我。須菩提！凡夫者，如來說即非凡夫，是名
> 凡夫。〔註6〕

又，灌頂《大般涅槃經玄義》云：

> 凡夫已有還無得是滅，亦應凡夫從此至彼便應是度，若凡夫非度，
> 凡夫亦復非滅，若聖人已有還無，亦得是滅，聖人從此至彼復應是
> 度，若凡聖俱度俱滅若爲論異，若同凡聖則近陝非高廣，若異凡聖
> 亦非高廣，非高故則非無上，非廣故則有邊涯。〔註7〕

故天台圓教強調所謂眾生，即非定性眾生，因心佛眾生三無差。是故有眾生，
方有佛，無眾生，即無佛，聖人與凡夫亦如是。故《法華文句》云：

> 釋開方便門者，昔所不說今皆說之，昔說一切世間治生產業，何曾
> 是於方便，今皆開之，即是實相不相違背。昔說小乘方便若小乘果，
> 小乘果尚非實相門，況小方便而當是門，今皆開之即是實相，汝等
> 所行是菩薩道，決了聲聞法，是諸經之王，昔說二爲方便門者，今
> 皆開之即是實相，寧復是門。咸令眾生開示悟入佛之知見，一色一
> 香無非佛法，若門若非門，悉皆開之示眞實相顯佛性水，若不開者，
> 則深固幽遠無人能到，而今開之，即得見水無乾土也。〔註8〕

誦經、坐禪等。四、「非行非坐三昧」：可依隨自意三昧、覺意三昧修持，不
限時間長短，以七日或二十一日爲一期，人數以十人或更多的人共同修持。
這是比較適合一般人修行的法門。（見《摩訶止觀》卷二～卷三。《大正藏》，
冊46，頁11a-15b。）

〔註6〕　見《金剛般若波羅蜜經》卷一。《大正藏》，冊8，頁752a。
〔註7〕　見灌頂：《大般涅槃經玄義》卷上。《大正藏》，冊38，頁3a。
〔註8〕　《妙法蓮華經文句》卷八。《大正藏》，冊34，頁112b。

既經開權顯實，則一切世間治生產業，皆與實相不相違背，故「一色一香，無非佛法」，若能如實觀照，則與我有緣之眾生，即是善知識；與我相遇之事物，佛法，如莊子所言，道在瓦礫，道在屎尿，而「溪聲便是廣長舌」〔註9〕。若能體認此理，則誠如釋昭慧法師於《佛教倫理學》一書中所云者：

> 人類在知、情、意三方面的充分發揮，乃是諸天與其他眾生所不及的，所以人既生得人身，就應利用這些長處力求上進，人的這三種殊勝，也含攝得一分佛性，將此三事加以擴充、發揮、淨化，就能成佛。〔註10〕

又如證嚴法師亦云：

> 我們應自許為活菩薩，「人人觀世音、個個彌陀佛」，懷抱純真、大愛的心，坦然接受人生，並且歡喜為眾生付出，這就是「了生」。……我們若能忙碌地為眾生付出，以致無自己的煩惱，這就是了生脫死。時間可以成就道業，也可以累積惡業。因此我們有多少時間就做多少事，並且無人我分別心，如此三輪體空的境界就是了生脫死。若在付出的同時，懷疑自己是否能了生脫死，或是一直想著自己要了生脫死，有這種執著「我」的念頭，則不論置身何處，絕不會了生脫死。〔註11〕

相對於佛教傳統的淨土宗倡導往生極樂世界，證嚴法師則倡導「人間菩薩立願不斷迴入婆娑，淨化世間」，強調生活中每個當下就是極樂世界。心淨即土淨，歡喜心就是淨土，以佛心為人群奉獻，為社會服務；用佛心看人，人人皆是佛，則處處是淨土。家庭淨土、生活淨土、人間淨土，當下就是極樂世界。〔註12〕

又如星雲法師所闡釋的，世間上則有三等人：上等人，好的能接受，壞的也能包容；中等人，接受好的，排斥壞的；下等人，不但壞的不能接受，好的也要破壞。「做人固然不可以當「下等人」，但是也不能停留在「中等人」的層次，因為中等人只能接受好的，不能包容壞的，人生就只有一半；唯有當個「上等人」，才能擁有全面的人生。〔註13〕若能如實實踐這種「全然包容」

〔註9〕　見《碧巖錄》《大正藏》，冊48，頁175b

〔註10〕　語見釋昭慧：《佛教倫理學》，台北市：法界出版社，1998，頁114。

〔註11〕　《證嚴法師的納履足跡》1997年春之卷，371～372頁。

〔註12〕　《生死皆自在》，326頁。

〔註13〕　摘自釋滿義：《星雲模式的人間佛教》，頁353。

的胸襟，則即如智者大師所云：

> 去此不遠者，安樂國土去此十萬億佛剎，一一剎恒沙世界，何言不
> 遠，解云，以佛力故欲見即見，又光中現土顯於佛頂，一念能緣言
> 不遠也，第一孝養父母奉事師長，敬上接下慈心行也，修十善業是
> 其止行，身除三邪口離四過，意斷三惡也。〔註14〕

　　此即，生活當中，佛法權實互融，淺深互攝。所以，眞正的佛法，即是
世間法，如六祖所云：「佛法在世間，不離世間覺，離世覓菩提，恰如求兔
角。」〔註15〕若離開世間善法，何處另覓佛法？因此，吾人當藉由天台圓教
之教法，切實觀行，即於一切日常生活中，行住坐臥，言語舉止，時時刻刻，
念念分明，方能不斷自我提升，轉化生命達於圓融無礙，圓滿自在的境界；
而於此生命自我提升與轉化的同時，吾人周遭的親友，吾人此生生命中的所
有因緣，亦將能同時霑潤與轉化。是則，天台圓教所闡釋之義理與教觀觀行，
於此時代確實具有重要之義涵，它不僅提出了切實面對日常生活，如實觀照
當下一念心之生命的修證觀行法門，更闡釋了諸法如是，「人間即淨土」的
平等思想。

　　然則，就現實生命而言，如此觀行實踐並非易事。誠如尤惠貞教授所言：

> 首先面臨的困限在於是否願意下功夫確實理解天臺圓教的義理與修
> 證方法？又即使已或多或少認知，但亦有可能落入知易行難的困限
> 中，因爲不但觀照自心不易，念念分明更難。

> 要能念念分明，必須知之而行，行之以知；依教起觀，由觀證教。
> 知教行觀在動態的辯證歷程中，永無懈怠，方有可能令一切心念與
> 行事，止于至善，得究竟解脫自在。

> 然而，正是在永無止盡的修證過程中，即有可能導致實踐力不強而
> 心生退墮，除非具有堅定之信念，藉由具體實踐而累積相當的定力、
> 精進力乃至智慧力等，並且在行住坐臥之間已習以爲常者，才不至
> 於退轉。其次，理上雖明白解行應並重，但在具體事修的過程中並
> 不容易達至：因眾生無明，故未能如實正觀；但必須能如實正觀才
> 能觀照無明當體空無自性，無一法可分別，亦無一法可執。

〔註14〕《觀無量壽佛經疏》卷一。《大正藏》，冊 37，頁 191b
〔註15〕見《六祖大師法寶壇經》《大正藏》，冊 48，頁 351c。

因此，有人心存疑惑：眾生當下的一念心雖可能是如實明白，亦有可能是愚癡無明，則當其無明時，又如何能明明白白地如實正觀一切無明境界而當體轉化爲空如法性之境界呢？亦即每一存在個體在明與無明之間，如何確實即于無明當體而明白諸法實相，單純從義理以尋思，似乎存在一種弔詭，因而也自然影響具體修證之落實。面對此種可能出現之弔詭，必須借由親近善知識而得以聽聞佛法，或讀誦經典、確實禪修等助緣，令自己智慧開顯而念念明白，如此在面對眞實生命的每一過程，才不至於無明而念念虛妄分別，並因之而流轉生死苦海。

因此，除非吾人眞正體會佛教所強調之解行合一、教觀並重，否則要具體促使社會大眾，尤其是所謂的學佛大眾，能眞正意識並信受佛教義理與觀行之客觀意義與價值，並非易事；而作爲大乘佛教中特別標舉不斷世間一切生產事業之天臺圓頓教觀，如何令急於尋求了生脫死乃至得廣大利益的學佛大眾，眞正相應地契入其義理而且如實地實踐其觀行，其所需努力之加倍艱辛實不言而喻。〔註16〕

誠如其所言，天台圓教之教觀修證，理解明白尚難，況如實踐履而觀行之？又何況吾人之修證，乃是永無止盡之歷程，即如曾子所謂：「任重而道遠，死而後已。」又孔子尚且敬謝：「若聖與仁，則吾豈敢？」吾人雖不必自比於聖人君子，然「道遠」之慨，豈非同然？天台所謂觀行，既強調「念念分明」，則稍有不愼，無明隨之，稍有所懈，無明傾覆。是則若非「死而後已」，無明何能止息？觀行如何休歇？除非有大智慧大定力，方能精進不退轉。所幸，藉由當代人間佛教之開展與人間淨土思想之弘揚，如聖嚴法師開始倡導「心六倫」運動〔註17〕，而星雲法師則致力倡導「心三好」運動〔註18〕，皆

〔註16〕 見尤惠貞：〈宗教與實踐──從天臺教觀的進路論人間佛教的修證〉。發表於南華大學哲學系主辦：「倫理與宗教的對話」比較哲學會議。2009 年 6 月 3 日～4 日，嘉義縣：南華大學成均館 334 會議室，頁 15。

〔註17〕 詳見第五章第二節。

〔註18〕 即存好心、說好話、做好事。1998 年星雲大師首次與全民共同宣誓「做好事、說好話、存好心」三好運動。由於社會功利主義掛帥，導致價值觀念嚴重偏差，造成種種脫序的現象。有些人主張「亂世用重典」，但嚴刑重罰只能收一時治標之效；正本清源，則是以宣揚因緣果報的觀念爲治本之道。故有淨化人心三好運動之發起，即：做好事，說好話，存好心。用三好去三毒，化暴戾爲祥和，化嫉妒爲讚美，化貪欲爲喜捨，化濁惡爲清淨。

爲重視吾人「心靈」之淨化與提昇，是則相信經由不斷的倡導佛學正信正念正行，則天台圓教所明「人間即淨土」之「人間淨土」在生命具體實踐的當下，儼然如是！

參考文獻

一、典籍類

（一）天台經藏（按天台傳承）

1. 智者述，灌頂記，《妙法蓮華經玄義》，《大正藏》第 33 冊。
2. 智者述，灌頂記，《仁王護國般若經疏》，《大正藏》第 33 冊。
3. 智者述，灌頂記，《妙法蓮華經文句》，《大正藏》第 34 冊。
4. 智者述，灌頂記，《觀音玄義》，《大正藏》第 34 冊。
5. 智者撰，《佛說觀無量壽佛經疏》，《大正藏》第 37 冊。
6. 智者撰，《維摩經玄疏》，《大正藏》第 38 冊。
7. 智者述，灌頂記，《金光明經玄義》，《大正藏》第 39 冊。
8. 智者說，灌頂記，《摩訶止觀》，《大正藏》第 46 冊。
9. 智者述，灌頂記，《四念處》，《大正藏》第 46 冊。
10. 智者述，灌頂記，《修習止觀坐禪法要》，《大正藏》第 46 冊。
11. 智者撰，《法華三昧懺儀》，《大正藏》第 46 冊。
12. 智者撰，《淨土十疑論》，《大正藏》第 47 冊。
13. 智者撰，《五方便念佛門》，《大正藏》第 47 冊。
14. 灌頂撰，《大般涅槃經玄義》，《大正藏》第 38 冊。
15. 灌頂述，《觀心論疏》，《大正藏》第 46 冊。
16. 灌頂編纂，《國清百錄》，《大正藏》第 46 冊。
17. 灌頂撰，《隋天台智者大師別傳》，《大正藏》第 50 冊。
18. 湛然述，《法華玄義釋籤》，《大正藏》第 33 冊。

19. 湛然撰，《十不二門》，《大正藏》第 33 冊。

20. 湛然述，《法華文句記》，《大正藏》第 34 冊。

21. 湛然略，《維摩經略疏》，《大正藏》第 38 冊。

22. 湛然著，《止觀大意》，《大正藏》第 46 冊。

23. 湛然述，《止觀輔行傳弘決》，《大正藏》第 46 冊。

24. 湛然述，《金剛錍》，《大正藏》第 46 冊。

25. 知禮述，《觀音玄義記》，《大正藏》第 34 冊。

26. 知禮述，《金光明經玄義拾遺記》，《大正藏》第 39 冊。

27. 知禮述，《十不二門指要鈔》，《大正藏》第 46 冊。

28. 諦觀錄，《天台四教儀》，《大正藏》第 46 冊。

29. 宗曉編，《四明尊者教行錄》，《大正藏》第 46 冊。

30. 志磐撰，《佛祖統紀》，《大正藏》第 49 冊。

（二）淨土經藏（按首字筆劃數）

1. 支婁迦讖譯，《阿閦佛國經》，《大正藏》第 11 冊。

2. 支謙譯，《阿彌陀經》，《大正藏》第 12 冊。

3. 支婁迦讖譯，《般舟三昧經》，《大正藏》第 13 冊。

4. 沮渠京聲譯，《彌勒上生經》，《大正藏》第 14 冊。

5. 竺法護譯，《彌勒下生經》，《大正藏》第 14 冊。

6. 宗曉輯，《樂邦文類》、《樂邦遺稿》，《大正藏》第 47 冊。

7. 迦才撰，《淨土論》，《大正藏》第 47 冊。

8. 袁宏道撰，《西方合論》，《大正藏》第 47 冊。

9. 智旭注，《阿彌陀經要解》，《大正藏》第 47 冊。

10. 康僧鎧譯，《無量壽經》，《大正藏》第 12 冊。

11. 源信撰，《往生要集》，《大正藏》第 48 冊。

12. 鳩摩羅什譯，《佛說阿彌陀經》，《大正藏》第 12 冊。

13. 實叉難陀譯，《十善業道經》，《大正藏》第 15 冊。

14. 窺基疏，《彌勒上生經疏》，《大正藏》第 38 冊。

15. 曇鸞撰，《往生論註》，《大正藏》第 40 冊。

16. 遵式撰，《往生淨土決疑行願二門》，《大正藏》第 47 冊。

17. 遵式撰，《往生淨土懺願儀》，《大正藏》第 49 冊。

18. 彊良耶舍譯，《佛說觀無量壽佛經》，《大正藏》第 12 冊。

（三）其他經藏（按首字筆劃數）

1. 天親菩薩造，眞諦譯，《佛性論》，《大正藏》第 31 冊。
2. 玄奘譯，《大般若經》，《大正藏》第 5～7 冊。
3. 玄奘譯，《藥師如來本願功德經》，《大正藏》第 14 冊。
4. 玄奘譯，《解深密經》，《大正藏》第 16 冊。
5. 玄奘譯，《攝大乘論》，《大正藏》第 31 冊。
6. 吉藏撰，《淨名玄論》，《大正藏》第 38 冊。
7. 吉藏撰，《大乘玄論》，《大正藏》第 45 冊。
8. 弘忍述，《最上乘論》，《大正藏》第 48 冊。
9. 求那跋陀羅譯，《勝鬘經》，《大正藏》第 1 冊。
10. 竺佛念譯，《菩薩瓔珞本業經》第 24 冊。
11. 佛馱跋陀羅譯，《大方廣佛華嚴經》，《大正藏》第 9、10 冊。
12. 延壽著，《宗鏡錄》，《大正藏》第 46 冊。
13. 施護譯，《佛爲娑伽羅龍王所說大乘經》，《大正藏》第 15 冊。
14. 馬鳴菩薩造，眞諦譯，《大乘起信論》，《大正藏》第 32 冊。
15. 淨影慧遠撰，《大乘義章》，《大正藏》第 44 冊。
16. 淨覺集，《楞伽師資記》，《大正藏》第 85 冊。
17. 無羅叉、竺叔蘭共譯，《放光般若經》，《大正藏》第 8 冊。
18. 智旭重述，《教觀綱宗》，《大正藏》第 46 冊。
19. 智旭撰，《大乘起信論裂網疏》，《大正藏》第 44 冊。
20. 智旭撰，《金剛經破空論》，《續藏經》第 25 冊。
21. 智旭撰，成時編，《靈峰蕅益大師宗論》，《嘉興大藏經》第 36 冊。
22. 鳩摩羅什譯，《仁王護國般若波羅蜜經》，《大正藏》第 8 冊。
23. 鳩摩羅什譯，《摩訶般若波羅蜜經》，《大正藏》第 8 冊。
24. 鳩摩羅什譯，《妙法蓮華經》，《大正藏》第 9 冊。
25. 鳩摩羅什譯，《維摩詰所說經》，《大正藏》第 14 冊。
26. 鳩摩羅什譯，《大智度論》，《大正藏》第 25 冊。
27. 道宣撰，《續高僧傳》，《大正藏》第 50 冊。
28. 道宣撰，《釋迦方志》，《大正藏》第 51 冊。
29. 道宣撰，《廣弘明集》，《大正藏》，第 52 冊。
30. 僧肇，《注維摩詰經》，《大正藏》第 38 冊。
31. 澄觀撰，《大方廣佛華嚴經疏》，《大正藏》，第 35 冊。

32. 賢首撰，《一乘教義分齊章》，《大正藏》第 45 冊。

33. 慧思作，《大乘止觀法門》，《大正藏》第 46 冊。

34. 慧能述，《六祖大師法寶壇經》，《大正藏》第 48 冊。

35. 親光等菩薩造，玄奘譯，《佛地經論》，《大正藏》第 26 冊。

36. 曇無讖譯，《大般涅槃經》，《大正藏》第 12 冊。

37. 曇無讖譯，《悲華經》，《大正藏》第 3 冊。

38. 瞿曇僧伽提婆譯，《增壹阿含經》，《大正藏》第 2 冊。

39. 護法等菩薩造，玄奘譯，《成唯識論》，《大正藏》第 31 冊。

40. 龍樹菩薩造，《中論》，《大正藏》第 30 冊。

41. 龍樹菩薩造，《十住毘婆沙論》，《大正藏》第 26 冊。

二、專書類（按姓氏筆劃數）

1. 尤惠貞，1993，《天台宗性具圓教之研究》，台北市：文津出版社，初版。

2. 尤惠貞，1999，《天臺哲學與佛教實踐》，嘉義縣：南華大學，初版

3. 牟宗三，1993，《佛性與般若》（上、下冊），台北：學生書局，修訂版。

4. 牟宗三，1993，《智的直覺與中國哲學》，台北：商務書局，初版。

5. 牟宗三，1993，《中國哲學十九講》，台北：學生書局，初版。

6. 牟宗三，1993，《心體與性體》（第一冊）（第三冊），台北：正中書局，初版。

7. 牟宗三編，1995，《儒學與當今世界》。台北：文津出版社，初版。

8. 牟宗三，1996，《圓善論》，台北：學生書局，初版。

9. 牟宗三，1996，《現象與物自身》，台北：學生書局，初版。

10. 安藤俊雄，1959，《天台思想史》，京都：法藏館。

11. 安藤俊雄，1989，《天台性具思想論》，台北市：天華書局，初版。

12. 安藤俊雄著，蘇榮焜譯，1998，《天台學——根本思想及其開展》。台北市：慧炬出版社。

13. 李志夫，1997，《妙法蓮華經玄義研究》，台北市：中華佛教文獻編撰社，初版。

14. 李志夫，2001，《摩訶止觀之研究》，台北市：法鼓文化，初版。

15. 李明友，2000，《太虛及其人間佛教》，杭州：浙江人民出版社，初版。

16. 江燦騰，1992，《臺灣佛教與現代社會》，台北市：東大圖書公司，初版。

17. 江燦騰，2001，《當代臺灣人間佛教思想家》，台北市：新文豐出版公司，初版。

18. 吳汝鈞，1999，《天台智顗的心靈哲學》，台北市：商務出版社。

19. 吳汝鈞，2010，《中道佛性詮釋學——天台與中觀》，台北市：學生書局。

20. 吳怡，1996，《生命的轉化》，台北市：東大圖書公司，初版。

21. 佐藤哲英，1981，《天台大師の研究》，東京：百華苑。

22. 林煌洲等，2004，《聖嚴法師思想行誼》，台北市：法鼓文化，初版。

23. 林鎮國，1999，《空性與現代性》，台北市：立緒文化事業公司，初版。

24. 牧田諦亮著，索文林譯，《中國近代史佛教研究》，台北市：華宇出版社。

25. 洪金蓮，1995，《太虛大師佛教現代化之研究》，台北市：法鼓文化出版社，初版。

26. 施凱華，2009，《天台中道實相圓頓一乘思想》，台北市：文津出版社。

27. 高淑玲編，1996，《跨世紀的悲欣歲月：走過臺灣佛教五十年寫真》，台北縣：佛光出版社，初版。

28. 郭朝順，2004，《天台智顗的詮釋理論》，台北市：里仁書局，初版。

29. 陳平坤，2007，《佛門推敲——禪、三論、天台哲學論著集》，台北市：文津出版社。

30. 陳兵、鄧子美，1999，《二十世紀中國佛教》，北京市：民族出版社，初版。

31. 陳英善，1995，《天台緣起中道實相論》，台北市：東初出版社，初版。

32. 陳英善，1997，《天台性具思想》，台北市：東大圖書公司，初版。

33. 陳揚炯，2008，《中國淨土宗通史》，南京市：鳳凰出版社。

34. 望月信亨著，釋印海譯，1994，《淨土教起源及其開展》，台北市：法印寺。

35. 望月信亨著，釋印海譯，1991，《中國淨土教理史》，台北市：正聞出版社。

36. 張風雷，2001，《智顗佛教哲學述評》，高雄縣：佛光出版社。

37. 張曼濤編，1979，《天台學概論》，台北市：大乘文化出版社。

38. 張曼濤編，1979，《天台宗之判教與發展》，台北市：大乘文化出版社。

39. 張曼濤編，1980，《現代佛教學術叢刊》，台北市：大乘文化出版社。

40. 張學智，2000，《明代哲學史》，北京市：北京大學出版社。

41. 溫金玉、釋根通主編，2008，《中國淨土宗研究》，北京市：宗教文化出版社。

42. 楊惠南，1991，《當代佛教思想展望》，台北市：東大圖書公司，初版。

43. 廖閱鵬，1989，《淨土三系之研究》，高雄縣：佛光出版社。

44. 慧度，1997，《智者的人生哲學》，台北市：牧村出版社，初版。

45. 潘桂明、吳忠偉，2001，《中國天台宗通史》，南京市：江蘇古籍出版社，初版。

46. 賴永海，2010，《中國佛性論》，南京市：江蘇人民出版社。

47. 賴品超、學愚主編，2008，《天國、淨土與人間：耶佛對話與社會關懷》，北京市：中華書局。

48. 賴賢宗，2003，《佛教詮釋學》，台北市：新文豐出版公司，初版。

49. 學愚，2011，《人間佛教──星雲大師如是說、如是行》，北京市：中華書局。

50. 謝冰瑩等編譯，1986，《新譯四書讀本》，台北市：三民書局，10版。

51. 藤田宏達，1970，《原始淨土思想の研究》，東京：岩波書店。

52. 釋太虛，財團法人印順文教基金會輯，2005，《太虛大師全書》，新竹市：財團法人印順文教基金會，光碟版。

53. 釋印順，財團法人印順文教基金會輯，1999，《印順法師佛學著作集》，新竹市：財團法人印順文教基金會，光碟版。

54. 釋星雲，2006，《人間與實踐：慧解篇》，台北市：時報出版社，初版。

55. 釋星雲，2006，《宗教與體驗：修證篇》，台北市：時報出版社，初版。

56. 釋昭慧，1998，《佛教倫理學》，台北市：法界出版社。

57. 釋昭慧，2003，《佛教規範倫理學》，台北市：法界出版社。

58. 釋昭慧，2003，《活水源頭──印順導師思想論集》。台北市：法界出版社。

59. 釋昭慧，2008，《佛教後設倫理學》，台北市：法界出版社。

60. 釋恆清，1997，《佛性思想》，台北市：東大圖書公司，初版。

61. 釋聖嚴，1989，《法鼓山的方向》，台北市：法鼓文化，初版。

62. 釋性廣，2011，《圓頓止觀探微》，台北市：法界出版社，初版。

63. 釋聖嚴，1989，《淨土在人間》，台北市：法鼓文化，初版。

64. 釋聖嚴，1995，《法鼓山的共識》，台北市：東初出版社。

65. 釋聖嚴，2006，《禪與悟》。台北市：法鼓文化。

66. 釋聖凱，2003，《四大淨土比較研究》，台北縣：法明出版社。

67. 釋滿義，2005，《星雲模式的人間佛教》，台北市：天下遠見，初版。

68. 釋慧嶽編，1979，《天臺教學史》，台北市：中華佛教文獻編撰社，初版。

69. 釋證嚴，2002，《生死皆自在》，台北市：慈濟文化出版社。

70. 釋證嚴，2003，《證嚴法師的納履足跡》春之卷。

71. 釋覺醒，2003，《清淨國土──佛教淨土觀》，北京市：宗教文化出版社。

三、論文類

（一）碩博士論文（按姓氏筆劃數）

1. 吳青泰，2010，《「淨土在人間」的思想與實踐》，慈濟大學宗教與文化研究所碩士論文。

2. 吳聰敏，2002，《觀經妙宗鈔之淨土思想》，中興大學中文研究所碩士論文。

3. 林志欽，1999，《智者大師教觀思想之研究》，文化大學哲學研究所博士論文。

4. 林琦瑄，2000，《論《維摩詰經》之入世精神——以現代「人間佛教」思想爲說明》，中央大學哲學研究所碩士論文。

5. 賴志銘，1995，《天台智顗性惡說研究》，中央大學哲學研究所碩士論文。

6. 鄭世東，2006，《彌勒淨土中的人間佛教》，臺南大學國文研究所碩士論文。

7. 釋如睿，2000，《天台圓教的義理與實踐——以《四念處》爲探討之中心》，南華大學佛教學研究所碩士論文。

（二）期刊論文（按姓氏筆劃數）

1. 尤惠貞，〈天臺智者大師的圓頓止觀看病裡乾坤〉，《揭諦學刊》，3 期，2001，頁 1～37。

2. 王順民，〈人間佛教的遠見與願景——佛教與社會福利的對話〉，《中華佛學學報》，11 期，1998，頁 227～253。

3. 王順民，〈當代臺灣佛教變遷之考察〉，《中華佛學學報》，8 期，1995，頁 315～342。

4. 安愚，〈從法華到淨土〉，《現代佛教學術叢刊》，70 期，1980，頁 225～228。

5. 安藤俊雄，〈關於天台的四土說〉（天台の四土説について），1995。收於論說資料保存會編：《中國關係論説資料》（第 1 分冊下）。東京：論說資料保存會，1996。

6. 安藤俊雄，〈天台智顗的淨土教——般舟三昧教學的完成與晚年的苦悶〉，《大谷大學研究年報》，NO.11，1958。載於《法音》雜誌，7 期，1999年，頁 18～27。

7. 江燦騰，〈台灣當代淨土思想的新動向——思想史的探討〉，《東方宗教研究》，2 期，1988。

8. 李志夫，〈天台宗之理事觀〉，《華岡佛學學報》，6 期，1983，頁 157～201。

9. 李利安，〈佛教的超人間性與人間佛教〉，《哲學研究》，7 期，2005。

10. 吳怡，〈從生命的轉化看中國人間佛教的開展〉，《普門學報》，1 期，2001，頁 96～119。

11. 胡順萍，〈彌勒淨土法門於現今之意義〉，《哲學雜誌》，28 期，1999，頁 188～202。

12. 郭朝順，〈智者的圓頓思想〉，《中華佛學學報》，5 期，1992，頁 121～148。

13. 郭朝順,〈智顗「五重玄義」的佛教詮釋學〉,《世界中國哲學學報》,創刊號,2000,頁 129、131〜162。

14. 郭朝順,〈法華經的主題與精神〉,《人乘雜誌》,10 期,2007。

15. 唯方,〈從求他方淨土說到人間佛教〉,《現代佛教學術叢刊》,62 期,1980,頁 27〜286。

16. 黃啓江,〈淨土詮釋傳統中的宗門意識論宋天台義學者對元照《觀無量壽經義疏》之批判及其所造成之反響〉,《中華佛學學報》,14 期,2001,頁 309〜352。

17. 黃啓江,〈淨土決疑論──宋代彌陀淨土的信仰與辯議〉,《佛學研究中心學報》,4 期,1999,頁 105〜130。

18. 楊白衣,〈淨土的淵源及其演變〉,《華岡佛學學報》,8 期,1885,頁 77〜125。

19. 義慧,〈從天臺一念三千論和諧社會的構建〉,《惜緣》,2009。

20. 廖明活,〈淨影寺慧遠的淨土思想〉,《中華佛學學報》,8 期,1995。頁 345〜371。

21. 賴永海,〈人間佛教與佛教的現代化〉,《普門學報》,5 期,頁 59〜72。

22. 默雷,〈人間淨土與現代社會〉,《法音》,10 期,1997。

23. 釋聖嚴,〈藕益大師的淨土思想〉,《現代佛教學術叢刊》,65 期,頁 331〜342。

24. 釋聖嚴,〈淨土思想之考察〉,《華岡佛學學報》,6 期,1983,頁 5〜48。

25. 釋聖嚴,〈人間佛教的人間淨土〉,《中華佛學學報》,3 期,1999,頁 1〜7。

26. 釋惠敏,〈人間淨土與現代社會──記第三屆中華國際佛學會議〉,《漢學研究通訊》,63 期,1997,頁 258〜272。

27. 釋惠敏,〈「心淨則佛土淨」之考察〉,《中華佛學學報》,10 期,1997,頁 25〜44。

28. 釋法藏,〈臺灣淨土教思想的發展〉,《佛藏》,14 期,1999。

(三)會議與論文集論文（按姓氏筆劃數）

1. 尤惠貞,〈從智者大師論十二因緣看人間佛教之修證與度化〉,佛光山文教基金會主編,《佛學研究論文集:人間佛教》,高雄縣:佛光山文教基金會,初版,2002,頁 135〜156。

2. 尤惠貞,〈從天臺教觀的進路論人間佛教的修證〉,《當代儒學研究叢刊 26》「跨文化視野下的東亞宗教傳統:體用修證篇」,台北:中研院文哲所,2010,頁 147〜169。

3. 方立天,〈人生理想境界的追求──中國佛教淨土思潮的演變與歸趣〉。佛學會議論文彙編 1:《人間淨土與現代社會──第三屆中華國際佛學會議

論文集》，台北市：法鼓文化，1998，頁 287～304。

4. 方立天，〈中國佛教淨土思潮的演變與歸趣〉，載於釋根通主編：《中國淨土宗究》，北京市：宗教文化出版社，2008，頁 2～22。

5. 白正梅，〈往生極樂與建設人間淨土〉，載於釋根通主編：《中國淨土宗究》，北京市：宗教文化出版社，2008，頁 98～104。

6. 何建明，〈人間佛教的百年回顧與反思──以太虛、印順和星雲為中心〉，香港中文大學「人間佛教研究中心」2006 年講座系列，2006。

7. 何則陰：〈論天國與淨土之實踐性特徵〉，收於賴品超、學愚主編：《天國、淨土與人間：耶佛對話與社會關懷》，2008，頁 392～403。

8. 肖永明，〈人間淨土的社會意義〉，載於釋根通主編：《中國淨土宗究》，北京市：宗教文化出版社，2008，頁 61～65。

9. 林崇安：〈人間淨土的達成〉。《人間淨土與現代社會──第三屆中華國際佛學會議論文集》。台北市：法鼓文化，1998。頁 95～112。

10. 俞學明，〈天臺的淨土權實辨〉，載于釋根通、溫金玉主編，《中國淨土宗研究》，北京：宗教文化出版社，2008，頁 115～118。

11. 徐文明，〈從唯心淨土、身中淨土到人間淨土〉，載於釋根通主編：《中國淨土宗究》，北京市：宗教文化出版社，2008，頁 346～349。

12. 陳榮波，〈印順導師的學行與人間淨土〉。佛教弘誓文教基金會編，《「印順長老與人間佛教」海峽兩岸學術研討會論文集》。桃園縣：佛教弘誓文教基金會，2004，頁 F1～F8。

13. 許宗興，〈天台與華嚴圓教意涵之解析〉，《第十一屆國際佛教教育文化研討會專輯》，1998 年，頁 27～51。

14. 郭朝順，〈從《摩訶止觀》「十境」論天台智顗的身心觀──禪觀者對身心的詮釋〉，《當代儒學研究叢刊 26》「跨文化視野下的東亞宗教傳統：體用修證篇」，台北：中研院文哲所，2010，頁 109～145。

15. 張風雷，〈天臺佛學入世精神〉。第一屆中國近現代佛教學術研討專題。2008。

16. 張雪松，〈帶業往生與淨土等級〉，收於賴品超、學愚主編，《天國、淨土與人間：耶佛對話與社會關懷》，北京：中華書局，2008，頁 67～87。

17. 楊惠南，〈佛在人間──印順導師之「人間佛教」的分析〉，釋聖嚴等編著，《佛教的思想與文化──印順導師八秩晉六壽慶論文集》，台北市：法光出版社，初版，1991，頁 89～122。

18. 楊曾文，〈人間淨土思想與不二法門〉，《人間淨土與現代社會──第三屆中華國際佛學會議論文集》，1998，頁 181～205。

19. 董平，〈大陸近二十年關於「人間佛教」的研究及有關理論問題的思考〉，中國哲學會主辦，2005 兩岸宗教與社會學術研討會，2005 年 10 月 15 日

　　～16 日，台北市：師範大學進修推廣部視聽室。

20. 樓宇烈，〈印順法師的人間佛教思想〉，弘誓文教基金會編，《「印順長老與人間佛教」海峽兩岸學術研討會論文集》，初版，2004，頁 C1～C12。

21. 賴賢宗，〈天台佛教詮釋學的人間佛教論〉。賴品超、學愚主編：《天國、淨土與人間：耶佛對話與社會關懷》。北京市：中華書局，2008，頁 268～297。

22. 盧蕙馨，〈證嚴法師人間菩薩的生命觀〉，佛教弘誓文教基金會編，《「印順長老與人間佛教」海峽兩岸學術研討會論文集》，桃園縣：佛教弘誓文教基金會，初版，2004，N1～N18。

23. 釋慧開，〈早期天臺禪法的修持〉，《中印佛學泛論——傅偉勳教授六十大壽祝壽論文集》，1992，頁 135～177。

24. 釋慧嚴，〈探究《無量壽經》的人間性思想〉，佛學會議論文彙編 1：《人間淨土與現代社會——第三屆中華國際佛學會議論文集》，台北市：法鼓文化，1998，頁 305～326。

25. 釋淨宗，〈淨土法門的人間佛教觀——和諧世界從心開始〉，世界佛教論壇主辦，「第一屆世界佛教論壇徵文」精進獎論文，2006。）

26. 釋法藏，〈從天台圓教之建立試論圓教止觀的實踐〉，《第三屆兩岸禪學研討會論文集》，2001。